Robert Reid

Marie Curie

Biographie

Übersetzt von Henriette Beese

Eugen Diederichs Verlag

Titel der Englischen Originalausgabe *Marie Curie* (Reid Camair, London)
Mit 8 Kunstdrucktafeln.

Bildquellen
Archiv Gerstenberg, Frankfurt (1, 8)
Historia Photo, Bad Sachsa (2, 4, 6)
Süddeutscher Verlag, München (Umschlagfoto, 3, 5, 7, 9, 10)

CIP-Kurztitelaufnahme der Deutschen Bibliothek
Reid, Robert W.:
Marie Curie: Biographie/Robert Reid. Übers.
von Henriette Beese. – 1. Aufl. – Düsseldorf,
Köln: Diederichs, 1980.
Einheitssacht.: Marie Curie ‹dt.›
ISBN 3-424-00670-X

Erste Auflage 1980

Umschlaggestaltung: Tilman Michalski
Satz: Lichtsatz Heinrich Fanslau, Düsseldorf
Druck- und Bindung: May & Co., Darmstadt
ISBN 3-424-00670-X

Inhalt

Vorbemerkung

Als ich diese Biographie vorbereitete, halfen mir Verwandte, Kollegen und Mitarbeiter von Marie Curie auf vielfältige Weise, sowie einige Leute, die in jener faszinierenden Epoche der Chemie und Physik tätig waren, welche auf die Entdeckung der Radioaktivität folgte. Ihnen allen spreche ich meine dankbare Anerkennung aus.

Die Meinungen, die in diesem Buch zum Ausdruck kommen, konnte ich mir ohne Einschränkung bilden, da mir in großzügiger Weise Zugang zu den Dokumenten gewährt wurde, insbesondere durch das Laboratoire Curie. Dort waren die Fähigkeiten und die Geduld von Mme M. Bordry, der Archivarin des Laboratoriums, von großem Nutzen für mich, da sie stets zu Hilfe und Unterstützung bereit war. Mitglieder von vielen anderen Institutionen gewährten mir ihren Beistand, und ich möchte unter anderen folgenden Stellen danken: Académie des Sciences, American Institute of Physics, Bibliothèque Nationale, Bodleian Library, British Museum, Cambridge University Library, Carnegie Corporation of New York, Columbia University Library, Fawcett Library, Glowna-Bibliothe der Uniwersytetu Marii Curie-Sklodowskiej, Library of Congress, Muzeum Marii Sklodowskiej-Curie in Warschau, New York Public Library, Royal Institution, United Nations Library in Genf und Yale University Library.

Für konstruktive Kommentare zum Manuskript bin ich meiner Frau Penelope, Diana Crawford und J. E. Stanfield dankbar. Hilfreich war auch die Arbeit meiner Herausgeber Philip Ziegler und John Knowler. Für ihre nützlichen Kommentare zu bestimmten Teilen des Manuskripts bin ich Mrs Malcolm W. Davis, Jozef Garlinski, Dr. G. E. Harrison, Prof. Francis Perrin und Dr. J. Vennart verpflichtet.

Folgenden Personen und Institutionen möchte ich für die Erlaubnis danken, Manuskripte zu benutzen, die in ihrem Besitz sind oder deren Copyright sie haben: Columbia University Library, Laboratoire Curie, M. Maurice Curie, Mrs William Brown Meloney, Prof. P. H. Fowler, Yale University Library; und den folgenden für die Erlaubnis, aus ihren Veröffentlichungen zu zitieren: Librairie Félix Alcan für die Auszüge aus *La Radiologie et la Guerre* von Marie Curie; Cambridge University Press für Auszüge aus *Rutherford* von A. S. Eve; Editions Bernard Grasset für Auszüge aus *Souvenirs et Rencontres* von Camille Marbo; William Heinemann Ltd für Briefe aus *Marie Curie* von Eve Curie und Curtis Brown Ltd für Auszüge aus *Pierre Curie* von Marie Curie.

Eine Kindheit in Polen

Maria Sklodowska wurde in einer kleinen Wohnung in Warschau geboren, in einer der Straßen mit Kopfsteinpflaster, die von der mit roten Backsteinzinnen bekrönten Stadtmauer ausgehen. Neben dem Eingang des Hauses in der Fretastraße befindet sich eine Tafel, die an ihre Geburt erinnert – den 7. November 1867. Auf der anderen Seite des Eingangs ist eine weitere Tafel angebracht, mit einer kurzen Liste der Namen von Mitgliedern aus dem Stab der Volksarmee, die beim Warschauer Aufstand im Jahre 1944 im Kampf hier gefallen sind. Dieses Nebeneinander der beiden Gedenktafeln illustriert die beiden nationalen Eigenschaften, derer sich die Polen deutlich bewußt sind und an die sie die neuen Generationen, welche sie vielleicht zu rasch vergessen könnten, erinnern möchten; zunächst der Stolz auf den Kampf um die nationale Identität, sodann der Stolz auf geistige Errungenschaften. Keine Generation blieb während der letzten Jahrhunderte in Polen vorm Kampf um die Existenz der Nation verschont. Marie Sklodowska, die später als Marie Curie bekannt wurde, gehörte einer Generation an, die diesen Kampf als etwas Alltägliches akzeptiert hatte. Als Kind brauchte sie von der Tür aus nur ein paar Schritte zu dem Platz zu gehen, wo im Jahre 1656 die Bürger von Warschau niedergemetzelt worden waren, als sie ihre Heimat gegen die Schweden verteidigten.

Die schwedische war nur eine von vielen Armeen, die in allen Richtungen über Polen hinwegmarschiert waren. Moskowiter, deutsche Ritter, österreichische Infanteristen, zaristische Kavallerie, preußische Ulanen und nationalsozialistische Sturmtruppen sind nur einige von all denen, die diesen Teil Mitteleuropas als legitime territoriale Beute betrachteten. Den Plünderungen lag die Vorstellung zugrunde, die Bewohner dieses Territoriums seien unterlegen oder entbehrlich. Ein gewisses heuchlerisches Mitleid mit ihnen zeigte Bismarck. Im Jahre 1861 schrieb er an seine Schwester: »Haut doch die Polen, daß Sie am Leben verzagen. Ich habe alles Mitgefühl für ihre Lage, aber wir können, wenn wir bestehen sollen, nichts anderes tun als sie ausrotten.«[1] Hitler nahm eine ähnliche Haltung ein, ohne jedoch Mitleid vorzutäuschen. Im Jahre 1940 identifizierte ein Gauleiter in Polen sich bei der Vorbereitung der Konzentrationslager mit Hitlers Einstellung: »Auch nicht ein Zoll des Landes, das wir erobert haben, wird je wieder einem Polen gehören. Die Polen können für uns arbeiten, aber nicht als Herren, sondern als Sklaven.«

Die erste dieser Äußerungen wurde sechs Jahre vor der Geburt von Maria Sklodowska geschrieben, und die zweite sechs Jahre nach ihrem Tod. Während ihrer Jahre in Polen unterschieden sich die Haltungen der Herren nicht, nur die Herren wechselten. Im Jahre 1867 war Rußland der Herr.

Im Ausgang des 18. Jahrhunderts war Polen eine Nation, die stückweise unter ihre Nachbarn Österreich, Preußen und Rußland aufgeteilt worden war. Was als Zentralpolen unter dem Namen Kongreß-Königreich übrig war, wurde von einem sogenannten König von Polen regiert, der in Wirklichkeit der Zar von Rußland selbst war. Rußland wurde wie jede andere Nation, die Polen bedrückte, als Eroberer gehaßt, was es auch immer für Absichten zur polnischen Selbstbestimmung äußern mochte. Im Jahre 1830 hatte Rußland eine polnische Militärrevolte mit rückhaltsloser Brutalität niedergeschlagen. Und wiederum 1864 endete ein Aufstand damit, daß fünf Polen mit geschorenen Köpfen an einem öffentlichen Galgen auf dem Hügel vor der Warschauer Zitadelle hingen.

Die Familie Sklodowski kämpfte ebenso wie andere Patrioten für die Verteidigung ihrer Heimat. Marias Großvater, Jozef, war 26 Jahre alt, als er an dem Aufstand von 1830 teilnahm, und mehrere von seinen sieben gesunden Kindern erlebten die Kämpfe ihrer Generation. Jozefs dritter Sohn, Zdislaw, hatte den blutenden Körper des revolutionären Führers Oberstleutnant Marcin Borelowski in den Armen gehalten und ihn sterben gesehen. Jozefs älteste Tochter, Boleslawa, war, wie so viele junge Frauen in diesem Land, wo die Unterlegenheit der Frau nicht so unbesehen hingenommen wurde wie in anderen europäischen Ländern, tief in die Ereignisse verwickelt. Sie wirkte als Geheimagentin für die Aufständischen und trug dazu bei, aus dem Heim der Familie ein kleines Krankenhaus zu machen, in das sie verwundete Rebellen brachte, die sie pflegte, bis sie gesund genug waren, um über die österreichische Grenze geschmuggelt zu werden.

Aber die Generation vor Maria Sklodowska wurde allmählich eingeschüchtert. Der russische Stiefel war zu lange und zu lastend spürbar gewesen. Nur die Geschichten vom Ruhm blieben. Jozef Sklodowskis ältester Sohn, Wladislaw, war jedenfalls konventioneller und unterwürfiger als die meisten in der Familie. Für ihn und viele andere Polen war es offensichtlich, daß Rußland ein zu mächtiger und rücksichtsloser Nachbar war. Freiheit für Polen würde es nur geben, wenn Rußland bereit wäre, sie dem Land zu schenken. Wladislaw beschloß,

Kompromisse mit dem System zu schließen. Wie bereits sein Vater begann er, in Rußland, in russischer Sprache eine wissenschaftliche Bildung zu erwerben.
Langsam arbeitete er sich voran und bekam schließlich eine Stellung als Physiklehrer an einer Schule in Warschau. Während dieses stetigen Fortschritts im Rahmen einer konservativen Karriere fand er ein Mädchen, eine Lehrerin, wie zu erwarten war, mit ähnlichen Interessen für Musik, Poesie und Naturwissenschaft.
Als Wladislaw sie kennenlernte, leitete Mademoiselle Boguska ein kleines Internat in der Fretastraße. Sie war eine dunkle, hübsche und etwas männliche Erscheinung; Wladislaw hatte umgekehrt etwas Feminines mit seinen hellen Augen und seinem dünnen Backenbart. Aber zusammen gaben sie ein imposantes Paar ab, und wenn sie für eine Photographie posierten, unter den jungen Damen der Schule mit ihren geraden Rücken, kurzgeschnittenen Haaren und geschnürten Taillen, sahen sie vom Scheitel bis zur Sohle wie typische viktorianische Eltern aus, die die Strenge und die Konventionen ihrer gesellschaftlichen Schicht ausstrahlen.
Die ersten fünf Jahre ihrer Ehe verbrachten sie in der ersten Etage des Hauses in der Fretastraße. Als Leiterin der Schule hatte Madame Sklodowska hier Zimmer erhalten. Die ganze Einrichtung – Schule und Wohnung – war winzig, so daß, was an Familienleben stattfand, zum großen Teil öffentlich war, und zu einem weiteren großen Teil von Backfischgelächter und den Geräuschen der Schritte auf den Dielen der zweiten Etage begleitet wurde. Sie hatten einen Status, aber der greifbare Ertrag desselben war gering. Die Früchte der Liebe jedoch gediehen reichlich.
Von den acht Jahren, die die junge Frau in der Fretastraße lehrte, verwaltete und lebte, war sie fünf Jahre lang schwanger. Ein nach dem Großvater benannter Sohn Jozef war schließlich auf drei Mädchen gefolgt: Sofia, Bronislawa und Helena.
Im Vorfrühling 1867 war sie bereits wieder schwanger. Die darauf folgenden Jahre sollten die sichersten und glücklichsten sein, die sie in dieser Gemeinschaft erlebten. Die Eltern waren ein diszipliniertes (vielleicht ein allzu diszipliniertes) Paar, das die Familie erfolgreich leitete und weder Zorn noch zärtliche Zuneigung ausdrücklich zeigte. Der Vater setzte seine viktorianischen Vorstellungen von Anstand durch. Er schätzte geistige Errungenschaften zumal die der neuen naturwissenschaftlichen Art und die strenge Einhaltung äußerlicher Mo-

ral. Die Mutter folgte ihren Vorstellungen einer klaglosen Pflichterfüllung. Sie nahm in Familienangelegenheiten die weibliche Rolle an und zeigte eine tiefe Frömmigkeit. Und sie verbrachten ihr Leben in der unterdrückten, aber gesicherten Atmosphäre eines Polizeistaates.

Als der Zeitpunkt der Geburt zu Beginn des Wintersemesters 1867 näherrückte, mußte Madame Sklodowska wie bei den vier vorhergehenden Geburten ihre Wehen ertragen, während die Schule um den improvisierten Kreißsaal her weiterging. Laken, Kissen, Tupfer und unzählige Kannen mit heißem Wasser, die das Ereignis damals unweigerlich begleiteten, wurden über die Köpfe kleiner Mädchen hinweg hereingetragen. Maria Salomee, wie sie getauft werden sollte, wurde ohne besondere Komplikationen am 7. November im Schlafzimmer der Wohnung in der Fretastraße geboren. Ihre Ankunft zwang jedoch Sklodowski, das Problem seines Einkommens neu zu überdenken. Was einst ein Lehrerehepaar mit bescheidenem Lebensstil erhalten hatte, war für eine siebenköpfige Familie nicht mehr angemessen. Innerhalb weniger Wochen zogen sie in eine nahegelegene Warschauer Oberschule für Knaben um, wo sie Wohnung nahmen und Sklodowski seinen Posten als Mathematik- und Physiklehrer mit einer Tätigkeit verbinden konnte, die ihm ein zweites Einkommen einbrachte: er wurde Schulunterinspektor.

In diesen Jahren zeigten sich allmählich die langsamen, aber vorhersehbaren Auswirkungen der russischen Repressalien auf die niedergeschlagene Nation. Die rücksichtsloseste Periode der Russifizierung Polens hatte 1867, im Geburtsjahr von Maria Sklodowska, begonnen. Die Durchsetzung der geplanten Strategie ließ keinen Bereich des polnischen Lebens unberührt. Die polnischen Gerichte wurden abgeschafft. Auf den Karten Kongreß-Polens wurde der Name »Polen« durch »Vistula-Land« ersetzt. Nicht nur wurde Russisch zur offiziellen Landessprache erklärt, sondern es begann auch eine Politik der Ersetzung polnischer Beamter durch russische Einwanderer.

Maria war sechs Jahre alt, als Sklodowski von seinem Posten in der Schule als Unterinspektor entfernt wurde und auch die Wohnung in der Schule aufgeben mußte.

Mehrfach zogen sie in verschiedene Stadtteile um, bis Sklodowski schließlich eine Arbeit fand – eine Stellung, die kaum etwas mehr als die eines Pensionswirtes war. Er nahm eine Wohnung, in der Jungen im Schulalter wohnen konnten, deren Hausaufgaben er beaufsichtigte. Wieder lebte die Familie zwischen lauten fremden Stimmen, aber

diesmal mußte man auch mit den Besitzern dieser Stimmen zurechtkommen. Maria mußte als jüngstes Familienmitglied im Eßzimmer schlafen und das Sofa morgens um sechs aufgeräumt haben, damit der Raum zum Frühstück für die Schüler vorbereitet werden konnte.
Sie war ein schüchternes Kind, klein und nervös, aber altklug für ihre Jahre, so sagte man. Das bedeutete wahrscheinlich, daß sie über eine vernünftige Denkweise verfügte, die auf Menschen, die sie weniger gut kannten, wie eine gewisse Kälte gewirkt haben mag. Das war ein Teil ihres Erbes; von ihrem Vater hatte sie nicht nur den Verstand und die Genauigkeit, sondern auch ein nach innen gerichtetes Wesen und die Bereitwilligkeit, Konventionen zu übernehmen. Von ihrer Mutter hatte sie ihr Pflichtbewußtsein und ebenso ihre vollständige Ablehnung gegenüber Kompromissen. Bei ihrer Mutter zeigte sich dieser außerordentlich starke Zug besonders kraftvoll in ihrer religiösen Haltung. Die Intensität, mit der sie täglich ihrem katholischen Glauben huldigte, beeindruckte das kleine Mädchen. In den wohlbesuchten Stadtkirchen entwickelte Madame Sklodowska öffentlich eine kompromißlose Güte und Pflichterfüllung. Maria bewunderte ihre Mutter tief wegen dieser Charaktereigenschaften.
Es konnte wohl kein Kind in den 1870er Jahren in Warschau ohne Religion leben. Ihr Einfluß war überall spürbar, und das ist sogar heute noch für jeden offenkundig, der eine polnische Straße entlanggeht. Wenige Meter von Marias Geburtsstätte entfernt befand sich zum Beispiel die barocke Dominikanerkirche, weiß und edel, vor der die weißgewandeten Brüder die weißen und schwarzen Fliesen mit dem Mop reinigten; direkt gegenüber stand die Kirche des Heiligen Geistes: übermäßig verziert mit Reliefs und vergoldeten Statuen; und in den Straßen, die sanft von der Freta zur Vistula abfallen, konnte sie an der Kirche der Nonnen des Heiligen Sakraments vorbeikommen, mit dem langen, rotbedachten Konvent daneben, in den und aus dem schwarzgekleidete Gestalten ihres eigenen Geschlechts glitten, die heiter und gütig ausschauten. Aber für Maria sollte die mystische Erfahrung bald in Konflikt mit dem Rationalismus kommen. Ob der Rationalismus oder die Mystik vorherrschen würde, wurde durch eine Reihe tragischer Vorfälle im Leben der Familie bestimmt. Maria war tief beeindruckt von der vielen Zeit, die ihre Mutter auf Knien in einer Kirchenbank zubrachte, offenbar im Zwiegespräch mit ihrem Gott. Es war ihr aber auch klar, daß hierin eine Barriere in der Vertrautheit zwischen ihr und ihrer Mutter lag. Ehrerbietung der Kinder für ihre Eltern war

Brauch, sie redeten ihre Eltern in der dritten Person an. Aber in dieser Familie gingen die Probleme der Distanz tiefer. Ganz plötzlich bemerkte Maria, daß ihre Mutter es vermied, ihre Kinder zu küssen oder zu umarmen. Die Mutter befürchtete – wie sich herausstellte, zu Recht –, daß sie an den ersten Symptomen der Tuberkulose litt.

Die Kälte innerhalb der Familie mag in den 1870er Jahren grausam und unnötig gewirkt haben, wenngleich sie als ein vernünftiges Verfahren erschien und der Zeit voraus war. Aber die Wirkungen der Distanz, in der die »leidenschaftlich bewunderte« Mutter sie hielt, waren tief; nie war Maria später in der Lage, menschliche Nähe leicht zu akzeptieren. Ein zweitrangiges aber doch wichtiges Problem für Sklodowski bestand darin, daß die Armut immer deutlicher wurde und nun plötzlich zutage trat, als er das Geld auftreiben mußte, um seine Frau in teure französische Sanatorien zu schicken. Es sollte jedoch noch schlimmer kommen, als ein Typhus-Ausbruch unter den Schülern auf die Sklodowskis übergriff. Unter den Opfern war das älteste Kind, Sofia, die Anfang 1876 starb. Und bald zeigte sich Mme Sklodowskas Tuberkulose mit schlimmeren Symptomen. Die anfängliche Lethargie wurde zur Müdigkeit, das heisere Husten häufiger; das Blut auf dem Taschentuch erschreckte die älteren Kinder, die wußten, was die Flecken bedeuteten. Sie starb zwei Jahre nach ihrem ältesten Kind. Zum zweiten Mal in ihrem kurzen Leben saß Maria mit der Familie zusammen und schaute zu, wie ein katholischer Priester das Sterbebett verließ.

Ob die viktorianische Haltung dem Tod gegenüber als gesund zu bezeichnen war, ist in den Debatten der Psychologen und Psychiater ein diskussionswürdiges Problem. Ein Zeitalter, das aus dem Trauern eine Notwendigkeit, ja einen Fetisch machte, mit schwarzen Vorhängen an den Fenstern, schwarz verschleierten Frauen und schwarz umrandetem Schreibpapier, verlängerte jedoch sicherlich den Schmerz. Für Sklodowski selbst bedeutete der Verlust eine Katastrophe. Unter den Kindern war das jüngste, die jetzt zehnjährige Maria, am schlimmsten betroffen. Die Trauerzeit schleppte sich mehrere Jahre lang hin, und ihre Wirkungen hafteten zu lange an Vater und Tochter.

Dies bewirkte, daß der Rationalismus, den sie von ihrem Vater gelernt hatte, mit dem Mystizismus in Konflikt geriet, in den die Mutter sie eingeführt hatte. Logisch konnte Maria nicht verstehen, was eigentlich ihre Mutter so tief berührt und beeinflußt hatte. Der Tod machte ihren Vater, wie sie jetzt sah, vorzeitig zu einem alten Mann. Die verschwenderisch zelebrierten Auswirkungen der Tragödie gaben schienen war. Comte, der der Soziologie ihren Namen gegeben hatte, erfüllte die jungen Polen mit der Hoffnung, daß eine wissenschaftliche Disziplin die Probleme ihrer Gesellschaft lösen könnte.

Polen war unter dem russischen Stiefel geistig isoliert, und das Eindringen dieser neuen Ideen war herausfordernd und radikal. Eine Gruppe, die sich organisierte, um solche Vorstellungen zu pflegen, nannte sich »Universität« – ein großer Name für eine provinzielle kleine Einrichtung. Wie alle Erziehungsprozesse in Polen außerhalb des russischen Systems mußte sie geheim stattfinden, und diejenigen, die eine Rolle darin übernahmen, taten es mit Gefahr für sich selbst. Die Hörsäle der »Universität« waren Wohnzimmer in Dachgeschoßwohnungen, sicher vor den Augen der Staatspolizei; unter den »Professoren« waren nicht nur wirkliche Lehrer, die ihre Laufbahn, ihren Lebensunterhalt und einen Winter in Sibirien riskierten, sondern auch nur halbwegs qualifizierte Enthusiasten, von denen viele halb entwickelte und manchmal auch nur halbgare Vorstellungen hatten.

Der Lehrplan zeigte, wie wenig die Vorstellungen der Gründer der »Universität« entwickelt waren. Sicherlich schloß er Fächer wie Anatomie und Naturgeschichte ein, aber er sollte auch zu gutem Rhythmus, angenehmem Klavierspiel, etwas poetischer Lektüre oder vielleicht einem kurzen Reisebericht beitragen. Was aber an diesem akademischen Zeitvertreib wohl das Interessanteste war, war das Recht der Frauen, einen Platz darin einzunehmen. Erst in Maria Sklodowskas Geburtsjahr war in England die erste Suffragetten-Gesellschaft gegründet worden, und zwölf Jahre später hatte John Stuart Mill *The Subjection of Women* veröffentlicht. Doch hier in Polen bestand bereits der Hauptteil dieser avantgardistischen, wenn auch leicht lächerlichen Universität aus Frauen – vorwiegend Halbwüchsige mit wenig Verantwortlichkeiten und viel Freizeit, verheiratete junge Frauen fast ohne andere Interessen und die jungen Töchter erfolgreicher bürgerlicher Eltern.

Das Gefühl jedoch, nach verbotenen Früchten zu greifen, gab ihnen einen Eifer, den ein Beobachter, der Romancier Stefan Zeromski, mit einem gewissen Entzücken beobachtete.

»Da waren Fortschrittler und verrückte patriotische Mädchen versammelt, aber ich sah keine Gelehrten. Töchter Warschaus. Ich war von ihrer Aufmachung hingerissen: bescheiden und elegant im Warschauer Stil ... Es war das erste Mal, daß ich selbstbewußte Mädchen gesehen habe, mit denen man ohne den üblichen konventionellen Unsinn sprechen konnte. Sie waren ... so jung, so natürlich, mit gutem und reinem Lächeln auf den Gesichtern. Sie sprachen, ohne zu erröten oder sich zu zieren, und hätten einen nicht durch ein zweideutiges Wort verletzen können.«

Maria Sklodowska gehörte mit zu denen, die von diesen Kreisen angezogen wurden. In Begleitung ihrer ältesten Schwester und ihrer Freundinnen stieg sie die Treppen zu den Dachkammer-Hörsälen hinauf und erlebte plötzlich mit großen Entzücken, daß sich ihr neue Horizonte des Wissens eröffneten.

Maria hatte ein starkes Konzentrationsvermögen und ein bemerkenswertes Gedächtnis. Sie sammelte Dostojewski, Heine, Musset, Sully-Prudhomme und viele andere, oft in den Originalsprachen. Einige ihrer eigenen polnischen Schriftsteller wie Henryk Sienkiewicz (der später den Nobelpreis erhielt und *Quo Vadis* schrieb) und Boleslaw Prus (einst ein Schüler ihres Großvaters) benutzten den Roman zugleich als Mittel, um ihre Ansichten über den Fortschritt der polnischen Gesellschaft mitzuteilen. Prus, der seine intensiven naturwissenschaftlichen Interessen auf eine recht ähnliche Weise erwarb wie Maria, war ebenfalls stark von der positivistischen Bewegung beeinflußt.

»Wenn eine Kugel auf eine Wand trifft, wird sie aufgehalten und erzeugt Hitze. In der Mechanik wird dieser Vorgang als Umwandlung von Masse in Kraft bezeichnet oder von äußerer Kraft in innere. Etwas ähnliches geschah in Polen nach der grausamen Unterdrückung des Aufstands. Die ganze Nation wachte auf, hörte auf, zu kämpfen und zu konspirieren, und begann, zu denken und zu arbeiten.«

Die Analogien waren manchmal dunkel, aber sie waren aufregend. Und die Anwendung des Positivismus war für einen Heranwachsenden von persönlicher Bedeutung. Der Positivismus ließ nicht daran zweifeln, was Fortschritt bedeutet: die Emanzipation der Frauen, Geschlechtergleichheit in der Erziehung, Ausschaltung der Kirche, das Ende der Diskriminierung der Juden, Abschaffung der Adels- und Klassentraditionen und Schulbildung für die Bauern. Das war das liberale Credo der Jugend in den 1880er Jahren. Ein paar Substantive mehr oder weniger, und das alles unterscheidet sich nur wenig von dem, was das liberale Credo der Jugend in den 1980er Jahren sein wird.

Maria griff nach diesen Ideen und ihren Versprechungen. Im Anschluß an eine Sitzung ihrer »Universität« ging sie mit ihrer Schwester zum Atelier des örtlichen Photographen. Schüchtern posierten sie für eine Photographie. Maria erscheint als ein immer noch pummeliges Mädchen, das langsam hübscher wird, in tapferem Wettbewerb neben ihrer erwachsenen und gertenschlanken Schwester. Schräg über dies Photo schrieb sie in ihrer Begeistung über die neuen Entdeckungen für eine Freundin, die diese Erfahrung geteilt hatte, »für eine ideale Positivistin – von zwei positiven Idealistinnen.«

Der Positivismus hatte seine eigene Ansicht darüber, wie mit sozialen Problemen umgegangen werden sollte. Aber es gab recht andere Anschauungen, die nicht ohne weiteres abgewiesen werden konnten, und Maria muß einigen von ihnen begegnet sein. Der große Apostel des Positivismus war zu jener Zeit der Schriftsteller Alexander Swietochowski. Er gab die Zeitschrift *Prawda* heraus und benutzte sie, um Meinungen über Themen von der Sozialökonomie bis zur Medizin, bekannt zu machen. Und diese Zeitschrift war es auch, die die neuesten Schriften von Marx und Engels bei einer begierigen jungen polnischen Leserschaft einführte. *Das Kapital* war 1873 auf Russisch erschienen. In Polen hatte sich unter den Arbeitern der anwachsenden industriellen Manufakturen eine marxistische Bewegung entwickelt. Die positivistische Haltung einer Versöhnung mit Polens bestehender Situation und einer Bereitstellung wissenschaftlicher Lösungen bedeutete in marxistischen Begriffen bürgerliches Akzeptieren der Sklaverei und Kollaboration mit den Besatzungsmächten. Keine zwei Ideologien konnten einander stärker entgegengesetzt sein.

Für eine informierte und sensible junge Dame, von achtzehn Jahren, waren in einer kleinen Stadt wie Warschau solche Streitfragen unvermeidlich und zweifellos verwirrend. Zu dieser Zeit trug Maria die Farben des positivistischen Banners. Falls die Geheimpolizei des Zaren von der »Universität« wußte, dann kümmerte sie sich jedenfalls nicht viel darum. Aber die neuen marxistischen Sozialisten und das Gespenst der Revolution zogen das rücksichtslose Eingreifen der Russen nach sich. Maria sah zu, wie die neuen Sozialisten ihre Qualen erduldeten. Zweihundert wurden verhaftet. Bald war die öffentliche Exekution wieder an der Tagesordnung. Nach einer Reihe von Gerichtsverhandlungen wurden sieben Männer an die traditionelle Stelle auf dem Hügel zwischen der Warschauer Zitadelle und der Vistula, nicht weit von der Freta-Straße, geführt und erschossen. Von ihrem Anführer, Ludwik Warynski, sagte man, er sei im Gefängnis verhungert.

Polens Unterwerfung durch Rußland schuf einen Strudel, aus dem wieder und wieder Revolutionäre und Märtyrer an die Oberfläche kommen mußten. Das war vorhersehbar. Nicht vorhersehbar war das

Ausmaß, in dem polnische Frauen davon überzeugt waren, daß sie von gleich zu gleich mit den Männern in Wettstreit treten und, wenn nötig Revolutionärinnen und Märtyrerinnen werden könnten. Maria Sklodowska war eine von ihnen. Eine andere war eine kleine, dunkelhaarige junge Jüdin, drei Jahre jünger als Maria, namens Rosa Luxemburg. Wie Maria hatte Rosa eine Neigung zu den Naturwissenschaften. Und wie Maria brachte auch sie der Anblick der sozialen Verhältnisse der polnischen Arbeiter und Bauern dazu, angestrengt über die Mittel nachzudenken, die ergriffen werden müßten, um diese Verhältnisse zu ändern. Wie Maria verließ auch sie Polen, um ihre revolutionäre Arbeit zu tun. Da sie eine überzeugte Marxistin war und die nationalen Ansprüche Polens verachtete, lebte sie in der Nähe der Gewalt und endete durch Mord, ihr toter Körper trieb den Berliner Landwehrkanal hinunter.

Es gibt zu viele Unterschiede zwischen Maria Sklodowska und Rosa Luxemburg, als daß ein längerer Vergleich lohnend wäre. Sicher aber ist, daß ein Teil der Repressalien, der Erfahrungen und Beobachtungen, die Rosa auf Marx zutrieben, ähnlich waren wie die, die etwa zur gleichen Zeit auf Maria einwirkten. Im Alter von achtzehn Jahren war Marias Denken noch formbar, und die nächsten Jahre würden entscheidend sein, um zu bestimmen, ob es, was gut möglich war, von den Schriften jenes anderen backenbärtigen viktorianischen Herrn geformt werden würde, der so eifrig im warmen Lesesaal des British Museum arbeitete.

Marias unmittelbare Zukunft wurde vom Geld bestimmt, oder vielmehr, wie es in ihrer Familie üblich war, durch den Mangel desselben. Ihr Vater war, wie sie ihn beschrieb, »nun gealtert und müde«. In Wirklichkeit war er dreiundfünfzig, vorzeitig alt und vergrämt – er sorgte sich um das Geld für die Ausbildung seiner Tochter und um die Rücklagen für seinen eigenen Lebensabend. Maria, so beschloß er, mußte nun versuchen, ein unabhängiges Leben zu führen. Der Familienberuf des Lehrers sollte sie ernähren. Doch ohne Qualifikationen gab es nur die Möglichkeit, Gouvernante zu werden.

Ende 1885 nahm sie eine Stellung an, die ihr geeignet erschien. Maria Sklodowska bewahrte bis ans Ende ihres Lebens die Erinnerung an ihr unglückliches Gefühl, als sie auf dem Warschauer Bahnhof das Eisenbahnabteil bestieg, das sie an einen Ort bringen sollte, der viele Stunden von ihrer geliebten Familie entfernt war. Als sie traurig beobachtete, wie die Gestalten auf dem Bahnhof kleiner wurden und dann verschwanden, hatte sie keine Ahnung, ob die neuen Horizonte des Wissens, die sich ihr geöffnet hatten, die so leicht aufnehmbaren Emanzipationsvorstellungen und die widersprüchlichen Gesellschaftstheorien, ebenso außer Sicht kommen und verschwinden würden. Im Augenblick mußte sie dem Problem, Geld zu verdienen, entgegensehen.

Der Weg in die Freiheit

Die erste Gouvernantentätigkeit war ein Mißerfolg. Die Juristenfamilie, zu der Maria kam, hing an Werten, die von denen ihrer eigenen Familie vollkommen verschieden waren. Die Beziehungen zwischen der Dame des Hauses und der jungen Gouvernante waren gespannt. Maria hatte das Gefühl, wie eine Gefangene behandelt zu werden. Aber sie war um der Unabhängigkeit willen gekommen, und das wollte sie auch zeigen. Sie lehnte sich gegen ihre Herrin auf und sagte ihr, daß sie die Situation nicht länger ertragen könne. Ihre Meinung über diese Dame und ihren Haushalt brachte sie in einem Brief an ihre Cousine Henrika Michalowska zum Ausdruck.

»Da sie ebenso begeistert von mir war wie ich von ihr, verstanden wir uns wunderbar. Es war eins jener reichen Häuser, wo man in Gesellschaft französisch spricht – das Französisch eines Kaminkehrers –, wo man die Rechnungen ein halbes Jahr lang nicht bezahlt und das Geld zum Fenster hinauswirft, auch wenn man kleinkrämerisch am Öl für die Lampen spart. Sie haben fünf Dienstboten. Sie stellen sich als Liberale hin und sind in Wirklichkeit in finsterster Dummheit versunken. Und schließlich, obwohl sie in süßesten Tönen sprechen, toben Verleumdungen und Skandalgeschichten durch ihre Unterhaltung – Verleumdungen, die auch nicht einen Fetzen an irgendjemandem lassen ...«[1]

Das war der erste Beweis für ihre Willensstärke und ihre Gewohnheit, sie auch anzuwenden. Die Gewohnheit sollte sich entwickeln: der Wille ebenfalls.

Die nächste Familie, die Zorawskis, war wie die erste wohlhabend, aber anders als die erste dazu geeignet, dem scharfen Blick der kritischen jungen Positivistin standzuhalten. Sie schrieb an Henrika Michalowska:

»3. Februar 1886
Ich bin jetzt seit einem Monat bei M. und Mme Zorawski; so habe ich Zeit gehabt, mich in der neuen Stellung zu akklimatisieren. Bis jetzt ist alles gut gegangen. Die Zorawskis sind hervorragende Menschen. Ich habe mich mit Bronka, ihrer ältesten Tochter, angefreundet, was zur Vergnüglichkeit meines Lebens beiträgt. Was meine Schülerin Andzia betrifft, die bald zehn Jahre alt wird, so ist sie ein gehorsames Kind, aber sehr unordentlich und verzogen. Nun, man kann nichts Vollkommenes erwarten …
In diesem Teil des Landes arbeitet niemand; die Leute haben nur ihr Amüsement im Kopf; und da wir uns in diesem Haus ein wenig von der allgemeinen Tanzerei fernhalten, sind wir ein Gesprächsthema für die ganze Gegend. Eine Woche nach meiner Ankunft sprach man schon unfreundlich von mir, weil ich, die ich niemanden kannte, mich weigerte, zu einem Ball in Karwacz, dem Klatschzentrum der Umgebung, zu gehen. Ich bedaure es nicht, denn M. und Mme Zorawski kamen erst am nächsten Mittag um eins von dem Ball zurück. Ich war froh, dieser Erprobung meiner Ausdauer entronnen zu sein, zumal ich mich augenblicklich nicht besonders kräftig fühle.
Wir hatten hier einen Ball an Dreikönig. Ich war dem Anblick einiger Gäste ausgesetzt, die des Stiftes eines Karikaturisten würdig wären, und hatte viel Spaß. Die jungen Leute sind hier höchst uninteressant. Einige von den Mädchen sind einfach Gänse, die nie den Mund aufmachen, andere benehmen sich recht herausfordernd. Es scheint, daß es einige intelligentere gibt. Aber bis jetzt scheint meine Bronka *(Mademoiselle Zorawska, achtzehn Jahre alt)* eine seltene Perle zu sein, in ihrer Vernunft wie in ihrem Verhältnis zum Leben.«[2]
Maria Sklodowska hatte im Alter von achtzehn Jahren bereits strenge Maßstäbe übernommen. Die Enge ihrer Herkunft konnte kaum etwas anderes zulassen. Sie selbst war wirklich bereit, zu geben, und tatsächlich gab sie einen vollen Arbeitstag, obwohl sie nervös und nie physisch stark war. Mit Bronka arbeitete sie vier Stunden am Tag, und mit der zehnjährigen Andzia drei.
Die Zorawskis waren eine gutaussehende Familie. Besonders Bronka und Andzia bildeten ein hübsches Paar. Drei Söhne wurden in Warschau erzogen, und es gab noch zwei jüngere Kinder. Der Vater verwaltete ein großes Gut, baute eine beträchtliche Menge Zuckerrüben an und war an der Fabrik beteiligt, die Zucker daraus machte. Maria fand ihn altmodisch – vielleicht wie ihren Vater – und sympathisch.

Madame Zorawska war weniger einfach im Umgang, sie hatte Launen und zeigte sie häufig, aber sie war früher selbst Gouvernante gewesen und stellte eine gute Beziehung zu der neuen Lehrerin ihrer Kinder her. Zweifellos konnte sie keinen Fehler in der Gewissenhaftigkeit des jungen Mädchens finden, die allerdings beinahe zum Puritanischen neigte. Selbst die in Anbetracht ihres Reichtums zurückhaltende Lebensweise der Zorawskis war für Maria Sklodowska noch etwas zu locker.

Sie schrieb an Henrika:

»5. April 1886

Ich führe ein Leben wie es in meiner Lage üblich ist. Ich gebe meine Stunden und lese ein wenig, aber es ist nicht leicht, denn die Ankunft neuer Gäste bringt dauernd meine normale Zeiteinteilung durcheinander. Manchmal stört mich das erheblich, denn Andzia gehört zu jenen Kindern, die begeistert jede Arbeitsunterbrechung ausnutzen, und hinterher läßt sie sich überhaupt nicht wieder zur Vernunft bringen ...

... Unterhaltung in der Gesellschaft? Klatsch und wieder Klatsch. Die einzigen Gesprächsthemen sind Nachbarn, Bälle und Feste. Was das Tanzen betrifft, so müßte man im weiten Umkreis suchen, um bessere Tänzerinnen zu finden als die jungen Mädchen dieser Gegend. Sie alle tanzen vollendet. Deswegen sind sie noch keine schlechten Geschöpfe, und manche von ihnen sind sogar intelligent, aber ihre Erziehung hat in nichts dazu beigetragen, ihr Denken zu entwickeln, und die dummen, unablässigen Feste hier haben schließlich alles an ihnen vergeudet, was geistreich war. Was die jungen Männer betrifft, so gibt es einige nette, die sogar etwas intelligent sind ... Gleichermaßen für die Jungen wie die Mädchen sind Wörter wie »Positivismus«, »Swietochowski«, »die Arbeiterfrage« Gegenstände der Abneigung – sofern sie solche Wörter überhaupt schon einmal gehört haben, was unüblich ist.«[3]

Henrika kannte nun die Ansichten ihrer Cousine Maria über die angemessenen Gesprächsstoffe für intelligente junge Frauen. Offenbar war sie ebenfalls mit dem Zustand von Marias Nerven vertraut. In demselben Brief schrieb Maria von den Schwierigkeiten, die sie mit ihrer zehnjährigen Schülerin Andzia hatte:

»Heute hatten wir wieder eine Scene, weil sie nicht zur üblichen Zeit aufstehen wollte. Zum Schluß mußte ich sie ruhig bei der Hand nehmen und aus dem Bett ziehen. Innerlich war ich am Kochen. Du kannst dir nicht vorstellen, was mir solche kleinen Wesen antun: ein solcher Unfug kann mich für mehrere Stunden krank machen. Aber ich mußte sie schließlich kleinkriegen ...«[4]

Ihr soziales Gewissen ließ sie jedoch nicht lange ruhen. In dem Dorf Szczuki, wo die Zorawskis lebten, fand sie eine Situation vor, die verlangte, die idealistischen gesellschaftlichen Prinzipien, die sie in Warschau so erregt aufgenommen hatte, in die Tat umzusetzen. Sie entschloß sich zu dem Versuch, eine Schule für die Kinder der Landarbeiter von Zorawskis Rübenplantagen und die Kinder der Arbeiter in der Zuckerfabrik aufzuziehen. Das hatte sie vor, obwohl sie täglich sieben Stunden am Tag mit den Kindern der Zorawskis arbeiten mußte, und eine zusätzliche Stunde mit dem Sohn eines Arbeiters, den sie auf die Schule vorbereitete.

Die Zorawskis stimmten ihrem Plan zu und erlaubten sogar, daß ihre älteste Tochter dabei half, obwohl sie sich des Umstandes bewußt waren, daß die ganze Angelegenheit gesetzwidrig war; falls die russischen Behörden erfahren würden, was hier vorging, waren polizeiliche Vergeltungsmaßnahmen zu erwarten. So nahm nun Maria zusätzlich zu ihren regulären täglichen Verpflichtungen zehn Bauernkinder für zwei weitere Stunden an. Sie unterrichtete sie in ihrem eigenen Zimmer, zu dem sie, ohne die Zorawskis zu stören, auf einer separaten Treppe vom Hof her hinaufkommen konnte. Im Dezember 1886 hatte sich ihre Klasse auf achtzehn Kinder vergrößert, und an Donnerstagen und Samstagen unterrichtete sie sie manchmal fünf Stunden lang.

Zu diesem Zeitpunkt ihres Lebens erkannte sie das Ausmaß der Ungleichheit in den Lebensformen Polens. Sie ging in den Bauernhütten ein und aus, in denen Familien mit zehn, zwölf oder mehr Kindern lebten, das einzig Wärmende war eine Atmosphäre der Hoffnungslosigkeit. Sie kannte auch die Namen der Arbeiter in der Zuckerrübenfabrik, die, mit welcher paternalistischen Einstellung auch immer, den weitaus größeren Teil der 24 Stunden, die den Tag ausmachen, ausgebeutet wurden, um Profite zu produzieren, die den Abstand zwischen ihnen und ihren Fabrikherren weiter vertieften.

Maria Sklodowska hatte sowohl die Erziehung gehabt als auch Erfahrungen gemacht, aufgrund derer sie sich leicht in dieselbe Richtung hätte entwickeln können wie ihre Landsmännin Rosa Luxemburg. Wenn sich eine gebildete junge Frau jemals Marx zuwenden sollte, war der Zeitpunkt für Maria gekommen. Sie tat es jedoch nicht. Ihr leidenschaftlicher Nationalismus, ihre Liebe zu Polen widersprachen der Rigorosität des Marxismus und seiner Betonung des Internationalismus. Aber es gab noch etwas anderes, etwas Wichtigeres, was sie ablenkte. Sie hatte ganz einfach die Naturwissenschaft entdeckt.

Trotz ihrer schweren Arbeitsbelastung, trotz ihrer nervösen Unpäßlichkeiten und ihrer Hypochondrie hatte Maria gewaltige Reserven an körperlicher und geistiger Energie. Ihre Arbeit ließ ihr an vielen langen Winterabenden freie Zeit; diese wurden nicht vergeudet, und schon gar nicht in der Weise, der die Mädchen ihrer Gesellschaftsklasse den Vorzug gaben. Sie war in der Gewohnheit, sich selbst zu unterrichten, erzogen worden, und auf diese Weise sollte sie ihre Freizeit verbringen. Der Positivismus hatte ihr eine wundervolle, unbekannte Welt eröffnet; er hatte sie mit neuen Perspektiven der europäischen Literatur, der polnischen Literatur, der Naturwissenschaft und der Soziologie bekannt gemacht. Nun wählte sie in der ihr eigenen eklektischen Art aus, was davon gut für sie sein könnte. Zu ihrer Lektüre in dieser Zeit gehörten der erste Band von Daniels *Physik,* Spencers *Soziologie* (auf Französisch), Paul Bers *Lektionen in Anatomie und Physiologie* (auf Russisch).

Am stärksten war sie von Physik und Mathematik begeistert. Sie verfügte über die Konzentration und Ausdauer, um dem ersten Ansturm des Neuen standzuhalten. In dem kleinen, über eine Außentreppe zugänglichen Zimmer, in einem abgelegenen polnischen Dorf begann sie wirklich mit dem, was die Arbeit ihres Lebens werden sollte. Und für diese neue Leidenschaft wachte sie eifersüchtig über jede nutzbare freie Stunde. Wenn ein Abend durch ihre Pflichten im Haushalt Zorawski besetzt war, stand sie dafür um sechs Uhr früh auf. Wenn sie wegen gesellschaftlicher Pflichten verlangt wurde, gab sie ihre Zeit nur widerwillig her. Als sie einmal gebeten wurde, als Vierter an einem Kartenspiel teilzunehmen, empfand sie die unschuldige Aufforderung voll tiefen Vorwurfs als schändlichen Eingriff in die Zeit, die sie nützlich zum Wissenserwerb hätte verwenden können. Die Leidenschaft reichte tief.

Zu dieser Zeit hörte sie, daß Bronia, ihre älteste Schwester, den Schritt getan hatte, der Maria letztlich den Weg zu einem anderen und umfassenderen Leben zeigte. Bronia war überzeugt von der Idee, Medizin zu studieren. Nirgends in Polen konnte sie studieren, und so war sie auf Paris verfallen. In dieser Entscheidung lag für die ganze Familie etwas Atemberaubendes. Zunächst ergab sich daraus ein weiteres finanzielles Trauma für die Familie.

Seit einiger Zeit schon hatten die älteste und die jüngste Schwester geplant, sich gegenseitig zu helfen. Jetzt war der Augenblick dazu gekommen, und die jüngste mußte das Opfer bringen. Das Geld, das Ma-

ria nach Hause schickte, würde von Bronias Aufenthalt in Paris aufgezehrt werden. Wenn Bronia ihre Ausbildung abgeschlossen haben und etwas verdienen würde, sollte die Unterstützung umgekehrt werden: Maria konnte dann wählen, wie sie ausgebildet werden wollte.
Maria schien dies Vorhaben idealistisch, aber durchführbar, und daher war sie begeistert. Aber sie hatte nicht mit dem schlimmsten Feind gerechnet – der Zeit. Ihre eigene Zukunft schien ein Lebensalter entfernt zu liegen. Als erst einige Monate vergangen waren, mußten sie ihr als eine Ewigkeit erschienen sein. Das abgeschlossene Leben in der Dorfgemeinschaft, die Beschränkungen eines Gouvernantenlebens, wie liberal der Haushalt auch sein mochte, die begrenzte Reichweite der täglichen Kontakte – und ihre eigene Persönlichkeit, nervös, kritisch, rasch isoliert – verwandelten den anfänglichen Optimismus in verbitterte Selbstbetrachtung. Der Unterton ihrer Briefe fing an, sich zu ändern. Mit achtzehn war das Leben ein Himmel gewesen, mit neunzehn war es in melodramatischer Weise tragisch. Im Dezember 1886 schrieb sie an ihre Cousine Henrika:
»... Meine Pläne für die Zukunft? Ich habe keine, oder sie sind vielmehr so gewöhnlich und einfach, daß es sich nicht lohnt, darüber zu sprechen. Ich denke, so gut durchzukommen, wie ich kann, und wenn ich nicht mehr tun kann, sage ich dieser gemeinen Welt Lebewohl. Der Verlust wird gering sein, und die Trauer um mich kurz – so kurz wie um so viele andere.«[5]
Offenkundig unterbrach sie die Arbeit, um an ihrem imaginären Grab zu stehen, während ein imaginärer Sarg darin versenkt wurde, betrauert allein von den salzigen Tränen einiger Bauernkinder. Das war nichts Ungewöhnliches in diesem jugendlichen Entwicklungsstadium. Und auch nicht das nächste Stadium, das Melodrama und Tragödie verstärkte.
»... Manche Leute meinen, trotz allem sei ich verpflichtet, durch jenes Fieber hindurchzugehen, das man Liebe nennt. Das gehört jedoch absolut nicht zu meinen Plänen. Wenn ich je andere hatte, so sind sie in Rauch aufgegangen; ich habe sie begraben; ich habe sie verschlossen, versiegelt und vergessen – denn du weißt, daß Wände noch immer stärker sind als die Köpfe, die gegen sie anrennen wollen ...«[6]
Die offenkundig richtige Deutung dieser Sätze besteht darin, daß Maria Sklodowska sich verliebt hatte. Der vorhersehbare Gegenstand ihrer Zuneigung war der Sohn des Hauses. Kazimierz Zorawski, das älteste Kind, sah ebenso gut aus wie Marias Schülerinnen. Mit blondem

Haar und gestutztem Schnurrbart machte er eine blendende und elegante Figur im Geschmack seiner Zeit, wenn er von seinen Warschauer Studien aufs Land zurückkehrte. Nun hatte Maria jemanden in ihrer eigenen Generation, der ihr intellektuell gleichberechtigt war. Er kam frisch aus der Hauptstadt mit all ihren Neuigkeiten und stellte eine Verbindung zu ihren fortschrittlichen Einstellungen her. Überdies war sein Studienfach dasselbe, das sie seit kurzem aufgenommen hatte. Und sie war für ihn eine bemerkenswerte Ergänzung der gewohnten ländlichen Scenerie, zweifellos intelligent, und zweifellos heiratsfähig.

Marias häuslicher Hintergrund, ihr Umgang, die Ablehnung physischen Kontaktes, der strenge Kodex des Benehmens zwischen den Geschlechtern, der in der Mittelklasse von ihresgleichen erwartet wurde, all das trug dazu bei, daß Maria schlecht auf diese entnervende Erfahrung vorbereitet war. Als junge Gouvernante befand sie sich gesellschaftlich in einer unterlegenen Stellung, was diese bereits hinreichend komplizierte Beziehung noch zusätzlich verwirrte. Wie auch immer die Details der Romanze beschaffen sein mochten, sie entwickelte sich jedenfalls zu voller Blüte. Es war sogar von Heirat die Rede. Doch dann flatterten die Blütenblätter traurig zu Boden. Der Grund, der für den Abbruch der Beziehung angegeben wurde, war, daß Kazimierz' Eltern für ihren Sohn und Erben eine bessere Partie erwarteten. Das Verhältnis hinterließ seine Spuren in Maria. Es war ihre erste Liebesgeschichte, und das Ende war schmerzlich. Erst sechs Jahre später hatte sie wieder die Gelegenheit für eine solche Erfahrung.

Die Zeit, die sie noch bei den Zarowskis verbringen mußte, machte auf Maria jetzt den eisigen Eindruck einer Gefängnisstrafe. Schon mit zwanzig Jahren wurde sie verbittert. Sie hatte Heimweh, sehnte sich nach ihrem Vater – aber wenigstens mit dem Trost, daß auch er sich nach ihr sehnte. Sie wünschte sich, zu ihm zurückzukehren, und zurück zu dem, was sie jetzt »meine Unabhängigkeit« nannte. Am 10. Dezember 1887 teilte sie Henrika mit: »Der arme Mann vermißt mich sehr; er hätte mich gern zu Hause; er sehnt sich nach mir! ... Sobald es möglich ist, werde ich Szczuki verlassen, ich werde nach Warschau ziehen, eine Stelle an einer Mädchenschule annehmen und den Rest des Geldes, das ich brauche, durch Stundengeben verdienen. Das ist alles, was ich mir wünsche. Das Leben ist es nicht wert, daß man sich Sorgen darüber macht.«[7]

Im folgenden März schrieb sie an ihren Bruder Jozef und teilte ihm mit, wie sehr sie sich nach Warschau sehnte, und wie deprimierend das alte Problem geworden war, nie Geld zu haben. Die einst heitere Atmosphäre des Haushalts in Sczcuki war geschwunden, die Beziehungen waren säuerlich geworden, und die »hervorragenden Menschen« von vor zwei Jahren hatten andere Charakteristika angenommen, zu denen die Verfolgung – wirklich oder eingebildet – ihrer jungen Gouvernante gehörte. Sie erzählte Jozef: »Ich will nicht von meinen Kleidern sprechen, die abgetragen sind und der Pflege bedürfen – aber auch meine Seele ist abgetragen. Ach, wenn ich mich nur für ein paar Tage dieser eisigen Atmosphäre der Kritik entziehen könnte, der unablässigen Überwachung meiner eigenen Worte, meines Gesichtsausdrucks, meiner Gesten! ... Wenn ich nicht an Bronia denken müßte, würde ich in eben diesem Augenblick meinen Abschied von den Zorawskis nehmen und mich nach einer anderen Stelle umsehen, auch wenn diese hier so gut bezahlt ist.«[8]

Der Sommer trug nicht zur Verbesserung der Lage bei. Ihre nervösen Probleme kehrten wieder, wie sie mitteilte in einem Brief an ihre alte Schulfreundin Kazia im Oktober. Die Neuigkeit von Kazias Verlobung war der Anlaß für eine gewisse Selbstdramatisierung und ein nicht geringes Selbstmitleid. »Du erzählst mir, daß du gerade die glücklichste Woche deines Lebens verbracht hast; und ich habe in diesen Ferien Wochen durchgemacht, wie du sie nie kennenlernen wirst. Einige Tage waren sehr hart, und das einzige, was die Erinnerung daran ein wenig besänftigt, ist, daß ich trotz allem ehrenhaft durchgekommen bin, mit erhobenem Kopf.«[9]

Drei Jahre hatten sich nun dahingeschleppt. Die Hornhaut über ihren Empfindlichkeiten war nirgends stark genug, um sie für so lange Zeit zu schützen. Die Spuren, die die Erfahrung hinterlassen hatte, waren tief und dauerhaft. Nun setzte eine trübsinnige Selbstanalyse ein. Im November 1888 schrieb sie an ihre Cousine Henrika:

»... Ich frage mich, ob du, wenn du mich siehst, meinen wirst, daß die Jahre, die ich gerade unter menschlichen Wesen verbracht habe, mir gut getan haben oder nicht. Jedermann sagt, daß ich mich während meines Aufenthaltes in Sczcuki stark verändert habe, physisch und geistig. Das ist nicht überraschend. Ich war kaum achtzehn, als ich hierher kam, und was habe ich nicht alles durchgemacht! Es hat Augenblicke gegeben, die ich sicherlich unter die unglücklichsten meines Lebens zählen werde ... Ich empfinde alles sehr heftig, mit physischer Gewalt, und dann gebe ich mir selbst einen Stoß, die Kraft meines Wesens siegt, und es scheint, daß ich aus einem Albtraum herauskomme ... Erstes Prinzip: nie das eigene Selbst von Menschen oder Ereignissen niederschlagen lassen.«[10]

Ihr Vertrag mit den Zorawskis sollte im Sommer 1889 enden. Während der kalten und einsamen Anfangsmonate des neuen Jahres zählte sie die Wochen bis Ostern, denn zu diesem Zeitpunkt hoffte sie auf eine Entscheidung über eine neue Gouvernantenstelle – in Warschau. Und nachdem sie diese erhalten hatte, zählte sie ungeduldig die Tage des Frühlings, bis sie ihren letzten Blick auf das zurückwerfen konnte, was sie jetzt als »provinzielles Loch« etikettierte.

Die Arbeit in Warschau dauerte nur ein Jahr lang, und das ging rasch vorbei. Am Ende des Jahres beschloß sie, zu ihrem Vater zurückzukehren. Der finanzielle Druck, der auf Sklodowski und daher auf Maria lastete, hatte sich gelockert. Um seiner Pension eine Aufbesserung hinzufügen, hatte er die Direktorenstelle einer Besserungsanstalt in der Nähe von Warschau angenommen. Die Arbeit gefiel ihm nicht, aber für jemanden, der sich seit zwanzig Jahren jeden Tag darüber Sorgen gemacht hatte, wie der nächste bezahlt werden sollte, bot das Gehalt einen Ausgleich. Maria selbst war in der Lage, Arbeit durch Privatunterricht zu finden, sodaß das gemeinsame Familieneinkommen höher wurde als in früheren Jahren. Bronia konnte in Paris von ihrem Vater finanziert werden, und Maria begann, etwas für ihre eigene Zukunft zurückzulegen.

Nicht zuletzt bestand das Vergnügen nach der Rückkehr nach Warschau darin, die Verbindungen zu den Freunden, die sie an ihrer »Universität« kennengelernt hatte, neu zu knüpfen. Ihr Exil auf dem Lande hatte sie räumlich von ihnen getrennt, und ohne ihre Diskussionen über Ideen und Werte war sie verwirrt und niedergeschlagen gewesen. Nun war sie zurück, und sie waren immer noch da, immer noch mit strahlenden Augen und frischen Wangen, immer noch trafen sie sich in kleinen Gruppen in ruhigen Wohnungen, immer noch waren sie voll Hoffnung und Enthusiasmus. Polens Zukunft lag für sie, wie sie sagten, in der Entwicklung der »geistigen und moralischen Stärke der Nation.«[11]

Das waren Ziele, mit denen sie sich vollständig identifizieren konnte. Aber während dieser Monate begann auch ihre Leidenschaft für die Naturwissenschaft recht eigentlich Feuer zu fangen. »Denk dir nur,« hatte sie im Oktober 1888 an Jozef geschrieben, »Chemie lerne ich aus einem Buch. Du kannst dir vorstellen, wie wenig ich davon habe, aber was soll ich machen, da ich doch keinen Platz für Experimente oder praktische Arbeit habe?«[12] Aber jetzt in Warschau fand sie einen Platz. Ihr Cousin Jozef Boguski hatte das von ihm hochtrabend so genannte »Museum für Industrie und Landwirtschaft« gegründet. Der Name diente dazu, den Umstand zu verbergen, daß es sich in Wirklichkeit um ein weiteres heimliches Lehrinstitut in Warschau handelte. Dazu gehörte ein kleines Laboratorium mit Apparaten für einfache Experimente der Physik und Chemie. In der Zeit, die sie an Sonntagen und Abenden erübrigte, konnte Maria sich hier die einfachen Handgriffe der praktischen Wissenschaft selbst beibringen: wie man mit einem Lötkolben und einem Kohlenstift umgeht, mit einem Blattgoldelektroskop spielt, ein Thermometer handhabt, wirklich eine klare Flüssigkeit aus einer schmutzigen Mischung destilliert. Sie fand eine Befriedigung darin, die sie bei der Lektüre ihrer Bücher nicht erwartet hatte. Später schrieb sie über die Erfahrung dieser wenigen Monate: »Obwohl ich gelehrt wurde, daß der Weg des Fortschritts weder glatt noch leicht ist, bestätigte mich dieser erste Versuch in meinem Sinn für die experimentelle Forschung.«[13]

Es gab auch noch andere Faktoren, die ihr Interesse verstärkten. In dem Laboratorium traf sie auf Männer, die ganz selbstverständlich von legendären Wissenschaftlern des 19. Jahrhunderts sprachen. Ihr Cousin Boguski konnte sich rühmen, in Sankt Petersburg Assistent des großen russischen Biologen Mendelejew gewesen zu sein. Ein anderer unter ihren Lehrern am Museum, Napoleon Milicer, war Schüler von Robert Bunsen gewesen. Das waren ferne, aber atemberaubende Verknüpfungen für ein sensibles Mädchen.

Es gab freilich auch andere Begegnungen. Kazimierz Zorawski erschien kurz während eines Urlaubs. Was immer für ein Kontakt stattgefunden haben mag, welche Saiten des Herzen angeschlagen, welche bitteren Vorwürfe oder angenehmen Erklärungen vorgebracht worden sein mögen, es gab keine Versöhnung. Die Demütigung blieb. Aber auch Kazimierz muß angerührt gewesen sein. Es gibt noch Warschauer Bürger, die sich erinnern, wie er als alter Mann, Mathematikprofessor am Warschauer Polytechnikum, oft still und nachdenklich vor einer der Statuen von Maria Sklodowska saß.

Viele Monate waren nun seit dem März 1890 vergangen, als ihre Schwester Bronia ihr dringlich geschrieben hatte, sie solle alle Bedenken über Bord werfen und nach Paris kommen. Bronia, eine praktische und einfache Frau, hatte sich mit einem zehn Jahre älteren Medizinstudenten namens Dluski verlobt. Sie konnten Maria für ihr erstes Studienjahr an der Sorbonne eine Wohngelegenheit zur Verfügung stellen. Bronia, mit einem praktischen Blick für die Wechselkurse, hatte ihrer Schwester sogar geraten, ihre Ersparnisse in Francs umzutauschen, da der Kurs gerade günstig sei. Maria zögerte, machte eine weitere kurze Phase von Schwermut und Selbstbetrachtung durch und vermied dann eine Entscheidung mit der Entschuldigung, der Vater brauche sie in Warschau.

Anderthalb Jahre später schrieb Bronia, obwohl sie inzwischen schwanger war, und wiederholte ihr Angebot. Wiederum warf der Brief Maria in Grübeln und Depression zurück, diesmal aber begleitet von einem ihrer »nervösen« Anfälle. Es war mehr als ein kindliches Herzklopfen der Aufregung: sie war nahezu 24 Jahre alt. Sklodowski schrieb an Bronia, ihr Brief habe Maria in einen fiebrigen Zustand gestürzt. Einige Tage später jedoch erhielt Bronia einen typisch abrupten Brief:

»Jetzt, Bronia, bitte ich dich um eine endgültige Antwort. Enscheide, ob du mich wirklich in deinem Haus aufnehmen kannst, denn ich kann jetzt kommen. Ich habe genug, um meine Ausgaben zu bestreiten. Wenn du mir also, ohne dich selbst zu sehr zu berauben, Essen geben kannst, schreib mir und sag es mir.«[14]

Wiederum war der Brief dramatisch und nicht ohne Selbstmitleid im Hinblick auf die »grausamen Kämpfe«, die der vergangene Sommer Maria aufgezwungen hatte. Aber in ihren Worten war nur scheinbarer Widerstand. Sie hatte die wichtigste Entscheidung gefällt. Nach wenigen Tagen verstaute sie Koffer und Taschen in der Gepäckablage eines Abteils der dritten Klasse. Gerade rechtzeitig konnte sie Paris zum Beginn der Kurse des ersten Vierteljahres an der Sorbonne erreichen.

Der kleine Mann – ihr Vater –, der auf dem Warschauer Bahnhof stand, zuschaute, wie der Zug hinausdampfte, und mit trauriger Hand der Jüngsten aus seiner Familie nachwinkte, muß sich gefragt haben, ob seine Entscheidung klug war, sie so gehen zu lassen. Sicher war sie kein Kind mehr und konnte selbst denken. Aber sie war eine eigenartige Mischung: von wirren und verwirrenden Idealen, von Schüchternheit und Hartnäckigkeit, von Scharfsinn und Naivität. Mit vierundzwanzig war sie intellektuell unterentwickelt. Bei der Unangemessenheit ihrer Erziehung war auch nichts anderes zu erwarten. Aber sie hatte sich in die Idee geistiger Errungenschaften um ihrer selbst willen verliebt.

Physisch war Maria noch immer füllig, wobei die Kurven nach der

Mode der Zeit durch die Wespentaille des Korsetts hervorgehoben wurden. Das Haar war auf dem Kopf hochgesteckt und in lockigen Fransen nach vorn gebürstet. Sie war einfach, aber wenn die Rundlichkeit verschwinden würde, konnte sie hoffen, eine vornehmere Erscheinung abzugeben. Aber was ihre körperliche Erscheinung verbarg, war ein für eine Frau, die vom Erziehungssystem des unterdrückten Landes in den 1880er Jahren geprägt war, einzigartiges Charakteristikum: das des Ehrgeizes.

In einem Brief an ihren Bruder Jozef hatte sie einst geschrieben: »Du wirst dich nicht wundern, wenn du hörst, daß ich furchtbar leide, da jetzt, wo ich alle Hoffnung verloren habe, jemals etwas zu werden, all mein Ehrgeiz auf Bronia und dich übergegangen ist.«[15]

Tatsächlich hatte sie, als sie davon schrieb, die Existenz dieses Ehrgeizes anerkannt. Aber Ehrgeiz wonach? Die Zukunft, auf die sie durch das Fenster des Zuges an diesem Herbsttag schaute, war auf eine einzige Sache hin ausgerichtet: eine richtige naturwissenschaftliche Universitätsausbildung.

Es war ihre Umwelt – die strenge Erziehung, der unregelmäßige Unterricht, die finanzielle Not, gemischt mit wirklicher oder eingebildeter gesellschaftlicher Demütigung – die Maria Sklodowska ihre eiserne Unabhängigkeit und ihren Ehrgeiz vermittelten. Der Zufall hätte sie auch auf einen ganz anderen Weg führen können als auf den der transkontinentalen Dampfeisenbahn nach Paris, hätte sie bald zurück ins russisch beherrschte Polen bringen können. Doch ihren Charakter konnte der Zufall jetzt nicht mehr ändern; der war geformt und unveränderlich gefestigt, bevor sie sich mit ihren Taschen zu einem Bahnsteig des Gare du Nord durchkämpfte.

Studien in Paris

Das Beharren auf einem demonstrativ freiheitlichen Geist gab dem Paris von 1891, das die materielle Sicherheit einer zuversichtlichen, friedlichen Epoche auszustrahlen schien, einen Ausdruck von Heiterkeit und sichtlicher Frivolität. Maria Sklodowska erschien in dieser Atmosphäre wie ein Gänseblümchen im Treibhaus. Alles stand in so offensichtlichem Kontrast zu ihrer früheren Erfahrung. Ein flüchtiger Blick auf die Obszönitäten unterhalb der fadenscheinigen Oberfläche einer

Gesellschaft schockierten den Neuling einer behüteten Herkunft, aber auch die architektonischen Eigenarten der Stadt waren atemberaubend. Für einen Besucher im Jahre 1891 wäre es schwer gewesen, zu glauben, daß erst zwanzig Jahre zuvor Rauchschwaden und bitterer Brandgeruch über den Ruinen der Commune und des geplünderten Paris gehangen hatten.

Jetzt waren die Narben nicht mehr sichtbar. Die kosmetischen Operationen, die Haussmann für die Königin der Städte nach dem Fall des Zweiten Kaiserreichs geplant hatte, waren endlich vollendet, und die Schönheit, die daraus entstanden war, konnte nicht bestritten werden, selbst von denen nicht, die die unglaublichen Kosten des Unternehmens kritisierten. Haussmanns breite Boulevards schmeichelten dem Auge, und die Gediegenheit, der Glanz der Gebäude, welche die Boulevards säumten, bezeugte die Gesundheit der Hauptstadt.

Maria Sklodowska kam aus einer Umgebung, wo die äußere Erscheinung wenig zählte. Naiv suchte sie nach dem, was unter dem oberflächlichen Glitzern lag. Der freiheitliche Geist dieser Gesellschaft, zusammen mit dem schimmernden Äußeren und einigen deutlichen Unvollkommenheiten, stellte einen fruchtbaren Boden dar, in dem Kreativität gedeihen konnte. Und sie strebte danach, einige Wurzeln in ihn zu senken. Die erstaunlichen Produkte waren überall anwesend, wenn auch nicht immer sofort als solche anerkannt. Erst drei Jahre zuvor war César Francks erste Symphonie aufgeführt worden, man beschrieb sie als den Tod der klassischen Harmonie; doch wenige Jahre später sollte ihm ein Denkmal errichtet und sein monumentales Werk als »Klangkathedralen« bezeichnet werden. Drei Jahre davor hatte ein Journalist, der ein Bild von Claude Monet betrachtete, es in unkluger Intoleranz als »Impressionismus« bezeichnet und mußte erleben, daß dies Wort alles, was er sonst je geschrieben, überlebte. Sogar der Journalismus selbst, dies kurzlebige Medium, das die vergängliche und offenkundig frivole Gesellschaft spiegelte, bereitete den Boden für das Wachstum einer dauerhaften Kreativität. Wenn das polnische Mädchen (was zweifellos ganz außerhalb ihrer Persönlichkeit lag) am Sonntag nach ihrer Ankunft in Paris, eine der pikant illustrierten wöchentlichen Zeitungsbeilagen für zwanzig Centimes gekauft hätte, so hätte sie darin Kurzgeschichten von Zola, Maupassant oder Prévost lesen können.

Ironischerweise war das Geistesgebiet, das Maria Sklodowska sich selbst erwählt hatte, zur Zeit, als sie in Paris ankam, gerade dasjenige, das auf die eigenen oder ausländischen geistigen Antriebe am wenigsten reagierte. Es ist wahrscheinlich, daß sie, wäre sie in den Vorteil einer zeitgemäßen und gut informierten Beratung gekommen, bevor sie ihre Heimatstadt verließ, nicht in Paris gelandet wäre, sondern in Berlin, Heidelberg, London oder Cambridge.

Gerade in Frankreich standen die Biologen dem, was vielleicht die weitestreichende Einzelhypothese des Jahrhunderts war, Darwins Evolutionstheorie, am feindlichsten gegenüber. Keine andere wissenschaftlich entwickelte Nation schloß ihre Augen mit derartiger Entschiedenheit vor deren Evidenz. Vielleicht lag der Grund für die Stärke des Widerstands darin, daß Darwin die französischen Ansichten widerlegte. Cuvier zum Beispiel glaubte an eine historische Genesis, und Lamarck beharrte darauf, daß tierische und menschliche Eigenschaften, die von einer Generation während ihrer Lebenszeit erworben waren, der nächsten weitergegeben werden konnten. Beide Theorien hätten aufgegeben werden müssen, wenn man den nackten Tatsachen des Darwinismus ins Gesicht gesehen hätte.

Am erstaunlichsten war vielleicht, daß selbst der hervorragendste französische wissenschaftliche Kopf jenes Jahrhunderts, Louis Pasteur, zögerte, den Darwinismus anzuerkennen. Aber wenn Pasteur auch eine Neigung zum wissenschaftlichen Konservativismus zeigte, so waren seine Errungenschaften doch ein starker Ausgleich dafür. Maria Sklodowska kam nach Paris, als seine erstaunliche Kreativität sich erschöpft hatte und sein Leben zu Ende ging. Aber immer noch war er ein Leitstern, dessen Glanz die gesamte französische Naturwissenschaft erhellte. Als Chemiker, Bakteriologe und Immunologe hatte er Reihen von einfachen und schönen Experimenten angewendet, um große wissenschaftliche Probleme anzugehen; sein Werk hatte zu einem grundlegenden Gedankenwandel geführt, der einen andauernden Einfluß auf die Wissenschaft haben sollte.

Pasteurs spektakuläre Triumphe bei der Anwendung der Chemie auf die Medizin waren noch aktuell in der Erinnerung. Erst vor sechs Jahren hatte er einen Extrakt aus dem Rückenmark eines Kaninchens benutzt, um einen mit Tollwut infizierten kleinen Jungen damit zu impfen. In weniger als einem Jahr wurde das Leben von zweitausend Menschen mit derselben Methode gerettet. Doch was die Landsleute an Pasteur am meisten schätzten und was viele Franzosen als seinen größten Triumph herzlich willkommen hießen, war es, daß seine Wissenschaft ihren Einkünften zugute kam. Während seines ganzen Lebens bestand Pasteurs Arbeit zum großen Teil aus angewandter Wissenschaft, und sie war so gut angewandt, daß sie eine vorzügliche Wirkung auf die französische Ökonomie hatte. Seine großen Entdeckungen auf dem Gebiet der Alkohol- und Essigfermentierung sowie der Reben- und Seidenraupenerkrankungen waren so bedeutend, weil sie, neben anderen Vorzügen, Gewinn brachten. Inmitten der Erschütterung durch Frankreichs Niederlage gegen Preußen im Jahre 1870 machte sich Pasteur daran, die Probleme der Bierherstellung und -aufbewahrung zu untersuchen, um Frankreich eine mit Deutschland wettbewerbsfähige Brauereiindustrie zu gewährleisten. Zuletzt war der Erfolg so durchschlagend, daß T. H. Huxley schätzte, die französischen Gewinne aus Pasteurs angewandter Wissenschaft überträfen die Kosten der Kriegsentschädigungen, die die Nation den Siegern schuldeten.

Es gab viele andere Beispiele der angewandten Wissenschaft, die leicht zu sehen waren, als Maria Sklodowskas Dampfeisenbahn 1891 auf ihrem Pariser Bahnhof einlief. Allein das riesige Wahrzeichen mechanischer Erfindungskunst konnte selbst von denen nicht übersehen werden, die es versuchen wollten: der Eiffelturm. Er war, wie Gustav Eiffel ihn selbst beschrieb, der dreihundert Meter hohe metallene Flaggenmast der Nation. Daß er eine gewaltige Großtat der Ingenieurskunst darstellte, ließ sich nicht bestreiten, seine Funktionalität war fragwürdig, und seine Schönheit ließ sich zumindest anzweifeln. Manche Pariser fanden die Pläne so häßlich, daß sie ein oppositionelles »Komitee der Dreihundert« gründeten, ein Mitglied für jeden Meter, zu denen so gebildete Einwohner der Hauptstadt wie Gounod, Dumas fils und Maupassant gehörten; es gelang ihnen freilich nicht, die Errichtung des Monstrums an seinem die Stadt beherrschenden Platz zu verhindern. Als er es sah, rief Edmond de Goncourt aus: »Kann sich irgendjemand irgendetwas Beleidigenderes für das Auge eines alten Mannes von Geschmack vorstellen!« Geschmackvoll oder geschmacklos – das Bauwerk hatte einen Zweck. Es bildete das Mittelstück der großen Weltausstellung von 1889, inszeniert zur Jahrhundertfeier der Französischen Revolution, vor allem aber, um der Öffentlichkeit vorzuführen, was die wissenschaftliche Industrie für eine moderne Nation tun kann.

Am ersten Tag, an dem Maria Sklodowska die Straßen des Hügels, auf dem die Sorbonne steht, jenseits des Flusses durchstreifte, eroberte sie dies kleine Areal. Es sollte sie nicht enttäuschen. Beinahe ihr ganzes weiteres Arbeitsleben sollte sie hier verbringen. Wenn ihr Denken auch nicht das war, was Pasteur präpariert genannt hätte, so war es doch in einem sehr aufnahmefähigen Zustand. Wie heute war das Quartier Latin voll von einer bunten, vorwitzigen und im wesentlichen jugendlichen Bevölkerung. Sie füllte die Gehsteige, überschwemmte die Cafés und nutzte die Bücherstände als Freiluft-Lesesäle. Wo immer es eine Gelegenheit zu phantastischem und exzentrischem Benehmen gab, wurde sie genutzt. Wenn die Mode kurzes Haar vorschrieb, trugen sie langes; war es Mode, langes Haar zu tragen, trugen sie noch längeres.

Die Fassade der Sorbonne war mit einem Netzwerk von Gerüsten bedeckt, da sie verschönert werden sollte, als Maria Sklodowska sich ihr zum ersten Mal auf der Platanenallee von der Place de la Sorbonne aus näherte. Heute beherrscht ein Denkmal des positivistischen Philosophen Auguste Comte den Platz. Seine Büste ruht auf einem Sockel, der die Widmung »der Ordnung und dem Fortschritt« trägt. Dem hätte Maria Sklodowska zugestimmt. Nicht gebilligt hätte sie die beiden Statuen, welche die Uhr über dem großen Säuleneingang der Sorbonne bewachen: zwei Grazien, zeitlos und vollbusig, die nichts anderes zu tun haben, als zuzuschauen, wie die Zeit vergeht, während sie über Comtes kurzgeschnittenes Haar hinwegschauen. Maria aber hatte vor, gleichberechtigt mit den Männern in Wettbewerb zu treten.

Die ersten Monate ihres neuen Lebens in Frankreich verbrachte sie bei ihrer Schwester und ihrem Schwager. Dluski hatte in La Villette, einem Vorort, der mit dem Pferdebus etwa eine Stunde von der Sorbonne entfernt war, eine Arztpraxis eröffnet. Das bedeutete, daß Maria, nachdem sie ihr Tagewerk in einer Bibliothek oder in einem Laboratorium verrichtet hatte, sich in die sichere Nestwärme eines richtigen polnischen Heims zurückziehen konnte, mit seinen vertrauten und überall anzutreffenden Nippes. So ergab sich eine angenehme stufenweise Einführung in die neuen Gebräuche und Werte. Im übrigen waren es nur ein paar Schritte bis zum Gare du Nord, dem Ende der Nabelschnur, die nach Osten führte. Wenn diese neue Stadt sie zu überwältigen drohte, konnte sie im Glauben leben, es sei ganz einfach möglich, mit dem nächsten Zug nach Polen zu fahren.

Für sie gab es ein einziges, eigensinniges Ziel: sie wollte lernen. Doch die Umstände schienen sich dagegen verschworen zu haben, aus dieser ihrer Fähigkeit das Beste zu machen. Sie hatte weder die Vorbereitung zum Baccalauréat noch die sieben Jahre Lycée, die dazu gehörten, absolviert. Überdies gab es andere Nachteile eines naturwissenschaftlichen Studiums in Paris, die sie nicht wissen konnte.

Zu Beginn des neunzehnten Jahrhunderts konnte Frankreich beanspruchen, im naturwissenschaftlichen Sektor auf der Welt führend zu sein: Einige der hochgradig erfolgreichen deutschen Techniken in der wissenschaftlichen Organisation und Forschung, die sich damals vollzogen, fußten auf französischen Erfahrungen. Aber gegen 1870 nannte die britische Zeitschrift *Nature* das »kaiserliche Frankreich ... auf dem Gebiet der Naturwissenschaft vielleicht das konservativste Land Europas«: will sagen der Welt. Der erste Professor für industrielle und landwirtschaftliche Chemie wurde in Frankreich erst 1876 berufen, und gegen 1890 gab es nur einen einzigen Lehrstuhl für theoretische Physik. Während dieser Epoche investierte das Erziehungsministerium nur wenig Geld in die akademische Naturwissenschaft, und der Stil, in dem die Forschung durchgeführt wurde, legte hiervon ein beredtes Zeugnis ab.

Aber spartanische wissenschaftliche Bedingungen waren für eine Studentin im ersten Semester ohne naturwissenschaftliche Kenntnisse kein Hindernis. Die traditionelle Lebensweise der Studenten im Quartier war persönlich gesehen wesentlich wichtiger. Als Maria nach einem nur kurzen Aufenthalt bei ihrer Schwester und ihrem Schwager beschloß, die Wohnung der Dluskis zu verlassen und in eine Bleibe nahe der Universität zu ziehen, konnte sie erwarten, daß ihr künftiger Lebensstil primitiv und armselig sein würde. Er wurde von vielen anderen geteilt. Ringsum gab es Tausende von Studenten, die unter fast gleichen Bedingungen lebten.

Die Dachkammer, die sie fand, lag in der sechsten Etage; sie war im Sommer heiß, im Winter kalt. Die Kohlen für den Ofen trug sie sechs Treppen hoch, und wenn die Ration verbrannt war, zitterte sie vor Kälte. Als im ersten Winter die Temperatur so tief sank, daß das Wasser, das sie für ihre Waschschüssel heraufbrachte, einfror, häufte sie ihre Mäntel auf die Decke und kroch ins Bett, keineswegs durch die Vorstellung erwärmt, daß in Rufweite in Dutzenden von Dachkammern Dutzende von ähnlichen Mänteln in ähnlicher Weise auf Dutzende von Betten gehäuft waren.

Um die Armut ihrer Studentenzeit hat sich ein Mythos gerankt. Sie war arm, aber das waren in dieser Zeit viele Studenten. Ihr Wechsel aus Polen war niedrig, und er mußte für die Unterrichtsgebühren und die Lebenskosten in der Dachkammer aufgeteilt werden. Wenn die Kosten für Brennstoff stiegen, blieb wenig fürs Essen übrig: Meist ernährte sie sich von Eiern.

Die Anstrengung der physischen Selbstverleugnung während dieses ersten Jahres, die Entdeckung, was es bedeutete, arm und nicht nur der distanzierte Beobachter der Armut anderer zu sein, war eine Offenbarung. Das Leben war, wie sie später schrieb, »von einem gewissen Standpunkt aus schmerzlich«,[1] aber zugleich gab es etwas, das sie nun entdeckte und genoß. Das Leben hatte »trotz alledem einen wirklichen Zauber für mich«.

In jenem ersten Jahr entdeckte sie, daß sie nur wenig physische Bedürfnisse hatte. Ihre alten egozentrischen »nervösen Probleme« verschwanden – obwohl sie unterernährt war. Die neue Anregung und die neue Sorge war die geistige Herausforderung. Sie stellte fest, daß sie fähig war, ihr ganzes Leben auf die Studien auszurichten, welche die Hörsäle und Laboratorien der Sorbonne ihr eröffneten; aber sie war auch tief beunruhigt durch die Tatsache, daß sie oft in diesen ersten Monaten unfähig war, den Vorlesungen zu folgen, da sie häufig das gesprochene Französisch, das sich so sehr von dem in Büchern und Zeitungen gelesenen unterschied, nicht verstand. Und vor allem fehlte ihr die für das grundlegende Verständnis der Physik erforderliche Mathematik. Es gab eine große Lücke in ihrer polnischen Ausbildung, und die mußte gefüllt werden. Noch vor Jahresende verbrachte sie all ihre freie Zeit in der Bibliothek; wenn das die Lücke nicht hinreichend füllte, arbeitete sie nachts in ihrer Dachkammer weiter. Und als sie am Ende des Jahres noch immer Gefühle des Ungenügens hatte, beschloß sie, in Paris zu bleiben, um mehr Mathematik zu lernen.

Die eigensinnige Einseitigkeit, mit der sie ihr Vorhaben anging, bedeutete unvermeidlich, daß sie anfangen mußte, ein fast ununterbrochen einsames Leben zu führen. In ihren Kursen gab es keine anderen polnischen Studenten. Ihr gesprochenes Französisch war noch kümmerlich, und die französische Angewohnheit, sich über jeden lustig zu machen, der die Sprache verstümmelt, machte das Problem nicht einfacher. Überdies war sie von Natur aus ein schüchternes und zurückhaltendes Geschöpf. Nie im Leben faßte sie Zuneigung zu jemandem, der sie mit ihrem Vornamen anredete. Anfangs unterhielt sie einige Beziehungen zu anderen Polen, die sie unter den vielen Ausländern im Quartier Latin traf; sie ging mit ihnen spazieren, um das Heimweh nach Warschau zu stillen, oder sie besuchte politische Versammlungen mit ihnen, wo sie ihr altes glühendes Interesse an der nationalen Sache oder der positivistischen Frage erneuern konnte. Aber die Politik trat vor dem tiefen Interesse, das sie für wissenschaftliche Gegenstände entwickelte, in den Schatten zurück. Schon bald griff diese Ausschließlichkeit auf alles andere über. Im zweiten Jahr hatte sie fast alle persönlichen Beziehungen abgebrochen, die sie vom Studium hätten ablenken könne. Überraschend war es für sie – und sie war jetzt 24 –, daß der Zustand der Einsamkeit, den sie sich selbst freiwillig auferlegt hatte, einen angemessenen Ersatz für menschliche Beziehungen bot. »Mein ganzes Denken und Empfinden war auf mein Studium ausgerichtet«, schrieb sie. »Alles was ich an Neuem sah und lernte, entzückte mich. Es war, als habe sich mir eine neue Welt geöffnet, die Welt der Wissenschaft, die ich nun endlich in voller Freiheit kennenlernen durfte.«[2]

Sie wurde vom Lernen abhängig wie ein Fixer vom Heroin, miteinher ging eine ähnliche Entfremdung von der Gesellschaft, in der sie lebte. Die Notizbücher, die sie für ihre ersten Kurse anlegte, sind Beispiele von Geduld und Besessenheit. Mit ordentlicher, kontrollierter Schrift, die sich im Laufe ihres ganzen Lebens nicht änderte, verzeichnete sie jedes kostbare wissenschaftliche Wort, das in ihren aufnahmebereiten Kopf einging. Liebevoll mit Anmerkungen versehen, gehen die Notizen zu Physik und Differentialrechnung von 1891 in die zu Elastizität und Mechanik von 1892 über, dann in die zu Elektrostatik und Kinematik im Jahre 1893. Daten und Zahlen, sorgfältig für jede Lektion vermerkt, stellen tabellarisch ihren Fortschritt von Hörsaal zu Hörsaal dar, unter einigen führenden französischen Mathematikern und Physikern: Brillouin, Painlevé, Lippmann und Appell.

Als das zweite Jahr vorbeiging und ihr Verständnis der Sprache wie ihres Faches sich vertiefte, wurde ihr die selbstauferlegte Einsamkeit zur Selbstverständlichkeit. »Wenn ich mich auch manchmal einsam fühlte, war doch mein gewöhnlicher Gemütszustand der einer großen und ruhigen moralischen Zufriedenheit.«[3] Sie erduldete den Schmerz der Selbstverleugnung für einen großen Teil ihres weiteren Lebens, sodaß sie deren gleichzeitigen Lohn genießen konnte.

Der Drang zu den höheren Regionen des Denkens ließ dennoch einige weltliche Probleme ungelöst. Ihre Ersparnisse und der Wechsel von ihrem Vater machten im Monat zusammen vierzig Rubel aus. Als Sklodowski Anfang 1893 erfuhr, daß Maria anstrebte, die Prüfung für ihr Examen in Naturwissenschaften (licence ès sciences physiques) zu machen, geriet er angesichts der Frage, wie das bezahlt werden sollte in eine nicht unerhebliche Aufregung. Es fiel ihm schwer, sich über die Zukunft seines jüngsten Kindes keine Sorgen zu machen. Als Maria noch bei den Dluskis lebte, hatte sie sich für ein patriotisches Kostümfest begeistert und sich als »das seine Fesseln zersprengende Polen« in den Nationalfarben drapiert, und sie schrieb ihm davon in der Erwartung, daß es im gefallen müsse. Dies war nicht der Fall. Er machte sich Sorgen um die möglichen Folgen:

»Ich bedaure es, daß Du so aktiv an der Organisation dieser theatralischen Darbietung teilgenommen hast. Selbst wenn es etwas ist, das in aller Unschuld geschieht, lenkt es die Aufmerksamkeit auf die Veranstalter, und Du weißt gewiß, daß es Personen in Paris gibt, die Dein Verhalten mit größter Sorgfalt beobachten, die die Namen notieren, die auf dem Titelblatt stehen und sie hierher senden, für den Fall, daß sie nützlich werden könnten. So etwas kann die Quelle großer Unannehmlichkeiten werden, und den Betroffenen sogar den Weg zu bestimmen Berufen versperren. Wer daher wünscht, in Zukunft sein Brot in Warschau zu verdienen, ohne vielfältigen Gefahren ausgesetzt zu sein, sollte unbekannt bleiben. Ereignisse wie Konzerte, Bälle usw. werden von manchen Korrespondenten für Zeitungen beschrieben, und es werden Namen genannt. Es würde mich sehr grämen, wenn Dein Name eines Tages erwähnt würde. Daher habe ich in meinen vorhergehenden Briefen einige Punkte der Kritik vorgebracht und Dich gebeten, so viel wie möglich zu Hause zu bleiben ...«[4]

Offenbar nahm Sklodowski diese pessimistischste Polonius-Haltung an, weil er die Unternehmungen seiner Tochter nach dem leidenschaftlichen Interesse beurteilte, das sie vor ihrer Abreise aus Warschau für soziale und politische Aktivitäten gezeigt hatte, und fürchtete, sie könnte versucht sein, dies bei ihrer Rückkehr fortzusetzen. Er hatte noch nicht bemerkt, wie ausdrücklich sich ihr Interesse verlagert hatte. Kazimierz Dluski, der hübsche Schwager mit dem dichten Bart, schaute mit einem gewissen Interesse und nicht wenig Amüsement zu, wenn das Mädchen in die Wohnung kam. Er, dem die Funktion, die Eltern zu vertreten, unterstellt werden mußte, erkannte von Anfang an, daß die Chancen, dem ernsthaften und eigenwilligen Mädchen gegenüber Autorität auszuüben, gering waren. Er und Maria nahmen gegenseitig eine freundschaftlich skeptische Haltung an, die die Beziehung wahrscheinlich um so besser festigte. Sie ärgerte sich über sein pausenloses Geschwätz, seine turbulente Geselligkeit und seine extravertierte nationalistische Aktivität (er hatte im Ausland Zuflucht suchen müssen, da er verdächtig war, an einem Attentatsversuch auf Alexander II. beteiligt zu sein). Er seinerseits machte Späße über ihre übertriebene Hingabe an ihren akademischen Ehrgeiz und ihre Neigung zur Selbstdramatisierung; zärtlich neckte er sie, indem er ihr Leben in der Dachkammer »die heroische Periode« ihres Lebens nannte.

Heroisch oder nicht, es war eine produktive Zeit. Der Augenblick kam, wo Maria dem Examen entgegensehen mußte, das erweisen würde, ob sie die Sprache der Physik gemeistert und auch die französische Sprache soweit erobert hatte, um sich in der Grammatik der Wissenschaft auszudrücken. Es würde eine öffentliche Vorführung ihrer Fähigkeiten sein, und wie bei vergleichbaren Gelegenheiten sorgte sie sich beinahe zu Tode, wenn sie nur daran dachte. In den Briefen an ihre Familie quälte sie sich wegen ihrer eingebildeten Unfähigkeit, alle Vorbereitungen für ihr Examen rechtzeitig abzuschließen. Der Gedanke an das Theatralische und die persönliche Selbstdarstellung in Hörsälen und Prüfungsräumen ließen ihre Hände schon bei den geringsten Probesituationen zittern. Der Tag im Jahre 1893, an dem sie ihr Abschlußexamen begann, war, wie sie wußte, eine Prüfung fürs Leben. Ein Scheitern würde die Rückkehr nach Polen und Gouvernantenschaft bedeuten. Und schlimmer noch, es würde eine öffentliche Vorführung ihrer persönlichen Unzulänglichkeiten sein.

Wie üblich hatte sie übermäßig sensibel reagiert. Aus der Feuerprobe ging sie mit einem mehr als gesicherten Selbstvertrauen hervor. Als *licenciée ès sciences physiques* nahm sie den ersten Platz ein – kein schlechter Abschluß für ein nervöses Mädchen, das drei Jahre zuvor keine geregelte naturwissenschaftliche Ausbildung gehabt hatte. Aber mit diesem ersten Sieg auf dem Schauplatz heftigen Wettbewerbs war ihr Ehrgeiz, zu kämpfen und Erfolg zu haben, noch nicht befriedigt. Die Periode der Selbstverleugnung und Einsamkeit hatte einen Höhepunkt in der Produktivität und damit zugleich im Vergnügen erreicht. Als sie auf diese zwei Jahre intensiver Einsamkeit zurückblickte, nannte sie sie »eine der besten Erinnerungen meines Lebens.«[5] Sie hatte in den kurzen Zeiträumen, die sie in chemischen und physikalischen Laboratorien gearbeitet hatte, zudem erkannt, wie unerläßlich ein mathematischer Hintergrund für die Entwicklung eines systematischen Ansatzes in den neu entstehenden Wissenschaften war. Sie beschloß, auch in Mathematik eine Graduierung zu erwerben.

Ihr Erfolg im naturwissenschaftlichen Examen bedeutete, daß sie während der langen Ferien im Jahre 1893 nach Warschau zurückkehren konnte. Wie stark auch immer ihr Heimweh gewesen sein mochte, sie war leicht damit fertig geworden. Das Jahr, das sie der Mathematik widmen wollte, wurde durch einen Preis des Warschauer Alexandrovitsch-Stipendiums erleichtert, das hervorragende Studenten erhielten, die im Ausland studieren wollten. Es betrug sechshundert Rubel: genug, um länger als ein Jahr davon zu leben. Damit waren die unmittelbaren Schwierigkeiten beseitigt, die ihrer Rückkehr nach Paris hätten im Wege stehen können. Sie ging sogar mit einem gewissen Gefühl der Erleichterung zurück. Sofort nach ihrer Rückkehr im September 1893 schrieb sie an ihren Bruder Jozef: »Ich brauche wohl kaum zu sagen, wie glücklich ich bin, wieder in Paris zu sein. Es war recht schwer für mich, mich wieder von Vater zu trennen, aber ich sah, daß es ihm gut ging, er war sehr lebhaft, und daß er ohne mich auskommen kann – besonders, da Du in Warschau bist. Und was mich betrifft, so geht es um mein ganzes Leben. So schien es mir, daß ich hier bleiben kann, ohne Gewissensbisse zu haben.«[6] Ehrgeiz hatte den familiären Bindungen den Rang streitig gemacht. Sechs Monate später schrieb sie wiederum an ihren Bruder: »Ich bedaure nur eins, nämlich, daß die Tage so kurz sind und so rasch vorübergehen.«[7] Und sie wurden von Erfolg gekrönt. Am Ende des akademischen Jahres wurde sie *licenciée ès mathématiques,* diesmal als zweite auf der Examensliste.

Außerdem hatte sie eine klarere Vorstellung davon gewonnen, wohin sie der ehrgeizige Drang, den sie in sich selbst erkannte, führen sollte. Sie wurde stark von den jungen Professoren und wissenschaftlichen Assistenten der Chemie, Physik und Mathematik beeinflußt, die sie jetzt in den Kursen der Sorbonne kennenlernte. Diese Leute waren ihrerseits wiederum von einer kraftvollen wissenschaftlich-kulturellen Tradition beeinflußt, die in jener Epoche besonders mächtig war. Reinheit in der Wissenschaft bedeutete, daß der wissenschaftliche Prozeß allein im Hinblick auf die Erweiterung und Vertiefung des Wissens ablaufen sollte. Er sollte sich nicht mit der praktischen Anwendung auf ein besonderes Problem beschäftigen. Wenn er angewendet wurde (und wie es so geht, gibt es keine Grundlagenforschung, die nicht früher oder später angewendet wird), dann war es umso besser für die Menschheit, aber das sollte nicht das ursprüngliche Ziel sein.

Diese Haltung war weit verbreitet. Sie durchdrang das gesamte wissenschaftliche Denken und war nicht auf Frankreich beschränkt. Als in England zum Beispiel der Physiker Lord Rayleigh als Vertreter der Königlichen Gesellschaft eine Ansprache an W. H. Perkin hielt (der die erste synthetische Farbe hergestellt hatte), ließ er bei seinem Publikum keinen Zweifel darüber entstehen, daß es sich nicht zieme, wenn Wissenschaftler sich mit angewandter Wissenschaft abgeben. Perkins

Beschäftigung mit dem Teerfarbstoff entschuldigte er, indem er daran erinnerte, man solle nicht vergessen, daß »diese wundervolle industrielle und soziale Entwicklung nur begonnen und durchgeführt werden konnte mittels der Methoden, die von der Suche nach Wissen als Lohn in sich selbst und in erster Linie um seiner selbst willen entwikkelt wurden.« Angewandte Wissenschaft blieb in England noch für viele Jahre unter aller Würde. Um die Jahrhundertwende importierte England den größten Teil der Farbstoffe aus Deutschland.

Frankreichs Traditionen wurden vor allem durch den alternden Pasteur beeinflußt. Niemand konnte bestreiten, daß er seine größten Werke mit praktischen Zielen vor Augen vollbracht hatte, von der Impfung gegen Tollwut bis zur Verbesserung der Bierherstellung. Aber die geistige Errungenschaft seiner systematischen wissenschaftlichen Forschung, nicht ihre praktischen Ergebnisse, wurden als Vorbild des Nacheiferns hochgehalten. Pasteur hatte sich einige Mühe gegeben, um dem aide-de-camp Napoleons III. sein Glaubensbekenntnis zu erläutern: »Jeder Wissenschaftler, der es sich erlaubt, von der Aussicht auf industrielle Anwendungen verführt zu werden, hört auf, ein Diener der reinen Wissenschaft zu sein; er bringt sein Leben und Denken durcheinander, mit Nebenbeschäftigungen, die seine Entdeckerkraft schwächen.«

Wenn Pasteurs erworbener bürgerlicher Ehrgeiz, sein Snobismus und sein Chauvinismus keineswegs über jede Kritik erhaben waren, so waren wenigstens seine wissenschaftlichen Wertvorstellungen in der Zeit, in der sie sich auswirkten, untadelig. »Es ist meine Ansicht«, sagte er, »daß desinteressiertes wissenschaftliches Denken ermutigt werden muß, weil es eine der ersten Quellen für den Fortschritt in reiner Forschung ist, ohne den es keinen Fortschritt in der Anwendung der Wissenschaft auf die praktische Produktion geben kann.«

Das waren die edelsten Motive, die von Naturwissenschaftlern erwartet wurden, und Maria Sklodowska lernte, sie zu bewundern. Das Wort, mit dem Pasteur und die Franzosen dies Merkmal zu bezeichnen pflegten, war »désinteressé«, Maria machte es zu ihrem eigenen. Es sollte zu ihrem Ausdruck höchsten Lobes werden, ihre Losung in all ihren künftigen wissenschaftlichen Unternehmungen. Es war mitunter schwer zu rechtfertigen, aber sie sollte mit eben der Hartnäckigkeit daran hängen, mit der sie an jeder anderen einmal angenommenen Vorschrift festhielt.

Das erste Stadium ihres Ehrgeizes – sich selbst eine Ausbildung von

männlichem Format zu verschaffen – war erreicht. Nun konnte sie über diesen Hügel nach etwas Großem und Herausforderndem Ausschau halten: ihren eigenen Beitrag zum wissenschaftlichen Wissen zu leisten, aber zum *reinen* Wissen.
Der Triumph der Jahre 1891-93 war zwar durch eine eiserne Selbstdisziplin unter strengem Ausschluß persönlicher Beziehungen errungen worden, aber das Jahr 1894 erlaubte, zweifellos als Ergebnis des Erfolgs im Physikexamen, eine gewisse Lockerung. Sie war jetzt 26 Jahre alt, und dank der Dachkammerexistenz und der unzulänglichen Studentendiät hatte sie ihre Backfischfigur, damit aber auch die jugendliche Blüte verloren. Doch der Gewinn war beträchtlich. Sie hatte sich sehr verfeinert. Ein schlankeres Gesicht, ein schlankerer Körper, traurige Augen und eine ruhige, gesammelte Haltung machten sie zu einer zarten Erscheinung, die auf jeden Mann, der eine vorzeigbare intellektuelle Kameradin suchte, anziehend wirken mußte. Tatsächlich brachte das Jahr 1894, nachdem sie einmal beschlossen hatte, die Barrieren gegen ihre Mitmenschen ein wenig aufzuheben, eine gewisse Verwirrung der ungehobenen Schätze mit sich.

Die Begegnung mit Pierre

Sie glich einer Treibhauspflanze, die nach einem langen Winter unter Glas in den Sonnenschein des Frühlings herausgebracht wird, und manch ein junger Mann, der die Place de la Sorbonne überquerte oder zwischen den Arbeitstischen des Laboratoriums für anorganische Chemie umherging, blieb stehen, um ihre Zartheit zu bewundern. Einer von ihnen, ein Monsieur Lamotte, der die scheue, einfach gekleidete Gestalt beobachtet hatte, wie sie durch die Straßen des Quartier Latin ging, hielt die Zartheit irrtümlicherweise für Zerbrechlichkeit. Offenbar mit der Absicht, ihr dauerhaften Schutz zu vermitteln, machte er ihr in den ersten Monaten des Jahres in formeller Weise den Hof und schrieb mit weiblicher Handschrift steife und korrekte Briefe, in denen er ihr die Tiefe seiner Freundschaft auseinandersetzte. Er erkannte den Ernst ihres Ehrgeizes und ermutigte sie in ihrer Arbeit. Aber wie allen glühenden jungen Liebhabern fiel es ihm schwer, die Zeichen zu erkennen, als das Objekt seiner Zuneigung zu versuchen begann, ihn loszuwerden.

Maria bereitete sich darauf vor, ihre Koffer für einen langen Ferienaufenthalt in Polen zu packen, und sagte ihm, er werde sie rasch vergessen, wenn sie ihm aus den Augen sei. Infolgedessen kam sie ihm natürlich nie aus dem Sinn, und das einseitige Verhältnis zog sich in die Länge. Denn er war ein hartnäckiger Bursche, der, wie er sagte, »hofft, Sie doch noch durch meine geduldige Liebe zu gewinnen«, obwohl er besorgt zugab, »daß die Umstände gegen mich sind.«[1]

Der wesentlichste Umstand war der Auftritt eines ernsthaften Rivalen. Das ganze Jahr hindurch brachte der Postbote zwei Garnituren glühender Liebesbriefe für Mademoiselle Sklodowska (die sich jetzt, französisch, Marie nannte). Der Stil der zweiten Garnitur konnte nicht stärker von dem der ersten unterschieden sein. Unordentlich, formlos, reif, stets gedankenvoll, manchmal in sich selbst versunken, aber nie mitleidsvoll oder selbstmitleidig.

Sie lernte Pierre Curie in der Wohnung eines polnischen Physikers kennen, der sich in Paris aufhielt. Als sie den Raum betrat und ihn im Rahmen eines französischen Fensters, das auf einen Balkon führte, stehen sah, prägten sich ihr seine körperlichen Charakteristika unmittelbar ein. Er war groß, hatte einen Bürstenhaarschnitt, kastanienbraun, und trug einen kleinen Spitzbart. Die großen, hellen Augen gaben ihm den selbstverlorenen Ausdruck eines Träumers. Sie hielt ihn für einen jungen Mann, obwohl er weder jung aussah noch war; in Wirklichkeit war er 35 Jahre alt. Sofort entstand ein gegenseitiges Verstehen zwischen den beiden, und sie faßte das Ergebnis der Unterhaltung an jenem Tag in der förmlichen Weise zusammen, die er vermieden hätte: »er drückte den Wunsch aus, mich wiederzusehen und unser Gespräch dieses Abends über wissenschaftliche und gesellschaftliche Gegenstände fortzusetzen, an denen wir beide interessiert waren, und über die wir ähnliche Ansichten zu haben schienen.«[2]

Curie hatte zu viele Vorteile, als daß Lamotte in jenem Sommer ein ernsthafter Mitbewerber um die Gunst des Mädchens hätte sein können. Vielleicht war Curie klug genug, um zu gewahren, daß der ernsthafteste Widerstand nicht von einem anderen Mann, sondern von der etwas abwehrenden und emotional spröden jungen Frau selbst ausgehen würde. Wie Lamotte wußte er, daß sie einen erneuten Besuch in Polen plante, und es bestand die Möglichkeit, daß sie, nachdem sie ihre Examina abgeschlossen hatte, nicht nach Frankreich zurückkehren würde. Der erste Teil ihres ursprünglichen Plans, nämlich sich eine grundlegende Universitätsausbildung zu verschaffen, um sie dann möglicherweise im nationalen Interesse Polens zu nutzen, war nun durchgeführt. Die Anwendung der Ausbildung stand nun in Frage und Curie versuchte wie Lamotte, ihr mit allem, worüber er verfügte, davon abzuraten, in Polen zu bleiben.

Er war Physiker und hoch gebildet, zwei Ziele, nach denen sie leidenschaftlich strebte. Wie sie war er ein passiver Idealist und an der sozialen Frage interessiert, die sie einst so gefesselt hatte, die jetzt aber hinter dem wissenschaftlichen Studium zurückgetreten war.

Ebenfalls wie sie war er schüchtern und introvertiert: Und sie fühlte sich stets bei Menschen sicherer, deren Charakter dem ihren ähnlich war. Eine Freundin von Marie fand, als sie Pierre Curie zum erstenmal begegnete, seine Zurückhaltung zunächst einschüchternd, bemerkte dann aber, daß sie nur das einfache Bedürfnis, zu gefallen, versteckte. Was sein Charakter an Ausdrucksfähigkeit barg, legte er vorwiegend in seine Arbeit und in den Fluß des Schreibens. Aber so schüchtern war er nun doch nicht, daß er Marie nicht überredet hätte, ihn die sechs Treppen zu ihrer Dachkammer hinaufsteigen zu lassen, auf dem harten Holzstuhl zu sitzen und von seiner Arbeit und seinen Idealen zu erzählen. Die Einfachheit in alledem gefiel ihr, und er begann, ihr Denken zu beeinflussen. Bevor der Sommer vorbei war, empfahl er ihr ein Buch über Mechanik und eine Abhandlung über Analyse, überreichte ihr aber auch ein Exemplar von Zolas *Lourdes;* er schmeichelte ihr ein wenig, indem er meinte, sie werde darin Ansichten über die Religion finden, die mit den ihren übereinstimmten.

Religion war nie ein Teil seiner Erziehung gewesen, nicht einmal in der Kindheit. Er bestritt, irgendeine Anziehungskraft in der Idee des Fatalismus zu finden, aber ganz gegen seinen rationalen Charakter hatte er ein gewissen Hang zu Aberglauben und Übersinnlichem. An einem Frühlingstag, kurz nachdem sie einander begegnet waren, nahm er sie mit zu einem ländlichen Fastensonntags-Jahrmarkt. Sie bewegten sich durch eine dichte Menge von Arbeitern in blauen Jacken, Schönlingen mit Strohhüten, schwitzenden, korbbeladenen Ehefrauen und Mädchen mit Sonnenschirmen. Er wandte sich für wenige Sekunden von ihr ab, drehte sich um und fand sie nicht mehr. Sie war fort, von der Menge weggefegt. Er brauchte einige Minuten, um sie wiederzufinden. Die Erinnerung an den Vorfall beunruhigte ihn, und später sollte er sie daran erinnern: »Es scheint mir, daß unsere Beziehung plötzlich auf diese Weise unterbrochen werden wird, ohne daß einer von uns es will. Ich bin kein Fatalist, aber das wird vielleicht eine Folge unserer

Charaktere sein. Ich werde nie im richtigen Augenblick wissen, was ich tun soll.«[3] Es war in diesem Stadium ihrer Bekanntschaft eine sonderbare Bemerkung.

Schon bald nach ihrer ersten Begegnung, im April 1894, veröffentlichte er einen Bericht, der seine letzte Arbeit beschrieb: es war nur einer in einer bereits herausragenden Reihe von physikalischen Studien. Die junge Studentin, der die Veröffentlichung von experimentellen Ergebnissen als die höchste Blüte der Vollendung erscheinen mußte, dürfte von Curies Ehre, seine Arbeiten in den Berichten der Académie des Sciences zu publizieren, tief beeindruckt gewesen sein. An den oberen Rand eines Sonderdrucks schrieb er die Widmung: »Für Mademoiselle Sklodowska, in Hochachtung und Freundschaft, vom Autor, P. Curie.« Der Titel war »Über Symmetrie in physikalischen Erscheinungen. Symmetrie in einem elektrischen Feld und in einem magnetischen Feld.« Das war nicht gerade das, was jedes Mädchen von einem leidenschaftlichen Bewunderer erwarten würde; aber in diesem Fall hatte Curie sie richtig eingeschätzt.

Sie interessierte sich stark für das, was er machte, und sie begann, sich ebenfalls für das zu interessieren, was er war. Er war der Sohn eines humanistischen Arztes und hatte sich leicht und mühelos in naturwissenschaftliche Gegenstände eingearbeitet. Sein Vater hatte eine feste, freidenkerische Weltanschauung und unterwarf keinen seiner beiden Söhne einer regulären Schulausbildung.

Pierre hatte eine rasche Auffassungsgabe für mathematische Begriffe und entdeckte die Schönheit dieses Gegenstandes schon in den entscheidenden Jahren seiner Grundausbildung. Insbesondere besaß er ein ungewöhnliches und leichtes Verständnis für räumliche Phänomene, und dafür, wie die Natur dreidimensionale Gegenstände und Vorgänge anordnet – bei Blumen, Muscheln und Kristallen – und er lernte es, eine mathematische Beschreibung darauf anzuwenden. Dieser Sinn fürs Begriffliche, der es ihm möglich machte, komplexe Situationen in einfachen rationalen Begriffen zu erproben und auszudrücken, konnte sich nur in einem Menschen mit hochentwickelten kontemplativen Fähigkeiten ausgebildet haben. Die hatte er im Überfluß; seine Freunde beschrieben ihn einfach als einen Träumer. Er erkannte die Notwendigkeit an, ein solcher zu sein, wenn er all' das erreichen wollte, was er für möglich hielt.

»Wir müssen essen, trinken, schlafen, müßig sein, lieben, die süßesten Dinge des Lebens berühren und dürfen ihnen doch nicht verfallen. Es

ist notwendig, daß bei alledem die höheren Gedanken, denen wir verpflichtet sind, beherrschend bleiben und ihren unberührten Lauf in unseren Köpfen fortsetzen. Es ist notwendig, aus dem Leben einen Traum zu machen, und einen Traum zur Wirklichkeit zu machen.«[4]
Es war der Traum, daß sie wirklich zusammenleben könnten, davon wollte er Maria Sklodowska überzeugen.

Aber ein anderes Leben, das wegen seines tiefen Gefühlsgehaltes ein traumähnliches Glück gewesen war, hatte er mit seinem Bruder Jacques verbracht. Die beiden Jungen hatten auf völlig verschiedene Arten auf den autoritären Vater reagiert. Pierre, der ruhige Introvertierte, nahm die väterliche Disziplin leicht an und entwickelte eine starke Anhänglichkeit an beide Eltern. Jacques, extravertiert wie sein Vater, hatte stärkere Probleme. Die Persönlichkeiten trafen mitunter unfreundlich aufeinander. Pierre erzählte später Marie von den Familienstreitigkeiten: »Mutter hat Angst, wenn Jacques mit Vater streitet: beide neigen zur Gewalt.«[5] Diese Nachteile fand Marie bei dem Vater nie; ihre Charaktere waren komplementär, und sie kamen immer gut miteinander aus.

Pierre war einundzwanzig und Jacques vierundzwanzig, als sie gemeinsam als Physiker zu arbeiten begannen. Ihre erste Forschungsarbeit folgte der Beobachtung, daß bestimmte Arten von Kristallen, wenn sie im Feuer liegen, mit ihrer Oberfläche Partikel von Holz und Asche anziehen. Turmalin ist eins der Kristalle, die sich so verhalten, und die Eigenschaft seiner verschiedenen Flächen, bei der Erhitzung auf verschiedene Temperaturen verschiedene elektrische Ladungen anzunehmen, wurde im 19. Jahrhundert in Frankreich wie in anderen Ländern untersucht. Dies Phänomen, die Entstehung jener kleinen Mengen Elektrizität, ist als *Pyro-Elektrizität* bekannt. Die Brüder Curie bedachten die Symmetrie, mit der die Materie in Kristallen angeordnet ist, und folgerten, daß, wenn ein Kristall durch mechanische Belastung, etwa durch die Ausübung von Druck, verformt wird, entgegengesetzte Flächen des Kristalls entgegengesetzte elektrische Ladungen annehmen müßten. Was sie vermuteten, war also, daß es bei der Benutzung des richtigen Kristalls möglich wäre, mechanische Energie in elektrische Energie umzuwandeln.

Bald hatten sie ein Experiment ausgearbeitet, um ihre Theorie zu erproben, und 1880 veröffentlichten sie gemeinsam ihren ersten Bericht über das Phänomen der durch Druck produzierten »polaren Elektrizität.« Später sollte sie den Namen *Piezo-Elektrizität* erhalten (aus dem

Griechischen für »drücken«). In den nächsten zwei Jahren veröffentlichten sie sieben gemeinsame Arbeiten, darunter eine Studie über die Bedingungen und Gesetze, nach denen ihre Entdeckung funktioniert. Sie konnten auch zeigen, daß der umgekehrte Effekt stattfindet: das heißt, daß ein Kristall, wenn es elektrisch geladen wird, sich verformt. Sie wurden gewahr, daß sie nun ein Mittel in der Hand hatten, um sehr geringe Mengen von Elektrizität zu messen. Da sie beide sehr geschickt mit den Händen waren und die erforderliche feinmechanische Begabung hatten, fanden sie einen Weg, um die minimale Verformung des Quarzkristalls zu verstärken, und bald war ihr Instrument fertig: ein Elektrometer.

Nachdem sein geliebter Jacques ihn verlassen hatte, um zu heiraten und eine Berufung an einer Universität am anderen Ende Frankreichs, in Montpellier, anzunehmen, fand Pierre einen Job als Laboratoriumsleiter an der Hochschule für Industrielle Physik und Chemie.

Er hatte eine theoretische Studie über die Symmetrie begonnen; dies war seine abstrakteste Arbeit, die sich aus seiner Liebe zur Mathematik wie aus seiner Beobachtungsgabe für die Natur herleitete, und eben das vermittelte ihm die größte Befriedigung. Sein Leben lang liebte er die freie Natur und die Dinge dort. Es vergnügte ihn, einen Frosch zu betrachten, ein Spinngewebe, eine menschliche Hand, und die Gesetze ihrer Regelmäßigkeiten und Unregelmäßigkeiten zu beobachten. Er stand in der Reihe einer langen Tradition von Menschen, die in der Natur auftretende Gegenstände studiert hatten: Gegenstände, deren Symmetrie offensichtlich so einfach ist wie die einer Blume mit vier Blütenblättern, oder offensichtlich so komplex, aber ebenso schön wie das Skelett eines Strahlentierchens, des einzelligen Meereslebewesens. Es war die unmittelbare Sympathie für solche Suche nach Schönheit und Ordnung, die Curie zu dieser Art kontemplativen Studiums und seiner ersten Arbeit über Kristallsymmetrie führte; dies wiederum brachte ihn auf ein allgemeineres Prinzip der Symmetrie, an dem er über drei Jahre arbeitete.

Gegen 1891 war er bei einem Gegenstand angelangt, von dem er schließlich meinte, es habe genug praktisches Interesse und hinreichende theoretische Möglichkeiten, um eine Dissertation darüber zu schreiben. Es handelte sich um die Untersuchung der magnetischen Eigenschaften verschiedener Substanzen bei verschiedenen Temperaturen. Das war eine Pionierarbeit, die eine große französische Tradition begründete. Sie führte auf dem Weg über einen seiner Studenten

namens Paul Langevin zum Nobelpreis für Louis Néel im Jahre 1970 für seine Arbeit über Antiferromagnetismus.
Pierre Curies Arbeit fand schon zu seinen Lebzeiten vielfältige Anwendungen. Und obwohl sein Status in der akademischen Welt während des größten Teils seines Lebens bescheiden war, verbreitete sich der Ruhm dieses unterbezahlten, überarbeiteten Lehrers an einer recht obskuren Pariser Fachhochschule weit über die Grenzen Frankreichs hinaus. Lord Kelvin, der Schotte, dessen einzigartige und mitunter exzentrische Verfahrensweise mit wissenschaftlichen und Ingenieursproblemen ihm einen erstaunlichen weltweiten Ruf eingebracht hatte, wurde auf die Arbeit der jungen Brüder Curie aufmerksam und interessierte sich für Pierres Tätigkeit.
Kelvin war nur der erste von vielen, die die möglichen Anwendungen der Piezo-Elektrizität erkannten. Die Frequenzkontrolle durch Kristalle setzte sich beim Rundfunk rasch durch und wurde zum Renner. Während des Zweiten Weltkrieges verwendeten allein die Vereinigten Staaten an die 50000000 Quarzelemente. In der Physik fester Körper dauert die Jagd auf neue piezoelektrische Stoffe heute noch an, um die Bedürfnisse der Technologie im 20. Jahrhundert nach immer kleineren elektronischen Schaltkreiskomponenten zu befriedigen.
Aber Pierre Curies Haltung gegenüber den Anwendungen seiner Arbeit war zumindest ambivalent. Im Jahre 1894 hatte er bereits seine Ideale aufgestellt: Reinheit der Forschung, ein Wissenschaftler, der désinteressé ist. In idealistischen Begriffen, die Maria Sklodowska begeistern mußten, erzählte er ihr in ihrer Dachkammer von seinen Träumen, und geschrieben hatte er ihr vertrauensvoll in seinen Briefen, daß diese Träume Wirklichkeit und Glück für sie beide werden könnten. Im Jahre 1888 hatte er das Patent für seine Präzisionswaage der Zentralgesellschaft Chemischer Produkte gegen eine Lizenzabgabe von 10 % für die Nutzung und andere Gewinne überlassen. Die Transaktion machte ihm wenig Vergnügen, jedenfalls keins, das er mitgeteilt hätte, und brachte ihm im übrigen herzlich wenig Gewinn.
Aber im Jahre 1894 war nichts weiter von Maria Sklodowskas Denken entfernt als derzeitige oder künftige Anwendungen des offensichtlich beeindruckenden Werkes des sanften jungen Physikers. Anwendungen waren ordinär: in Pierre sah sie etwas Vornehmes. Als Physiker befriedigten seine Zeugnisse wissenschaftlicher Kreativität ihren prüfenden Blick. Zu diesem Zeitpunkt hatte sie jedoch anderes im Kopf: ihre eigene Zukunft.

Die Würde der Wissenschaft

Als sie am Ende des Semesters nach Polen abfuhr, wußte keiner ihrer beiden Freier, ob sie zurückkehren würde. Lamotte wußte, daß sie versucht hatte, ihn aus ihrem Leben zu streichen. Curie jedoch wußte, daß, obwohl sie immer noch starke Gefühle für Polen hegte, die Bindungen an ihren Vater und die Familie nicht mehr so eng waren, daß sie nicht durch die Anziehungskraft einer erfüllten wissenschaftlichen Zukunft zerrissen werden könnten. Lamotte setzte sich daran, die Einwilligung in sein Schicksal in formvollendeter Schrift niederzulegen. Curie setzte sich daran, Marie mit all seiner literarischen Begabung zurückzugewinnen.
Curie begann seinen Brief ohne jede Anrede mit dem Datum, 10. August 1894. Er wußte, daß sie die übertriebene Vertraulichkeit von »Marie« nicht mochte, und lehnte das formelle »Mademoiselle« ab, das Lamotte zur gleichen Zeit benutzte.
»Wir haben einander versprochen (oder ist das nicht wahr?), daß wir zumindest eine große Freundschaft füreinander bewahren werden. Daß Sie nur nicht anderen Sinnes werden! Kein Versprechen ist bindend, und dies sind ja Dinge, die man nicht befehlen kann. Und doch wäre es so wundervoll, aber ich wage es gar nicht zu hoffen, wenn wir unser Leben dicht beieinander verbringen würden, gebannt in unsere Träume; Ihr patriotischer Traum, unser humanitärer Traum, und unser wissenschaftlicher Traum. Von all diesen Träumen, glaube ich, ist allein der letzte legitim. Damit meine ich, daß wir machtlos sind, den gesellschaftlichen Zustand zu ändern, und selbst wenn es nicht so ist, wüßten wir nicht, was wir tun sollen; sobald wir irgendeine Aktivität ergreifen würden, könnten wir nie sicher sein, ob wir nicht mehr Schlimmes als Gutes tun, indem wir irgendeine unvermeidliche Entwicklung verlangsamen. Vom wissenschaftlichen Gesichtspunkt her könnten wir freilich hoffen, etwas auszurichten; hier gibt es festeren Boden, und alle Entdeckungen, so klein sie auch sein mögen; bleiben bestehen, sobald sie erst einmal gelungen sind.
... Es ist beschlossen, daß wir große Freunde sein werden, aber wenn Sie in einem Jahr Frankreich verlassen, wäre es doch eine allzu platonische Freundschaft: die zweier Geschöpfe, die sich nie wiedersehen werden. Wäre es nicht besser für Sie, bei mir zu bleiben? Ich weiß, daß diese Frage Sie ärgert, ich werde nicht wieder davon sprechen, und ich fühle mich auch in jeder Hinsicht Ihrer ganz unwürdig.«[1]

Es besteht kein Zweifel, Maries Ärger war in dem viktorianischen Sexualkodex begründet, der ihr durch ihre Erziehung so tief eingepflanzt war. Das muntere Treiben im Paris der Rive gauche war zu fortschrittlich, um von ihr im Alter von 26 Jahren noch übernommen zu werden; denn wenn Curie sie bat, bei ihm zu bleiben, war es genau das, was er meinte. Später sollte er auf die Sache zurückkommen. Eine geziemend erzogene junge Dame der polnischen guten Gesellschaft mußte von einem solchen Ausdruck des Freidenkertums einigermaßen schockiert sein – und das war sie auch. Maria Sklodowska gab eine geziemende Antwort.

Curie beendete seinen Brief, indem er den unmißverständlichen Hinweis gab, daß er nach Freiburg zu reisen gedenke, wo sie sich bei den befreundeten Physikern aufhalten würde, die sie miteinander bekannt gemacht hatten, um sie dort »zufällig« zu treffen. Ihre Antwort war unverbindlich. Vier Tage später schrieb er ihr erneut, unentschieden, ob es richtig oder falsch gewesen war, die Möglichkeit einiger Tage an ihrer Seite vorzuschlagen: »Hätte es nicht vielleicht unsere Freundschaft verdoppelt und uns zusätzlich die Stärke vermittelt, einander in diesen zweieinhalb Monaten, die uns trennen, nicht zu vergessen?« Er sah ein, welche Bedeutung sie ihrer neu entdeckten Unabhängigkeit beimaß.

»Ich weiß nicht, warum ich es mir in den Kopf gesetzt habe, Sie in Frankreich zu behalten und Sie von Ihrem Land und Ihren Freunden zu entfernen, ohne Ihnen irgendetwas zum Ausgleich für dies Opfer anbieten zu können.

Ich finde, Sie sind ein wenig überheblich, wenn Sie sagen, daß Sie vollständig frei sind. Wir alle sind mehr oder weniger Sklaven unserer Affekte, Sklaven der Vorurteile jener, die wir lieben. Und wir alle müssen unseren Lebensunterhalt verdienen, und deswegen werden wir zu Rädchen in einer Maschine usw.

Das Schmerzlichste sind die Zugeständnisse, die wir den Vorurteilen der Gesellschaft um uns her machen müssen, indem wir sie seltener oder häufiger mit unserer Schwäche oder Stärke in Einklang bringen. Wenn wir nicht genug Zugeständnisse machen, werden wir befeindet; wenn wir uns zusehr an sie halten, werden wir gemein und ekeln uns vor uns selbst. So wie ich jetzt dastehe, bin ich weit von den Prinzipien entfernt, die ich vor zehn Jahren hatte. Damals glaubte ich, ich müßte alles bis zum Äußersten tun und dürfte nie auch nur ein einziges Zugeständnis an meine Umwelt machen. Ich glaubte, ich müßte Fehler ebenso wie gute Eigenschaften übertreiben. Ich trug nur blaue Hemden wie die Arbeiter usw. Schließlich bin ich, wie Sie sehen, sehr alt geworden, und ich bin sehr schwach.«[2]

Anfang September schrieb er ihr aus Marseille, diesmal in gelinder Panik, da er nach ihrem letzten Brief glaubte, sie habe es ernst gemeint, als sie sagte, sie wolle nicht nach Paris zurückkehren. Er erzählte ihr von einer Reise in die Auvergne, die er gerade mit seinem Bruder Jacques gemacht hatte. Manchmal, sagte er, war es scheinbar wie in den alten Tagen gewesen, als sie zusammengelebt hatten. Aber so schön die Erinnerung an die vergangenen Zeiten war, er erkannte sie als eine Illusion und sah ein, daß ihre früher so vollkommene Übereinstimmung nie wiederkehren könne.

Es gibt noch eine offensichtlich beiläufige Nachschrift zu diesem Brief. Sie hatte den vorhergehenden nicht beantwortet. Vielleicht war er nicht angekommen. Oder ob er ihr vielleicht zu direkt erschienen war? »Es stand nichts besonderes drin«, behauptete er, wiederholte aber dennoch die wichtige Frage, die er enthalten hatte: »Ich fragte Sie, ob es Ihnen gefallen würde, mit mir eine Wohnung in der Rue Mouffetard zu mieten; die Fenster gehen auf einen Garten. Die Wohnung läßt sich in zwei unabhängige Teile abtrennen«![3]

Am 7. September hatte er erfahren, daß sie sich entschieden hatte, nach Paris zurückzukehren. Er war natürlich entzückt und begann schon, bevor sie ankam, nach Mitteln zu suchen, um sie dauerhaft festzuhalten. Er teilte ihr mit, daß sie leicht eine Stelle als Lehrerin an einem lycée oder an einer école normale finden könne – »wenn Sie Französin werden würden«.

Ihre Photographie zeigte er seinem Bruder, der eine kurze, aber zutreffende Einschätzung ihres Charakters abgab. »Sie macht einen entschlossenen Eindruck«, sagte Jacques, »geradezu *eigensinnig.*«

Auch wenn Marie von dem Vorschlag, zwar nicht in Sünde, aber doch Tür an Tür mit ihr zu leben, nicht vollständig schockiert war, so war sie doch keineswegs bereit, ihre Unabhängigkeit schon aufzugeben. Als sie im Oktober zurückkehrte, wurde Curies Idee mit der Rue Mouffetard fallengelassen. Ihre Schwester Bronia hatte eine ärztliche Praxis in der Rue de Chateaudun übernommen. Marie konnte sie außerhalb der Sprechzeiten für ihre eigenen Zwecke benutzen. In der Zwischenzeit nahm sie in einem Laboratorium der Sorbonne ernsthafter die experimentelle Physik wieder auf, um sorgfältig nach einem Gegenstand Ausschau zu halten, der für eine Dissertation geeignet wäre.

Schließlich überredete Pierre Curie sie, seine Eltern zu besuchen. Er war stolz auf sie. Er nahm Marie mit zu ihrem Haus in Sceaux, einer hübschen kleinen Stadt, deren Einwohner einst ein ansehnliches Schloß Ludwigs XIV. mit einem großartigen Park bedient hatten, und die jetzt ein südlicher Vorort von Paris war. Das Haus von Dr. Eugène Curie stand in einem Garten in der Rue des Sablons; später wurde die Straße nach seinem Sohn umbenannt. An Sonntagen besuchten Freunde und Nachbarn ihren Arzt, um Boule und Schach zu spielen. Die heitere Atmosphäre wirkte anziehend auf das polnische Mädchen. Pierre, der Lieblingssohn, hatte ihr erzählt, seine Eltern seien »hervorragend.«[4] Glücklicherweise stimmte sie zu. Zwischen dem autoritären alten Mann und ihr entstand sofort ein vorzügliches Verständnis. Später, als sie es verzweifelt nötig hatte, war das von großer Bedeutung. Sie liebte und bewunderte ihn so sehr, daß sie seine Arbeit als Arzt mit ihrem am meisten gehüteten und geachteten Adjektiv ehrte: »désinteressé.«

Bald schrieb Pierre ihr Nachrichten aus Sceaux, wo er zärtlich seine Mutter hütete, die an einem Fieber litt. Auch seine Haltung gegenüber Marie Sklodowska wurde zunehmend zärtlicher. Täglich war er ihr ergebener, und das sagte er ihr. Sie hatte nun die Wahl. Einst hatte er als junger Mann geschrieben: »Geniale Frauen sind selten. Und wenn wir, von einer mystischen Liebe getrieben, ein der Natur entgegengesetzes Leben beginnen wollen, wenn wir alle unsere Gedanken auf eine Arbeit verwenden, die uns von unserer Umgebung entfernt, so sind es die Frauen, mit denen wir kämpfen müssen, und der Kampf ist fast immer ungleich. Denn im Namen des Lebens und der Natur streben sie danach, uns zurückzuführen.«[5]

Sie konnte nicht daran zweifeln, daß er den ungleichen Kampf aufgegeben hatte, als er sie in die Sorbonne einlud, damit sie neben seinen Eltern zum Publikum seiner Disputation der Dissertation über den Magnetismus gehörte. Die drei Professoren, die das Examen durchführten, sprachen ausnahmslos als Physiker zu einem gestandenen Physiker. Curies Antworten waren schüchtern, klar und einfach. Marie Sklodowska war tatsächlich beeindruckt. »Es schien mir, daß an diesem Tag der kleine Raum die Verzückung menschlichen Denkens in sich barg.«[6]

Aber wie stand es mit seinen Aussichten? Im akademischen Sinne waren sie kümmerlich. Er wünschte sich eine Professur, und er brauchte dringend eine, die ihm die Arbeitsmittel für seine Forschungen bot. Den Prozeß des Wettbewerbs fand er indessen abstoßend und störend. Schon früh in ihrer Beziehung, im September 1894 schrieb er Marie, daß ein Freund ihn darauf hingewiesen hatte, einer der Professoren der Schule habe vor, sich Anfang Oktober zur Ruhe zu setzen: »Aber ich glaubte kein Wort davon, und ich bedaure, zu Ihnen davon gesprochen zu haben. Ich glaube auch, daß nichts verderblicher für den Geist ist, als sich mit derartigen Dingen zu beschäftigen und auf allen Klatsch zu hören, den die Leute einem erzählen wollen.«[7]

Auch den Gedanken an akademische Ehrungen lehnte er ab, insbesondere das traditionelle französische System, auf Stimmenfang für eine Ehrung seiner selbst zu gehen. Auch wenn sie ihm ohne sein Zutun angeboten wurden, wies er sie und damit die Chance einer besseren Bezahlung und einer leichteren Zukunft zurück. Als Schützenberger, der Direktor der Hochschule für Physik und Chemie, ihn für die Palmes académiques vorschlagen wollte, grenzte seine Ablehnung des Angebots ans Dünkelhafte: »Ich hoffe, Sie werden so freundlich sein und von einem Schritt Abstand nehmen, der mich in den Augen vieler Menschen ein wenig lächerlich erscheinen lassen würde.«[8]

Curie hatte wenig materielle Bedürfnisse, und die selbstverleugnenden Lebensgewohnheiten von Marie Sklodowska stimmten mit diesem Charakteristikum überein. Mit einem Einkommen von dreihundert Francs im Monat, einem damaligen Arbeiterlohn, gab es jedenfalls keine Aussicht auf irgendwelche Genüsse. Privat machte ihm das nichts aus, aber beruflich war es beschämend. Es läßt sich kaum bezweifeln, daß die Keime von Ressentiment gegen seine Vorgesetzten selbstgesät waren. Die Kollegen und Studenten fanden es prächtig, daß er auf einem Korridor arbeitete, da sein Rang keine eigenen Labormittel vorsah. Aber das muß die Arbeit an seiner Disseration, die er 1891 begonnen hatte, erheblich aufgehalten haben. Curie war ein praktischer Mann, wenn er an Apparaten bastelte, nicht aber, wenn er mit den praktischen Dingen des Lebens umgehen mußte.

Dennoch beschloß er im Januar 1895, entweder um Geld für Erleichterungen seiner Arbeit zu bitten, oder weil er die Heirat fest im Auge hatte, die Reinheit seiner wissenschaftlichen Ideale zu kompromittieren. Er willigte ein, als technischer Berater einer optischen Firma in Paris tätig zu werden, für eine Vergütung von hundert Francs im Monat; überdies standen im 20 % Beteiligung aus der Verwertung einer photographischen Objektivlinse, die er entworfen hatte, durch die Firma

zu.[9] Aber diese Summen waren zu klein, um seinen Lebensstandard wesentlich zu verändern.
Das Beste, was man von seiner Karriere sagen konnte, war, daß er nach zwölf Jahren an der Hochschule für Physik und Chemie eine relativ untergeordnete Stelle erfolgreich ausgefüllt hatte, jedoch ohne irgendeine Hoffnung auf eine mögliche Verbesserung seines Postens. Wenn sich Marie Sklodowska auch nur im geringsten um seine Aussichten gekümmert hätte, hätte sie ihn als eine schlechte Partie einschätzen müssen. Aber sie kümmerte sich nicht darum. Er war unter anderem ein zärtlicher und gütiger Mann, und sie beschloß, ihn zu heiraten.
Aber sie hatte noch zwei Probleme zu lösen. Der geduldige Lamotte lag noch immer auf der Lauer. Noch ein Jahr nach ihren Versuchen, ihn fortzuschicken, pinselte er seine traurigen Sätze, beginnend mit »Mademoiselle« und aufgesetzt mit der Sauberkeit und Ordnung eines Geschäftsbriefes. Als sie ihm, nach Versuchen mit sanfteren Methoden, die brutale Wahrheit mitteilte und ihm den auch von ihm verstandenen Gnadenstoß gab, nahm er es als eine »grausame Überraschung«. Der unglückliche getreue Liebhaber mußte sich in Zukunft ohne sie bescheiden. »Wie der Dichter sagt«, schrieb er ihr, »›ich kam zu spät in eine allzu alte Welt‹«![10]
Sie berichtete ihr Neuigkeit nach Warschau. Die Familie antwortete mit Segenswünschen für sie und Curie. Sklodowski und Marias Schwester Helena machten sich nach Paris auf.
Der Agnostiker und die ausgetretene Katholikin wurden im Rathaus von Sceaux in einer einfachen Zeremonie getraut. Sie trug ein einfaches dunkles Kleid, das Geschenk einer Verwandten, das später im Laboratorium nützlich sein würde, weil man den Schmutz nicht darauf sah. Ein paar Tage zuvor hatte sie einer Schulfreundin geschrieben, daß sie ihren Namen ändern werde. »Wenn Du diesen Brief erhältst.« schrieb sie, »schreib mir: Madame Curie, Hochschule für Physik und Chemie, 42 Rue Lhomond.«[11]

Die Entdeckung eines spektakulären Phänomens

Ein Verwandter stiftete zur Hochzeit ein Geldgeschenk, damit die Curies sich ein Paar Fahrräder kaufen konnten, und sofort verliebten sich die Liebenden in ihren neuen technologischen Besitz.
Die Freiheit zu reisen, die sie durch die Fahrräder erhalten hatten, schenkte Marie Curie während der nächsten zwei Jahre einige ihrer klarsten glücklichen Erinnerungen. In den Ferien pflegten sie ihre Vehikel mit der Eisenbahn zu befördern und in die Cevennen, in die Auvergne oder an die bretonische Küste zu fahren.
Von diesen Ausflügen abgesehen, änderte sich ihr Leben in der neuen kleinen Wohnung und bei der Arbeit kaum. Während der ersten Jahre war ihrer Ehe eine selbstgenügsame, zufriedene Existenz beschieden, die ihre jeweiligen, aber ähnlichen Bedürfnisse befriedigte. Pierre Curie wurde zunehmend abhängiger von seiner Frau. Nach zweijähriger Ehe empfand der einst selbstzufriedene und nach innen gekehrte Junggeselle die kurzen Abschnitte der Trennung als schmerzlich. Wenn sie mit ihrem Vater in Urlaub war, pflegte er ihr die Neuigkeiten aus dem Laboratorium mitzuteilen und kindische Worte der Zuneigung hinzuzufügen oder einige Worte der Bewunderung in dem Schriftpolnisch zu versuchen, das sie ihm beigebracht hatte. Er war offenbar noch ebenso verliebt in sie wie am ersten Tag, als er gesehen hatte, wie das Licht aus dem französischen Fenster auf ihr ernstes Gesicht fiel.
Ihr gemeinsamer wissenschaftlicher Traum war einfach, und in jenen idyllischen Tagen gab es kein Hindernis für ihn. Er bereitete seine Kurse an der Hochschule für Physik und Chemie mit großer Sorgfalt vor, und als sie ihm bei dieser Arbeit half, stellte Marie fest, daß sie viel von seiner ausgiebigen theoretischen und praktischen Erfahrung als Physiker lernen konnte. Das ergab eine solide Grundlage für die Forschung, die sie gerade begann. Sie erhielt die Erlaubnis, in der Schule zu arbeiten, sodaß sie an der Seite ihres Mannes sein konnte. Aber für die finanzielle Sicherung der Forschung, die sie sich vornahm, wollte sie selbstverantwortlich sein. Es handelte sich um eine Studie darüber, wie die magnetischen Eigenschaften von Stahl bei verschiedenen Temperaturen je nach der chemischen Zusammensetzung variieren. Sie konnte sich auf die Direktoren verschiedener metallverarbeitender Betriebe verlassen, die ihr kostenlose Proben von Stahlsorten überließen, sowie auf den Professor der Hochschule für Bergbau, den hervorragenden Vertreter der physikalischen Chemie Henri le Chatelier, der

ihr weitere Proben besorgte und bei den chemischen Analysen half. Der Gegenstand, den sie erforschte, der Magnetismus, war natürlich ein Bereich, in dem ihr Mann bereits eine führende Autorität war, und so hatte sie für ihre erste Entdeckungsreise in unbekannte Gebiete der Wissenschaft einen führenden französischen Chemiker, der ihr die linke Hand hielt, und einen führenden französischen Physiker, der ihre rechte hielt.

Ihr erster Bericht, der im Herbst 1897 abgeschlossen wurde[1], war überlang und nicht besonders originell; er war indessen außergewöhnlich sorgfältig abgefaßt und zeigte, daß die junge Frau ebenso fähig war wie irgend ein anderer Arbeiter auf diesem Feld, viele Stunden lang mit ausdauernder Hingabe am Labortisch die Details des gewählten Problems gewissenhaft zu beobachten. Wenn nichts sonst, so hatte sie sich in der Art und Weise geübt, wie sie eine künftige physikalisch-chemische Arbeit angreifen würde. Da sie auf ihr nächstes wissenschaftliches Problem zuging, als ziehe sie in eine Schlacht mit den Kräften der Natur, ist die militärische Analogie keineswegs unangemessen.

Das Leben, das sie zwischen ihrer einfachen Wohnung und ihren kleinen Laboratorien führten, blieb sich unveränderlich gleich; wie sie es ihrem Bruder beschrieb, war es »immer das gleiche, monoton. Wir sehen niemanden außer den Dluskis und den Eltern meines Mannes in Sceaux.«[2] Die Eltern Curie hielten zwei Räume bereit, wo sich Pierre und Marie jederzeit aufhalten konnten, und die sie, wenn sie kamen, in ähnlicher Weise als Ort des Studiums nutzten wie ihre Zimmer in der Stadt.

Die erste Bedrohung ihrer Gewohnheiten trat ein, als Marie feststellte, daß sie ein Kind erwartete. Von Anfang an hatte sie eine schwierige Schwangerschaft und ärgerte sich sehr über die Übelkeit, die oft den ganzen Tag anhielt und sie am Arbeiten hinderte. Schlimmer noch, es kam die schwere Krankheit von Pierres Mutter hinzu, die Brustkrebs hatte.

Den Sommer verbrachte sie mit ihrem Vater in Port Blanc. Pierre blieb in Sceaux, wünschte, draußen an der See und bei seiner schwangeren »chère petite enfant chérie« zu sein, und wünschte doch ebenso, am Bett seiner sterbenden Mutter zu bleiben. »Mutter ist so traurig, wenn ich davon spreche, sie zu verlassen, daß ich noch nicht den Mut habe, einen Tag festzusetzen.«[3]

Als er sich schließlich losgerissen hatte, unternahm er mit seiner im achten Monat schwangeren Frau eine Radtour nach Brest. Es war ein beinahe fahrlässiger Akt der Naivität dieses hochgebildeten Paares, und der endete, wie zu erwarten war. Marie konnte nicht mehr weiter und mußte nach Paris zurückkehren. Am 12. September wurde sie durch Eugène Curie von einer Tochter entbunden, Irène; einige Tage später starb dessen Frau, die Großmutter des Kindes.

Wenn Marie ihre Laufbahn fortsetzen wollte, mußte ein Dienstmädchen angestellt werden, und das brachte die Schwierigkeiten eines Herr-und-Diener-Verhältnisses mit sich, sowie die Aufteilung der mütterlichen Pflichten. Die Probleme, denen die gebildete arbeitende Mutter mit dem kleinen Kind entgegensah, waren gewaltig. Es gab nur wenige weibliche Laboratoriumsphysiker, die ihre Karriere nach dem ersten Examen fortgesetzt hatten, aber selbst in der liberaleren Atmosphäre Frankreichs wurde es als außergewöhnlich, wenn nicht als verantwortungslos betrachtet, wenn eine junge Mutter sich in dieser Weise nur wenige Wochen nach ihrer Wiederherstellung betätigte.

Aber in Bezug auf ihre wissenschaftliche Zukunft war Marie Curie eigensinnig. Während sie ihre Stahlmonographie für die Veröffentlichung vorbereitete, sah sie sich nach einem Gegenstand um, den sie für ihre Dissertation untersuchen könnte. Dafür gab es fast überhaupt keine Vorgängerinnen, auch nicht außerhalb Frankreichs. Keiner Frau in Europa war es bisher gelungen, ihre Promotion abzuschließen, obwohl eine unverheiratete Deutsche, Elsa Neumann, mit einer Dissertation auf dem Gebiet der Elektrochemie gut vorankam.

Marie Curies Haltung gegenüber dem Feminismus war ebenso kompromißlos wie allen übrigen Dingen gegenüber. Sie hat sich nie einer feministischen Bewegung angeschlossen, sondern sah sehr deutlich, daß sie Gleichheit nur erreichen konnte, wenn sie sich selbst die Bedingungen schuf, unter denen sie mit den Männern von gleich zu gleich in Wettbewerb treten konnte. Sie durfte keine Konzessionen erwarten, und mußte von Vorurteilen frei sein. Das war eine fortgeschrittene Haltung. In den Jahren vor der Jahrhundertwende einem solchen Pfad zu folgen, erforderte großes Selbstvertrauen und große Selbstgenügsamkeit: beides besaß Marie Curie in hohem Maße.

Nun blieb nur noch, den Gegenstand der Dissertation zu suchen. Das sollte die wichtigste Entscheidung ihres wissenschaftlichen Lebens sein. Es sollte nicht nur ihre weitere Laufbahn, sondern auch ihr Privatleben und das ihres Mannes bestimmen.

Nicht ohne Grund ließe sich der Beginn des atomaren Zeitalters auf den 8. November 1895 datieren. An diesem Tage wurde in einem bay-

rischen Laboratorium die Beobachtung gemacht, die für immer die Vorstellung der Physiker von ihrem Gegenstand ändern sollte. Wilhelm Röntgen hatte eine birnenförmige Braunsche Röhre aus ihrem Gestell genommen, ihre Teile mit einem Schaltkreis verbunden, sie mit schwarzem Karton umgeben und, nachdem er den Raum vollständig verdunkelt hatte, eine Starkstromladung hindurchgehen lassen. Das einzige, was ihn interessierte, war, ob der Karton die Röhre vollständig abschloß. Nachdem er sich überzeugt hatte, daß dies der Fall war, ging er gerade auf den Apparat zu, um das Experiment fortzusetzen, als er in etwa einem Meter Entfernung einen Lichtschimmer sah. Er zündete ein Streichholz an, um zu sehen, woher er kam. Er stellte fest, daß es ein kleines Stück Karton war, belegt mit Bariumplatinzyanür, welches fluoreszierte, obwohl es durch ein dickes Stück Pappe vollständig von der Braunschen Röhre abgeschirmt war. Er stellte die Röhre ab: die bariumbeschichtete Karte hörte auf, zu leuchten. Er stellte sie wieder an, und das Leuchten begann von neuem. Röntgen hatte die Strahlen entdeckt, die später nach ihm benannt wurden.
Er gab den Strahlen den Namen X, weil dies das gebräuchliche Symbol der Physiker für einen unbekannten (und in diesem Fall unverstandenen) Faktor ist. Aber bis zum 28. Dezember, als er seinen ersten Bericht abgab, hatte Röntgen eine systematische und sorgfältige Untersuchung der Strahlen vorgenommen und war in der Lage, eine genaue Beschreibung von den meisten ihrer grundlegenden Eigenschaften vorzulegen. Vier Wochen später hielt er den ersten öffentlichen Vortrag über seine Entdeckung in einem überfüllten Hörsaal. An einer bestimmten Stelle bat er den berühmten 78jährigen Anatom von Kölliker um die Erlaubnis, seine Hand zu photographieren. Albert von Kölliker stimmte zu; als Röntgen später die entwickelte Platte hochhielt, die die Knochenstruktur des alten Mannes zeigte, brach das Publikum in schallende Hochrufe aus.
Der Ausruf des Erstaunens verbreitete sich weltweit. Das Phänomen war zwar spektakulär, aber die einfachen, ihm zugrunde liegenden Prinzipien ließen sich leicht von Nicht-Wissenschaftlern verstehen, und die Anwendungsmöglichkeiten waren unmittelbar einleuchtend. Vier Tage, nachdem die Berichte von Röntgens Experiment in Amerika eingetroffen waren, wurden die Röntgenstrahlen benutzt, um eine Kugel in einem menschlichen Bein zu finden. Die offenbar unbegrenzten und unterschiedslosen Verwendungen, die die Strahlen finden konnten, wurden bald übertrieben; ihre Macht, zu enthüllen, was hin-

ter verschlossenen Türen und gar unter den Hüllen viktorianischer Kleidung liegt, führte zu den ersten Zweifeln an wissenschaftlichen Hilfsmitteln, mittels derer ein Eindringen in den persönlichen Privatbereich möglich sei.
Parallel zu dieser fast hysterischen Reaktion der Öffentlichkeit gab es eine stillere, aber ebenso fieberhafte Reaktion in den Laboratorien der ganzen Welt. Innerhalb eines Jahres wurden 48 Bücher und über tausend Artikel publiziert, die sich mit dem Thema der neuen Röntgenstrahlen beschäftigten. Bald sollten Argumente darüber ausgetauscht werden, ob die Strahlen Wellen oder Partikel seien. Ihre außerordentliche Durchdringungskraft machte sie zu einem nützlichen Werkzeug, um die Struktur der Materie zu erforschen und neu einzuschätzen. Die besonderen Eigenschaften der Röntgenstrahlen sollten den Weg zu der Erkenntnis weisen, daß Atome nicht die undurchdringlichen letzten Partikel der Materie sind, für die das Dogma sie so lange gehalten hatte. Die klassische Partikel-Vorstellung der Physik war am Ende. Es war der Beginn neuer Konzeptionen, welche die gesamte Grundlage erschüttern sollten, auf welcher die Naturwissenschaften jener Zeit ruhten. Es begann eine neue Ära.
Am 15. Januar 1896 schrieb Ernest Rutherford, ein examinierter junger Physikstudent aus Neuseeland, nach Hause an seine Verlobte und erzählte ihr, mit welcher Geschwindigkeit diejenigen, die im Cavendish-Laboratorium arbeiteten, und besonders sein Professor J. J. Thompson, auf die Neuigkeiten reagierten. »Ich habe alle Photographien gesehen, die bisher gemacht wurden. Ein Bild von einem Frosch ist besonders gut. Es umreißt die ganze Gestalt und zeigt alle Knochen im Innern sehr deutlich. Der Professor versucht natürlich, die wirkliche Ursache und das Wesen der Wellen herauszufinden, und das große Ziel ist, eine Theorie über die Angelegenheit vor jemand anderem aufzustellen, denn fast jeder Professor in Europa befindet sich jetzt auf dem Kriegspfad ...«
Rutherford selbst schritt kräftig auf diesem Kriegspfad aus; mehr noch, er war entschlossen, jeden Angriff anzuführen, in den er verwikkelt war. Zurückhaltung gehörte nicht zu seinen Eigenschaften.
Im Jahre 1897 wäre dies offensichtlich ein Feld für Marie Curie gewesen, auf dem sie für ihre Promotion hätte arbeiten können. Es versprach, rasch neue Ergebnisse zu bringen. Aber sie lehnte es zugunsten eines anderen Themas ab, das zu jener Zeit vergleichsweise kümmerliche Möglichkeiten zu bieten und im Verhältnis zu den Versprechungen

der Röntgenstrahlen-Goldgrube von geringer Bedeutung zu sein schien.
Der Effekt, den sie untersuchen wollte, war, wie so oft, wenn eine neue breite Front wissenschaftlicher Untersuchung eröffnet wird, von zwei Männern beobachtet worden, die gleichzeitig und unabhängig voneinander in verschiedenen Laboratorien arbeiteten. Einer von ihnen, Silvanus P. Thompson, vermachte Generationen von Aspiranten der Mathematik seine Einführung *Calculus Made Easy* mit der hoffnungsvollen Widmung »Was ein Narr kann, kann auch ein anderer«. Als Thompson in seinem Londoner Laboratorium eine kleine Menge Urannitrat auf eine abgedeckte Photoplatte tat und die Wirkung beobachtete, war er sich nicht bewußt, daß ein anderer Narr dasselbe in Paris machte. Thompsons experimentelle Methode bestand darin, die Photoplatte und ihre Aluminiumabdeckung mit dem Uransalz auf das Fensterbrett des Laboratoriums zu legen, »um soviel Sonnenlicht einzufangen (es waren ein paar Stunden), wie im Februar im Herzen Londons in eine Hintergasse fällt.« Dann entwickelte er die Platte und entdeckte, daß sie an der Stelle, auf der das Uransalz gelegen hatte, geschwärzt war. Er war mehr als überrascht, daß das Uran die Platte trotz des dicken Aluminiumschutzes beeinflussen konnte, und schrieb sofort an Sir George Stokes, den Präsidenten der Royal Society, um ihm von dem Effekt zu berichten, den er später *Hyperphosphoreszenz* nannte. Drei Tage später, am 29. Februar 1896, antwortete Stokes und teilte Thompson mit, er hoffe, dieser werde die interessanten Ergebnisse ohne Aufschub veröffentlichen, »zumal so viele jetzt über Röntgenstrahlen arbeiten.« Noch nicht einmal eine Woche war vergangen, als Stokes ihm wiederum schrieb, um ihm mitzuteilen, was er entdeckt hatte, als er die französische wissenschaftliche Presse durchgeblättert hatte: »Ich fürchte, man ist Ihnen bereits zuvorgekommen. Siehe Becquerel, *Comptes rendus* vom 24. Februar, S. 420, und einige Berichte von den zwei oder drei vorhergehenden Sitzungen.«
Als Thompson die Zeitschrift erhielt, stellte er fest, daß er zu spät gekommen war. Henri Becquerel, der zweifellos meinte, nur ein Narr würde es aufschieben, seine Resultate in den Druck zu geben – und schon gar bei der Überfülle von Publikationen über die Röntgenstrahlen –, hatte mit großer Geschwindigkeit seine gleichen Ergebnisse veröffentlicht.
Wie Thompson hatte Becquerel ursprünglich geglaubt, es sei die Wir-

kung des Sonnenlichts auf die Uransalzkristalle, das diesen veranlaßt hatte, die Photoplatte zu belichten, vielleicht indem es sie anregte, Röntgenstrahlen auszusenden. Thompsons Interesse an dem Phänomen kühlte ab, als er die Publikation des Franzosen sah. Becquerel aber hatte das Gefühl, daß diese Uransalze noch mehr hergeben müßten. Am 26. und 27. Februar hatte er einige Photoplatten in schwarzen Stoff gewickelt, sie mit Aluminium abgedeckt und einige Kristalle Kalium-Uranylsulfat auf das Aluminium gelegt. Da es ein trüber Tag war und er vor allem daran interessiert war, die Wirkung des Sonnenlichts auf die Kristalle zu beobachten, legte er die Platten mit den Kristallen in eine Schublade und machte sie zu. Er hielt sie unter Verschluß, als der Freitag und Samstag der Woche sich ebenfalls als bewölkt herausstellten; desgleichen der Sonntag, an dem Becquerel aus einem Grund, der der Nachwelt ewig unbekannt bleiben wird, beschloß, die Platten aus der Schublade zu nehmen, sie auszupacken und sie unverzüglich zu entwickeln. Er war reichlich verblüfft, als er sah, daß sie an den Stellen, wo sie von den Kristallen bedeckt gewesen waren, deutliche dunkle Stellen zeigten. Am nächsten Tag (und das mag der Grund gewesen sein, der ihn zur Sonntagsarbeit anspornte) war die wöchentliche Sitzung der Académie des Sciences. Dort konnte er seinen Ruhm besiegeln und mit einer Verspätung von nur vierundzwanzig Stunden die Entdeckung verkünden, daß Uransalze Strahlen aussenden, die, wie die Röntgenstrahlen, die Materie durchdringen. Becquerel hatte die Radioaktivität entdeckt.

Das war eine zukunftsträchtige Entdeckung, obwohl sie bei jener Sitzung niemand als solche erkannte; man nahm nur höflich und interessiert Becquerels Originalität zur Kenntnis. Während des Jahres 1896 veröffentlichte er weitere sechs Berichte über den Gegenstand und im darauffolgenden Jahr noch zwei weitere. Dann scheint auch sein Interesse erlahmt zu sein. Der Enthusiasmus für die spektakulären Röntgenstrahlen hielt jedoch in anderen Kreisen pausenlos an.

Zu diesem Zeitpunkt beschloß Marie Curie, die Uranstrahlen als mögliches Feld für ihre Dissertation zu betrachten. Becquerel hatte gezeigt, daß die Salze, selbst wenn sie wochenlang in geschlossenen Schubladen aufbewahrt worden waren, immer noch fähig waren, Photoplatten zu beeinflussen. Die interessante Frage war: Woher nahm die Uranverbindung die Energie, mittels derer sie photographische Emulsionen durch verschiedene Lagen von Schutzpapier, selbst durch Metall hindurch schwärzte? Die Curies betrachteten das Problem. Pierre Curie

wies darauf hin, daß es als Feld wissenschaftlicher Untersuchung jungfräuliches Land war. Und Marie Curie machte es zu dem ihren.[4]
Das erste Problem, das sie lösen mußte, war die Frage nach einem Arbeitsplatz. Sie brauchte ein Laboratorium. Ein offensichtlich geeigneter Ort war die Hochschule für Physik und Chemie. Deren Direktor Schützenberger war ein teilnahmsvoller Mann. In seinen schräggestellten Augen lag viel Wärme, und ihr Blitzen vermittelte Loyalität und Begeisterung. Diejenigen, die an seinem Institut arbeiteten, nannten ihn »Papa Schütz«, und selbstverständlich wandte sich Curie mit der Bitte um väterliche Hilfe an ihn. Curie fand einen kleinen verglasten Raum im Erdgeschoß der Schule, der teilweise als Lagerraum und teilweise zur Aufbewahrung von Laborapparaten diente. Schützenberger war einverstanden, daß die stets traurig blickende, einfach und dunkel gekleidete Frau seines ebenfalls ernsten und stillen Laboratoriumsleiters ihn bezog. Unter den bestehenden Umständen wäre es wohl auch schwer für ihn gewesen, nein zu sagen. Curie arbeitete seit vierzehn Jahren bei ihm, hatte wenig Förderung erhalten, und seine kränkliche Frau hatte gerade ein Kind geboren. Es war klar, daß die Experimente, die sie vorhatte, nur ein Minimum an billiger Ausstattung erfordern würden; und es muß auch deutlich gewesen sein, daß ihre Chancen, die Promotion abzuschließen, minimal waren.
Der hauptsächliche Nachteil des Raums war seine Feuchtigkeit. Ganz abgesehen von der Ungemütlichkeit war dies eine ernsthafte Behinderung für die elektrostatischen Experimente, die sie durchführen wollte. Später beschrieb sie ihren Plan folgendermaßen: Becquerel hatte gezeigt, daß die Uranstrahlen wie die Röntgenstrahlen bewirken, daß die Luft Elektrizität leitete; sie wollte nun die erste quantitative Studie dieser Erscheinung mit der sie so befriedigenden ordentlichen Sorgfalt durchführen und das piezoelektrische Quarz-Elektrometer benutzen, um die kleinen, von der Luft geleiteten Mengen Elektrizität zu messen. Wie auch immer die Reihenfolge der Ereignisse war, Jacques und Pierre Curies piezoelektrischer Quarz wurde schließlich durch Marie Curie seinem ursprünglichen Zweck zugeführt. Sie begann damit nach anderen Substanzen außer Uran zu suchen, die die Luft zu einem Leiter von Elektrizität machen können.
Von Bekannten aus der Hochschule für Chemie und Physik und in ihrer Umgebung erbettelte und lieh sie so viele Proben von Metallen, Metallverbindungen und Mineralen, wie sie bekommen konnte. Das Grundexperiment war einfach. Die jeweilige Substanz legte sie auf eine

Metallplatte, der gegenüber sich eine weitere, einen Kondensator bildende Metallplatte befand, und benutzte ihr Elektrometer, um festzustellen, ob durch die Luft zwischen den Platten Strom floß. Auf diese Weise konnte sie rasch Dutzende von Stoffen mit jener Sorgfalt erproben, die zu der wissenschaftlichen Methode gehörte, von der sie bereits besessen war. In kurzer Zeit hatte sie die ersten Ergebnisse. Sie fand heraus, daß Thorium und seine Verbindungen bewirkten, daß die Luft Elektrizität leitete, und Strahlen aussendeten, die, soweit sie beurteilen konnte, von derselben Art waren, wie Becquerel sie am Uran beobachtet hatte.

Das war ein kleiner Triumph. Die Entdeckung machte sie wenige Tage nach dem Beginn ihrer Experimente: Kein Forscher, der mit der Arbeit für seine Dissertation beginnt, konnte auf mehr Glück hoffen. Sofort begann sie mit einer weiteren systematischen Untersuchung und benutzte nun das Elektrometer, um die Stärke des Stroms zu messen, der von den verschiedenen Verbindungen von Uran und Thorium verursacht wurde.

Das erste Ergebnis bestand darin, daß die Aktivität der Uranverbindungen ausschließlich von der in ihnen vorhandenen Menge an Uran abhing. Es spielte überhaupt keine Rolle, ob das Uransalz feucht oder trocken war, ob in Klumpen oder pulverförmig, noch welche anderen Elemente in dem Salz enthalten waren. Das war eine hochbedeutende Information; wie bedeutend, konnte sie in diesem Augenblick noch nicht erkennen, aber es wurde ihr zu gegebener Zeit deutlicher.

Vom wissenschaftlichen Standpunkt aus ist dies die wichtigste Arbeit von Marie Curie und nicht die anderen Entdeckungen, durch die sie wesentlich berühmter werden sollte. Sie brachte nämlich den Erweis, daß die Strahlung nicht die Auswirkung irgendeiner Interaktion zwischen den Molekülen war; es lag hier nicht etwa die Folge der Bildung neuer Moleküle durch Atome vor oder Moleküle, die sich zu neuen Gestalten umformen, wie in einer üblichen chemischen Reaktion, wo Energie, wie etwa Licht oder Hitze, als Produkt einer solchen Reaktion abgegeben wird. Die Strahlungsenergie hat einen anderen Ursprung und muß von dem Atom selbst herrühren, unabhängig davon, welche Verbindung das Atom hat und wie es sich verhält: Die Strahlung muß eine Eigenschaft des Atoms sein. Von dieser einfachen Entdeckung her konnte die Naturwissenschaft des 20. Jahrhunderts die Atomstruktur erhellen, und aus der Kenntnis der Atomstruktur resultierten alle praktischen Folgen ihrer Spezifizierung.

Marie Curie hielt nicht inne, um über das Ergebnis zu meditieren. Es gab näherliegende, aufregende Konsequenzen. In die Messung der Leitfähigkeit von Luft aufgrund uranhaltiger Stoffe schloß sie in ihre systematischen Studien auch zwei Uranminerale ein, Pechblende und Chalkolit. Das Elektrometer zeigte, daß Pechblende viermal so aktiv wie das Uran selbst war, Chalkolit war doppelt so aktiv. Sie kam zu dem Ergebnis, daß, wenn ihre früheren Messungen, die den Urangehalt und die Aktivität miteinander zu verbinden suchten, richtig waren – und das waren sie –, diese beiden Minerale geringe Mengen eines anderen Stoffes enthalten mußten, der weit aktiver als Uran selbst sein mußte.

Dieser Gedanke war ihr eigner; niemand half ihr bei seiner Formulierung, und obwohl sie ihren Mann nach seiner Meinung hierzu befragte, beharrte sie doch deutlich auf ihrem Eigentumsrecht. In der Biographie ihres Mannes erwähnte sie diesen Tatbestand später zweimal, um sicherzugehen, daß kein Mißverständnis mehr möglich war.[5] Offensichtlich hatte Marie Curie bereits zu diesem frühen Zeitpunkt ihrer Karriere erkannt, daß ihre Rolle als Physikerin ungewöhnlich schwer zu handhabende Probleme mit sich bringen würde, darunter den Unglauben oder Zweifel mancher Wissenschaftler an der Fähigkeit einer Frau, eine derart originäre Arbeit zu leisten.

Ihre Reaktion – oder Überreaktion – war für sie typisch. Bei jeder Gelegenheit, mündlich oder gedruckt, sprach sie unzweideutig aus, für welche Ergebnisse sie und nur sie allein verantwortlich war. Sie vermerkte die Leistungen ihrer Mitarbeiter, insbesondere ihres Mannes, wo es angemessen erschien, aber nie ließ sie ihr Eigentumsrecht an ihren eigenen Gedanken und Arbeiten in Zweifel stellen, selbst in Schriften mit mehreren Verfassern nicht. Das erste Wort ihrer ersten Veröffentlichung über die Strahlung war »ich«. Offen und energisch benutzte sie es immer wieder. Hier war der Anfang der öffentlichen Entfaltung ihrer eigenen rigorosen Unabhängigkeit.

Die Frage der Publikation war wichtig. Obwohl sie erst wenige Wochen mit Uran und Thorium arbeitete, waren ihre Notizbücher schon mit Zahlenreihen gefüllt, deren Wichtigkeit und wissenschaftliche Bedeutung sie und Pierre Curie erkannten. Pierres Haltung der Veröffentlichung gegenüber war bewunderswert selbstlos, aber bezeichnenderweise naiv. Am Wettlauf um die Priorität war er nicht interessiert und er zog es vor, erst nach langer Überlegung zu publizieren. Wenn er von irgendeinem anderen Physiker geschlagen wurde, der die sofortige

Veröffentlichung und spätere Verdammung riskierte, dann umso schlimmer. Marie Curie wies stolz auf seine zurückhaltende Einstellung hin. Daher muß man annehmen, daß sie es war und nicht ihr Mann, die Schritte unternahm, um ihre Arbeit so bald wie möglich in den Druck zu bringen.

Dafür sprachen hervorragende Gründe, die in der wissenschaftlichen Welt noch aktuell waren. Wenn Becquerel seine Entdeckung nicht binnen eines Tages der Académie des Sciences bekanntgemacht hätte, wäre die Anerkennung für die Entdeckung der Radioaktivität und sogar ein Nobelpreis Silvanus B. Thompson zugekommen. Marie Curie suchte sich dieselbe rasche Publikationsform aus. Die Sitzungen der Académie fanden jeden Montag statt, und jeder Bericht, der ihr vorgelegt wurde, war innerhalb von zehn Tagen gedruckt und konnte danach in der Welt der Physik gelesen werden. Da weder Curie noch sie selbst Mitglieder der Académie waren, wurde ihr Bericht, der kurz und bewunderswert einfach von ihrer Arbeit Rechenschaft ablegte, am 12. April 1898 für sie von ihrem früheren Professor Gabriel Lippmann vorgelegt.

Dennoch war es zu spät. Durch einen bemerkenswerten und herzzerreißenden Zufall war sie, gerade wie Thompson von Becquerel geschlagen worden, im Wettbewerb darum geschlagen worden, wer als erster die Entdeckung bekannt gab, daß Thorium in derselben Weise wie Uran Strahlen aussendet. Ohne ihr Wissen hatte der Deutsche Gerhard Schmidt zwei Monate früher in Berlin sein Ergebnis publiziert.

Niemand sonst aber hatte in der Welt der Physik bereits herausbekommen, was sie in einem einzigen Satz des Berichtes mitteilte, daß nämlich die Aktivitäten von Pechblende und Chalkolit wesentlich größer sind als die von Uran selbst. Sie schrieb: »Die Tatsache ist sehr bemerkenswert und führte zu der Vermutung, daß diese Mineralien ein Element enthalten dürften, das viel aktiver als Uran ist.« Die Wahrnehmung, daß sie über ein neues *Element* gestolpert sein könnte, brachte sie in eine Erregung, die sie nie zuvor erfahren hatte. Sie, die Meisterin der Untertreibung, stellte später fest, wie sie »einen leidenschaftlichen Wunsch empfand, diese Hypothese so rasch wie möglich zu verifizieren.«[6] Und noch schöner war es, daß sie diese Leidenschaft mit ihrem Mann teilen konnte. Curie war sicher, daß es kein Scheineffekt war, was sie entdeckt hatte. Er war so gefesselt, daß er beschloß, vorübergehend die ihm so liebe Arbeit an den Kristallen aufzugeben und sich ihr zur Verfügung zu stellen. Es würde, so schien es, ein Liebesdienst sein. Sie konnten zu dieser Zeit noch nicht wissen, daß der Gegenstand ihrer Suche in so geringen Mengen in den Mineralen vorhanden war, daß es wirklich eine physisch anstrengende Arbeit werden würde. Am 14. April 1898 wogen sie – lächerliche Optimisten – eine Probe von hundert Gramm Pechblende ab und zerkleinerten sie mit einem Stampfer in einem Mörser. Später sollten sie mit Tonnen des gleichen Materials arbeiten.

Die fruchtbare Zeit der Arbeit

Mit derselben Gewissenhaftigkeit, mit der sie die Notizen, die Probleme und die Laborexperimente ihrer studentischen Kurse aufgeschrieben hatte, vermerkte Marie Curie die meßbaren Ereignisse im täglichen Leben ihrer Familie.
»15. April. Irène zeigt ihren siebten Zahn links unten ... seit drei Tagen haben wir sie jetzt im Fluß gebadet. Sie schrie, aber heute (4. Bad) hat sie im Wasser aufgehört zu schreien ... 25. April. Wir tun Tapioka in die Milch.
5. September. Erstes Ei. Sie ißt die Flüssigkeit, spuckt aber das Weiße aus.«[1]
Was auch immer einen quantifizierbaren Inhalt hatte, schrieb Marie Curie auf. Das einzige Kriterium, damit eine Tatsache in eines ihrer kleinen Notizbücher aufgenommen wurde, bestand darin, daß ihr eine Zahl beigefügt werden konnte: die 3 % Gewinn, die die kleine Einlage für Irène abwarf; 5 f. 50 c. für ein Paar wollene Fahrradsocken für Pierre; 2 Fahrradschläuche, 31 f.; Wäscherei, 4 f. 50 c.; »Pierre hat 51 f. übrig.« Diese Gewohnheit hielt ihr Leben lang an: einzelne Centimes, die in den Ferien für Busse ausgegeben wurden; der Preis von drei Tassen Kaffee, Briefmarken; die Aufrechnung der Ausgaben jedes einzelnen Tages eines in der Bretagne verbrachten Urlaubs; dieselben Einzelheiten für eine Reise nach Zakopane, mit zwei Kolumnen, die eine für die Ausgaben in Francs, die andere für das Äquivalent in Kronen. Noch kurz vor ihrem Tod verzeichnete sie sorgfältig die Ausgaben für die Wäsche, für Marmelade, Briefmarken, Elektrizität und Käse.
Diese Leidenschaft, alle Arten von Ereignissen niederzuschreiben, so-

lange sie beobachtbar und meßbar waren, mag in ihren privaten Notizen banal, aber auch rührend erscheinen, sie war jedoch für ihren Erfolg auf den wissenschaftlichen Gebieten, die sie sich zur Erforschung ausgewählt hatte, lebenswichtig. Selten nur schrieb sie bei ihrer Arbeit oder im Privatleben eine subjektive Einschätzung der Beobachtungen auf. So erlaubte sie sich einmal, nach der Eintragung des Hotelpreises für eine Nacht anläßlich eines Urlaubs in Puy, den Kommentar, die Bedienungsgeld sei »unangemessen«.

Aber wenn die Forschung aufregend und fruchtbar war, ließ sich das Gleiche keineswegs von dem Leben behaupten, das sie und ihr Mann außerhalb des Laboratoriums führten. Ihr Leben *war* ihre Arbeit. Die Eintragungen in ihrem Notizbuch zeigen mit der üblichen Genauigkeit, zu wie später Stunde sie noch am Arbeitstisch stand. Diese Hingabe war eine bewußte Entscheidung. Ein seltener Theaterbesuch, ein Fahrradausflug, eine Diskussion mit Freunden aus der Wissenschaft an einem Nachmittag des Wochenendes, das war alles, was sie sich an Erholung erlaubten. Davon abgesehen war das Leben trocken und monoton, und Marie gab das in ihren Briefen an die Familie auch zu. Nach mehr als sechs Jahren in Paris machte sie keinen Versuch, ihre Einsamkeit und ihr Heimweh nach Polen zu verbergen.

Die Routine des Lebens war verhältnismäßig schnell hergestellt. Eugène Curie hatte, nachdem er seine Frau verloren hatte, die traditionelle Rolle des Großvaters übernommen und in seinen alten Tagen die Freuden eines Kindermädchens kennengelernt. Seine Hilfe war umso wertvoller, als Marie Curie ihr Leben lang in der Haushaltskunst auch nicht den geringsten Wert zu sehen vermochte. Als sie eine alte Frau war und ein junges Mädchen ins Laboratorium kam, um ihr zu sagen, daß sie bald heiraten würde, sagte sie: »Ich selbst habe nie gelernt, wie man es anfangen soll, eine Küche zu säubern. Ich pflegte einen Wassereimer und einen Lappen zu nehmen, aber sobald ich diesen in Bewegung gesetzt hatte, sah alles aus, als ob man von vorn anfangen müßte.«

Weder er noch sie hatten viel Bedürfnisse oder Wünsche nach Besitz. Sie gaben wenig aus, wie Maries ausführliche Berichte zeigen. Sie führten ein spartanisches Leben, aßen einfach und kleideten sich ebenso. Beide wurden von Krankheit geplagt. Marie schien es, als sei dies seit ihrer Schwangerschaft die Regel. Der Beginn konnte aber auch mit dem Beginn ihrer Arbeit an den neuen Strahlen zusammenfallen. Sie notierte ihre eigenen Krankheiten und deren Verlauf in derselben Weise, wie sie andere Ereignisse niederschrieb. Eine Krankheit, die sich allerdings nur in den ersten Symptomen entwickelte, war eine tuberkulöse Schädigung der Lunge, deren Verdacht der Hausarzt kurz nach der Geburt von Irène diagnostizierte.

Da sie die Todesursache ihrer Mutter kannte, mußte dies eine tief deprimierende Information für sie sein. Aber das unerschütterliche Interesse, das die Curies ihrem Laboratorium widmeten, begann, sie wunderbar zu belohnen. Sie lösten die zerstoßene Pechblende in einer Säure auf und trennten ihre verschiedenen Elemente mittels der Standardtechniken der analytischen Chemie, die damals zugänglich waren. Marie Curie übernahm die Rolle einer Chemikerin und brachte sich die Fertigkeiten für die endlos wiederholten und langweiligen Tätigkeiten bei, die diese Art der Trennung erfordert. Ihre Vermutung, daß die Pechblende eine kleine Menge einer Substanz enthält, die eine weit höhere Aktivität als Uran aufweist, wuchs bei jedem Stadium der Trennung und Reinigung. Zum Schluß war es deutlich, daß sie diesen Stoff von allem übrigen außer von einem einzigen Element trennen konnte: Bismut.

Am 6. Juni 1898 zeigte das Labornotizbuch einen plötzlichen aufgeregten Ausbruch, den selbst Maries Selbstkontrolle nicht zurückhalten konnte. Bis dahin sind die Notizen mit ihrer dünnen Feder auf kariertem Papier eingetragen, wobei sie die horizontalen Linien für die Beobachtungen, die vertikalen für Zahlenkolumnen benutzte. Eine gelegentliche Anmerkung von Pierre in einem diagonalen oder vertikalen rasch hingeworfenen Gekritzel zeigt, daß ihm die eine oder andere Beobachtung als besonders interessant aufgefallen war. An diesem Tag besagen die Notizen, daß Marie eine Lösung von Bismutnitrat nahm, die ihrer Ansicht nach ihr neues Element enthielt, und Schwefelwasserstoff hinzufügte. Dann sammelte sie sorgfältig den festen Stoff, der sich abgesetzt hatte, und maß seine Aktivität. In kühnen Buchstaben schrieb sie das Ergebnis unten auf die Seite und unterstrich es: *150mal aktiver als Uran.*

Am selben Tag füllte Pierre Curie eine winzige Probe des Bismutsulfids, das sie gesammelt hatten, in eine Glasröhre und begann, sie nach und nach zu erhitzen. Er beobachtete, wie das Bismutsulfid in den heißeren Teilen der Röhre verblieb, während sich bei 250-300° ein feines schwarzes Puder am Glas absetzte. Er erhitzte die Röhre noch weiter, bis sie schließlich zersprang. Aber er hatte gefunden, was sie brauchten. Er kratzte das schwarze Pulver von der Röhre ab und maß seine Aktivität. Schließlich hatten sie eine Probe produziert, deren Aktivität

330mal größer war als die des Uran. Es war ein überragendes Tagesergebnis.
Bis zum 27. Juni stellte Marie Stoffe her, die etwa 300mal aktiver waren, und vermerkte den Triumph mit immer kühneren Strichen in ihrem Notizbuch. Es gab jetzt keinen Zweifel mehr. Sie hatte ein neues Element entdeckt. Jedesmal, wenn sie wieder ein wenig Bismut entfernt hatte, zeigte die neue Substanz noch dramatischer ihre Anwesenheit. Diese Aufregung kam psychologisch gerade zur rechten Zeit. Am Tiefpunkt einer langen Zeitspanne der Sehnsucht nach ihrer Heimat hatte Marie einen Namen bereit. Sie schrieben in einem Bericht, den sie rasch für die Veröffentlichung vorbereiteten: »Wenn die Existenz dieses neuen Metalls bestätigt wird, schlagen wir vor, es *Polonium* zu nennen, nach dem Namen des Vaterlandes des einen von uns.«
In diesem Bericht benutzten die Curies zum ersten Mal das Wort *radioaktiv,* um das Verhalten von uranähnlichen Stoffen zu beschreiben. Silvanus P. Thompsons sonderbar zusammengebrautes Wort für das gleiche Phänomen, »Hyperphosphoreszenz«, ging dankenswerterweise nie in irgendeine Sprache ein. Aber »Radioaktivität« setzte sich durch.
Zu jener Zeit war Marie Curie sicher, Polonium werde ihre große Entdeckung sein, und aus diesem Grunde hatte sie ihm den Namen vorbehalten, der ihr am liebsten war. Aber bevor sie Zeit hatte, diese Demonstration ihrer Heimatliebe in den Druck zu geben, wurden Pierres und ihr Denken zu der Erkenntnis gezwungen, daß hinter dem Polonium noch etwas anders lag, wonach sie weiter graben mußten.
Die wichtige Arbeit, die Marie und Pierre Curie in den drei Jahren durchführten, die mit dem Dezember 1897 begannen, wurde in drei kleinen, schwarzen, leinengebundenen Notizbüchern festgehalten. Sie sind noch erhalten. Die meisten anderen Papiere und Bücher sind entstrahlt worden, aber diese Hefte werden als immer noch gefährlich betrachtet – mehr als ein Dreivierteljahrhundert, nachdem sie durch die Finger von Marie und Pierre verseucht wurden.
»Eines Tages, als ich an Marie Curies Schreibtisch saß und Notizen machte, erschienen zwei Arbeiter im Laboratoire Curie, um Routinetests der durchschnittlichen Radioaktivität in den Räumen, die keine Laboratorien sind, zu machen. Nachdem sie den Geigerzähler an verschiedenen Möbelstücken in Marie Curies Arbeitszimmer benutzt hatten, richteten sie ihn auf den Stuhl, auf dem ich saß. Sofort begann er, auf seine lärmende und beunruhigende Weise zu ticken. Höflich baten

sie mich, mich von meinem Sitz zu erheben, damit sie ihn entstrahlen konnten.«

Im Juli 1898 hören die Notizen in diesen Heften plötzlich auf. Viele Wochen lang ist nichts mehr hinzugefügt. Während dieser Zeit holten die Curies offenkundig ihre Fahrräder hervor und fuhren für einen langen Urlaub aufs Land. Aber etwas anderes Wichtiges muß sie überdies abgelenkt haben, denn die Notizen beginnen erst wieder am 11. November in einem neuen Heft. Wahrscheinlich hatten sie keineswegs den Wunsch nach einer müßigen Unterbrechung der Arbeit, sondern waren zu einer Ruhepause gezwungen, da sie beide an unerklärlichen Krankheiten und störenden kleineren Unpäßlichkeiten litten. Pierre hatte Schmerzen, die er seinen Freunden gegenüber als Auswirkungen von Rheumatismus erklärte; beide fielen leicht den üblichen kleineren Übeln zum Opfer; beide wurden schnell müde und hatten eine beständige Lethargie zu bekämpfen. Ein weiterer besonderer Ärger lag darin, daß Maries Fingerspitzen wund und rissig wurden, als sie größere Mengen von den gereinigten Substanzen handhabte.

Heute wissen wir weit mehr über die Strahlungskrankheit und die schrecklichen physischen Folgen, welche die Zuführung radioaktiver Substanzen haben kann. Diese beiden waren die ersten unfreiwilligen Versuchskaninchen, die die Anfangssymptome erleiden mußten.

Am 11. November beginnt das Notizbuch mit der für Marie typischen zwanghaften Ordnung. Aber sie setzt sich nicht durch. Die Notizen bekommen einen kursorisch und grob zusammenfassenden Charakter, sie sind meist undatiert. Aber aus den Notizen der letzten Novemberwochen geht deutlich hervor, daß sie bereits die bedeutende Tatsache entdeckt (wenn auch noch nicht vermerkt) hatte, daß, wenn Bismut und Polonium ausgeschieden waren, die verbleibende Flüssigkeit immer noch hochgradig radioaktiv war. Einfache Tests zeigten, daß dies weder auf das Uran noch das Polonium zurückzuführen war, die ja beide ausgesondert waren. Die wesentliche Unreinheit der Flüssigkeit war auf Barium zurückzuführen, einem wohlbekannten Element, das bekanntlich nicht radioaktiv ist. Es mußte also – und zu dieser Folgerung waren sie wohl während ihres Urlaubs oder sogar schon vorher gekommen – nicht ein, sondern zwei zuvor unbekannte und unerwartete Elemente in ihrer Pechblendenprobe geben.

Diese Erwartungen wurden auf überraschende Weise übertroffen, als sie ihre neue Substanz aus der Lösung kondensiert hatten. Durch mehrfaches neues Lösen und Kondensieren kamen sie schließlich zu einem Stoff, dessen Radioaktivität nicht weniger als 900mal höher war als die von Uran. Und der einzige Faktor, der ihre Möglichkeiten begrenzte, ihn noch weiter zu verfeinern und eine noch stärker radioaktive Substanz zu erhalten, war die Tatsache, daß ihre Verlustrate aufgrund unbrauchbarer Produkte oder unvermeidlicher frustrierender Unfälle, bei denen etwas zerbrach oder vergossen wurde, so hoch war, daß ihnen das Material ausging, mit dem sie hätten arbeiten können. Auf die Mitte einer undatierten Seite kritzelte Pierre Curie etwa Anfang Dezember 1898 die folgenden Zeilen:

also Radiumsulfat
besser löslich in H_2SO_4
als Bariumsulfat

Sie hatten einen Namen für ihr neues Element gefunden. Sie hatten beschlossen, es *Radium* zu nennen. Es sollte zum Juwel in Marie Curies Krone werden.

Die Existenz des Radiums wurde also bereits vermutet, bevor die Neuigkeit über das Polonium veröffentlicht wurde. Aber bevor die Geburtsanzeige des letzten neuen Elements für die Welt erfolgen konnte, mußten die Curies beweisen, daß es wirklich das war, wofür sie es hielten: ein Element. Das Instrument, das zu diesem Beweis benutzt wurde, war eine der bemerkenswertesten und vielseitigsten Erfindungen des 19. Jahrhunderts: das Spektroskop.

Der erfahrene Benutzer des Spektroskops war für die Curies ein Mann, dem Marie bereits die Überlassung von Materialproben für ihre ersten Arbeiten verdankte: Eugène Demarçay. Er hatte den Curies schon zu helfen versucht, indem er eine neue Spektrallinie für das Polonium suchte, aber nicht fand. Es ist bemerkenswert, daß Demarçay, dessen gewaltiger Beitrag zu dieser Arbeit zu einem großen Teil von der Genauigkeit seines Sehvermögens durch das Okular des Spektroskops abhing, bei einer Explosion im Laboratorium ein Auge verloren hatte.

Jetzt nahm Demarçay die winzige Probe des Stoffes, die Curie ihm brachte, löste sie in gesäuertem Wasser und strich die Lösung auf Elektroden, durch die er einen elektrischen Funken leiten konnte. Es gelang ihm, das Funkenspektrum der Substanz zu photographieren. Auf dieser Photographie fand er eine Spektrallinie, die weder zu Barium noch zu irgendeinem anderen bekannten Stoff gehörte. Und was noch besser war, jedesmals, wenn die Curies den Stoff weiter gereinigt hatten, wurde die Spektrallinie intensiver.

Demarçays Hingabe an die Sache der Curies setzte ihn denselben Gefahren aus wie sie selbst. Einmal teilte er Marie Curie begeistert mit, daß ihre letzte Radiumprobe die Luft im Laboratorium so radioaktiv gemacht hatte, daß er sein Elektroskop aus dem Raum entfernen und seine Messungen an einem anderen, weniger verseuchten Ort durchführen mußte. »Das Ganze ist einer Inhaftierung vergleichbar«, sagte er vergnügt.[2]

Demarçays Werk bestand darin, die Existenz des Radiums zu bestätigen. Das war es, was die Curies brauchten, um zuversichtlich zu publizieren; ihre gemeinsam mit Demarçay verfaßte Arbeit war am 26. Dezember 1898 im Druck.

Demarçay war voll tiefer Bewunderung für Pierre Curies Arbeit. Es stellte sich heraus, daß er nur noch wenige Jahre zu leben hatte, und in seinem Testamant vermachte er Curie seine Laborgeräte, einschließlich des geliebten Spektrographen.

Aber es gab noch einen vierten Wissenschaftler, der wie Demarçay in jener Zeit im Laboratorium der Curies ein und aus ging, und dessen Name mit der Entdeckung des Radiums verbunden ist. Er wurde jedoch später in der Publizität und den rühmenden Berichten fast gänzlich ausgespart. Gustave Bémont war hingebungsvoll im Dienst der von ihm verehrten Wissenschaft tätig, in einer Weise, die er für die beste hielt. Sein Tempel war ein dunkles Laboratorium in der Hochschule für Physik und Chemie in der Rue Lhomond, das er 45 Jahre lang benutzte. In unauffälliger Weise gab er sich seiner Arbeit hin; die einzige Nachlässigkeit, die er sich gestattete, bestand in einer jährlichen Kur in Aix-les-Bains. Er war seinem Gegenstand so verbunden, so untrennbar von seinem Laboratorium und dessen Aufgaben, daß die Studenten ihm den Spitznamen »Bichro« gaben, weil die Farbe seines roten Bartes genau der des Natriumbichromats auf seinem Regal glich. Bémonts Handschrift erscheint zum ersten Mal am 5. Mai 1898 in den Notizbüchern der Curies, also bedeutend früher als die Erkenntnis, daß die Existenz eines Elementes wie Radium möglich ist, und sein Einfluß auf die voranschreitende Arbeit ist bis zu dem Tag vermerkt, an dem das Wort für das neue Element geprägt wurde. Daß Bémont zu der großen Entdeckung beitrug, steht außer Frage; sein Beitrag war wesentlich genug, daß die Curies ihn als Mitautor nannten, als sie die Entdeckung des Radiums publizierten. Aber wie wichtig oder wie unerläßlich dieser Beitrag war, wird man nie erfahren.

Aber die kurze Erwähnung unter dem Titel dieses kurzgefaßten wissenschaftlichen Berichts reichte der Nachwelt nicht aus, um sich an Gustave Bémont zu erinnern. Er teilte nichts von der Ehre, nichts von dem Ruhm der Curies. Und zugleich teilte er nichts von ihren Leiden. Er wurde zu dem vergessenen Mann der Radioaktivität.

Das Bild, das Eve Curie von ihrer Mutter in späteren Jahren gezeichnet hat,[3] zeigt eine zerbrechliche Frau, eine sanfte, sich zurückziehende Natur. Das mögen die Charakteristika gewesen sein, die Marie Curie dem abgeschlossenen Familienkreis zeigte, auf den sie sich in späteren Jahren zurückzog, es war aber keinesfalls das Verhalten, das sich einigen von denen einprägte, die um die Jahrhundertwende das Laboratorium in der Hochschule für Physik und Chemie besuchten. Sie begegneten wahrhaftig einer sehr beherrschten kleinen Frau: Aber ihre Beherrschung hatte offensichtlich scharfe Kanten. In jeder Diskussion wurde ihr robuster Intellekt deutlich. Ein Chemiker, der sie besuchte, notierte, daß sie es war, die bei dem Laborgesprächen, an denen sie teilnahm, die Diskussion leitete, und nicht die Männer. Eben dieser Chemiker, Georges Jaffé, bemerkte, daß der liebenswürdige und selbstlose Pierre seine Genialität in die wissenschaftlichen Konzeptionen einbrachte, von denen sie jetzt fasziniert waren, während das kraftvolle Temperament und die Ausdauer von Marie ihre Schwungkraft aufrechterhielt.

Und vor allem – und Jaffé bemerkte das sehr wohl – verbreitete das Paar mit seiner Einfachheit im Benehmen, in der Kleidung und im Laborstil eine Atmosphäre großer Überlegenheit, die Respekt von denen forderte, die für sie arbeiteten, und Ehrfurcht von denen, die mit ihnen arbeiteten. Einige Außenseiter fanden das anziehend, andere waren abgestoßen, zumal von der Frau.

Alle aber erkannten ihre hartnäckige Energie an. Und zu diesem Zeitpunkt, als sie von der Wirklichkeit des Radiums überzeugt war, brauchte sie ihre Energie am nötigsten. Ein Kind hatte sie geboren und gepflegt. Nichtsdestoweniger war, wie sie einer ihrer jungen Schülerinnen anvertraute, auch die Radioaktivität ein Kind, das sie geboren hatte, zu dessen Erziehung sie mit allen Kräften, über die sie verfügte, beitragen wollte und dem sie ihre ganze Arbeit zu widmen bereit war. Kein menschliches Kind sollte mehr Zuwendung empfangen. Der erste Schritt in seiner Erziehung war der Versuch, Radium wie auch Polonium in reiner Gestalt herzustellen. Es war den Curies beängstigend deutlich geworden, daß die Tasse voll Plechblende, die sie einige Monate zuvor so sorgfältig abgewogen, in den Mörser getan und vollständig mit dem Stampfer zerrieben hatten, derart winzige Mengen ihrer neuen Elemente enthielt, daß sie als Quelle nutzlos war. Sie brauchten nicht eine Tasse voll, sondern einen ganzen Berg. Diesen zu bearbeiten, gleichgültig wie oder wo sie ihn finden sollten, würde Geld kosten, und es würde mehr Raum sowie harte physische Arbeit erfordern.

Die Energiequelle für diese Arbeit war leicht zu finden. Das war Marie Curie. Sie hatten sich bereits geeinigt, daß sie sich für die Rolle der Chemikerin spezialisieren würde, mit der hauptsächlichen Aufgabe, die neuen Stoffe zu trennen. Pierre Curie würde in seiner gewohnten Rolle als Physiker die physikalischen Eigenschaften der Stoffe auf den verschiedenen Stufen der chemischen Trennung untersuchen. Diese einfache Entscheidung sollte auf tragische Weise ihre Gesundheit und ihr weiteres gemeinsames Leben beeinflussen.

Das Problem, den Berg zu finden, ließ sich nicht so einfach lösen. Pierre Curie sah systematisch die publizierte wissenschaftliche Literatur nach Hinweisen auf die Existenz von teilweisen gereinigten Erzen durch, welche die bevorstehende Aufgabe abkürzen würden. Er schrieb Briefe an norwegische Schiffstransportunternehmen, an Chemiker in Manufakturen in Hatton Garden, an Händler in Bar-sur-Seine und an andere Vermittler, die ihm einfielen, in Amerika, Portugal oder Westengland. Ein Händler aus der Londoner Regent Street bot ihm 25 Stücke Uranit an, »jeweils eta 3,5 cm groß, reich mit Kristallen bedeckt, ein Pfund und Sixpence pro Stück ...«[4] Generös und mitfühlend verpackte ein Mitglied des US Geological Survey 500 g Uranit und schickte sie portofrei über die Smithsonian Institution. Aber das waren vergleichsweise nichtige Mengen in Relation zu dem wirklichen Bedarf.

Die europäische Hauptquelle für Plechblende, ein teures Erz, war die Mine St. Joachimsthal in Böhmen, damals ein Teil von Österreich-Ungarn, die mit beträchtlichem Profit für die österreichische Regierung Uran gewann. Die Curies überlegten sich, daß, wenn das erreichbare Uran ausgebeutet war, der Rest als wertlos beiseite geschafft werden mußte und als Abfallprodukt für die Mine nur lästig war. Ebenso wichtig war, daß das arbeitsintensive erste Stadium der Gewinnung von Radium – die Ausscheidung des Urananteils – schon durchgeführt wäre und Monate der Arbeit einsparen würde.

Eduard Süß, ein Professor der Universität Wien, besorgte zunächst Proben der Joachimsthaler Pechblende für die Curies. Sie teilten ihm bald mit, daß das Material fast alle Eigenschaften hatte, die sie brauchten. Andere Nachforschungen bestätigten, was sie schon vermutet hatten: daß die Reste der Pechblende in einem Kiefernwald in der Nähe der Uranfabrik abgelagert wurden. Nun mußten sie es arrangieren, große Mengen dieses Materials zu einem für sie tragbaren Preis zu erwerben. Schließlich gelang es ihnen durch Vermittlung der Wiener Akademie der Wissenschaften, die Österreichische Regierung zu veranlassen, zu ihren Gunsten bei der Joachimsthaler Minenverwaltung zu intervenieren.

Als sie diese Sache verfocht, brachte Marie Curie zum erstenmal die Verpflichtung zu Papier, ihre »reine« Wissenschaft mit einer Industrie in Verbindung zu setzen, die sich für die Anwendung interessieren würde. Sie bat um Mithilfe und führte als Grund an, daß *»das Ziel ihrer Forschung rein wissenschaftlich ist«* (diese Worte unterstrich sie), »und daß diese Forschung der Joachimsthaler Fabrik zugute kommen wird, welche die bisher wertlosen Reste verkaufen oder ausbeuten könnte.«[5]

Bald waren sie in der Lage, zu verhandeln und mit ihren eigenen Mitteln zu einem vernünftigen Preis einige Tonnen des Materials zu kaufen. Die Böhmen waren zweifellos erfreut, das Material mit einem kleinen Gewinn von ihrem Schuttabladeplatz entfernen zu können.

Die schweren Säcke, die Anfang 1899 auf dem Hof der Physikhochschule abgeladen wurden, waren eine Quelle des unverhohlenen und lange erinnerten Vergnügens für die erwartungsvoll gespannte Frau, die aus ihrem Laboratorium kam, um sie in Empfang zu nehmen. Und das Vergnügen verdoppelte sich, als sie einen der Säcke öffnete, die Finger durch die Mischung aus braunem Staub und Kiefernnadeln gleiten ließ, mit der Hand eine Probe herausgriff und sie mit dem Elektrometer im Laboratorium in Kontakt brachte. Es besagte, was sie schon vermutet hatte, was aber kein böhmischer Bergwerksverwalter ahnen konnte: Sein Abfallprodukt war wesentlich stärker radioaktiv als die Pechblende, mit der er angefangen hatte.

Nun mußte noch das Problem gelöst werden, wo man mit mehreren Tonnen Material arbeiten sollte. Der Lagerraum, der ihnen bis zu diesem Moment der Arbeit dienlich gewesen war, war nicht mehr geeignet. Ideal wären die Hilfsmittel einer kleinen Fabrik gewesen. Wiederum aber stand der Direktor der Hochschule für Physik und Chemie dem blassen, dunkel gekleideten Paar gegenüber. Es war nicht mehr der wohlwollende »Papa Schütz« mit den Schlitzaugen, an den sie ihre Forderungen richten mußten. Schützenbergers Nachfolger, Gariel, war ein Mann, dessen Befähigung zur Verwaltung nicht ausreichte, um ihn länger als ein Jahr in seiner Stellung zu halten. Diese Zeit genügte jedoch, um ihn in einige Zusammenstöße mit Pierre Curie zu verwikkeln; sie hatten sehr unterschiedliche Ansichten darüber, wie die Forschung an der Hochschule durchgeführt werden sollte. Als er dem neuen Mann gegenüberstand, war Curie zweifellos ebenso zurückhaltend und schuldbewußt wie bei allen Forderungen, die er zu seinen eigenen Gunsten vortrug, und seine Frau war die ruhige, unwiderstehliche Kraft, die Gariel zwang, wenigstens irgendetwas für sie zu tun. Gariel indessen machte nicht mehr als eine symbolische Geste. Im Hof der Schule stand ein verlassener Schuppen, der einst von der Hochschule für Medizin als Sektionssaal benutzt worden war. Er konnte für die analytische Arbeit und die feineren Stufen des Trennungsprozesses dienen.

Für die Schwerarbeit mußte der Hof selbst herhalten. Später beschrieb Marie Curie den Ort, an dem sie in den nächsten vier Jahren den größten Teil ihrer wachen Stunden verbringen sollte: »Das Glasdach bot keinen vollkommenen Schutz gegen den Regen; im Sommer war die Hitze erstickend, und die bittere Kälte des Winters wurde durch den kleinen Eisenofen, außer in seiner unmittelbaren Umgebung, nur wenig gemildert. Es kam gar nicht in Frage, die erforderlichen richtigen Geräte, die Chemiker gewöhnlich benutzen, zu erhalten. Wir hatten einfach einige alte Tische aus Kiefernholz mit Schmelzöfen und Bunsenbrennern. Für die chemischen Verfahren, bei denen störende Gase entstehen, mußten wir den angrenzenden Hof benutzen; und selbst so war unser Schuppen oft voller Gas.«[6]

Viele wissenschaftliche Unternehmungen des 19. Jahrhunderts mußten mit zu wenig Geld auskommen, und viele, die an den Labortischen arbeiteten, kämpften unter Bedingungen, die heute unannehmbar wären. Marie empfand heftige Bitterkeit, weil sie unter unangemessenen Bedingungen ohne richtige Ausstattung arbeiten mußte. Doch war diese Bitterkeit nicht ungerechtfertigt; die Bedingungen waren zweifellos selbst für damalige Zeiten primitiv. Der große deutsche Chemiker Wilhelm Ostwald, einer der ersten, der die Bedeutung der Untersuchungen der Curies erkannte, kam von Berlin, um zu sehen, wie sie arbeiteten:

»Auf meine dringende Bitte wurde mir das Curie-Laboratorium, in dem kurz zuvor das Radium entdeckt worden war, gezeigt. Die Curies selbst befanden sich auf einer Reise. Es war eine Kreuzung zwischen

Stall und Kartoffelkeller, und wenn ich nicht die chemischen Apparte auf dem Arbeitstisch gesehen hätte, hätte ich das Ganze für einen Witz gehalten.«[7]

Aber die erste Stufe der neuen Ära bedurfte keiner komplizierten Apparate. Von den paar Tonnen Material, die sie aus St. Joachimsthal besorgt hatten, wählte Marie Curie 20 Kilogramm aus, genug, um den größten Gußeisenbehälter zu füllen, den sie tragen konnte, siebte die Kiefernzapfen und andere offensichtliche Verunreinigungen aus und begann dann mit den ersten Prozessen, die sie wieder und wieder aneinanderreihen sollte. Jedes Quantum des Materials wurde zerrieben, gelöst, gefiltert, gefällt, eingesammelt, wieder gelöst, kristallisiert, wieder kristallisiert... Wenn das Material, nachdem sie suchte, auf ein hinreichend kleines Volumen verfeinert war, konnte sie mit dem nächsten Quantum von 20 Kilogramm neu beginnen und dieselbe Reihe von Tätigkeiten durchführen.

In den Sommermonaten ging es am einfachsten. Dann konnte sie die Kessel auf dem offenen Hof erhitzen und hoffen, daß der Wind den Rauch forttrug. Der Schuppen hatte keinen Rauchabzug, so daß, wenn Kälte oder Regen sie zwang, drinnen zu arbeiten, die Übung mit so viel geöffneten Fenstern wie für eine Arbeitstemperatur erträglich, ausgeführt werden mußte. Zu jener Zeit hatte sie noch keine Vorstellung von dem gefährlichen Wesen der Stoffe, nach denen sie suchte, obwohl sie natürlich die giftigen Eigenschaften der gewöhnlichen Gase wie Schwefelwasserstoff kannte, die auf verschiedenen Stufen der Reinigung angewendet werden mußten.

Die Arbeit war für eine Frau extrem anstrengend. Einer der wenigen Freunde, die sie bei ihrer absichtlich abgeschiedenen Arbeit besuchen kam, war der junge Physiker Georges Urbain. Danach fühlte er sich privilegiert, weil es ihm gelungen war, zuzuschauen, »mit eigenen Augen die Geburt des Radiums zu sehen ... Ich sah, wie Madame Curie wie ein Mann an der schwierigen Behandlung von großen Mengen Pechblende arbeitete.« Sie mußte nicht nur die schweren Behälter transportieren, die für die ersten Stadien der Trennung erforderlich waren, sondern auch deren Inhalt von einem in den andern umfüllen und manchmal den ganzen Tag lang mit einem Eisenstab, der fast so groß wie sie selbst war, in den heißen, dampfenden Flüssigkeiten rühren. Sie war stolz auf ihre Taten. »Am Ende des Tages pflegte ich zu Tode erschöpft zu sein«, schrieb sie.[8]

Waren die groben Lösungen auf ein paar hundert Kubikzentimeter

Flüssigkeit reduziert, brachte die technisch erforderliche experimentelle Genauigkeit und Sorgfalt wiederum ganz anders geartete Frustrationen mit sich. Die Kieferntische des Schuppens waren gewöhnlich mit kleinen Kristallisierungsgefäßen aus Porzellan vollgestellt, die trotz des liebevollen Schutzes immer wieder von Staub, Kohle- und Eisenpartikeln – aus dem Hof hereingeweht – verunreinigt wurden. Jeder kleine Laborunfall, jede winzige Unaufmerksamkeit konnte bedeuten, daß das Produkt von Wochen, ja Monaten geduldiger, hingebungsvoller Arbeit in einen Ausguß im Fußboden gegossen werden mußte. Es gab mehrere kleine Tragödien, von denen Marie in ihren Briefen nach Polen berichtete.

Aber trotz all der Selbstverleugnung und dem damit einhergehenden Ausschluß der nichtwissenschaftlichen Außenwelt gab es zumindest für Marie Curie Perioden stark empfundenen Genusses. Zwanzig Jahre später bezeichnete sie die Zeit, die sie in dem »armseligen Schuppen« verbracht hatte, als »die besten und glücklichsten Jahre unseres Lebens ... Ich werde nie fähig sein, die Freude an der ungestörten Ruhe dieser Forschungsatmosphäre, die Aufregung über jeden gegenwärtigen Erfolg und die zuversichtliche Hoffnung auf noch bessere Ergebnisse zu beschreiben.«[9]

Sie hielt bei ihrer Arbeit eine strenge Disziplin, ja geradezu ein Ritual ein. Sie führte Laboratoriumsbräuche ein, an die sie sich selbst rigoros hielt, und von denen sie daher erwartete, daß sie auch von anderen eingehalten würden. Jeden Abend achtete sie darauf, daß der Assistent die Tische säuberte, und wenn er es nicht getan hatte, reinigte sie sie selbst. Sie empfand ein Grauen vor Lärm und schätzte es, wenn andere, selbst ihre Kinder, sobald sie alt genug waren, wie sie selbst in Freude oder Zorn nie die Stimme erhoben. Jetzt hatte sie bereits die Eigenschaften erworben, die sie zu einer strengen Vorgesetzten machen würden, wenn es nötig wäre.

Die Atmosphäre, die sie ihrem Laboratorium bewahrte, war ein lebenswichtiger Bestandteil der Befriedigung, die ihr das Leben zu jener Zeit vermittelte. Aber offensichtlich war der wichtigste Anteil das undefinierbare Gefühl der Vervollkommnung, das die Ergebnisse ihrer Arbeit ihr gaben. Sie und ihr Mann bahnten einen neuen Weg, auf dem noch keine anderen Wissenschaftler ihre Fußspuren hinterlassen hatten. Sie hatte teil an einem Stück wissenschaftlicher Schöpfung, und wenn es keinen Ewigen Schöpfer gab, so gab es doch noch eine wesentliche Rolle, die die Priester der wissenschaftlichen Welt zu spielen hat-

ten. Keine andere Tätigkeit, in die sie sich versenkt hatte, war dem je gleichgekommen.
Es waren greifbare wie auch ideelle Belohnungen zu erringen. Später berichtete sie, wie sie diese genossen hatte. Als die verfeinerten Lösungen und kristallinen Körper reicher an radioaktivem Stoff wurden, konnte sie mit eigenen Augen sehen, wie dieser seine Anwesenheit signalisierte. Nachts kehrten sie gelegentlich in ihren Arbeitsraum zurück, standen in der Mitte des kalten, harten Asphaltbodens und betrachteten die Flaschen mit den Lösungen und die Kapseln mit den Kristallen rings umher. Wenn sie ihre Augen an die Dunkelheit gewöhnten, konnten sie die schwach leuchtenden Silhouetten der Behälter sehen, die von den Tischen und den Behelfsregalen herabglühten. Sie standen beieinander und schauten und hatten das Gefühl, daß sie große Höhen erreicht hatten. Und dieser einfache Vorgang, wirklich gemeinsam zu betrachten, was sie gemacht hatten, erhob auch ihre eigene Beziehung auf eine Höhe, die sie zuvor nicht erreicht hatte. Marie, die sich selten eine Übertreibung oder einen Ausdruck ihres innersten Gefühls leistete, beschrieb jene Augenblicke, da sie gemeinsam in jenem Schuppen standen, als solche, »die uns mit immer neuem Gefühl und Entzücken anrührten.«[10]
Aber die Höhe, die sie erreicht hatten, war schon recht nahe am Gipfel des Berges.

Ein Wettbewerb auf internationaler Ebene

Zum Zeitpunkt der Jahrhundertwende waren sie seit vier Jahren verheiratet. Irène war zwei Jahre alt, um sie kümmerte sich ein Dienstmädchen und Pierres Vater. Der alte Mann war mit ihnen in ein Mietshaus am Boulevard Kellermann gezogen, so daß alle an seiner Gesellschaft und der des Kindes teilhaben konnten. Dies Paar glich gegenseitig den emotionalen Mangel aus, der durch eine häufig abwesende Mutter einerseits und eine für immer fortgegangene Frau andererseits entstanden war.
Marie ging leidenschaftlich in ihrer Arbeit auf. Pierre hatte seine Untersuchungen über Symmetrie beiseite gelegt, an die er den größten Teil seiner geistigen Leidenschaft verausgabt hatte, da er die Wichtigkeit dessen erkannte, was sie gemeinsam taten. Es war jedoch nicht

seine erste wissenschaftliche Liebe; er hatte vor, sich der Symmetrie und ihren Problemen wieder zuzuwenden, wenn diese zeitweilige Erregung vorbei sein würde. Doch abgesehen von diesem Umsturz in seiner einst gelassenen wissenschaftlichen Lebensweise hatte er andere Probleme. Seine ambivalente Haltung zur Karriere innerhalb des wissenschaftlichen Establishments machte ihm Sorgen. Und diese Epoche, die nachträglich so fruchtbar erscheint, war eine Zeit, in der er zunehmend einer gewissen Bitterkeit, einem Mangel an Selbstvertrauen unterworfen war.

Der Konflikt lag zwischen der Sorge um die Fähigkeiten, die er, wie er wußte, besaß, und der Begrenzung, die sein eigener Charakter ihrer Entwicklung setzte. Nicht daß sein Charakter unliebenswürdig gewesen wäre. Ganz im Gegenteil: in seiner ruhigen Art war er jedermanns Freund. Als Curie seinen ersten Besuch in Cambridge machte, beschrieb J. J. Thomson ihn als »den bescheidensten Menschen, der alles seiner Frau zuschreibt«, mit »einer höchst anziehenden Einfachheit im Benehmen«. Doch wenn es um die wissenschaftliche Hierarchie ging, nahm er eine reizbare, unentschlossene Haltung an. Infolgedessen erhielt er nie die Gelder und die Ausstattung, die er gebraucht hätte, um seine Fähigkeiten auszubauen, da er nie den akademischen Status erreichte, der solche Hilfsmittel mit sich gebracht hätte.

Der Tod Schützenbergers, dem er über ein Jahrzehnt treu assistiert hatte, hätte die Gelegenheit sein können, die Posten umzugruppieren und ihm einen höheren Status an der Hochschule für Physik und Chemie zu geben. Aber seine Zusammenstöße mit Gariel, dem Nachfolger von Schützenberger, verstärkten nur noch seine Unzufriedenheit. Gariel führte sofort Regeln ein, angesichts derer Curie in eine oppositionelle Haltung verfiel. Zunächst mußte der ganze Lehrkörper der Hochschule seine Genehmigung einholen, bevor irgendjemandem erlaubt wurde, in den Laboratorien zu arbeiten; sodann durfte niemand ohne seine Genehmigung die Hochschule betreten. Curie schrieb sofort an seine Frau, die in Port Blanc Urlaub machte, und berichtete ihr, wie er die neue Geschäftsordnung aufgenommen hatte. »Ich schrieb ihm einen sehr höflichen Brief, in dem ich ihm jedoch genau sagte, was ich denke. Ich bat ihn, die Genehmigung zu erneuern, die Schützenberger dir gegeben hat, um hier zu arbeiten; dann bat ich ihn um die Genehmigung, daß Jacques herkommt, wenn er in Paris ist. Schließlich bat ich ihn darum, daß ich jeden willkommen heißen kann, der mich besuchen will, ohne irgendjemandes Genehmigung.«[1]

In Anbetracht des Umstandes, daß unter den wenigen Erwählten, die so frei waren, in Curies Laboratorium ein und aus zu gehen, sich einige der hervorragendsten europäischen Wissenschaftler befanden, darunter Lord Kelvin, ist es kaum erstaunlich, daß Curie sich gekränkt fühlte. Aber seine Art, Gariels Aufmerksamkeit auf diesen Umstand zu lenken, konnte kaum die Aussichten auf eine Beförderung verbessern, die er jetzt so verzweifelt benötigte. Ohne diese hatte er weder die Freiheit, so zu arbeiten, wie seine Frau und er es sich wünschten, noch die Mittel, um in einem Haushalt von fünf Personen sorglos zu leben. In seiner schüchternen Art, seinem vollständigen Mangel an Interesse für den Anspruch auf wissenschaftliche Priorität und seiner Abneigung gegen das hierarchische System war er jedenfalls das, was ein Freund einen »jämmerlichen Kandidaten« für akademische Positionen nannte.
Als die Chancen zur Beförderung vorbeigingen, wuchs seine Bitterkeit. Marie zeigte noch lange nach seinem Tod seinetwegen die Zeichen derselben Bitterkeit. Sie meinten, daß ein Teil seines Problems darin bestand, daß er nicht zum Clan der Alten Herren gehörte. Er war weder Absolvent der École Normale noch der École Polytechnique. So schien es ihm, daß allein die Mitgliedschaft an einer der großen Eliteschulen ihm all das gegeben hätte, was in seinem Bewerbungsantrag für einen Posten an der Pariser Universität fehlte. Dieser Mangel, glaubte er, bedeutete, daß seine Leistungen, die doch allein hätten zählen sollen, nichts wert waren.
Anfang 1898 wurde an der Sorbonne der Lehrstuhl für Physikalische Chemie frei, und Curie bewarb sich darum. Er wurde abgelehnt. Im Jahre 1900, als seine Arbeiten über Kristallographie, Piezo-Elektrizität, Symmetrie und Magnetismus weithin bekannt und die Entdeckungen des Radiums und Poloniums nicht ernsthaft angezweifelt waren, mußte er das Angebot des dürftigen Postens eines Assistenzprofessors (répétiteur) am Polytechnikum über sich ergehen lassen.
Die geistige Abwanderung, von der man oft annimmt, sie sei in den 60er Jahren unseres Jahrhunderts entstanden, als unterbezahlte europäische Wissenschaftler in schlecht ausgestatteten Laboratorien von amerikanischen Angeboten verführt wurden, hat in Wirklichkeit ihren Ursprung in der ferneren Vergangenheit. Im Jahre 1900 waren Pierre und Marie Curie in einer idealen Disposition, um von der physikalischen Fakultät einer opportunistischen ausländischen Universität abgesogen zu werden. Die derzeitigen Techniken der Amerikaner in den Angeboten zur geistigen Abwanderung sind nicht weniger und nicht

stärker aggressiv als die der Schweizer sechzig Jahre früher. In diesem Falle wendete sich die Genfer Universität an Curie; der Dekan kam im Juli 1900 nach Paris, um dem Paar mit einem »überdurchschnittlichen Gehalt« zu winken, einem nach ihren eigenen Anweisungen eingerichteten physikalischen Laboratorium und einer offiziellen Stellung im Laboratorium für Marie Curie. Überwältigt von der Liebenswürdigkeit des Dekans und in der ersten Welle der Euphorie schrieb Curie an einen Schweizer Freund, er habe den Posten angenommen. Er und seine Frau wurden im Nu nach Genf gebracht, in einer zweifellos dem akademischen Establishment höchst angemessenen Weise mit Speis und Trank bewirtet und mit den Vorzügen ihrer zukünftigen Institution hinreichend bekannt gemacht.

Marie Curie berichtet,[2] daß es der Wunsch ihres Mannes war, ihre gemeinsame Arbeit über die Radioaktivität erst zur Reife zu bringen, der letztlich seinen Entschluß bestimmte, das Genfer Angebot auszuschlagen. Zweifellos hätte zu diesem Zeitpunkt jede Unterbrechung in ihrer Forschung sie um Monate, wenn nicht um Jahre zurückgeworfen. Als sie die Vorteile und Nachteile des neuen Lebens erwogen, fand sich jedoch ein freier Lehrstuhl für Physik an der Sorbonne als mögliches Gegengewicht dem Schweizer Angebot gegenüber. Henri Poincaré, der glänzendste französische Mathematiker seiner Zeit, der viele Gedanken und Ergebnisse von Einsteins spezieller Relativitätstheorie vorwegnehmen sollte und in den Fortschritten der zeitgenössischen Physik wohl bewandert war, hatte sowohl den Wert der Arbeit der Curies erkannt als auch den zu erwartenden Vorteil für Frankreich, wenn man das Paar dort hielt. Auf seine Anregung hin wurde der Clan der Alten Herren zu überstürzter Tätigkeit aufgerufen. Curie wurde aufgefordert, sich zu bewerben, und auch prompt ernannt. Zum gleichen Zeitpunkt bot man Marie Curie eine Teilzeitstelle als Physiklehrerin an einer Mädchenoberschule in Sèvres an.

Die Posten waren dazu bestimmt, die finanziellen Lasten des Paares zu erleichtern, und das taten sie auch. Aber wenn man bei ihrer Konzeption auch nur irgendeinen Gedanken auf die Erleichterung ihrer wissenschaftlichen Forschung verschwendet hatte, so waren sie ein vollständiger Mißerfolg. Pierres Kurse in Physik, Chemie und Naturgeschichte an der Sorbonne verdoppelten die Lasten der Lehrtätigkeit, die er bereits an der Hochschule für Physik zu tragen hatte, und Marie litt unter der zeitraubenden Routine der Vorbereitung und Abhaltung von Laboratoriumskursen für lernbegierige junge Damen. Keine der beiden Anstellungen brachte ihnen eine Verbesserung der Laboratoriumsmittel, und der einzige Vorteil von Curies neuem Lehrstuhl war das Recht auf die Benutzung eines kleinen Raumes in einem Nebengebäude der Sorbonne in der Rue Cuvier.

Der Nettogewinn aus dieser plötzlichen Regung akademischer Aktivität zu ihren Gunsten war also eine Erleichterung ihrer finanziellen Lasten, verbunden jedoch mit einer scharfen Begrenzung dessen, was nun ihr kostbarstes Gut wurde: Zeit. Kostbar, weil sie ihre Arbeit und deren wissenschaftliche Wirkungsfähigkeit innig liebten und deswegen nur höchst ungern die Zeit außerhalb des Schuppens in der Rue Lhomond verbrachten, wenn die Fortschritte so gut aussahen. Und kostbar auch, weil es deutliche Zeichen gab, daß insbesondere in Deutschland und England andere da waren, die ebenfalls die Möglichkeiten der Radioaktivität gesehen hatten und sich rasch in derselben Richtung bewegten. Pierre Curie hatte kein besonderes Interesse daran, Mitbewerber im Tumult des Wettlaufs zu sein: Er befürchtete dessen korrumpierende Auswirkungen. Nichtsdestoweniger war er sich der Existenz dieses Wettlaufs bewußt, und seine Haltung war eher chauvinistisch als mitmachend. »Elster und Geitel«, schrieb er an einen befreundeten Physiker, »sind sicherlich diejenigen, die am besten über die Frage der Uranstrahlen gearbeitet haben (im Ausland!!)«.[3]

Aber der stärkste Mitbewerber unter ihnen allen war am weitesten von Paris entfernt: Ernest Rutherford, ein Junge aus den Kolonien. Im Jahre 1898 war er von Cambridge nach Kanada gegangen, und mit der einfachen Einstellung eines Bauern aus Neuseeland genoß er dieses Galopprennen in der Vorstellung, als erster nützliche Informationen aus der außerordentlichen Entdeckung der Pariser abzuleiten. In seinem Denken gab es auch nicht den Schatten eines Zweifels an der Existenz des Wettbewerbs sowie daran, daß er einen wichtigen Platz darin einnahm. Aus Montreal schrieb er am 5. Januar 1902: »Ich bin eifrig dabei, Abhandlungen zur Veröffentlichung zu schreiben und neue Arbeiten anzufangen. Ich muß mich ranhalten, weil mir dauernd andere Leute auf den Fersen folgen. Meine gegenwärtige Arbeit muß ich so rasch wie möglich publizieren, um am Ball zu bleiben. Die besten Läufer auf dieser Forschungsstrecke sind Becquerel und die Curies in Paris, die im Laufe der letzten Jahre eine ganze Menge sehr bedeutender Arbeit auf dem Gebiet radioaktiver Körper geleistet haben.«

Marie Curie hatte keinen Zweifel daran, daß es wichtig sei, Radium und Polonium unzweideutig als Elemente festzustellen, und aus diesem Grund ging sie eigensinnig der monotonen Aufgabe der chemischen Trennung und Reinigung nach. Es war ihr deutlich geworden, daß Radium nicht nur das aktivere der beiden Elemente war, denen sie nachjagte, sondern sich auch leichter in reiner Form extrahieren lassen würde, und so konzentrierte sie alle ihre Anstrengungen darauf. Schon im Jahre 1899 wurde es Pierre Curie und ihr selbst deutlich, daß die Arbeit, die sie jetzt ausführte, eigentlich die eines Fabriklaboranten war, und daß sich die ganze Durchführung der Reinigung effektiver in einer Fabrik organisieren ließe. Als die Zentralgesellschaft Chemischer Produkte, einer Firma, mit der Curie wegen der Herstellung einiger seiner Apparte zu tun gehabt hatte, Mittel für einen Versuch zur Gewinnung von Radium auf industrieller Ebene anbot, ergriffen sie die Möglichkeit. Mit ihrer charakteristischen Naivität deuteten sie die Großzügigkeit des Industrieunternehmens als selbstlose Geste.

Ein anderer junger Physiker, André Debierne, übernahm die Leitung des Prozesses. Wie so viele, die zu dieser Zeit von den Curies angezogen wurden, war auch er von ähnlichem Typus wie Pierre Curie: scheu und zurückhaltend. Er war sehr befähigt, aber oft niedergeschlagen und wortkarg und suchte sich die Curies sowohl aus freundschaftlichen Gründen als auch zur wissenschaftlichen Gemeinschaft aus. Debierne sollte den Schatten der Curies nie verlassen. Er veröffentlichte einige Arbeiten in Zusammenarbeit mit beiden, entdeckte ein drittes radioaktives Element, Aktinium, und seine Arbeit war den Experimenten förderlich, die Marie Curie nun ihrer abschließenden Phase zuführte.

Aber es gab noch eine weitere Behinderung für die Zeiteinteilung der Curies. Zunehmend begannen ihre lästigen und scheinbar belanglosen Unpäßlichkeiten, sie von der Arbeit abzuhalten. Marie war zum Teil aus ihrer Hypochondrie herausgewachsen, aber jetzt war sie von den Symptomen, die sie an ihnen beiden sah, verwirrt und verärgert. Das unablässige Problem der Erschöpfung störte sie mehr und mehr. Sie schrieb Curies Müdigkeit dem Umstand zu, daß er beständig zwischen den Lehrlaboratorien in der Sorbonne und ihrem Schuppen an der Hochschule für Physik hin- und herpendeln mußte. Außerdem litt er jetzt schwer unter etwas, was als Rheumatismus diagnostiziert worden war.

Im März 1899 schrieb sie ihrem Bruder Jozef, um ihm Neuigkeiten über Irènes Fortschritte und den Mangel an Fortschritten ihres Doktorats mitzuteilen, weil die Arbeit an den neuen Elementen so viel Zeit erforderte. Sie fügte hinzu[4], daß ihrer aller Gesundheit gut sei, aber es bedurfte keiner großen Mühe, um den Zweifel daran zwischen den Zeilen zu lesen. Pierre, fügte sie hinzu, war auf Diät gesetzt: Milch, Eier und Gemüse, Fleisch und Rotwein mußte er meiden und große Mengen Wasser trinken; eine kurz zurückliegende Verbesserung seines Rheumatismus schrieb sie diesen Regeln zu. Ihr selbst gehe es recht gut, teilte sie Jozef mit, verriet ihm dann aber, daß sie in den Händen von Ärzten gewesen war, um ihre verdächtigen Lungen untersuchen und den Auswurf analysieren zu lassen. Aber das intensive Interesse an ihrer Arbeit trug sie zu dieser Zeit über ihre Pechsträhne hinweg. Es war eine Periode erstaunlicher Fruchtbarkeit, die keiner von beiden je wieder erreichen sollte. Pierre Curies besondere Begabung als praktischer Physiker war jetzt besonders nützlich, und er tauchte mit einigen Körnern aus ihrem Goldlager auf. In den drei Jahren, die 1900 begannen, häuften sich die Veröffentlichungen. Im ersten Jahr stand Pierre Curies Name auf fünf Publikationen, der von Marie Curie auf dreien; 1901 trugen sechs, 1902 vier den seinen und eine den ihren. Marie veröffentlichte entweder unter ihrem eigenen Namen oder zusammen mit Pierre; Curie selbst schrieb stets mit einem Mitarbeiter zusammen, entweder mit seiner Frau oder mit einem anderen Physiker wie André Debierne oder Georges Sagnac. Alle ihre Arbeit bezog sich jetzt auf die Radioaktivität, sie zielte darauf ab, die Kenntnisse über die neuen Metalle und ihre Strahlen zu vermehren.

Das Feld des Wettbewerbs verbreiterte sich täglich. Becquerel selbst, der anfänglich das Interesse an dem Phänomen verloren hatte, das er als erster entdeckt hatte, war nun wieder dabei. Und während es zunächst Lippmann gewesen war, der die frühesten Arbeiten der Curies über die Radioaktivität der Académie des Sciences vorgestellt hatte, begann 1899 Becquerel, dies für sie zu tun.

In Deutschland war es zwei chemischen Firmen gelungen, für den Markt brauchbare Mengen an unreinen radioaktiven Elementen herzustellen. Der Direktor einer dieser Gesellschaften, Friedrich Giesel (seine Firma produzierte Chinin), gab großzügig Proben radioaktiver Materialien an andere Forscher ab. Die Curies waren ebenfalls großzügig im Umgang mit den Lösungen, die sie so sorgfältig vorbereitet hatten, Becquerel und Rutherford gehörten zu denjenigen, denen ihre Gaben zugute kamen. Diese Großzügigkeit war es, die damals als der wahre wissenschaftliche Geist des Zeitalters betrachtet wurde.

Die bequeme Zugänglichkeit der Materialien, mit denen man arbeitete, bedeutete, daß man zwei Jahre nach seiner Entdeckung unreines Radium fast überall in Europa erbetteln, ausleihen oder kaufen konnte, und in Nordamerika zweifellos an seiner Herstellung gearbeitet wurde. Daher war eine Verdopplung der Forschungsarbeit unvermeidlich. So daß, wenn Marie Curie unermüdlich an den hölzernen Tischen des Behelfslaboratoriums an den letzten Stadien der Reinigung arbeitete, während ihr Gatte ebenso unermüdlich an einem anderen Arbeitstisch arbeitete, um das genaue Wesen der Strahlen zu erforschen, sie beide wußten, wie gut es möglich war, daß dasselbe, was sie machten, irgendwo anders in einem besser ausgestatteten Laboratorium ebenfalls durchgeführt wurde. Und was sie wußten, war nur, daß die Ergebnisse dieser Arbeit schon auf dem Weg zum Drucker sein und innerhalb weniger Wochen in irgendeiner ausländischen wissenschaftlichen Zeitschrift erscheinen konnten.

Dies war vor allem für Pierre Curie der Fall. Einige andere Physiker hatten wie er beschlossen, die Identifizierung der Bestandteile der Radiumstrahlen zu versuchen, und untersuchten wie er die Wirkungen des Durchgangs der Strahlen durch mangnetische Felder, beobachteten, wie ein Magnet einige der Strahlen ablenken konnte; sie sahen, wie diese abgelenkten Strahlen bestimmte Gase ionisierten, und beobachteten ihre Wirkungen auf verschiedene Substanzen und auf chemische Reaktionen. Das war jetzt ein verfügbarer Gegenstand, und wie bei den Röntgenstrahlen zapfte ihn jeder an, der dazu in der Lage war, und brachte seine Ergebnisse so schnell wie möglich in den Druck.

Marie Curie aber war, wie sich herausstellte, ohne Mitbewerber. Die Gründe dafür sind unschwer verständlich. Zunächst war die Aufgabe, die sie sich selbst gestellt hatte, äußerst schwierig und langweilig; sodann hielten sie nur wenige Leute für wichtig genug, um so viel Hingabe, harte Arbeit und Zeit dafür zu opfern.

Marie Curie war zu jener Zeit von der Vorstellung besessen, die wissenschaftliche Welt sei im allgemeinen skeptisch, ob das, was sie für gänzlich neue, bisher der Menschheit unbekannte Elemente hielt, überhaupt Elemente seien. Sie suchte nach dem, was sie später »jene Art von Beweis, den die chemische Wissenschaft fordert, daß Radium ein wirkliches Element ist« nannte.[5] Tatsächlich gab es Skeptiker, aber in gewisser Weise kämpfte sie mit einer Windmühle, die sie selbst gebaut hatte. So isoliert, wie sie von allen außer einer kleinen Gruppe von Besuchern ihres Laboratoriums war, wurde sie nicht gewahr, daß diejenigen, die in der internationalen wissenschaftlichen Gemeinschaft wirklich zählten, nie an der Realität des Radiums gezweifelt hatten und so fest wie sie selbst auf seine Bedeutung in der Geschichte der Naturwissenschaft vertrauten.

Aber nichts hätte sie von ihrem Pfad abbringen können, nachdem sie erst einmal beschlossen hatte, ihn einzuschlagen. Zum erstenmal hatte sie den Reinigungsprozeß im Jahre 1898 begonnen. In den ersten Monaten hatte sie aus ihrer Pechblende hunderte, wenn nicht tausende von Litern an Flüssigkeit extrahiert und sie geduldig buchstäblich auf Fingerhutmengen von Radiumlösung reduziert. Es gab Zeitpunkte, wo sie glaubte, das Ende der Reise erreicht zu haben, nur um zuzugeben, daß sie sich geirrt hatte. Am 23. Juli 1900 hatte sie in voreiligem Triumph in ihr Notizbuch geschrieben: »*reines Radium* in dieser Kapsel«. Selbst wenn sich wirklich reines Radiumchlorid in dem Tubus befunden hätte, wäre es eine zu geringe Menge gewesen, um sein Atomgewicht zu messen; und ohne diese Zahl war sie noch ein ganzes Zeitalter von dem Ziel entfernt, das sie sich gesetzt hatte.

Ein paar Tage später weist das Notizbuch das gemessene Atomgewicht einer weiteren Radiumprobe als 174 auf. Sie wußte, daß das Ergebnis nichts wert war. Die Zahl war viel zu niedrig, als daß man ihr hätte Beachtung schenken können. Sie stellte auf der nächsten Seite eine kurze Berechnung an und schrieb dann in Selbstverachtung und fast schon in Verzweiflung unten auf die Seite: »*Es ist unmöglich,* das Produkt kann sich nicht in sein Chlorid umgewandelt haben.« Ihre Bemühungen um die Reinigung waren fehlgeschlagen, und wenn sie überhaupt zu einem Ergebnis gelangen wollte, mußte sie die ganze Prozedur von vorn beginnen.

Das tat sie. Hier gibt es eine Lücke von zwei Jahren in ihrem Notizbuch, die manchmal eine fortgesetzte Lethargie, manchmal Hoffnungslosigkeit anzeigt. Das nächste vermerkte Datum ist der 28. März 1902. Sie hatte ihre letzte Probe Radiumchlorid zu Eugène Demarçay gebracht. Sie wog wenig mehr als ein Zehntelgramm, und die starken Strahlen, die sie aussandte, ließen seine empfindlichen elektrischen Apparaturen verrückt spielen. Aber er bestätigte, daß die Menge Barium, die sie enthielt, nun vernachlässigt werden konnte. An diesem Tag stellte Marie Curie den Wert fest und schrieb die ersten Zahlen nach zwei Jahren in ihrem Notizbuch auf: Ra = 225.93. Diese kurze Gleichung war die Feststellung dessen, was sie innerhalb von vier Jahren erreicht hatte. Nachdem sie ihr Kind empfangen, geboren und getauft hatte, wußte sie nun, daß sie es geläutert und konfirmiert hatte.

Das Radium und seine Folgen

Jetzt sollte das Radium in Mode kommen. Journalisten hatten vor ein paar Jahren das Geheimnis und die Wunder der neuen Röntgenstrahlen der Öffentlichkeit voll des Lobes, wenn auch oft genug unzutreffend dargestellt. Nun betrachteten sie das neue Element als etwas, womit sie ihre zum Futurismus neigenden Kolumnen besonders aufregend machen konnten. Die Curies sollten das häufige Klopfen an der Laboratoriumstür und die selbstbewußten jungen Männer mit ihren Stenogrammheften noch kennenlernen. Andere Wissenschaftler hingegen hatten schon Erfahrungen mit der Technik des »Interviews« und ihren Folgen. Weiter westlich, wo die journalistischen Methoden noch weniger fein waren, wurde Ernest Rutherford, dessen Arbeit über die Radioaktivität in Kanada rasch voranschritt, von den Journalisten geradezu belagert; einer Reihe von phantastisch ausgeschmückten Stories konnte er erst ein Ende bereiten, als er den Journalisten die geheiligten Bezirke seines Laboratoriums verbot.

Aber auch in der Welt der Physik war die Aufregung groß. Optimismus und Aktivitäten bewegten sich jenseits aller Vernunft, wie es bei Röntgens erstem Bericht über die X-Strahlen gewesen war. In England beschrieb Sir Robert Ball das Radium mit verdächtigen religiösen Untertönen als »kein Mysterium, aber ein Wunder«.

Das Licht, das das Element aufgrund seiner einzigartigen Eigenschaften auf neue Wege der Forschung warf, leuchtete tatsächlich hell. Pierre Curie war voll kindlichem Enthusiasmus. Er war stolz, die erstaunliche Tatsache vorzutragen, daß Radium nachweislich nicht weniger als millionenmal radioaktiver als Uran ist. Curie hatte keinen Zweifel an den Wegen der Forschung, auf die sie ihr neues Werk führen würde. Er sagte einmal: »Das ist das Licht der Zukunft!« Aber seine Frau hatte die Gewohnheit, ihm mit einem ruhigen, aber bestimmten »Oh, Pierre!« Vorwürfe zu machen, wenn er Vorhersagen wagte.

Dennoch, es war ihre Ausdauer gewesen, die dieser winzigen Menge Radium Namen und Ruf gegeben hatte, so daß ein großer Teil der wissenschaftlichen Welt seinen Ruhm und seine Wirkungsmöglichkeiten lobpries. Es war vier Jahre her, daß sie gemeinsam das Radium entdeckt hatten. Seit jener Zeit hatte Marie Curie unter extremen Bedingungen gearbeitet, um zu erreichen, was sie wollte. Es war nicht einfach das, was sie getan hatte, sondern wie sie es getan hatte – in einem alten Schuppen auf dem Hinterhof einer Pariser Fachhochschule, eine

Frau mit einem kleinen Kind, in der Rolle eines Mannes und im Rhythmus der Arbeitsstunden eines Mannes schaffend –, was jetzt die Phantasie des übrigen Europa zu beschäftigen begann.

In Wahrheit waren die Entdeckung von Radium und Polonium sowie die Vermutung, daß deren Radioaktivität ihrem Wesen nach atomar sei, die größten Leistungen der Curies. Die Reinigung des Radiumchlorids und die Bestimmung des Atomgewichts von Radium waren, wissenschaftlich betrachtet, Routineaufgaben und von sekundärer Wichtigkeit. Aber Marie Curie hatte sie gegen solche Widerstände durchgeführt, daß ihre Tat legendäre Züge annahm.

Aber noch für einige Zeit sollte diese Legende ihr Leben nicht ernstlich beeinflussen. Sie konnten ihre zurückgezogene Lebensweise vorerst aufrechterhalten. Die beiden Gestalten in grauen Mänteln, die langsam in die Pedale traten, wenn sie mit einer gewissen Würde auf ihren Fahrrädern nach Hause fuhren, waren Persönlichkeiten geworden, die der Aufmerksamkeit von Besuchern des Quartier Latin wert waren. Und das kleine Haus am Boulevard Kellermann, in dem sie lebten, wurde all denen wohlbekannt, die mit ihrer Arbeit vertraut waren. Abgesehen davon und von der Tatsache, daß sie gelegentlich zu Veranstaltungen und in Salons eingeladen wurden, denen Damen vorstanden, an denen sie kein Interesse und mit denen sie nichts gemeinsam hatten, verlief ihr Leben eine Zeitlang weiterhin in den gewohnten Bahnen.

Das Haus, Boulevard Kellermann 108, steht nicht mehr. Eine kleine Tafel an der Wand erinnert an die Jahre, die die Curies hier verbracht haben. Hinter der Mauer stehen heute einige verrostende Autos. Aber Nr. 106, wo ihre Freunde, die Perrins, hinzogen, um in ihrer Nähe zu leben, steht noch und vermittelt einen Eindruck von der ruhigen Idylle, in die sie nach einem Arbeitstag im Laboratorium zurückkehrten. Es ist ein hübsches kleines Haus, verborgen hinter einem Ahorn und einer Laube aus Flieder, Efeu und Farnkraut – auch wenn es heute im selbstbewußten Schatten des Betonturms eines Appartementblocks steht.

Die im Garten von Nr. 108 verbrachten Wochenenden waren friedlich, nur von einer Gruppe erwünschter Freunde aufgelockert, die sie durch ihre Arbeit näher kennengelernt hatten. Jean Perrin, durch seine Arbeit über das Wesen der Kathodenstrahlen bereits bekannt, war ein regelmäßiger Besucher. Sein Haar umgab sein engelhaftes Gesicht gleich einem Heiligenschein, und sehr oft erschien er mit einem Blumenstrauß, um Marie Curie daran zu erinnern, daß sie nicht nur den Respekt verdiente, den sie nun als Wissenschaftlerin erwarten konnte, sondern auch den, der einer Frau gegenüber angemessen schien. An Sonntagnachmittagen pflegte sich ein kleiner Clan von Physikern von der Physikhochschule oder von der Sorbonne – André Debierne, Georges Sagnac, Aimé Cotton, Perrin und andere – zu versammeln, um Curie, nunmehr der Älteste und Bevorzugte unter ihnen, und seine Meinungen zu ihren Ideen anzuhören. Es war eine elitäre und befriedigende Atmosphäre, die viele, die auf diesem neuen und im Aufschwung begriffenen Gebiet der Physik zu arbeiten anfingen, als angenehm empfanden. Einige von Curies früheren Studenten schlossen sich der Gruppe an.

Nur gelegentlich ließen sich die Curies in Gruppen mit vielfältigeren Interessen hineinziehen. Da gab es zum Beispiel den Kreis, deren Mittelpunkt der Salon der hübschen und wortgewandten Marguerite Borel war, der Frau des bereits bekannten Mathematikers Emile Borel, die selbst literarische Ambitionen hatte und unter dem Pseudonym Camille Marbo schrieb. Marguerite sollte zu einer nahen und scharfsichtigen Beobachterin der Curies und ihrer Lebensweise werden. Die Borels waren ein weltgewandtes Paar und sammelten Künstler, Schrifsteller und Politiker ebenso um sich wie Mathematiker und Physiker. Für ihren gesellschaftlichen Kreis empfanden die Curies nicht die geringste Zuneigung, eher Verachtung. Traten die Curies bei gesellschaftlichen Anlässen in Erscheinung, zogen sie sich in ihre von Camille so getaufte »auffällige Unauffälligkeit« zurück, suchten sich eine schützende Ecke des Zimmers, von wo aus sie beobachten und zuhören konnten. Nur wenn wissenschaftliche Themen aufkamen, pflegte Marie Curie in das Gespräch einzugreifen. Ganz plötzlich gab sie dann fest und überzeugt ihre Meinung ab, um sich danach wieder in ihre introvertierte Betrachtung zurückzuziehen. Dieser Stil wirkte einschüchternd auf die junge, zum Flirt geneigte Marguerite Borel, die selbst unverhohlenes Vergnügen am geselligen Geplauder zwischen Männern und Frauen empfand.

Doch war dies auch eine Welt, die Marie Curie in Kontakt mit einigen wenigen Menschen brachte, die sie um ihrer Arbeit willen und nicht aufgrund äußeren Scheins bewundern konnte. Zum Beispiel Rodin; er war von kleiner Gestalt mit großem Kopf und zeigte eine hinreißende Gleichgültigkeit gegen die Meinungen der anderen über seine Kunst.

Pierre Curie, der den Wettbewerb in der Wissenschaft sichtlich verachtete, war dennoch zwiespältig eingestellt, den Meinungen gegenüber, die andere über seine Wissenschaft hatten. Er wehrte sich instinktiv dagegen, Ehrungen zu suchen, paradoxerweise verfügte er aber über eine erstaunliche Geschicklichkeit, sich in Lagen zu manövrieren, die ihn demütigten. Im Mai 1902 war er damit einverstanden, sich als Kandidat für die Mitgliedschaft in der Académie des Sciences aufstellen zu lassen.

Seit 1635 war die Académie Française traditionell verpflichtet, den Grundpfeiler aller Kultur, die französische Sprache, zu bewahren und zu fördern. Später hatte die Académie des Scienes dieselbe anspruchsvolle Verantwortung für die französische Naturwissenschaft übernommen. Pierre Curie mußte, nachdem er für die Mitgliedschaft vorgeschlagen worden war, sich der traditionellen Methode bedienen, durch die er einen Sitz in der Académie des Sciences erringen konnte. Das heißt, er mußte jedes Mitglied besuchen und um dessen Stimme bitten. Sein Widersacher im Kampf um den Sitz mußte dasselbe Ritual befolgen. Es scheint schwierig, ein System zu erfinden, das auf einen sensiblen Menschen stärker demoralisierend wirkt. Er erlitt eine Niederlage von 20 gegenüber 32 Stimmen.

Allerdings befand er sich in guter Gesellschaft. Zolas Kandidatur für die Académie Française war mehrfach erfolglos gewesen. Curie bat seinen Freund Georges Gouy, »nicht zu glauben, daß ich von diesen Dingen spürbar betroffen bin«. Aber offenkundig war er tief verletzt.

Ein Jahr später schrieb der Dekan der naturwissenschaftlichen Fakultät der Sorbonne, Paul Appell, Marguerite Borels Vater, an Curie mit der Bitte um die Einwilligung, ihn auf die Liste mit Empfehlungen für die Ehrenlegion zu setzen, die Appell für den zuständigen Minister vorbereitete. »Ich bitte Sie damit« schrieb Appell, *»um einen Dienst an der Fakultät.«*[1] Obwohl in dieser Sache nichts anderes von ihm verlangt wurde, lehnte Curie hochmütig ab. Aber obwohl die öffentliche Anerkennung seiner Arbeit – und damit indirekt die seiner Frau – ausblieb, inoffiziell hatte der Schuppen in der Rue Lhomond seinen sichtbaren Platz auf der wissenschaftlichen Landkarte Europas.

Auf ihrem Gebiet folgten den Curies hervorragende Physiker und Chemiker, die sehen wollten, wie nahe die legendären Bedingungen, unter denen die Curies gearbeitet hatten, der Wirklichkeit kamen. Lord Kelvin, mit langem weißen Bart, aber offenbar den Wirkungen des Alters gegenüber unempfindlich, setzte seine wohlwollende Förderung fort, und seine Visitenkarte mit den geprägten Buchstaben wurde häufig von dem Laborjungen durch die Tür des Schuppens hereingebracht und ehrerbietig vor Marie Curie auf den Tisch gelegt. Die alttestamentarische Gestalt flößte auch vielen anderen außer den Curies Vertrauen ein. Ernest Rutherfords Mutter schrieb ihrem Sohn einmal: »Du kannst Dir sicher vorstellen, wie dankbar ich bin, daß Gott dich gesegnet und deine Begabung und Bemühung mit Erfolg gekrönt hat. Daß Du Dich zu noch größeren Höhen des Ruhms erheben und in der Nähe eines Gottes wie Lord Kelvin leben mögest, ist der ernste Inhalt meiner Wünsche und Gebete ...«

Aber Ernest war um einen Hauch skeptischer gegenüber Lord Kelvins Göttlichkeit als seine Mutter. Kelvin war alt, sein Beitrag zur Physik des 19. Jahrhunderts war bedeutend gewesen, aber seine Haltung gegenüber einigen Folgerungen aus der neuen Radioaktivität war zumindest konservativ. Der energische junge Rutherford, der oft den Vorstellungen Kelvins widersprach, begann gerade zu dieser Zeit, die wahrhaft revolutionären Implikationen der Arbeit zu sehen, durch die er, die Curies, Becquerel, J. J. Thomson und andere den Physikern des neuen Jahrhunderts die Stirn boten. Dies Werk sollte die von den Griechen übernommene Vorstellung eines jeden Physikers vom Atom als dem kleinsten, letzten Partikel der Materie verändern. Nachdem die meisten anderen sich bereits in diese unvermeidliche Einsicht gefügt hatten, bestand Lord Kelvin bei der Sitzung der British Association im Jahre 1906 noch immer auf der Unzerstörbarkeit des Atoms. Rutherford, der nie ein Blatt vor den Mund nahm, hatte schon früher an seine Frau geschrieben: »Lord Kelvin hat fast den ganzen Tag über Radium geredet, und ich bewundere sein Selbstvertrauen, über einen Gegenstand zu sprechen, über den er so wenig gelernt und um den er sich auch kaum bemüht hat.«

Marie und Pierre Curie hatten ihre Positionen anfangs ohne ein klares Bewußtsein der wahrhaft revolutionären Folgen eines Teils ihrer Arbeit eingenommen, als sie versuchten, mehr über das Wesen der neuen Strahlen herauszufinden. Sie beobachteten, wie die Strahlen verursachten, daß die Luft elektrische Ladungen leitete, beobachteten ihre Wirkungen auf photographische Platten, ob sie wie Lichtstrahlen reflektiert und gebrochen werden konnten, und fragten sich insbesondere, worin die Quelle der Strahlungen bestehen könnte, die ihre neuen Substanzen in offenbar nie endenden Strömen abgaben.

Die gewaltige Welle des Interesses an dieser Art von Arbeit überflutete

ganz Europa. In Deutschland waren Julius Elster und Hans Geitel, in Österreich Stefan Meyer ebenfalls verbissen an der Arbeit. Binnen weniger Wochen, Ende 1899, fanden diese Forscher in der plötzlichen Eruption einer gleichzeitigen Entdeckung in drei verschiedenen Ländern heraus, daß die Strahlen abgelenkt werden, wenn sie durch ein Magnetfeld geleitet wurden: Die Strahlen krümmten sich, gerade so wie es elektrischer Strom getan hätte, wenn er aus dem Radium ausgetreten wäre. Auch Pierre Curie arbeitete an der magnetischen Ablenkung der Strahlen. Er kam zu dem Ergebnis, daß es zwei Arten von Strahlung gebe, die das Radium abgab. Eine Art von Strahlen schien zu verschwinden, wenn sie sich ein paar Zentimeter durch die Luft bewegt hatte, und von dem Magneten nicht beeinflußt zu werden. Die anderen Strahlen wurden, wie er feststellte, abgelenkt. Kurz darauf fanden Marie und er gemeinsam heraus, daß die ablenkbaren Strahlen elektrisch negativ geladen waren. Es schien ein Strom negativer Elektrizität aus dem Radium auszutreten.
Tausende von Kilometern entfernt, in Kanada, war Ernest Rutherford, bedingt durch die Langsamkeit der transatlantischen Post relativ unberührt von dem Wettlauf, an dem er so begeistert teilnahm, damit beschäftigt, die Menge der verwirrenden Informationen zu den Ansätzen einer zusammenhängenden Theorie zusammenzustellen. Schon Anfang 1899 hatte er eine ausgezeichnete Arbeit über die Strahlung des Urans veröffentlicht, in der er zeigte, daß es unterscheidbare Arten von Strahlen gibt, und deren Auswirkungen beschrieben, die entstanden, wenn man dünne Blätter Metallfolie in ihre Bahn bringt. Eine Art, die er *Alpha-Strahlen* nannte, wurden von der Folie, ja sogar von einem dünnen Karton aufgehalten. »Meine Alphastrahlen« nannte er sie. Es machte ihm sogar Spaß, seine Studenten zu bitten, die Sensibilität ihrer Finger zu testen, indem er sie die Hände über radioaktive Quellen halten ließ, um zu sehen, ob sie seine Alpha-Strahlen »fühlen« konnten! Die zweite Art, die er *Beta-Strahlen* nannte, konnte Metalle von erheblicher Dicke durchdringen und war einigen Röntgenstrahlen recht ähnlich, wie er feststellte.
Später zeigte ein anderer Franzose, Paul Villard, daß radioaktive Substanzen noch eine dritte Art von durchdringender Strahlung absondern, die später *Gamma-Strahlen* genannt wurde. Die wenigen Wissenschaftler, die über die Arbeit an der Radioaktivität informiert waren, kamen nun allmählich zu der Erkenntnis, daß diese Entdeckungen die Jungfräulichkeit des Atoms als Mythos entlarvten.

Die Materie war alles andere als unbelebt. Ihr Leben brachte zunächst mehr Probleme mit sich, als Lösungsmöglichkeiten vorhanden waren, zumindest schien es so. Eine der frühesten Beobachtungen der Curies zum Beispiel bestand darin, daß Radium von sich aus Wärme abgeben kann, und zwar in hinreichender Menge, um mit einfachen Labortechniken gemessen zu werden. Pierre Curie zeigte, daß das Äquivalent von einem Gramm Radium pro Stunde hundert Kalorien abgibt – ein kleines Kraftwerk. Aber wo kam all diese Energie her? Curie selbst war anfangs überzeugt, das bis dahin unabänderliche Gesetz der Physik, das Gesetz der Energieumwandlung (welches feststellt, daß Energie weder geschaffen noch zerstört werden kann), sei gebrochen. Marie Curie publizierte zwei mögliche Erklärungen.[2] Bei der einen unterstellte sie, daß die radioaktiven Substanzen ihre Energie einer äußeren Quelle entliehen und wieder abgaben. Konnte es sein, daß eine noch unbekannte Strahlung den ganzen Raum durchdringt, von dem Radium eingefangen und dann wieder abgesondert wurde? (Lord Kelvin ging sogar so weit, zu vermuten, das Radium erhalte seine Strahlung durch die Absorbtion geheimnisvoller »Ätherwellen«!)

Bei der anderen Erklärung erwog sie die Möglichkeit, ob das Radium seine Energie wohl aus sich selbst schöpfe. Gab es winzige Partikel in dieser Substanz, die sich heftig bewegten und dann als Strahlung hinausgeschleudert wurden? Wenn dies der Fall war, dann ließ sich der Gewichtsverlust erst nach Millionen Jahren messen, denn bisher hatte sie nicht den geringsten Gewichtsverlust feststellen können.

Eine weitere bemerkenswerte Erscheinung, die von den Curies entdeckt wurde, bestand darin, daß eine starke Strahlungsquelle, ein Radium- oder Poloniumsalz in Pulverform, wenn es auf dem Arbeitstisch in die Nähe einer Metallplatte gebracht wurde, ohne irgendeinen direkten Kontakt zu dem Metall dieses veranlaßte, selbst radioaktiv zu werden. Selbst nach einigen Stunden zeigte das Elektrometer, daß die Metallplatte etwas Radioaktivität behalten hatte. Sie nannten den Effekt *induzierte Radioaktivität;* und diese Erscheinung war es, die Demarçay bei der spektroskopischen Arbeit, die er für die Curies ausgeführt hatte, so verwirrt und behindert hatte.

In Montreal stürzte sich Rutherford jedesmal auf neue Bruchstücke von Informationen, wenn ihn ein Bündel Zeitschriften mit dem Dampfer erreichte, der so langsam den Sankt-Lorenz-Strom heraufkam. Er begann diese Stücke zu einer sinnvolleren Theorie der Radioaktivität zusammenzusetzen. Er hatte herausgefunden, daß er, wenn er Luft

1 Marie Curie als junge Frau

2 Pierre Curie

3 Marie und Pierre Curie im Jahr ihrer Vermählung

4 Marie Curie mit ihren Töchtern Irène und Eve

über einige Thoriumproben blies, ein Gas erhielt, das wie Thorium selbst radioaktiv war. Er nannte es Thorium-Emanation oder Thoron; seine Radioaktivität, so stellte er fest, nahm mit der Zeit ab. In Deutschland zeigte ein Chemiker namens Ernst Dorn, daß derselbe Effekt bei Radium auftrat. Auch es gab eine Emanation ab, später als Radon bezeichnet, die ebenfalls radioaktiv war. Es stellte sich heraus, daß alle Substanzen, die mit diesen Emanationen in Berührung kamen, selbst radioaktiv wurden. Diese waren Gase, die in der Luft jedes Laboratoriums schwebten, wo starke radioaktive Kräfte verwendet wurden, und sie wurden von Forschern wie Marie Curie, die diese sehr starken radioaktiven Stoffe handhabten, ein- und ausgeatmet.
Zu dieser Zeit schloß sich der junge Frederick Soddy in Kanada an Ernest Rutherford an. Es war die Begegnung eines idealen Paares im wissenschaftlich richtigen Augenblick: die Kombination zwischen einem Physiker und einem Chemiker, gerade wie es die Ehe zwischen Marie und Pierre Curie war. Pierre Curie war ein glänzender Theoretiker und hervorragender Instrumentenbauer, und Rutherford hatte ebenfalls das Denken eines einzigartigen Physikers und die wunderbare Fähigkeit, aus kleinen Stücken Glas und Draht empfindliche elektrische Instrumente gleichsam zu improvisieren. Soddy hatte eine sorgfältige Oxford-Grundlage als Chemiker, und sein Geschick im Umgang mit den Stoffen kam dem gleich, das Marie unermüdlich sich selbst beigebracht hatte. Wiederum sollte die Kombination der beiden Disziplinen großartige Ergebnisse hervorbringen.
Es war Rutherford gelungen, von Thorium eine neue Substanz abzutrennen, die, wenn sie erst einmal entfernt war, die ganze Radioaktivität des Thoriums mit sich zu führen schien. Er nannte sie Thorium X. Aber er stellte fest, daß mit der Zeit die Radioaktivität des übrigen Thoriums wiederkehrte. Diese Beobachtung führte zum bedeutendsten Beitrag in der Geschichte der Radioaktivität, seitdem Marie Curie das Radium isoliert hatte. Was Rutherford und Soddy zeigten, war, kurz gesagt, daß Thorium, Uran und andere radioaktive Elemente beim Abgeben von Alpha- oder Beta-Strahlen in eine Reihe von Zwischenstufen zerfallen, die gänzlich neue Elemente sind. Thorium zum Beispiel bildete langsam Thorium X, das sich dann auf eine kennzeichnende radioaktive Weise verhielt. Jedes dieser Zwischenelemente zerfiel mit einer bestimmten Geschwindigkeit darart, daß die Hälfte jeder gegebenen Menge nach einer bestimmten Zeit verschwunden war. Rutherford nannte das die *Halbzeit* einer radioaktiven Substanz.

Soddy beschrieb später die große Aufregung im Augenblick der Entdeckung, den Tag, an dem er und Rutherford gewahr wurden, daß sie die Antwort auf die Frage gefunden hatten, worin Radioaktivität eigentlich besteht: ihre plötzliche Erkenntnis, daß das Atom von sich aus zerfiel. »Ich war von etwas Größerem als Freude überwältigt – ich kann das nicht gut ausdrücken –, eine Art Aufregung, vermischt mit einem gewissen Gefühl des Stolzes, daß ich unter allen Chemikern aller Zeiten erwählt war, die natürliche Transmutation zu entdecken.« Als er aufschaute, hinüber zu Rutherford, rief er durch das Laboratorium: »Rutherford, das ist eine Transmutation, das Thorium zerfällt ...« – »Um Himmels willen, Soddy,« rief Rutherford zurück, »nenn das bloß nicht *Transmutation.* Sonst werden sie uns als Alchimisten köpfen. Du weißt doch, wie sie sind.« Aber ohne sich in Wirklichkeit auch nur einen Pfifferling darum zu kümmern, ob ihn irgendwer für einen wissenschaftlichen Ketzer hielt, tanzte er im Walzerschritt im Laboratorium umher.
Rutherford und Soddy entwickelten ihre Theorie weiter, um zu zeigen, daß es drei verwandte radioaktive Elemente gab, Uran, Thorium und Radium. Sie fertigten ein Schema an, das zeigte, wie jede neue Substanz aus dem entsprechenden verwandten Element durch den Austritt eines Alpha-Strahls oder -Partikels entstand. Das war die Grundlage für eine tragfähige Theorie der Radioaktivität, obwohl sich später zeigen ließ, daß Radium in Wirklichkeit ein radioaktives Produkt von Uran ist.
Im gleichen Zeitraum, in dem Rutherford bis in die Nacht hinein arbeitete, um sich den Vorsprung in der Publikation zu sichern, verwendete Marie Curie ebenfalls lange, späte Stunden auf eine Arbeit, die für sie von höchstem persönlichen Interesse war. Wenn sie aus dem Laboratorium zurück zum Boulevard Kellermann kam, pflegte sie rasch abendzuessen und dann die Zeit, die sie erübrigen konnte, der kleinen Irène zu widmen. Sie badete sie, brachte sie ins Bett, blieb noch ein wenig bei ihr, um mit ihr zu sprechen oder ihr vorzulesen, wie eine gute Mutter es tun sollte, und wartete, bis die gewohnten Wünsche an die »Mé« (der Name, den Irène noch lange für ihre Mutter benutzen sollte, als sie selbst schon eine erwachsene Frau war) im Schlaf zur Ruhe kamen. Dann zündete sie in dem Zimmer in der ersten Etage, das sie als Arbeitszimmer benutzten, eine Öllampe an, setzte sich an denselben Tisch wie ihr Mann und begann zu schreiben.
Sie trug die Ergebnisse der letzten vier Jahre, in denen sie als Wissen-

schaftlerin gearbeitet hatte, zu ihrer Dissertation zusammen. Marie Curie war die erste Frau, die sich selbst Lebensbedingungen geschaffen hatte, durch die sie auf einem vollständig von Männern beherrschten Gebiet der Wissenschaft wettbewerbsfähig wurde. Und sie hatte sowohl die Ausdauer als auch die Entschlossenheit, in diesem Gebiet einen bedeutenden Platz zu erobern. Ihre Schrift war ein langes, umfassendes und sorgfältiges Dokument, das das Feld der Radioaktivität bis 1903 sichtete, dessen motivierende Kraft sie, wie man mit Recht sagen konnte, gewesen war.

Auf etwa hundert Seiten beschrieb sie in den trockenen, affektfreien Sätzen, die zum unglückseligen Markenzeichen wissenschaftlicher Prosa geworden sind, alle Versuche, denen sie Dutzende von Substanzen unterworfen hatte; sie erstellte eine Liste der gesicherten und fraglosen Schlußfolgerungen aus ihrer Arbeit mit Polonium und Radium, ohne auch nur im entferntesten auf die Monate voll Schweiß, Rückschlägen und Härten hinzuweisen, die sie hatte durchmachen müssen, um jene Schlußfolgerungen zu ermöglichen. Die Seiten, die sie schrieb und noch einmal neu schrieb, faßten ihre Arbeit mit radioaktiven Mineralen zusammen; die Methode, heute eine Standardmethode, die sie angewendet hatte, um ihre beiden radioaktiven Elemente zu trennen; die Methode der Reinigung von Radium; die Bestimmung seines Atomgewichts; ihre Versuche, die von den beiden Elementen abgegebenen Strahlen zu charakterisieren, und ihre Beobachtungen der induzierten Radioaktivität.

Am 25. Juni 1903 war die Arbeit abgeschlossen und gedruckt und konnte dem akademischen Prüfungsausschuß vorgelegt werden. Sie war ihrer eigenen Arbeit gegenüber nie bescheiden gewesen, und jetzt lud sie ihre wenigen nahen Freunde ein, um sie an diesem Tag dabei zu haben, sie zuschauen und daran teilhaben zu lassen. Jean Pierre und Paul Langevin sollten im Saal der Sorbonne anwesend sein, wo Maries Prüfung stattfand; ferner eine Gruppe von Mädchen mit frischen Gesichtern aus ihrer naturwissenschaftlichen Klasse in Sèvres; und natürlich auch ihr Mann und sein Vater. Und von der Seite ihrer Familie hatte sie ihre Schwester Bronia eingeladen. Bronia war es, die sie davon überzeugte, daß für diese Gelegenheit ein neues Kleid ratsam sei – schwarz natürlich, damit sie es später besser im Laboratorium brauchen konnte.

Aufgrund des Anlasses war der Saal überfüllt. Als Berühmtheiten erweckten die Curies auch das Interesse von Leuten, die kaum mehr als

eine flüchtige Beziehung zum wirklichen Wesen ihrer Arbeit hatten. Im Mittelpunkt des allgemeinen Interesses stand die Frau im schwarzen Kleid neben drei hervorragenden Prüfern, die ihr am Tisch gegenübersaßen. Wie üblich fand die ganze Angelegenheit in einer gedämpften Stimmung statt, die drei Professoren Lippmann, Bouty und Moissan stellten ruhig ihre Fragen, die fast noch ruhiger beantwortet wurden. Wenn sie ehrlich waren, mußten die drei Männer sich selbst eingestehen, daß Marie Curie den Gegenstand besser erfaßte als irgendjemand, der sonst an diesem Tag in dem Saal anwesend war, die Prüfer selbst eingeschlossen. Und als Lippmann, Maries einstiger Professor und nun der Vorsitzende der drei, ihr die Doktorwürde der Naturwissenschaften der Université de Paris gab und die Auszeichnung »très honorable« hinzufügte, gab es niemanden im Publikum, der nicht einsah, daß dieser zusätzliche Segen wohl verdient war.
Als Marie Curie unter dem höflichen Beifall, mit dem die Sitzung endete, den Saal verließ, war sie die gekrönte Königin der Radioaktivität. Aber durch einen merkwürdigen Zufall war an jenem Tag der Mann in Paris anwesend, der, aufgrund seines Wissens, sie einer weit strengeren Befragung hätte unterziehen können als einer ihrer Prüfer. Ernest Rutherford, der noch ungekrönte König der Radioaktivität, befand sich in der Stadt.
Früh am Tag war er zu dem unansehnlichen Laboratorium gewandert, mit der vagen Absicht, Marie zu treffen, aber er erfuhr dort nur, daß sie sich in diesem Augenblick im Rigorosum befand. Der Zufall hatte ihn dorthin geführt: Eine Postkarte mit Eselsohren von Soddy, welche die Postämter von Notting Hill, Genf und Paris passiert hatte, bevor sie Rutherford auf seiner Reise durch die europäischen Laboratorien in Frankreich erreichte. Madame Curie hatte eine Nachtricht gesandt, in der sie die Hoffnung ausdrückte, daß Rutherford Zeit finden würde, sie zu besuchen.
Rutherford nahm die Einladung wenige Stunden, nachdem die Karte ihn erreicht hatte, an. Er hatte gute Gründe, den Curies einen Höflichkeitsbesuch abzustatten. Seine ganze Arbeit über die Ablenkung von Alphastrahlen in einem magnetischen Feld war ein Fehlschlag gewesen, bis sie ihm eine hinreichend starke radioaktive Radiumquelle für seine Untersuchung gesandt hatten.
Aber wenn er schon die Prüfungszeremonie verpaßt hatte, so kam er doch noch rechtzeitig zu der Feier, und dann traf er Marie Curie zum ersten Mal, bei einem kleinen Abendessen, das der hübsche und be-

gabte Physiker Paul Langevin arrangiert hatte. Rutherford und Langevin hatten einander vor Jahren als Studenten in der Forschung unter J. J. Thomson gut kennengelernt, und Langevin hatte sich die Bezeichnung errungen, die Rutherford seinen Busenfreunden vorbehielt: »ein phantastisch netter Bursche.« Um Marie Curie zu ehren, hatte Langevin Pierre, Rutherford mit seiner jungen Frau und Jean Perrin mit seiner Frau eingeladen. Es war eine außergewöhnliche Gruppe. Rutherford fand sofort Gefallen an Marie Curie und hatte nach dieser ersten Begegnung stets eine kleine Schwäche für sie – auch als einige seiner engsten Freunde eine andere Meinung entwickelt hatten. Er schätzte ihre vernünftige Art, sich zu kleiden; die modernen Dekolletés, die die Frauen einiger Kollegen übernahmen, konnte er nicht ausstehen, und diese seine Ansicht machte er seiner jungen Frau klar, bevor sie heirateten. Offensichtlich war Marie Curies Einfachheit für ihn anziehend, wie ihr auch sein Enthusiasmus ehrlich und wertvoll erschien. Einmal wandte er sich ihr zu und sagte auf eine Weise, die unter wenigen anderen nur sie verstehen konnte, die Radioaktivität sei wirklich und wahrhaftig »ein wunderbares Arbeitsgebiet«. An diese einfachen Worte sollte sie sich bis zu ihrem Todesjahr erinnern.[3] Sie wußte, daß er Frauen in starkem Maße von gleich zu gleich behandelte; das muß ihr geschmeichelt haben. Seine Freimütigkeit erschien ihr nicht abstoßend. Zu jener Zeit gehörte er zu den wenigen Physikern, die Frauen aktiv ermutigten, wissenschaftliche Karrieren im Laboratorium anzustreben.

Die Gegenstände, die an jenem Abend beim Essen erörtert wurden, tangierten viel von dem, was neu auf dem Gebiet der Radioaktivität war, insbesondere die Arbeit von Rutherford. Die frühe Arbeit der Curies hatte Rutherford immer tief beeindruckt, aber was ihre Theorien über das Wesen der Radioaktivität betraf, so hatte er keinen Zweifel daran, daß sie in einer unzweckmäßig abwartenden Haltung verharrten. Einige Monate zuvor waren sie, ohne etwas von Soddys und Rutherfords neuer Konzeption der Transmutation zu wissen, sogar so weit gegangen, die Gültigkeit der Arbeit, die sie anfangs so berühmt gemacht hatte, in Zweifel zu ziehen. Sie hatten den Verdacht geschöpft, daß Polonium, das Metall, das Marie so stolz nach ihrem Vaterland benannt hatte, überhaupt kein Element sei. Das sollte ein verwirrender Fehlschluß sein. Rutherford drückte sich später ganz unzweideutig über die Grenzen der Arbeit der Curies zu jener Zeit, als er an ihrem Festessen teilnahm, aus. »M. und Mme Curie neigen insge-

samt zu einer sehr allgemeinen Betrachtung der Phänomene der Radioaktivität und haben keine klar definierte Theorie entwickelt.« Insgeheim dürfte ihn die Wahrnehmung dieser Grenzen gefreut haben.
Aber das kleine Fest war ein großer Erfolg. Wenn es Meinungsverschiedenheiten gab, so waren sie freundschaftlich und anregend. Bis spät in den Abend wurden sie erörtert. Um elf Uhr beschlossen alle, sich in den Garten zu setzen und die warme Nacht zu genießen. Pierre Curie hatte absichtlich ein dramatisches Finale für diesen glücklichen Tag reserviert. Als sich alle niedergelassen hatten, holte er einen kleinen, teilweise mit Zinksulfid umhüllten Tubus aus der Tasche, der eine von Marie bereitete Radiumlösung enthielt. Als er im Dunkeln auftauchte, leuchtete der Zinkmantel plötzlich mit einem von dem Radium verursachten, strahlenden Schein auf. Alle schauten schweigend zu, und ein jeder war tief beeindruckt.
Aber im Licht des Tubus sah Rutherford auch noch etwas anderes. Er bemerkte, daß Pierre Curies Hände rauh und entzündet waren. Es schien sogar, daß es ihm Schmerzen verursachte, den Tubus zu handhaben.
Am nächsten Tag setzte sich Pierre Curie an den Schreibtisch und schrieb einen Brief an Professor James Dewar von der Royal Institution in London, um ihm für die Gastfreundschaft bei seinem und Maries erst kurz zurückliegenden Besuch zu danken. Curie bat um Entschuldigung für seine schlechte Handschrift. Er mußte zugeben, daß seine Finger jetzt so sehr schmerzten, daß er kaum den Federhalter führen konnte.[4]

Der Nobelpreis

Gerade eine Woche zuvor, am 19. Juni 1903 hatten die Curies im Mittelpunkt der Aufmerksamkeit der wissenschaftlich interessierten Gesellschaft von London gestanden. An diesem Tag hatte Pierre in der Royal Institution eine Freitagabend-Vorlesung gehalten. Seine Hände waren zu diesem Zeitpunkt in keinem guten Zustand gewesen. Auch die von Marie wiesen Zeichen der Rauheit und Brüchigkeit auf, waren aber keineswegs so schwer geschädigt wie die seinen. Einige Tage lang hatte Pierre Schwierigkeiten gehabt, sich anzukleiden, und dieser be-

sondere Abend verlangte auch noch den Kampf mit Fliege und Frack von ihm, während Marie ihr Abendkleid anzog.
Die Tradition, die angesehenen Persönlichkeiten und die Begleiterscheinungen dieses erlauchten wöchentlichen Ereignisses in der Royal Institution müssen die zurückhaltenden Curies eingeschüchtert haben. Sie fühlten sich bedrückt, als sie inmitten klassischer Säulen, eine staunende Menge und dann einige würdigere, aber ebenfalls beobachtende Gentlemen mit hohen Kragen und Monokeln passierten und ein anmutiges Treppenhaus hinaufgeleitet wurden. Dennoch hatten sie guten Grund, der angelsächsischen Tradition gegenüber tolerant zu sein. Die Briten waren es, die sich stärker als irgendeine andere Nation, und gewiß stärker als die Franzosen, für die Arbeit und die Gedanken der Curies begeistert hatten. Denn wenn die britischen Errungenschaften und Einstellungen auf den Gebieten von Kunst und Musik im Vergleich mit den französischen hoffnungslos konservativ waren, so ließ sich von der Naturwissenschaft keineswegs dasselbe behaupten.
An Orten wie der Royal Institution verbreiteten Frankophile wie Lord Kelvin und James Dewar die Botschaft der Curies und diskutierten sie ausgiebig. Die Ehre, die dem Paar an diesem Abend zuteil wurde, sollte dazu beitragen, die Aufmerksamkeit und Anerkennung der wissenschaftlichen Welt außerhalb Frankreichs auf sie zu lenken. Die weitreichende Bedeutung von Pierre Curies Arbeit über Piezo-Elektrizität, Magnetismus und Symmetrie war international anerkannt. Radium war ein Wort, das außerhalb von physikalischen und chemischen Laboratorien bereits wohlbekannt war. Aber seine tatsächliche Relevanz für die Naturwissenschaft war noch nicht vollständig gesichert, obwohl einige Physiker außerhalb Frankreichs von seinen Eigenschaften stärker beeindruckt waren als die meisten im Inland. Ihre Bewunderer sorgten nun dafür, daß die Curies ihre wohlverdiente Anerkennung fanden, wenn auch die Ehrenbezeugungen heftiger ausfielen als es den Curies lieb sein mochte.
Ein großes Publikum brach in dem ansteigenden amphitheatralischen Saal in Beifall aus, als Sir William Crookes den kränklich ausschauenden und schüchternen Mann zum Laboratoriumstisch geleitete. Ihm gegenüber, mit gestärkter Hemdbrust und Blume im Knopfloch, befand sich die crème de la crème der britischen Physik: Lord Kelvin, Lord Rayleigh, Sir Oliver Lodge, Professor James Dewar, Professor William Ayrton, Professor Sylvanus P. Thompson. Und neben Kelvin saß, blaß und im Vergleich zum umgebenden Raffinement recht ein-

fach gekleidet, Curies Frau. Aber sie war nicht die einzige anwesende Frau. Dennoch läßt sich kaum daran zweifeln, daß Marie Curie niemals eingeladen worden wäre, selbst die Ergebnisse ihrer Arbeit darzustellen. So blieb ihr keine andere Wahl, als zuzuhören, wie ihr Mann allein die Resultate ihres gemeinsamen Werkes beschrieb.

Pierre war von Dewar gut darauf vorbereitet worden, wie er sich vor einem Freitagabend-Publikum benehmen sollte. Langsam sprechen (wenn es auch bedauerlicherweise französisch sein muß), einfach sprechen, soviel sichtbare Experimente wie möglich einstreuen, um das Interesse jener Mitglieder aufrechtzuerhalten, denen die tieferen Probleme des Themas entgehen. Das Radium gab Curie reichliche Möglichkeiten, um Party-Tricks vorzuführen; er zeigte die Kraft des Radiums, auf verpackte Photoplatten einzuwirken, er führte die Fähigkeit vor, spontan Hitze abzugeben, sowie bei abgedämpftem Licht die eindrucksvolle Leuchtkraft des Elements. Unfreiwillig hinterließ er ein beinahe unvergängliches Beispiel für die dauerhaften radioaktiven Eigenschaften des Radiums. Durch einen Zufall verschüttete er ein wenig von dem kostbaren Material seiner Frau: Fünfzig Jahre später wurde dessen Anwesenheit in bestimmten Räumen der Institution entdeckt, an einigen Stellen in solchen Mengen, daß sie von Harwell-Wissenschaftlern »entstrahlt« werden mußten.

Abgesehen von diesem kleinen Zwischenfall verlief der Abend gut. Pierre Curies Vortrag war hinreichend auf die Bedürfnisse der Bildungshungrigen im Publikum abgestimmt, und er vermittelte einen verständlichen Abriß seiner Arbeit und der seiner Frau in der letzten Zeit, über die Natur der ausgesendeten Strahlen und über induzierte Radioaktivität. Er führte auch aus, daß er keineswegs von Rutherfords Hypothese einer Radium-Emanation überzeugt war.[1]

Wie eine Woche später für Rutherford muß es auch hier für das Publikum klar gewesen sein, daß Curie keineswegs ein gesunder Mann war. Und der Grund für seine schwächliche Erscheinung kam, ohne daß es ihm bewußt gewesen wäre, in einem Teil seines Vortrags vor. Mit einer gewissen Ausführlichkeit diskutierte er die physiologischen Auswirkungen der Radiumstrahlen. Die ersten Effekte der Strahlen auf den menschlichen Körper hatte der Deutsche Walkhoff erfahren, als er feststellte, daß Röhren mit Radiumpräparaten, die er in der Tasche trug oder in der Nähe der Haut ließ, nach einigen Tagen empfindliche Verbrennungen hervorriefen. Und Friedrich Giesel hatte gezeigt, daß ein geschlossener Behälter mit einem Radiumsalz, den man in die Nähe des

geschlossenen Auges bringt, eine Lichtempfindung auf der Netzhaut produziert.
Curie selbst hatte bald diese Experimente fortgesetzt und zeigte dem Publikum anschaulich die Versuche, die Becquerel und er an ihrem eigenen Körper durchgeführt hatten. Curie hatte eine Probe unreinen Radiumsalzes in ein dünnes Blatt Guttapercha gewickelt und es für zehn Stunden mit einem Pflaster an seinen Arm geheftet. Danach war die Haut gerötet, wie entzündet. Nach einigen Tagen wurde der Fleck wunder und entwickelte schließlich Schorf, der verbunden werden mußte. Diese Beobachtungen an sich selbst führte er 52 Tage lang durch. Zurück blieb als Narbe eine graue Wunde. Pierre Curie zog den Ärmel hoch und zeigte dem Publikum das Mal.
Becquerel hatte an sich selbst die gleichen Wirkungen bemerkt, nachdem er eine Röhre mit Radium in der Westentasche mit sich geführt hatte. Ferner hatte er festgestellt, daß das Radium keinerlei schädliche Wirkungen ausübte, wenn es mit Blei umgeben war. So gab es also ein perfektes Mittel, um sich vor den Strahlen zu schützen – wenn diejenigen, die mit Radium arbeiteten, es benutzen wollten.
Doch zu jener Zeit schien es noch keinen Grund zu geben, zeitraubende Vorsichtsmaßnahmen anzuwenden, um eine gelegentliche lästige kleine Verbrennung zu vermeiden. Es gab zwei weitere Personen im Publikum, die bereits persönliche Erfahrungen mit diesen Auswirkungen gemacht hatten. Lord Kelvin war von den Curies mit dem Geschenk einer kleinen Radiumprobe beehrt worden, die auch er in der Westentasche getragen, weshalb er den unvermeidlichen Verbrennungsfleck auf der Brust erhalten hatte. Die andere Person saß neben ihm und war Marie Curie selbst. Sie hatte eine Phiole nur kurze Zeit mit sich geführt und die Wirkungen der verbrannten Haut noch vierzehn Tage später verspürt. Das schien ein erträgliches Berufsrisiko zu sein, und sie kümmerte sich nicht mehr darum als ihr Mann. Die Auswirkungen betrachtete sie mit großer Sorglosigkeit. Als sie und Marguerite Borel eines Tages im selben Hotel wohnten, fand die junge Marguerite auf ihrem eigenen Handrücken einen kleinen violetten Fleck, der ganz plötzlich dort entstanden war. Die Wissenschaftlerin erkannte, nach Marguerites Meinung nicht Besorgniserregendes: eine Radiumverbrennung durch eine kleine Phiole mit Radium, die Marie Curie neben ihrem Bett aufbewahrte, und auf die Marguerite, ohne es zu wissen, die Hand gelegt hatte.
Rutherford sorgte sich ebenso wenig um die Gefahren wie die Curies.

Ein Experiment, das er mit Friedrich Giesel unternahm, der wie die Curies viele Monate damit verbracht hatte, radioaktive Substanzen zu trennen, fand Rutherford sogar recht befriedigend. Giesels Atem war so radioaktiv, das ein Elektroskop rasch darauf ansprach. Die Anwesenheit einer solchen Menge von radioaktivem Gas in Giesels Lungen bestätigte Rutherfords Theorie über die Existenz von Luftemanationen.

Was aber die Einbildungskraft des Publikums von Pierre Curies Vortrag gefangennahm, waren weniger die möglicherweise gefährlichen Auswirkungen des Radiums und seiner Strahlen auf lebende Gewebe, als, ebenso wie bei den Röntgenstrahlen, der mögliche therapeutische Wert. Im Laufe seiner Rede an diesem Abend gebrauchte er das aufregende Wort *Krebs.* Walkhoff hatte bereits bestimmte Carzinome erfolgreich mit Röntgenstrahlen behandelt, und Curie kündete an, daß Radium in ähnlicher Weise angewendet werden könne. Radium hatte überdies gegenüber anderen Formen der Behandlung eindeutige Vorteile, weil es durch einen dünnen Tubus genau an den Ort gebracht werden konnte, wo man annehmen konnte, daß es den größten Nutzen hatte.

Es wurden bereits Fabriken eingerichtet, die Radiumpräparate als Mittel der Therapie herstellen sollten. Wenn es außerhalb der reinen Wissenschaft eine Zukunft für das Radium gab, so schien es eine hoffnungsvolle zu sein. Wenn ein Preis dafür gezahlt werden mußte, so gab es scheinbar noch kein anderes Zeichen dafür als ein paar verbrannte Finger oder Arme, wie Monsieur und Madame Curie sie an diesem Abend in der Albermarle Street unschuldig vorführten.

Sie kehrten nach Paris zurück, vielleicht nicht im Triumph, aber doch mit der Sicherheit, daß sie einen wissenschaftlichen Erfolg errungen hatten. Noch in diesem Jahr sollte die Royal Academy in London sie mit der begehrten Davy-Medaille auszeichnen. Dank dieser Ehre konnten sie nun eine breitere internationale Anerkennung ihrer Arbeit erwarten.

Aber die Aufregungen öffentlicher Ereignisse in jenem Juni waren seltene und bunte Zwischenfälle in Marie Curies weiterhin gleichförmigen, schwierigen und trockenen Leben. Gleichförmig war es, weil sie ihre Laboratoriumsarbeit mit Vorliebe auf diese Weise durchführte. Schwierig war es, weil die gesundheitlichen Probleme jetzt anfingen, ihrer beider Leben zu beherrschen. Trocken war es, weil sie immer noch nicht über mehr als eben gerade ausreichende Mittel verfügten, um davon zu leben. Der Ruhm, den die Isolierung des Radiums ihnen einbrachte, hatte auch einige Quellen öffentlicher Stiftungen erschlossen, aus denen sie Material für die Arbeiten, die jetzt erforderlich waren, in großem Rahmen kaufen konnten. Die bei weitem größte und nützlichste Gabe traf jedoch erst 1902 ein, als die Akademie der Wissenschaften ihnen eine Subvention von 20000 Francs zur Verfügung stellte. Diese ermöglichte ihnen, die industrielle Herstellung von radiumhaltigem Barium zu finanzieren, in Mengen, die ausreichten, daß Marie es im Laboratorium reinigen und dann nach und nach kristallisieren konnte.

Im weiteren Verlauf des Sommers 1903 begann jeder von ihnen, sich in zunehmendem Maße Sorgen um die Gesundheit des anderen zu machen, und beide kümmerten sich stärker um ihre wenig zufriedenstellende Lebensweise. Schon vor ihrem Besuch in London hatte Pierre Curie an James Dewar, mit dem er bei der Erforschung der von Radium abgegebenen Hitze zusammenarbeitete, geschrieben: »Madame Curie ist stets müde, ohne eigentlich krank zu sein.« Zu dieser Zeit war Marie Curie davon überzeugt, daß die Ursache für die Probleme ihres Mannes in dem komplizierten Lehrplan an der Sorbonne lag, dem er sich anpassen mußte, um ihren Lebensunterhalt zu verdienen, und in dem beständigen Hin- und Her zum Laboratorium. Der heftige Schmerz, den er in verschiedenen Körperteilen empfand, verschlimmerte sich, und das Zittern in seinen Beinen war manchmal so stark, daß er im Bett bleiben mußte. Immer noch nannte er es Rheumatismus, immer noch führte er es auf die Feuchtigkeit in ihrem Schuppen zurück.

Einige Monate zuvor war der Lehrstuhl für Mineralogie an der Sorbonne frei geworden. Der Gegenstand war zwar nicht der ihres jüngsten Ruhms, aber es handelte sich doch um ein Gebiet, auf dem Curie durch seine frühere Arbeit und seinen gegenwärtigen Rang als jemand, der eins der für viele Jahre verheißungsvollsten Gebiete der Physik eröffnet hatte, ein Favorit hätte sein müssen. Er bewarb sich um die Stelle und wurde ohne weiteres abgelehnt. Das Ergebnis verbitterte ihn, und wiederum teilte seine Frau seine Enttäuschung und bewahrte sie als unangenehme Erinnerung an die Art und Weise, in der sie von ihrem eigenen akademischen Establishment behandelt worden waren.

Es gab auch andere, die die Curies während dieser Zeit beobachteten und Schatten heraufziehen sahen. Ein junger Physiker, Georges Sagnac, war derart von ihrer Lebensweise und den physischen und geistigen Anstrengungen, die sich nach außen hin in ihrer Ehe zeigten, bekümmert, daß er sich hinsetzte und einen zehn Seiten langen Brief über dieses Thema an Pierre Curie schrieb. Er machte einige bemerkenswerte Beobachtungen über ihren Lebensstil; zunächst begann er mit einer Entschuldigung, aber schon bald kam er auf das eigentliche Thema zu sprechen:

»23. April 1903. Donnerstag morgen ... Ich möchte Sie daran erinnern, daß ich Ihr Freund bin, zweifellos ein junger Freund, aber letztlich doch Ihr Freund. Deswegen hoffe ich, daß Sie mit Geduld und Aufmerksamkeit lesen werden, was ich zu sagen habe.

Als ich Madame Curie in der Gesellschaft für Physik sah, war ich über die Veränderung ihres Aussehens erschrocken. Ich wußte sehr wohl, daß sie wegen ihrer Dissertation die Dinge übertrieben hatte, daß sie sich gewiß seitdem erholt und daß sie, wenn sie ihre Arbeit erst einmal vorgelegt hat, fähig sein wird, sich in Frieden auszuruhen. Aber dies gibt mir die Gelegenheit, darzulegen, daß sie nicht genug Energiereserven hat, um ein so rein geistiges Leben zu führen, wie Sie beide es getan haben; und was ich von ihr gesagt habe, können Sie ebenso gut auf sich selbst beziehen.

Ich wäre schon längst am Ende, wenn ich meinen Körper in der Weise mißhandelt hätte, wie Sie beide es mit den Ihren getan haben.

Ich möchte nur ein Beispiel geben. Sie essen fast gar nichts, alle beide. Mehr als einmal, wenn Sie so freundlich waren, mich zum Essen einzuladen, habe ich gesehen, daß Madame Curie zwei Stückchen Wurst knabbert und dann ihre Mahlzeit mit einer Tasse Tee beschließt. Halten Sie doch nur einmal ein und denken Sie einen Augenblick nach. Glauben Sie, daß selbst *eine kräftige Konstitution* eine so ungenügende Diät aushalten könnte? ..«[3]

Weiterhin verbreitete er sich über die Vorzüge regelmäßiger Eßgewohnheiten, denn er wußte, daß sie die meisten Mahlzeiten in der Küche neben dem Laboratorium in der Rue Lhomond improvisierten. Natürlich war er sich nicht bewußt, welche Mengen an radioaktivem Material sie zusammen mit ihren belegten Brötchen zu sich nahmen.

»Sie sollten nicht die Gleichgültigkeit oder Sturheit, die sie Ihnen entgegensetzt, als Entschuldigung benutzen: ›Sie hat keinen Hunger! Und sie ist alt genug, um zu wissen, was sie will!‹

Nein, das würde ich nicht tun. *Sie benimmt sich wirklich wie ein Kind.* Ich sage Ihnen das mit aller Überzeugung meines Urteilsvermögens und meiner Freundschaft.

Und es ist auch leicht zu sehen, wie sie sich selbst zu einem eigensinnigen Benehmen zwingt. Sie nehmen sich nicht genug Zeit für die Mahlzeiten. Sie nehmen sie zu irgendeinem Zeitpunkt ein, und am Abend essen Sie so spät, daß Ihre Mägen nach der langen Wartezeit die Funktion verweigern. Zweifellos können einige Ihrer Forschungsarbeiten Sie veranlassen, so spät am Abend zu essen; das läßt sich gelegentlich entschuldigen. *Aber Sie haben kein Recht,* es zur Gewohnheit zu machen.«

Und so ging es weiter, mit Bitten an Curie, sein eigenes Leben und das seiner Frau in vernünftige Bahnen zu lenken, in denen die Physik auch einmal die zweite Rolle neben dem Familienleben einnehmen würde. »Lieben Sie Irène nicht? Mir scheint, ich würde es nicht vorziehen, einen Aufsatz von Rutherford zu lesen, statt mich um die Bedürfnisse meines Körpers zu kümmern oder mich mit einem so lieben kleinen Mädchen zu beschäftigen. Geben Sie ihr einen Kuß von mir. Wenn sie ein wenig älter wäre, würde sie wie ich denken und es Ihnen sagen. Denken Sie ein wenig an sie.«

Sagnac sagte weiterhin, er hoffe, wenn sich die Verhältnisse in der von ihm vorgeschlagenen Weise änderten, würde auch Madame Curie weniger lethargisch wirken und die fröhlicheren Seiten ihres Charakters, die jetzt so völlig verschwunden seien, wiederfinden. Aber Sagnacs Vorschriften hatten wenig Erfolgsaussichten gegenüber dem chemischen Kräften, die sich damals im Laboratorium täglich auf die Curies auswirkten. Das Radon, das sie jede Minute, die sie in ihrem Schuppen verbrachten, einatmeten, sollte sich einige Jahre später als direkte Ursache von Lungenfibrose und anderen Erkrankungen der Atmungsorgane unter Radiumarbeitern herausstellen. Gammastrahlung in den Mengen, die ihre Körper täglich aus ungeschützten, konzentrierten Strahlungsquellen aufnahmen, sollte ebenfalls später als äußerst schädlich für das Knochenmark und damit verantwortlich für krebsartige Bluterkrankungen erwiesen werden.

Die schlimmsten Symptome waren jetzt an beiden Curies sichtbar. Am 11. Dezember 1903 schrieb Marie an ihren Bruder Jozef: »Anfang November hatte ich eine Art Grippe, die einen leichten Husten hinterlassen hat. Ich habe Dr. Landrieux aufgesucht, der meine Lungen untersuchte und nichts Schlimmes fand. Aber andererseits sagte er, daß ich anämisch bin ... Mein Mann war in London, um die Davy-Medaille entgegenzunehmen, die man uns verliehen hat. Ich fuhr nicht mit, weil ich die Anstrengung fürchtete.«[4]

Landrieux war mit den Symptomen der Strahlenkrankheit nicht vertrauter als irgendein anderer Arzt seiner Zeit. Es gab noch ein weiteres niederschmetterndes Ereignis in Marie Curies Leben, das möglicherweise darauf zurückzuführen war, daß sie täglich einer starken Strahlung ausgesetzt war.

Zu Anfang des Jahres war sie wieder schwanger geworden. Darüber freute sie sich. Es war natürlich seit langem bekannt, daß eine Frau während der Schwangerschaft eine gewisse Vorsicht walten lassen muß, um ihre eigene Gesundheit und die des entstehenden Kindes zu bewahren. Marie Curie schonte sich physisch nie, auch nicht in der Schwangerschaft, obwohl sie von Natur aus hypochondrisch war. Aber erst in den allerletzten Jahren hat man die außerordentliche Empfindlichkeit des Foetus in den ersten Wochen erkannt. Die Leukämie, die in den 50er Jahren Kinder von Müttern bekamen, welche zu Beginn der Schwangerschaft geröntgt worden waren, ist ein trauriger Beweis dieser Tatsache.

Damals gab es noch keinen Grund, warum Marie Curie hätte befürchten sollen, daß die Stoffe, mit denen sie arbeitete, in der Lage sein sollten, die Zellen des menschlichen Körpers dauerhaft anzugreifen. Ihre Schwangerschaft fiel mit der Zeit zusammen, in der sie mit hochkonzentrierten Lösungen von Radium und Polonium umging, die sie in einfachen Glasflaschen im Laboratorium umhertrug. Da man die Materialmengen kennt, die sie benutzte, läßt sich die Strahlungsmenge berechnen, der sie sich während einer gewöhnlichen Arbeitswoche aussetzte. Diese könnte 1 rem pro Woche erreicht haben.[5] Werdende Mütter, die heutzutage in der Radiumindustrie arbeiten, werden wegen der bekannten Empfindlichkeit des ungeborenen Kindes gegen strahlungsverursachte Schäden angehalten, ihre Körper keiner höheren Dosis als 0,03 rem pro Woche auszusetzen. Daher besteht kein Zweifel, daß Marie Curie weit höheren Strahlungsdosen ausgesetzt war, als für eine schwangere Frau vernünftig ist.

Überdies arbeitete sie in einem unzulänglich gelüfteten Schuppen, in dem Porzellanschalen mit kristallisierenden Lösungen radioaktiver Salze in den Regalen standen. Selbst die zugekorkten Flaschen, die Lösungen enthielten, waren eine Gefahrenquelle. Marie hatte keinen Grund beim Verschließen der Flüssigkeiten etwas anderes als Kork oder Gummi zu benutzen; es war zu dieser Zeit noch nicht bekannt, daß das Radon durch Kork oder Gummi hindurch an die Luft dringt. Es ist wahrscheinlich, daß die Konzentration radioaktiven Gases in der

Luft des Schuppens einige hundertmal größer war als sie heute für Radiumarbeiter für sicher gehalten wird.
Wie Sagnac bemerkte, war das typische Aufblühen einer schwangeren Frau in ihrem Gesicht nicht zu sehen. Es sollte ein Sommer der Schwangerschaftsbeschwerden, im Zeichen der Strahlungskrankheit werden. Aber eigensinnig meinte sie immer noch, sie sei im Grunde leistungsfähig und stark. Sie glaubte fest an physische Anstrengungen als Allheilmittel gegen physische Übel.
In jenem August beschlossen sie, die Ferien in der Nähe des kleinen Hafens von Saint-Trojan zu verbringen. Es war Maries Gewohnheit, sich ein paar Tage vor der Familie mit dem Fahrrad zu dem ausgewählten Ferienort aufzumachen, um eine hinreichend billige Bleibe zu finden, die als Zentrum für ihre geliebten Fahrrad-Erkundungsreisen geeignet war. Schwanger oder nicht, sie blieb bei ihrer Gewohnheit und radelte durch die Landschaft, bis sie ein Zimmer für sie alle drei gefunden hatte. Das Ergebnis war, wie bei ihrer vorhergehenden Schwangerschaft, daß unerwartet die Wehen einsetzten. Diesmal aber blieb keine Zeit, um nach Paris zurückzukehren. Sie hatte eine Frühgeburt, das Baby starb wenige Stunden nach der Entbindung. Der Grund für das Unglück läßt sich nicht genau bestimmen.
Am 25. August 1903 schrieb sie an ihre Schwester Bronia:
»Ich bin so verzweifelt über diesen Unfall, daß ich nicht den Mut habe, irgendjemandem zu schreiben. Ich hatte mich so in meinen Gedanken an das Kind gewöhnt, daß ich jetzt völlig niedergeschlagen und untröstlich bin. Schreib mir, ich bitte dich, ob ich denken soll, daß das an meiner allgemeinen Erschöpfung liegt – denn ich muß zugeben, daß ich meine Kraft nicht gespart habe. Ich hatte Vertrauen in meinen Organismus; das bereue ich jetzt bitter, nachdem ich so teuer dafür bezahlt habe. Das Kind – ein kleines Mädchen – war in gutem Zustand und lebte. Und ich hatte es mir so sehr gewünscht!«[6]
Sie brauchte mehrere Wochen, um sich von dem schweren körperlichen und seelischen Zusammenbruch zu erholen. In diesem Jahr schien sich das Leben als ganzes zu verfinstern.
Aber am Ende des Jahres sollte es schließlich doch noch einen gewissen Trost geben. Plötzlich traf die internationale Anerkennung für ihre gemeinsame Arbeit über die Radioaktivität ein. Die Ehre, welche signalisierte, daß sie den großen Abstand zwischen einer begrenzten Bekanntheit als Entdecker des Radiums und wirklichem Ruhm überwunden hatten, kündigte sich ihnen und der Welt im November in ei-

nem kurzgefaßten Telegramm an, das in Stockholm aufgegeben worden war. Es teilte mit, daß sie gemeinsam mit Henri Becquerel für ihre Arbeit über die Radioaktivität mit dem Nobelpreis ausgezeichnet worden waren.

Die Auszeichnung wurde erst zum dritten Mal verliehen. Die Tatsache, daß die Ansichten einiger international anerkannter Wissenschaftler eingeholt wurden, um festzulegen, wer sie erhalten sollte, stellte sicher, daß die Aufmerksamkeit der wissenschaftlichen Welt sich auf die Curies zentrierte. Die Tatsache, daß der Preis mit einer hohen Geldsumme verbunden war, machte ihn nur umso reizvoller.

Er wurde aus dem Vermögen finanziert, das Alfred Nobel durch seine Sprengstoff- und Rüstungsindustrie gewonnen hatte: »Dynamit-Geld« nannte Strindberg ihn herabsetzend. Aber die Nobelstiftung hatte ihn, indem sie die Schwedische Königliche Akademie der Wissenschaften in die Vergabe der Physik- und Chemie-Preise und die königliche Familie selbst in die Verleihungszeremonie einbezogen hatte, mit einer Würde versehen, die keine andere wissenschaftliche Auszeichnung je wieder erreichen sollte.

Dennoch war es der französische Gesandte in Stockholm, Marchand, der neben Becquerel stand, um aus der Hand des schwedischen Königs die Goldmedaillen in Empfang zu nehmen. Die Curies waren vor beidem zurückgeschreckt, vor der Reise wie vor der Zeremonie. Pierre hatte an die Schwedische Akademie geschrieben und vorgebracht, daß der Zeitpunkt sich weder mit seinen Lehrverpflichtungen noch mit denen seiner Frau vereinbaren lasse. Und er fügte hinzu: »Madame Curie ist in diesem Sommer krank gewesen und hat sich noch nicht vollständig erholt.« Das war natürlich die Wahrheit – aber er selbst war kaum in einem besseren Zustand als sie.

In seiner Vorstellungsrede malte der Präsident der Schwedischen Königlichen Akademie der Wissenschaften die Leistungen aller drei Empfänger mit goldenen Worten aus: »Professor Becquerel: die glänzende Entdeckung der Radioaktivität zeigt uns die triumphierende menschliche Erkenntnis, wie sie die Natur mit den Strahlen des Genius erforscht. Ihr Sieg dient zur leuchtenden Widerlegung des alten Spruches ›ignoramus – ignorabimus‹, ›wir wissen nicht und werden niemals wissen‹.

Der große Erfolg von Professor und Madame Curie ist die beste Illustration des alten Sprichwortes ›coniuncta valent‹, ›Einigkeit macht stark‹. Das läßt uns auch Gottes Wort in einem neuen Licht erblicken:

›Es ist nicht gut, daß der Mann allein sei; ich will ihm eine Gefährtin geben.‹
Aber das ist nicht alles. Dies gelehrte Paar steht zugleich für die Zusammenarbeit verschiedener Nationalitäten, ein glückliches Omen für die Menschheit, die ihre Kräfte zur Weiterentwicklung der Wissenschaft vereint.«
Die Auszeichnung mit dem Nobelpreis ließ eine Zeit im Leben der Curies anbrechen, die sie als schlimmste Strafe empfanden. Das Telegramm, das sie ankündigte, öffnete der Publicity Tor und Tür, und sie lernten es nie, mit ihren Folgen fertig zu werden. Wegen der augenscheinlich romantischen Geschichte ihres Lebens und ihrer Arbeit wurden sie zu den ersten Naturwissenschaftlern, die öffentliche Zustimmung und Anerkennung in großem Maßstab kennenlernten. Die Wirkungen waren verheerend. Marie Curie sollte dazu schreiben: »Die Überrumpelung in unserer selbstgewählten Isolierung ließ uns wahrhaft leiden und hatte alle Auswirkungen eines Verhängnisses.«[7]
Schon während der letzten zwei Jahre waren sie in ihrer Arbeit von Journalisten und von Personen oder Organisationen, die sich um ihre Gunst bemühten – von öffentlichen Auftritten bis zu Autographen – unterbrochen und belästigt worden. Aber sie hatten noch nicht gelernt, mit dem umzugehen, was nun kommen sollte. Wenige Tage nach der Verkündung der Auszeichnung glich ihr Laboratorium einem Jagdgefilde nicht nur für die ohnehin durch frühere Rücksichtslosigkeiten bekannte Pariser Presse, sondern auch für Pressevertreter aus fast allen europäischen Ländern und aus Amerika. Das *Echo de Paris* tat sich bald mit einer Darstellung von Curies Eigenarten hervor, die nahezu zwei Spalten füllte. In dem begleitenden Artikel[8] gab der Reporter zu, daß Curie an diesem Tag so belagert gewesen war, daß er nur fünfzehn Minuten für ein Interview zur Verfügung stellen konnte, die er mit seiner Taschenuhr abstoppte. Obwohl Curie alle Fragen nur mir »ja« und »nein« beantwortete, gelang es dem Journalisten, eine halbe Seite mit einem lebensnahen Bericht zu füllen, der Hinweise für eine mögliche Anwendung des Radiums als Mittel gegen Krebs und Blindheit gab.
Am Tag, nachdem die Auszeichnung stattgefunden hatte, schrieb Marie Curie an ihren Bruder: »Wir werden von Briefen und von Besuchen, von Photographen und Journalisten überschwemmt. Man möchte sich irgendwo in der Erde vergraben, um ein wenig Frieden zu finden. Wir haben eine Einladung aus Amerika erhalten, dort eine

Reihe von Vorträgen über unsere Arbeit zu halten. Sie fragen uns, wieviel wir dafür wollen. Wie auch immer die Bedingungen sein mögen, wir haben vor, abzusagen. Mit großen Anstrengungen sind wir den Banketten entgangen, die irgendwelche Leute zu unseren Ehren veranstalten wollten.«[9]

Im nächsten Monat schrieb Pierre Curie an Georges Gouy, einen mit ihm befreundeten Physiker, bei dem er noch viele weitere Sorgen abladen sollte:

»22. Januar 1904. Mein lieber Freund, ich wollte Ihnen schon seit langem schreiben; verzeihen Sie mir, daß ich es nicht getan habe. Der Grund ist das dumme Leben, daß ich augenblicklich führe. Sie haben diese plötzliche Vernarrtheit in das Radium miterlebt, die alle ›Vorteile‹ eines Augenblicks der Popularität mit sich bringt. Wir sind von Journalisten und Photographen aus allen Ländern der Welt verfolgt worden; sie sind sogar so weit gegangen, von den Gesprächen zwischen meiner Tochter und ihrem Kindermädchen zu berichten und unsere schwarzweiße Katze zu beschreiben ... Überdies wurden wir häufig um Geld gebeten ... Und schließlich kamen Autographensammler, Snobs, Persönlichkeiten der Gesellschaft und mitunter sogar Wissenschaftler, um uns zu sehen – in unserer schönen, friedlichen Behausung im Laboratorium –, und jeden Abend mußten wir eine umfangreiche Korrespondenz erledigen. Bei dieser Lage der Dinge fühle ich mich von einer Art Erstarrung befallen. Und dennoch wird dieser ganze Tumult vielleicht nicht vergeblich gewesen sein, wenn er dazu führt, daß ich eine Professur und ein richtiges Laboratorium erhalte.«[10]

Woche um Woche wurden sie gleichermaßen im Laboratorium in der Rue Lhomond und zu Hause am Boulevard Kellermann belagert. Stets gab es Leute, um die man sich kümmern mußte; und wenn sie sich vor den Reportern, Photographen, Verlegern, Gelegenheitsbesuchern und allen übrigen abgeschlossen hatten, war da immer noch die Flut von Briefen und Anfragen, die sie unter dem Zwang ihres Gewissens beantworteten. Sie stellten fest, daß sie praktisch überhaupt keine Zeit mehr hatten, um ihr zurückgezogenes Laboratoriumsleben zu führen, das einst die Hauptsache ihrer Existenz ausgemacht hatte. Voller Verzweiflung glaubten sie, ihr Leben würde nie wieder so werden, wie es einmal war.

Bei Curie erreichte die Frustration einen solchen Grad, daß er damit drohte, ihre Arbeit über die Radioaktivität aufzugeben und sich wieder dem Gegenstand zuzuwenden, der seine alte Liebe war: die Kristallsymmetrie. Er hatte sich ohnehin in der Wettbewerbssituation nicht glücklich gefühlt, die ihn zwang, seine Arbeiten eiligst zum Druck zu geben, wenn er nicht von irgendeinem anderen Forscher in England oder Deutschland geschlagen werden wollte. Seine Frau hingegen erledigte das spielend. Sie hatte sich jedoch um etwas anderes zu kümmern. Im Frühjahr 1904 stellte sie fest, daß sie im Laufe von zwölf Monaten zum zweitenmal schwanger war.

Die große Depression

Nach ihrer letzten Erfahrung war Marie Curie in diesem Jahr vor allem mit der Angst vor der Geburt belastet. Aber dies war nur eine ihrer Bürden. Zwar hatte das mit dem Nobelpreis verbundene Geld, 70000 Francs, sie von ihren unmittelbaren Finanzschwierigkeiten erlöst, aber das bedeutete noch keine Erleichterung hinsichtlich der persönlichen Probleme, die jetzt auf ihnen lasteten. Der Kampf darum, die Anonymität wiederzugewinnen, mußte beinahe als verloren betrachtet werden. Das bedeutete nicht nur, daß sich ihr Verhältnis zur Welt außerhalb des Laboratoriums änderte; es bedeutete notwendigerweise auch, daß sie ihr gemeinsames Leben unter veränderten Bedingungen führen mußten.

Pierre Curie verfügte über die geringere Spannkraft, um mit der neuen Lage fertig zu werden. Physisch und geistig befand er sich in einem Zustand der Ebbe und sah sich gezwungen, um hinreichende Forschungsmittel zu bitten. Liard, der Direktor der Akademie von Paris, bat das französische Parlament, speziell für Curie eine neue Professur zu schaffen. Sie wurde zu Beginn des akademischen Jahres 1904/05 eingerichtet. Er erhielt ein Laboratorium mit einigen Angestellten, zu denen seine Frau als Laboratoriumsleiterin gehören durfte; zum ersten Mal in ihrer Laufbahn würde sie ein richtiges Gehalt beziehen. Somit waren sie nun ins Establishment aufgenommen. Wie Marie Curie in den Erinnerungen ihrer späteren Jahre ausdrücklich verdeutlichte, schien ihr diese Anerkennung längst überfällig zu sein.

Nun konnten sie aus dem Schuppen in der Rue Lhomond ausziehen, der mit seinem undichten Dach, den zugigen Fenstern und den tropfenden Wasserhähnen einen so dankbaren Gegenstand für die Journalisten gebildet hatte. Curies Nachfolger in seiner alten Stelle an der

Hochschule für Physik und Chemie sollte sein ehemaliger Schüler Paul Langevin sein, den er jetzt eher als einen treuen Kameraden, denn als früheren Studenten betrachtete.
Doch während dieser Monate mit ihren Versprechungen eines neuen Lebens, gab Marie Curies Schwangerschaft Anlaß zu neuen Sorgen. Ihre Forschungsarbeit wollte sie nicht aufgeben, obwohl sie vorübergehend ihre Lehrtätigkeit in Sèvres einstellte. Als sie Anfang Dezember ihr Kind erwartete, war sie wieder einmal erschöpft und leidend. So rief sie nach ihrer Schwester Bronia. Und diese nahm wieder einmal den Zug nach Paris. Als sie ankam, fand sie Marie in schmerzhaften Wehen vor. Das Kind aber stellte sich, als es entbunden war, als vollkommen gesund heraus. Das kleine Mädchen wurde Eve genannt. Nachdem die Geburt gut überstanden war, ihre allgemeine Bekanntheit in den Hintergrund getreten war und die Publicity ihren Höhepunkt überschritten hatte, hätten sie der Zukunft mit einigem Optimismus entgegensehen können. Optimismus kennzeichnete jedoch keinen der beiden in besonderem Maße. Im Mai 1905 riskierte Eleuthère Mascart, der Direktor des Zentralen Meteorologischen Amtes, es, Pierre Curies Verbitterung neu zu beleben, indem er vorschlug, daß dieser sich zum zweitenmal für die Académie des Sciences aufstellen ließ. Er versicherte ihm, daß die Aufnahme so gut wie beschlossen sei, und fügte hinzu: »Es ist notwendig, daß Sie all ihren Mut zusammennehmen und eine Besuchsrunde bei den Mitgliedern der Akademie machen, es sei denn, daß Sie eine Visitenkarte mit umgeknickter Ecke hinterlassen können, wenn Sie niemanden antreffen. Fangen Sie nächste Woche an, und in vierzehn Tagen wird alles vorbei sein.«[1]
Was immer Curie für eine Antwort gegeben haben mag – vermutlich enthielt sie eine gerechtfertigte Kritik an der Dummheit des Verfahrens –, sie war recht scharf. Die Wunde des Mißerfolgs von 1902 war noch keineswegs geheilt. Aber Mascart ließ nicht locker. »Mein lieber Curie, organisieren Sie es wie Sie wollen, aber vor dem 20. Juni müssen Sie das Opfer einer Runde von Besuchen bei den Mitgliedern der Akademie gebracht haben, und wenn Sie für den Tag einen Motorwagen mieten.« Sie sollten auch daran denken, daß der Titel eines Mitglieds des Instituts es Ihnen erleichtern wird, andere zu unterstützen.«[2]
Curie gab nach und machte seine Runde, eine Schachtel voll Visitenkarten unter dem Arm bemühte er sich von einem Professor zum nächsten; höflich und verlegen machte er bei einem Drink oder einer Tasse Tee Konversation und zog dann weiter. Bei der endgültigen Stimmab-

gabe nahm man Curie beim zweiten Anlauf mit der knappen Mehrheit von acht Stimmen in die Académie auf. Sein Selbstvertrauen wurde dadurch nicht gerade gestärkt. Und als er jetzt Mitglied war, hatte er wenig Zeit für die Académie.

Marie Curie aber war von seiner Wahl tief befriedigt. Seit Eves Geburt hatten die Farben des Lebens weniger dunkle Töne angenommen. Sie hatte wieder angefangen, in Sèvres zu unterrichten. Zweimal in der Woche pflegte sie nördlich vom Louvre die Dampfstraßenbahn zu nehmen und in einer Kastanienallee auszusteigen, die auf die Fassade des Gebäudes zuführte, welches einst Madame de Pompadours Porzellanfabrik gewesen war. Wenn sie die Schwelle der Schule überschritt, schlug eine Glocke an, wie es der Tradition nach beim Eintritt eines jeden Lehrers üblich war, und die jungen Damen des ersten und zweiten Jahres in Sèvres versammelten sich im Physiksaal. Marie Curie hatte mit der Einrichtung praktischer Kurse für die Mädchen etwas eingeführt, was damals ein äußerst fortschrittliches Element im Lehrplan war. Vor ihrer Ankunft hatten diese Mädchen nur nach Büchern gearbeitet, nie mit den Händen.

Sie gab sich überhaupt Mühe, in einer Weise zu unterrichten, von der sie überzeugt war, daß sie theoretisch korrekt sei. Ein anschauliches Beispiel dafür findet sich unter ihren Papieren: ein Problem der Dynamik, das Pierre für sie ausgearbeitet hatte. Darin kommt ein Radfahrer vor, der im Freilauf einen Hügel hinabfährt, und dessen am Fuß des Hügels erlangte Geschwindigkeit die Schülerinnen berechnen sollten.

Sèvres bedeutete zu dieser Zeit nicht nur ein zusätzliches Einkommen für den Haushalt der Curies. Vielmehr bedeutete es die notwendige Unterbrechung der Belagerungsstimmung, in der Marie Curie die letzten Jahre verbracht hatte. Es vermittelte ihr ein Gefühl von Schutz und Sicherheit. Und überdies kam sie hier mit einer ganz anderen Art von Kollegen in Kontakt als denen, mit denen sie so viele Jahre lang in dem kleinen Schuppen vertraut gewesen war. Dort hatte die ruhige und introvertierte Gruppe von drei oder vier Männern ihr gleichförmiges Tagewerk ganz auf Marie Curie und ihren Mann zentriert. Hier an der Mädchenoberschule standen die Beziehungen zu Mitarbeitern wie Schülerinnen auf einer anderen Grundlage. Der anziehende und mitreißende Paul Langevin, der ebenfalls zum Lehrer junger Mädchen geworden war, um sein familiäres Einkommen aufzubessern, war dem Lehrkörper beigetreten. Er brachte einen Hauch von hochintelligenter, männlicher frischer Luft in die junge Gemeinschaft.

Ebenfalls zu dieser Zeit begann sie, einige Barrieren abzubauen, die sie in den vergangenen Monaten errichtet hatte. Es wurden wieder einmal einige auserlesene Gäste zum Boulevard Kellermann geladen. Im alten Freundeskreis gab es ein paar neue Erscheinungen. Eine davon war eine Startänzerin der Folies Bergères, Loïe Fuller. Loïe hatte sich mittels der Burleske und einer Wildwest-Show à la Buffalo Bill ins unbarmherzige helle Licht der Folies emporgearbeitet, wo spektakuläre Lichteffekte ihr Markenzeichen wurden. Paris war hingerissen von ihren Schlangentänzen: »Aus einem Wirbel von fließendem, dunstigem Licht taucht der Oberkörper einer Frau auf, Arme und Schultern glänzen in edlem Weiß zwischen den Blütenblättern eines Riesenveilchens.«
Sie war ein Mädchen von einfachem, aber wirksamem Charme, außerhalb der Bühne ebenso anziehend wie im Scheinwerferlicht, und es gelang ihr in ihrer langen Karriere, einen großen Kreis eigenartig entgegengesetzter Freunde um sich zu scharen. Zu ihm gehörten Toulouse-Lautrec, Rodin und die Königin von Rumänien. Wie alle Welt von den Berichten über die Wunder des Radiums in Atem gehalten, hatte Loïe sich die Möglichkeiten eines phosphoreszierenden Kostüms, das Radium als Lichtquelle benutzt, überlegt. Sie zögerte nicht, den Curies ihre Idee in einem Brief nahezulegen. Die Curies antworteten auf diesen Vorschlag mit der gleichen steifen Höflichkeit wie auf jede andere zeitraubende verrückte Bitte. Das Ergebnis dieses Briefwechsels bestand jedoch in der sonderbaren Freundschaft zwischen dem Trio, und schließlich öffneten sich die verbarrikadierten Türen von Boulevard Kellermann 108 für Loïe zu der Sondervorstellung eines – elektrisch beleuchteten – Tanzes für das Wissenschaftlerpaar und seine Familie. Sie erwiderten die Ehre und besuchten die Tänzerin in ihrer Wohnung.
Das tägliche Leben näherte sich allmählich wieder dem Normalzustand: einer anstrengenden Routine von Lehre, Forschung, Pendeln zwischen den Arbeitsplätzen, Haushalt und wenigstens ein paar den Kindern gewidmeten Stunden. Die beiden kleinen Mädchen zeigten bereits Unterschiede des Charakters: Die jüngere war dunkel und schon als Kleinkind außerordentlich anziehend; die ältere blonder, eher nach innen gerichtet, mit dem stillen, beschaulichen Verhalten des Vaters. Marie Curie, gelang die Bewältigung der schwierigsten Perioden ihres Lebens – die zugleich die weitaus kreativsten waren – immer dann, wenn sie schwanger war oder einen Säugling hatte. In den weni-

gen Stunden, die sie nach der Arbeit zu Hause verbrachte, waren ihre Kinder eine Quelle des Vergnügens für sie. An ihren Bruder Jozef schrieb sie im März 1905: »Die Kinder gedeihen gut. Die kleine Eve schläft wenig und protestiert energisch, wenn ich sie wach in der Wiege zurücklassen will. Da ich keine Stoikerin bin, trage ich sie dann in den Armen umher, bis sie sich beruhigt. Sie ist Irène gar nicht ähnlich.« Sie sollten auch auf sehr verschiedene Arten erwachsen werden, und die Mutter schaute ihrem Heranwachsen unkritisch und bewundernd zu. Denn sie waren nicht der Mittelpunkt ihres Lebens.

Andere Interessen, die einst von größter Wichtigkeit gewesen waren, nahmen ebenfalls längst einen zweiten Platz gegenüber ihrer Arbeit ein. Politik und Sozialwissenschaft bedeuteten ihr inzwischen wenig. Doch beobachtete sie mit Spannung den Fortschritt der Russischen Revolution von 1905, da diese eine bessere Zukunft für Polen versprach. Sie sandte sogar finanzielle Beiträge an Kazimierz Dluski.

Im Juni 1905 fühlte sie sich wieder stark genug, um zu reisen. Pierre Curie meinte, er solle seine Verpflichtungen gegenüber der Schwedischen Akademie der Wissenschaften erfüllen und in Stockholm den Vortrag halten, der zur Bedingung für den Nobelpreis gemacht worden war. Noch litt er an sporadischer Kränklichkeit und war leicht ermüdet. Die Schweden entsprachen jedoch den Wünschen der Curies nach einem Minimum an Öffentlichkeit, und die Angelegenheit verlief relativ ruhig.

Obwohl auch Marie Curie den Preis erhalten hatte, hielt ihr Mann allein den offiziellen Vortrag; sie saß im Publikum und hörte zu, wie der kranke Mann mit der ihm eigenen Schüchternheit von ihrer gemeinsamen Arbeit berichtete. Der Mathematiker Henri Poincaré sagte von Pierre Curie: »In der Haltung eines geschlagenen Hundes stieg er zum Ruhm auf.« Er begann seine Rede mit einer Entschuldigung wegen ihres verspäteten Besuchs in Stockholm »aus Gründen, die außerhalb unserer Kontrolle liegen.« Damit meinte er ihre Krankheiten. Wiederum trug er Radiumproben mit sich, um im Laufe seines Vortrags seine Eigenschaften vorführen zu können. Jetzt aber gab er die weitreichenden Schlußfolgerungen für die Physik zu, die Forscher wie Rutherford und Soddy aus grundlegenden Entdeckungen der Curies gezogen hatten. Er räumte schließlich ein, daß »die Existenz des Atoms selbst auf dem Spiel steht« – daß es also letztlich aus kleineren Bestandteilen zusammengesetzt sein könnte.

Aber die letzten Jahre waren schwierig und nicht seine produktivsten gewesen. Sie hatten ihn jedoch veranlaßt, tiefer über die Probleme ihrer gemeinsamen Arbeit nachzudenken. Er beendete seinen Vortrag mit dem Ausdruck einer Sorge: »Man könnte sogar daran denken, daß das Radium in verbrecherischen Händen äußerst gefährlich werden kann, und hier läßt sich die Frage stellen, ob die Menschheit aus dem Wissen um die Geheimnisse der Natur Nutzen zieht, ob sie bereit ist, es sinnvoll anzuwenden, oder ob dies Wissen ihr schaden wird. Das Beispiel von Nobels Entdeckungen ist charakteristisch, insofern starke Sprengstoffe es dem Menschen ermöglicht haben, wunderbare Werke zu vollbringen. Sie sind aber auch schreckliche Mittel der Zerstörung in den Händen großer Verbrecher, die die Menschen in den Krieg führen. Ich gehöre zu jenen, die mit Nobel glauben, daß die Menschheit mehr Gutes als Böses aus den neuen Entdeckungen machen wird.«[3]

Das war eine etwas fragwürdige Eloge auf den Rüstungsfabrikanten Nobel, aber hierin zeigte sich eine befremdende Vorahnung. Es wurde deutlich, daß er und Marie Curie Anwendungen des Radiums voraussehen, die weit über den wissenschaftlichen Umgang mit dem Atom hinausgingen. Die Reinheit der Entdeckung lag in ihrer Verantwortung, wer aber würde für die Anwendungen einstehen? Die Radiumtherapie – oder Curie-Therapie, wie sie in Frankreich hieß – wurde hier bereits von Ärzten angewendet, die von den Curies bereitgestelltes Radium verwendeten. Das war die Seite der Anwendungen, die zu Optimismus Anlaß gab. Aber darüber hinaus sah Curies Pessimismus bereits etwas Bedrohliches. Konnte das Radium und die mit ihm gewonnene Erkenntnis schreckliche Anwendungen finden, gar in der Kriegsführung?

In den 1890er Jahren war in Paris ein bemerkenswert weitsichtiger Beitrag im Feld des populären Journalismus unter dem Titel »Der Krieg von Morgen« erschienen, geschrieben von einem Soldaten namens Emile Driant, unter dem Pseudonym Kapitän Danrit. Darin verband Driant seine militärischen Kenntnisse mit seinen naturwissenschaftlichen Interessen, um in einem kraftvollen Stil »alter Kameraden« auszumalen, wie die Erkenntnisse der Physik und Chemie in zukünftigen Schlachten genutzt werden könnten. Unter anderem sagte er den Luftkrieg voraus, eine Vielzahl von elektrischen todbringenden Explosionsverfahren und unvorstellbar starke Sprengstoffe. Curie selbst hatte bereits im Januar 1900 einen Brief von Kapitän Ferrié vom Kriegsministerium erhalten, der mit Curies Veröffentlichungen über die Radioaktivität vertraut war und ihn um Ratschläge bat, wie man

Radium anwenden könne, um leuchtende Visiere an Gewehren und Minenentsicherungen für den Nachtkampf herzustellen.[4]
Es war ein schwieriger Balanceakt, die Arbeit der Curies rein und »désintéressé« zu erhalten, und sie versuchten dies mit ziemlicher Naivität. Sie waren an das Leben, das sie führten, gefesselt; nur innerhalb dieser strapaziösen Gleichförmigkeit war es ihnen möglich, ihre Forschungen weiterzutreiben. Marie mußte als Lehrerin arbeiten, um ihr Einkommen als Laborleiterin in Pierres unterbesetzem, immer noch ungenügend finanzierten Laboratorium aufzubessern.
Im Februar 1906 glaubte Pierre, eine reiche Wohltäterin gefunden zu haben, die ihnen Hilfe versprach, in bar. Offensichtlich in einem niedergedrückten und unzufriedenen Gemütszustand schrieb er der Frau und breitete seine Probleme aus: sie wären beide von dem Weg zwischen dem Laboratorium und zu Hause völlig ermüdet; es wäre zu anstrengend für Marie; eigentlich würde sie wünschen, die Kinder auf dem Land aufzuziehen. »Das Leben mitten in Paris ist für die Kinder schädlich, und es gelingt meiner Frau nicht, sie unter diesen Bedingungen richtig aufzuziehen.«[5] Er wünschte sich eine ruhige wissenschaftliche Existenz, fern von all dem Tumult. Er setzte sich dafür ein, daß ihnen ein Radium-Institut eingerichtet würde.
Die Ironie des Schicksals war wirklich bedauerlich. Der Preis von Radiumsalzen betrug 1903 in englischer Währung 400 Pfund pro Gramm; 1912 belief er sich bereits auf 15000 Pfund, und während des Ersten Weltkriegs trieb ihn die Nachfrage wegen der Verwendung für Gewehrvisiere und Kompaßkarten auf 20000 Pfund. Ebensowenig wie Röntgen seine X-Strahlen hatte patentieren lassen, hatten sich die Curies darum gekümmert, ein Patent für die kommerzielle Radiumproduktion zu beantragen. Im Jahre 1906 hatten sie auch nicht einen Pfennig an persönlichem Gewinn aus all dem Radium gezogen, das nach der von Marie Curie entwickelten Methode gewonnen worden war. Von dieser Tatsache sprach sie ihr Leben lang mit großem Stolz.
Oft wurden beide um Informationen über den Prozeß der Radiumgewinnung gebeten, besonders aus Amerika. Stets gaben sie kostenlos und bereitwillig Ratschläge, denn dies war die traditionelle wissenschaftliche Haltung im Umgang mit erworbenem Wissen. Und nun entstanden auf der Grundlage der von ihnen präzise mitgeteilten Techniken ganze Industrien.
Die Zentralgesellschaft Chemischer Produkte, die als erste unter der Leitung von Marie Curie und André Debierne in industriellem Maß-

stab Pechblende extrahierte, tat dies für ein geringes Entgelt, gewann dabei aber unschätzbare Informationen und Erfahrungen über den Prozeß. Marie Curie dachte in ihrer Naivität, das sei ein nur gerechter Austausch. Die Ökonomie industrieller Forschung und Entwicklung lehnte sie ab, das ging sie nichts an, meinte sie. Die Tatsache, daß die anschließende Vermarktung des Produkts dem Unternehmer gewaltige Gewinne bringen könnte, nachdem er selbst nur relativ wenig Kapital für das Wagnis investiert hatte, war kein Faktor, der ihrer Ansicht nach in ihre Erwägungen eingehen sollte. Die Anwendung der Wissenschaft war für sie viel zu weit von der Reinheit des Wissenserwerbs entfernt, als daß sie sich damit hätte befassen mögen.
Stets bewunderte Marie Curie den französischen Unternehmer Armet de Lisle, der als erster die industrielle Produktion von Radium aufnahm. Sie betrachtete ihn allen Ernstes als »désinteressé«. Im Jahre 1904 gründete de Lisle eine Fabrik, welche das Verfahren der Curies reichlich ausbeutete. Dafür stellte er den Arbeitsraum und die Mittel zur Verfügung, welche die von der Regierung finanzierte Universität nicht hatte zugänglich machen können. 1906 stand auf dem Briefkopf von de Lisles Fabrik »Radiumsalze – und andere radioaktive Stoffe.« Daneben befand sich die Zeichnung einer Hand, einen geheimnisvollen Zylinder haltend, aus dem, vermutlich auf radioaktiven Strahlen, die Worte hervorleuchteten: »Armet de Lisle, Radioaktive Stoffe (eingetragenes Warenzeichen)«. 1913 war er in der Lage, seine Allgemeine Radiumproduktionsgesellschaft mit einem Nennkapital von 1250000 Pfund zu gründen.
Die Haltung der Österreichisch-Ungarischen Regierung hatte sich seit den Zeiten, als ein kompliziertes Verfahren diplomatischer Maßnahmen erforderlich gewesen war, um ein paar Säcke Pechblende aus Joachimsthal zu ergattern, sehr verändert. Im März 1905 schrieb der k. u. k. Botschafter in Paris an Pierre Curie im Namen seiner Regierung, um sich für das Geschenk von 200 Milligramm Radium zu bedanken, das für ein Sanatorium in Wien bestimmt war. Er versicherte Curie, daß der »Kaiserlich-Königliche Minister für Landwirtschaft in Österreich« nunmehr bereit sei, bei der frühestmöglichen Gelegenheit so viele Tonnen Pechblende zu schicken, wie die Curies brauchten.[6] Auch die Österreicher hatten die kommerziellen Möglichkeiten erkannt.
Doch während überall um sie her die Vermarktung begann, mußten die Curies bei einer reichen Frau buchstäblich um Geld betteln, um ein

Laboratorium einzurichten, das ihren relativ einfachen Ansprüchen genügen würde. Marie Curie teilte später ihrem Schwiegersohn, dem Physiker Frédéric Joliot, mit: »Wenn wir ein gutes Laboratorium gehabt hätten, hätten wir mehr Entdeckungen gemacht, und unsere Gesundheit hätte weniger gelitten.«

Es besteht kein Zweifel, daß die Curies stärker litten, als es notwendig gewesen wäre. Ein Naturwissenschaftler, der in der Grundlagenforschung arbeitet, muß früher oder später einsehen, daß sein Werk allmählich angewendet wird, wenn nicht von ihm selbst, dann von anderen. Ob ihm das lieb ist oder nicht, er trägt einen Teil der Verantwortung für eine solche Anwendung. Auf der Linie der Wissensvermittlung ist er der erste, der Wächter jener ersten Information, die er nutzen kann, um diejenigen zu warnen, denen die Anwendung schaden oder nützen wird.

Die Curies betrachteten die Anwendung einer wissenschaftlichen Entdeckung als etwas, was außerhalb ihrer Reinheit lag. Und ebenso meinten sie, es liege außerhalb der Wissenschaft, irgendwelche Vorsichtsmaßnahmen zu ergreifen, also einfache kommerzielle und gesetzliche Grundsätze anzuwenden, um ihre Arbeit über die Radioaktivität für die Finanzierung ihrer zukünftigen Tätigkeit fruchtbar zu machen. Eine solche Vorsorge hätte sie nicht notwendigerweise in die Genuß eines – wie sie es sahen – unrechtmäßig erworbenen persönlichen Gewinnes gebracht. Sie versuchten jenes Leben zu verwirklichen, das sie in den alten Tagen in Marie Curies Dachstube im sechsten Stock als »unseren legitimen wissenschaftlichen Traum« definiert hatten. Das war freilich ein Traum mit einigen Albtraumaspekten.

Im Jahre 1906 erreichte Pierre Curies Krankheit ihren Höhepunkt. Der Verfall spiegelte sich in der Anzahl von Publikationen wider, die in seinen kreativen Zeiten in einer regelmäßigen Abfolge entstanden waren. Mit Ausnahme der beiden Jahre, in denen Marie und er am intensivsten mit der Trennung von Polonium und Radium beschäftigt gewesen waren, hatte er von 1883 bis 1904 jedes Jahr Berichte veröffentlicht. Zwischen dem Juli 1898, als er zusammen mit seiner Frau die erste Arbeit über die Radioaktivität publizierte, und dem Juni 1904 hatte er allein oder mit Mitarbeitern in den Berichten der Académie des Sciences nicht weniger als 25 Arbeiten herausgebracht, fast alle über irgendeinen Aspekt der Radioaktivität. Sein letzter Bericht von 1904, gemeinsam mit zwei medizinischen Kollegen erarbeitet, handelte von den experimentellen Auswirkungen radioaktiver Emanationen auf Mäuse und Meerschweinchen. Bei der Sezierung der Tierleichen stellten sie starke Blutstauungen in den Lungen fest, sowie Veränderungen der Leukozyten – der weißen Blutkörperchen, die den Körper gegen Infektionskrankheiten schützen. Ihre Schlußfolgerungen ließen keinen Zweifel an der verheerenden Wirkung des Gases, das Radium absondert. Dennoch betrachteten die Curies diese Arbeit nicht als Warnung vor den Auswirkungen, welche die Radiumemanation auf Menschen haben könnte, die wie sie im Laboratorium damit umgingen. In den zwei folgenden Jahren veröffentlichte Pierre Curie keinen einzigen Bericht; der einzige, den er vorbereitet hatte – über die Radioaktivität von Gasen aus Thermalquellen – wurde posthum publiziert.

Überraschenderweise hatte er in dieser Zeit ein Interesse für den Spiritismus entwickelt. Marie Curie war zunächst genauso wie Pierre und viele andere Naturwissenschaftler von dieser modischen Unterhaltung gefesselt; es schien sich um eine passende Begleiterscheinung zum Geheimnis der Röntgenstrahlen und Radioaktivität zu handeln, die den Laien kürzlich enthüllt worden waren. Die Curies waren hinreichend neugierig, um sich eines Abends mit ihrem Freund Jean Perrin und einem spiritistischen Medium zu einer Séance an den Tisch zu setzen. Das Medium, Eusapia Paladino, hatte damals einen guten internationalen Ruf. Sie saß in dem verdunkelten Raum zwischen den beiden Männern, ihr rechter Fuß ruhte auf dem linken Fuß des einen Physikers, ihr linker auf dem rechten des anderen. Sie arbeitete mit dem alten »Stiefeltrick«. Ein körperloser Geist, nämlich Eusapia selbst, brachte eine »Emanation von Fluidum« und eine »ektoplasmische Materialisierung« hervor, die neben und über den Köpfen eines jeden, der am Tisch saß, vorüberzog. Als einer der Physiker plötzlich das Licht anschaltete, wurde die Paladino überführt: Ihre mit Gewichten beschwerten Schuhe hatte sie ausgezogen und den schmiegsamen Musselin durchs Zimmer geschwenkt; ihr Ansehen in der kleinen naturwissenschaftlichen Gemeinde war in die Brüche gegangen. Nichtsdestoweniger setzte sie schamlos ihre Karriere in unzähligen anderen Salons unter der weniger aufmerksamen Überwachung von einigen der hervorragendsten Wissenschaftler Europas fort. Es gab noch genug Menschen mit dem Wunsch, irgend etwas glauben zu dürfen.

Pierre Curie hatte das verzweifelte Bedürfnis, an irgendein spirituelles Phänomen zu glauben, das sich in den Bereich des Meßbaren übertragen ließe. In einem seiner frühesten Briefe an Marie hatte er geschrieben: »Ich muß gestehen, daß mich diese spiritistischen Erscheinungen stark faszinieren. Ich glaube, daß es im Umkreis dieser Probleme Dinge gibt, die sich eng mit der Physik berühren.«[7]

Während der ersten Monate des Jahres 1906 waren die der Radioaktivität gewidmeten Gedanken Pierre Curies, der niedergeschlagen und unablässig müde war, eher ernüchternd: Auf dem Papier schien es die erfolgreiche Erfüllung ihres wissenschaftlichen Traums zu sein; aber er hatte ihm kein wirkliches Glück gebracht. In dieser Stimmung beschloß er, mit seiner Familie einen kurzen Urlaub zu machen. Marie Curie beschrieb später, wie er »recht krank und müde mit mir und den Kindern ins Chevreuse-Tal fuhr, um Ostern dort zu verbringen. Es waren zwei liebliche Tage unter milder Sonne, und Pierre Curie empfand eine Erleichterung trotz aller Erschöpfung, die auf ihm lastete, eine wohltuende Ruhe in der Nähe jener, die ihm wichtig waren. Er vergnügte sich mit den kleinen Mädchen auf den Wiesen und sprach mit mir von ihnen und ihrer Zukunft.«[8]

In jenem Monat hatte die englische Zeitschrift *The Gentlewoman* die Lebensweise der Curies in einer schmeichelhaften Weise beschrieben, von der die Außenwelt glaubte, daß sie wahr sei: »Die Heirat zwischen M. und Mme Curie war wie viele heutige französische Eheschließungen die Vereinigung zwischen vollkommen übereinstimmenden Gemütern. In ihrer Lebensarbeit im Laboratorium wie in ihrem häuslichen Leben waren sie liebende Gefährten. Trotz ihrer wissenschaftlichen Vervollkommnung und Auszeichnung übte ihr Heim keineswegs einen geringeren Zauber für sie aus.«

Die Belastungen, denen eine Ehe unter solchen Lebensbedingungen ausgesetzt war, wurden selbst für nahe Freunde nie in annähernd wahrer Weise sichtbar; nur das Paar selbst kannte die Wirklichkeit. Dies Paar erfuhr zweifellos Zerreißproben; andere hätten ihre Erfahrungen vielleicht nicht überlebt. Aber nur die Belastungen, die von Curies Krankheit ausgingen, wurden für die engeren Freunde sichtbar. Am 19. April war eine Gruppe von ihnen in einem Hotel der Rive Gauche versammelt, um Probleme der wissenschaftlichen Verwaltung an der Sorbonne zu diskutieren. Marie war zu Hause, um den Kindern Mittagessen zu machen. Es war ein regnerischer Tag, und die Physiker hatten sich in das Innere des Hotels zurückgezogen. Kurz nach Abschluß der Debatte erhob sich Pierre Curie. Er verabschiedete sich von den Kollegen, unter ihnen Jean Perrin, verließ das Hotel und ging in Richtung Seine, um das Büro seines Verlegers an einem der Quais in der Nähe des Pont Neuf aufzusuchen. Dort fand er die Tür verschlossen vor; die

Drucker streikten gerade. Es war ein verlorener Tag. Er spannte den Regenschirm auf und schaute von der Brücke her die belebte Rue Dauphine hinauf, wo ein dichter Verkehr von Trambahnen und Pferdefuhrwerken nebst einigen Autos herrschte, der sich in beide Richtungen bewegte: er begann, die Kreuzung zu überqueren.

Ein Todesfall in der Familie

In wenigen Sekunden war es vorüber. Nur einige Menschen sahen wirklich, wie es geschah. Ein Mann erzählte, daß der Schädel in fünfzehn oder sechzehn Teile zertrümmert wurde.

Der Kutscher des großen Wagens, dessen Rad den Schaden angerichtet hatte, beschrieb den Unfall genau. Er weinte, als er seine Geschichte in der nächstgelegenen Gendarmerie, von einer Gruppe von Reportern umringt, erzählte. Die Tränen waren ebenso durch die Furcht hervorgerufen, daß der Polizeipräfekt ihn für schuldig halten und über Nacht in Haft behalten könnte, wie durch den Schock, den das Ereignis ausgelöst hatte. Er erzählte den Reportern: »Er ging schnell, hatte den aufgespannten Schirm in der Hand und warf sich buchstäblich gegen mein linkes Pferd«.[1]

Der Name des Kutschers war Louis Manin; er war etwa dreißig Jahre alt. Früh am Nachmittag hatte er den Pont Neuf überquert, seine beiden unerfahrenen Gäule straff am Zügel führend. Nachdem er hatte anhalten müssen, um eine Straßenbahn vorbeizulassen, war er mit seiner Ladung von Militäruniformen in gleichmäßiger Geschwindigkeit die rechte Straßenseite der Rue Dauphine entlanggefahren. Eine ihm auf der anderen Straßenseite entgegenkommende Pferdedroschke hatte ihn gerade passiert, als der Mann mit dem dunklen Anzug und dem Regenschirm unerwartet auftauchte und unmittelbar seinem linken Pferd in den Weg trat. Der Mann schien auf dem nassen Asphalt auszurutschen und griff nach dem Pferd, als es sich aufbäumte. Manin zog unwillkürlich mit einer Hand die Bremse und mit der anderen die Zügel an. Der Mann in Schwarz fiel in dem Gewirr von Pferdegeschirr, Regenschirm und menschlichen Gliedmaßen zwischen die beiden scheuenden Pferde und die vorderen Räder des noch fahrenden Karrens. Das linke Hinterrad verletzte und zertrümmerte Curies Kopf.

Bald sammelte sich eine Menschenmenge an und schaute zu, wie sich

das Blut in der Gosse mit dem Regen mischte. Ein Kolonialbrigadier, ein Lebensmittelhändler, ein Straßenarbeiter und ein Geschäftsmann hatten gesehen, wie das Unglück geschah, und konnten bezeugen, daß den Kutscher keine Schuld traf. Die Menge aber, erregt von dem Aufruhr, dem wilden Gebaren der Pferde und dem Anblick des gerinnenden Blutes, begann, Manin anzurempeln; die Polizei mußte eingreifen, um ihn zu schützen. Ein oder zwei Zuschauer versuchten, einige vorbeikommende Droschkenkutscher anzuhalten, um die Leiche zur Polizeipräfektur zu überführen, aber niemand wollte den blutigen Körper in seinen Wagen nehmen und die Polsterung beschmutzen lassen. Sie mußte auf einer Bahre weggebracht werden.
Trotz der fürchterlichen Kopfverletzung war das Gesicht noch erkenntlich. In der Jackentasche fand man Visitenkarten mit den Adressen von der Naturwissenschaftlichen Fakultät und dem Boulevard Kellermann.
Es war ein älterer Laborassistent von Curie, Pierre Clerc, der geholt wurde, um die Leiche zu identifizieren. Als er den Zustand des Kopfes sah, brach er in Tränen aus. Er sagte, er habe seinem Vorgesetzten oft genug gesagt, daß er nicht genug auf den Verkehr achte, wenn er die Straße überquerte: Immer habe er etwas anderes im Kopf gehabt.
Zu dieser Zeit befand sich Marie Curie nicht mehr auf dem Boulevard Kellermann. Sie war nach Fontenay-aux-Roses gefahren, wo eine kleine Kolonie von Wissenschaftlern lebte, unter ihnen Paul Langevin; dieser meinte, er wolle seine Kinder vom Pariser Verkehr fernhalten. Man beschloß, daß die Nachricht Marie Curie durch Paul Appell überbracht werden solle, Curies ältestem Kollegen und Dekan der Naturwissenschaftlichen Fakultät, sowie von Jean Perrin, dem nächsten Nachbarn und Freund. Stets verbarg Marie Curie ihre Gefühle, und so auch bei dieser, der schrecklichsten Gelegenheit. So unerträglich die Geschichte war, es gelang ihr, ihre Gefühle unter Kontrolle zu halten, sie hörte sich alle Einzelheiten an, die die Männer zu diesem Zeitpunkt zu berichten beschlossen, fragte Perrin, ob seine Frau bereit sei, sich über Nacht um die Kinder zu kümmern, und wurde dann allein gelassen, um mit ihrem Gram fertigzuwerden.
Zwei Stunden später wurde die Leiche, noch immer im selben fürchterlichen Zustand, von einer Ambulanz ins Haus gebracht. Man legte den Körper in einem Zimmer des Erdgeschosses nieder. Hier mußte Marie den Anblick ihres verstümmelten Mannes ertragen, der ihr alle jene Jahre ihres Lebens geschenkt hatte, die wichtig gewesen waren. Wel-

che Spannungen sie auch immer gemeinsam erfahren hatten, das konnte in diesem Moment keine Bedeutung mehr haben. Pierre Curie hatte ihr beides gegeben, die Liebe ihrer früheren Jahre und den Zugang zu einem Leben, das sie ohne ihn nie kennengelernt hätte. Was von jenem Traum, den sie gemeinsam geträumt hatten, übrig geblieben war, das war nun zu Ende. Curie hatte nie auch nur um ein Geringes den Anteil des Ruhms vergrößert, der ihm wirklich zustand. Sie, die so leicht den zweiten Platz hätte einnehmen können, wenn die Ehrungen vergeben wurden, hatte dies nie aufgrund seiner Handlungen oder Wünsche tun müssen. Seine Großmütigkeit hatte ihr gleiche Anerkennung für gleiche Leistung gesichert. Und auch das Leiden, das körperliche wie das seelische, hatten sie zu gleichen Teilen getragen. Nun war »das zerbrechliche Hirn«, wie er es einst genannt hatte, zertrümmert und lag vor ihr.

In einer Prozession kamen an diesem Abend Kutschen und Wagen am Haus vorbei, ließen Besucher aussteigen und fuhren weiter. Der Tod des Physikers war ein Ereignis, das zu gewaltigen Bezeugungen von Beileid und Respekt in den höchsten Kreisen jenes Establishments aufforderte, das den Curies so oft Verlegenheit bereitet hatte. Zu den Besuchern der nächsten Stunden gehörten sowohl der Präsident der Republik und der Präsident der Nationalversammlung als auch die höchsten Repräsentanten der Universität von Paris.

Während der nächsten Tage errichtete Marie Curie eine undurchdringliche Mauer gegen die Menge der Mitleidigen. Sie vermied es, von der Tragödie zu sprechen. Aber von diesen Stunden abgesehen, war ihr Widerstand untergraben. Seit ihrer Jugend hatte sie es sich nie wieder im Leben erlaubt, sich hinzusetzen und aus ihrer Subjektivität heraus ausführlich zu schreiben. Ihre Schriften und Notizen hatten aus streng objektiven Briefen, wissenschaftlichen Berichten und Aufzeichnungen von Messungen bestanden. Aber es gab keine Maßeinheit, mit der man dem Tod beikommen konnte. Allein in dem Zimmer in der oberen Etage des Hauses, begann sie ein Tagebuch niederzuschreiben. Was sie schrieb, sollte eine Sammlung von mit Schuldgefühlen beladenen Liebesbriefen an einen toten Mann werden, die sie in ihrem früheren gemeinsamen Leben nie hätte schreiben können. Sie schrieb nicht in ihrer Muttersprache, polnisch, sondern französisch, in der Sprache, die sie immer miteinander gesprochen hatten.

»... Was für einen schrecklichen Schlag hat Dein armer Kopf gefühlt, Dein armer Kopf, den ich so oft mit meinen Händen gestreichelt habe.

Ich habe die Augenlider geküßt, die Du zu schließen pflegtest, damit ich sie küssen konnte, wenn Du mir mit einer vertrauten Bewegung den Kopf hinhieltest ...
... Am Samstagmorgen haben wir Dich in den Sarg gelegt, und dabei habe ich Deinen Kopf gehalten. Wir küßten zum letzten Mal Dein kaltes Gesicht. Dann ein wenig Immergrün aus dem Garten auf den Sarg und das kleine Bild von mir, das Du »die brave kleine Studentin« genannt, das Du geliebt hast. Dies Bild muß mit Dir ins Grab gehen, das Bild derjenigen, die das Glück hatte, Dir so sehr zu gefallen, daß Du ihr ohne Zögern anbotest, das Leben mit ihr zu teilen, schon nachdem Du sie erst ein paar Minuten gesehen hattest. Du hast mir oft erzählt, daß dies die einzige Gelegenheit in Deinem Leben war, wo Du ohne Zögern handeltest, mit der absoluten Überzeugung, daß Du das Richtige tatest.«[2]
Gefühle dieser Art waren bei Marie Curie so stark, daß sie, obwohl sie fast alle Papiere zerstörte, die die Intimität ihres Lebens zeigten, diese persönlichen Niederschriften ständig aufbewahrte, damit irgendjemand sie eines Tages irgendwo lesen könnte. Ihre Familie hat sie in der Bibliothèque Nationale aufbewahrt, unter der Bedingung, daß sie mit Ausnahme einer kleinen Auswahl, die ihre Tochter Eve bereits veröffentlicht hat, vor dem letzten Jahrzehnt dieses Jahrhunderts nicht gelesen werden dürfen.
Trauer und Schuldgefühl zeigten sich auch auf andere Weise. Bronia war, wie in anderen kritischen Situationen in Marie Curies Leben, von Polen gekommen, um zu helfen und die Belastung zu erleichtern. Jahre später erzählte Bronia Eve Curie von dem Abend, an dem Marie Curie eine symbolische Handlung vollführte: den Tribut, den sie den Tiefen ihres sonst wohlbewachten inneren Selbst brachte. Einige Wochen nach Pierres Tod, an einem warmen Abend, nahm Marie Bronia mit in ihr Schlafzimmer, wo trotz der Hitze ein großes Feuer brannte. Stumm holte Marie ein steifes, großes, in wasserundurchlässiges Papier gewikkeltes Paket hervor und riß es auf. Es enthielt die blutbefleckte Kleidung, die man Pierres Körper ausgezogen hatte. Daran klebten Stücke getrockneten Fleisches. Marie nahm die Stoffetzen, schnitt sie auseinander und fing an, sie zu küssen und zu streicheln, bis Bronia sie ihr wegnahm und ins Feuer warf. Dann brach Marie zusammen und weinte in den Armen ihrer Schwester.
Eine ihrer persönlichsten, aber unvermeidlichen Aufgaben hatte Marie bis nach dem Begräbnis aufgeschoben. Die Kinder mußten erfahren,

was geschehen war, obwohl nur Irène, die für ihre acht Jahre sehr intelligent und reif war, alt genug sein mochte, um mit dem schwierigen Gespräch etwas anfangen zu können. Irène spielte im Nachbarhaus mit der kleinen Aline Perrin, als Marie beschloß, die Zeit sei gekommen. Aline vergaß später nie die dunkel gekleidete Frau, die hereinkam, als sie spielten, und wie wenig Irène begriff, als Marie sich herabbeugte, um dem Kind zu sagen, daß sein Vater tot sei. Irène hörte zu, dann wandte sie sich ohne irgendeine Reaktion wieder ihrem Spiel mit Aline zu. »Sie ist zu klein; sie versteht es nicht«, sagte Marie und fühlte sich gezwungen, sich umzudrehen, die Kinder ihrem Spiel zu überlassen und rasch hinauszugehen. Aber plötzlich verstand Irène doch und brach in Tränen aus. Henriette Perrin, die Frau von Jean, brachte sie die paar Meter zurück in die Arme ihrer Mutter. Noch viele Jahre nach diesem Ereignis brachte Marie Curie es nicht fertig, den Namen ihres Mannes gegenüber ihren Kindern zu erwähnen oder über irgendetwas zu sprechen, was mit ihrem gemeinsamen Leben verbunden war.
In den Tagen nach Pierres Tod stand sie am Rande eines Nervenzusammenbruchs. Auf der einen Seite gab es Bronia, in deren mütterliche Arme sie sich flüchten konnte. Auf der anderen Seite gab es ihr Tagebuch, auf sie selbst zentriert, voll Selbstmitleid. Der Vergleich zwischen Bronias matronenhafter Figur und dem zerbrechlich zarten Körper, den Marie jetzt zeigte, dessen Zartheit durch die dunkle und außerordentlich einfache Kleidung noch hervorgehoben wurde, war aufschlußreich. Er verbarg die physischen Entbehrungen nicht, denen sie sich teils freiwillig, teils unfreiwillig in den letzten Jahren unterworfen hatte. Aber er verhüllte Marie Curies Widerstandskraft. Schon zwei Wochen nach dem Todesfall beschäftigte sie sich mit einer Korrespondenz die Zukunft ihres Laboratoriums betreffend, und nach einem Monat nimmt ihr Labornotizbuch die üblichen Kolonnen von Meßzahlen wieder auf. Ihre Eintragungen zeigen, daß sie an ihrem Arbeitstisch in der Rue Cuvier stand, kondensierte, reinigte, Emanationen beobachtete und immer wieder Messungen anstellte – Stunde um Stunde. In den nächsten Monaten hielt sie sich oft in dem kleinen Raum auf und arbeitete bei künstlichem Licht, manchmal spät am Abend, manchmal früh morgens. Dann und wann kehrte sie zu ihrem Tagebuch und ihrer Selbstbetrachtung zurück, aber allmählich nahmen das Schuldgefühl und das Bedürfnis nach Zuflucht bei dem Tagebuch ab, und das Radium und seine Ablenkungen kehrten ins Zentrum ihres Lebens zurück.

Am 8. Mai, erst zwei Wochen nach dem Begräbnis, schrieb Pierres Freund Georges Gouy ihr, um ihr für die beiden Briefe zu danken, in denen sie »für einen Augenblick aus Ihren trüben Gedanken aufgetaucht sind, um sich mit den wissenschaftlichen Angelegenheiten, die Pierre so teuer waren, zu beschäftigen«[3], und teilte ihr einige Einzelheiten zu einem experimentellen elektrischen Schaltkreis mit, nach denen sie gefragt hatte.

Sie hatte beschlossen, die ganze Rolle zu übernehmen, die Pierre und sie bisher unter sich geteilt hatten; mittlerweile hatte sie genügend taktisches Geschick auf dem von Männern beherrschten Feld der akademischen Wissenschaft erworben, um dies in Angriff zu nehmen. Aber während dieser Tage, in denen sie versuchte, für sich und ihre Familie eine Zukunft aufzubauen, zweifelte sie nie daran, daß sie, wollte sie überleben, dies nur als Gleichberechtigte konnte. Sie erbat keine Vergünstigung und machte recht deutlich, daß sie Wohltätigkeit verabscheute. Pierres Freunde hatten sich rasch zusammengeschart, und der eine oder andere von ihnen schlug vor, man solle zu ihren Gunsten einen Subskriptionsfonds gründen. Sie ließ Georges Gouy nicht im Unklaren über die Gefühle des »Widerwillens«, die sie allein bei der Erwähnung eines solchen Gedankens empfand.

Als *Le Journal* (eine Zeitung mit unzuverlässiger Loyalität, wie sie später am eigenen Leibe erfahren sollte) von dem Versuch einiger Pariser Frauen berichtete, die zu ihrer Unterstützung irgendeine öffentliche Geste veranlaßten – es wurden eine Medaille, eine Büste und ein Buch mit Unterschriften erwähnt –, gab sie schnell ihre barsche Meinung bekannt: »Ich möchte von vornherein klarstellen, daß ich keinerlei öffentliche Zeichen dieser Art wünsche.«[4]

Was sie jedoch annahm, war die Stelle an der Universität, um die sich ihr Mann fast sein ganzes Leben lang bemüht hatte, und die er nur achtzehn Monate lang hatte ausfüllen können. Das war ihr vollkommener Triumph über die Traditionen des Establishments. Einen Monat nach Pierres Tod bot die Naturwissenschaftliche Fakultät ihr eine außerordentliche Professur an, verbunden mit dem Lehrstuhl, der speziell für Pierre Curie geschaffen worden war. Sie war die erste Frau in Frankreich, die den Rang eines Professors erreichte, und wurde nach zwei Jahren ordentlicher Professor. Vom 1. Mai 1906 an, mit einer nur zweiwöchigen Unterbrechung in der Nachfolge erhielt sie ihr eigenes jährliches Gehalt von 10000 Francs und ihre eigenen Forschungsmittel.

Geld, ohne das sie nicht hoffen konnte, eine Familie und ein Laboratorium zu erhalten – zumal, nachdem sie alles abgelehnt hatte, was nur entfernt nach Wohltätigkeit aussah –, sollte eine ihrer ersten Sorgen sein. Georges Gouy, der Mann, bei dem Pierre Curie in den letzten Jahren seines Lebens seine Sorgen abgeladen hatte, nahm in den Tagen nach dessen Tod in seiner Korrespondenz mit Marie das Thema auf. Es war Gouy wie so vielen anderen klar, daß Marie jetzt in ihrem Laboratorium in der Rue Cuvier über Mengen an Radium verfügte, die unendlich viel kostbarer als Gold waren. Der genaue Wert war nicht bekannt. Aber die rasche Preissteigerung hatte bereits eingesetzt. Wie Gouy sich mit Recht fragte, was würde es in zwanzig Jahren wert sein? Schon damals war absehbar, daß es sich um gewaltige Summen handeln mochte, und daß es mehrere Anwärter auf die Eigentumsrechte geben könnte. Gouy Ratschlag war: »Es ist unbedingt notwendig, eine Art offizielles Inventar anzulegen, vom Dekan unterschrieben, in dem ausgewiesen wird, daß die Fakultät so und so viel Radium besitzt, und nicht mehr. Achten Sie darauf, daß Sie *in dem Inventar nicht Ihr eigenes Radium erwähnen,* sonst müssen Sie womöglich Erbschaftssteuer bezahlen ... Juristisch gesprochen, gehört das Radium zum Teil Pierre, zumindest glaube ich das, und man muß das Erbe abwägen und teilen.«[5] Weiterhin schlug er Marie vor, sich eines tüchtigen Geschäftsmannes zu versichern, der ihr bei Meinungsverschiedenheiten über das Radiumerbe nützliche Ratschläge erteilen könnte. Selbst wenn sie ihren persönlichen Gewinn nicht in Betracht zog, mußte sie an die Zukunft von Irène und Eve denken. Von diesem Zeitpunkt an sollte sie stets mit Argusaugen über die Nachfolgerechte an ihrem Radium wachen.

Das unmittelbar mit den Kindern verbundene Problem wurde gelöst, indem die ganze Familie mit Maries Schwiegervater, dem allmählich alternden Arzt, nach Sceaux zog, der kleinen Stadt, wo Pierre sie einst so stolz bei seinen Eltern eingeführt hatte. Dort sah sich Marie nach einem kleinen Haus mit Garten um, wo sie auch eine entfernte Verwandte aus Polen als Gouvernante für die beiden Mädchen unterbringen und den alten Doktor als wohlwollend erzieherischen Familienvorstand wachen lassen konnte. Dies bedeutete für Marie täglich eine halbstündige Bahnfahrt zum Laboratorium, aber es war doch eine befriedigende Arbeitseinteilung möglich. Sie konnte sich wieder ein gleichförmiges Leben einrichten, und eine solche Gleichförmigkeit brachte ihrer Einschätzung nach stets eine sichere Lebensgrundlage mit sich. In diesem

Falle würde dies nicht nur ihrer Familie Stabilität verschaffen, sondern auch sie selbst in eine Lage bringen, aus der heraus sie sich auf die unzweifelhafte Herausforderung der professoralen Position vorbereiten konnte, die sie sich nun geschaffen hatte.

Ein Sinnbild für die Annahme der neuen Herausforderung war die Antrittsvorlesung, die sie als Professor der Sorbonne abzuhalten hatte: der Tag »der ersten Frau unter den Meistern«, wie eine ihrer stolzen jungen Schülerinnen aus Sèvres, Catherine Schulhof, es beschrieb. Sie fand am 5. November statt, rechtzeitig zum Beginn des neuen akademischen Jahres.

Als gesellschaftliches Ereignis war sie ein Glanzlicht der Saison, und die Herrin so manchen Salons hatte sich beträchtlicher Mühen unterzogen, um sich einen Platz bei dieser öffentlichen Angelegenheit zu sichern. Obwohl die Vorlesung erst um 13.30 Uhr beginnen sollte, sammelte sich bereits um Mittag eine Menge auf der Place de la Sorbonne, eine so bekannte Persönlichkeit war Marie Curie mittlerweile geworden. Die Türen des Hörsaals wurden etwa um 13.00 Uhr geöffnet und mußten nach fünf Minuten geschlossen werden, weil der kleine amphitheatralische Saal nicht mehr Hörer faßte. Catherine Schulhof war es gelungen, auf einer der vordersten Bänke einen Platz zu finden, neben einem halben Dutzend ihrer Mitschülerinnen. Sie schaute sich in dem eigenartig zusammengewürfelten Publikum um, das sich hier, zur ersten Vorlesung eines Physikkurses, versammelt hatte. Neben den Studenten gab es Schlachtenbummler, Journalisten und bedeutende Professoren anderer Fakultäten. Die erste Reihe ähnelte, wie ein Reporter feststellte, eher dem Parkett eines Theaters, mit Toiletten, gewaltigen Hüten und distingierten Damen darunter, als der Bank eines Physikhörsaals. Catherine Schulhof bemerkte, daß außer Jean Perrin, Paul Appell und anderen, die es nicht gewohnt waren, auf der Seite der Studenten zu sitzen, einige weitere bemerkenswerte Gesichter anwesend waren, darunter die Gräfin Greffulhe, eine große Mäzenin der Künste, deren Salon zu den glänzendsten in Paris gehörte.

Kurz vor 13.30 Uhr erhob sich Paul Appell, um das erwartungsvolle Gemurmel zur Ruhe zu bringen. Madame Curie, sagte er, habe den Wunsch geäußert, daß es keine offizielle Einführung gebe, sie wolle den Kurs ihres Mannes einfach dort fortführen, wo er ihn abgebrochen habe.

Bei jeder Gelegenheit, bei der Marie Curie in der Öffentlichkeit auftrat, selbst beim Unterricht vor einer kleinen Mädchenklasse, litt sie heftig unter ihren Nerven. Bei diesem, einem der beunruhigendsten Ereignisse, sah die gedrängt sitzende Menge, die zuschaute wie die schlanke Gestalt eintrat, einige Blätter mit Notizen vor sich auf den Tisch legte und die Physikvorlesung begann, zugleich eine Frau, deren Nerven aufs Höchste angespannt waren. Allzu oft rieb sie die von Radiumverbrennungen gereizten Fingerspitzen aneinander, allzu oft ordnete sie ihre Papiere. Wer hinten im Saal saß, hatte Schwierigkeiten, ihre Stimme, die sie nicht erhob, zu verstehen. Offenbar mit Absicht machte sie keinerlei Konzessionen an die heterogene Zusammensetzung ihres Publikums.

Trotz der Tatsache, daß der weitaus größere Teil der Anwesenden überhaupt kein Verständnis für die Sprache der Physik hatte, in der Marie Curie während der nun folgenden Stunde über den Fortschritt der Einsicht in die Struktur der Materie seit Beginn des 19. Jahrhunderts berichtete, hatten sie nichtsdestoweniger den Eindruck, sie hätten an nichts Geringerem als einem Jahrhundertereignis teilgenommen. Als Marie Curie mit leiser Stimme ihren letzten Satz gesprochen hatte, brach die Menge in donnernden Applaus aus, sie aber glitt mit ebenso verschlossenem Gesicht, wie sie eingetreten war, aus dem Saal.

Die Begeisterung des Reporters von *Le Journal,* dem es gelungen war, sich in eine Ecke des Saales zu quetschen, kannte keine Grenzen. Marie Curies hohe Stirn erinnerte ihn an die Madonnen von Memling. Ein anderer Enthusiast beschrieb den Tag als »Siegesfeier des Feminismus. Wenn es einer Frau gestattet wird, höhere Semester beider Geschlechter zu unterrichten, wo kann da noch die vorgebliche Überlegenheit des Mannes bleiben? Ich sage Ihnen, die Zeit ist nahe, da die Frauen menschliche Wesen werden.«[6]

Die Witwe

Wenn die Feministen sie als Galionsfigur benutzten, so war das ihre Angelegenheit. Marie Curie hatte nicht die Absicht, ihr Leben dem anzupassen, was anderen als Modell für ein menschlicheres Frauenleben erschien. Für sie lag das Zentrum menschlicher Beziehungen in Sceaux bei ihren Kindern. Neben den beiden und ihrem Schwiegervater gab es jetzt wohl nur zwei weitere Personen, Henriette Perrin und Jacques

Curie, denen gegenüber sie das vertrauliche »du« gebrauchte. Das war ein streng begrenzter Bereich engerer Beziehungen.
Jetzt mußte sie Entscheidungen für die Zukunft ihrer Kinder treffen. Oberstes Ziel war für sie, ihnen die größtmögliche Freiheit zu lassen, damit sie ihren eigenen Lebensweg gehen könnten. Sie hatte es absichtlich vermieden, sie taufen zu lassen; ihre eigenen Kindheitserfahrungen während der letzten Lebensjahre ihrer Mutter hatten den Samen des Zweifels gesät, der zur Mißbilligung, freilich nicht zur Intoleranz gegenüber der Religion geführt hatte. Einmal ging sie so weit, einer Freundin zu gestehen: »Ich wünschte, ich hätte glauben können, aber ich kann nicht, ich kann nicht!« Später machte sie ihren Kindern klar, daß sie diese, wenn sie religiöse Ansichten übernehmen wollten, nicht vom Gegenteil überzeugen wolle.
Ebenso wollte sie für die Entwicklung ihres Geistes einen möglichst fruchtbaren Boden bereiten. Zum Thema der Ausbildung hatte sie ausgeprägte Meinungen. Irène war bereits neun Jahre alt, und ihr Unterricht mußte nun ernst genommen werden. Marie Curie glaubte, daß die Höhe der Kultur einer Nation an dem Prozentsatz des Staatshaushaltes gemessen werden könne, der für die Erziehung des Volkes ausgegeben wird. Frankreich stand damals in einer solchen Tabelle auf der unteren Skala. Ihre Reaktion auf die Versäumnisse der Nation bestand darin, selbst ein Lehrsystem zu entwerfen, das ihrer Berechnung nach einträgliche Gewinnchancen garantierte. Es würde eine Elite entstehen, aber schließlich gehörte Marie selbst einer Elitegruppe an. Und in einem Fall, dem ihres eigenen Kindes, sollte die Erfahrung in einer solchen Gruppe bemerkenswerte Erfolge haben.
Marie Curie setzte sich mit ihren Freunden von der Sorbonne zusammen, die fast alle ebenso alt wie sie und verheiratet waren und Kinder hatten, und sie entwarfen einen Lehrplan, den sie selbst durchführen konnten. Es war eine sonderbar zusammengesetzte Gruppe: Jean Perrin, Professor für physikalische Chemie; Paul Langevin, Physiker; Edouard Chavannes, Sinologe; Henri Mouton, Naturgeschichtler. Sie alle waren jedoch bereit, jeden Tag einige Zeit zu opfern, um ihre Kinder nach Erziehungsbildern zu formen, die sie als eine Verbesserung gegenüber allem empfanden, was die bestehenden Systeme bisher erreicht hatten.
Schließlich sammelte die »Kooperative« acht oder neun Kinder, die jeden Tag eine relativ kurze Zeit damit verbrachten, intensiv von Lehrern höchster wissenschaftlicher Qualität unterrichtet zu werden, und

eine relativ lange Zeit mit Spielen und körperlichen Übungen verschiedenster Art, was Marie Curie emphatisch guthieß. Ein noch größerer Teil der Zeit wurde davon in Anspruch genommen, von einem Professor zum anderen zu kommen. Langevin lebte in dem Vorort Fontenay-aux-Roses, dort wurde Mathematik und Geschichte gelehrt; zur Physik fuhren sie manchmal nach Sceaux und manchmal zu den Laboratorien der Sorbonne. Die literarischen Lücken wurden von Mme Perrin und Mme Chavanne ausgefüllt.

Als System, das von einer Elite für eine Elite geschaffen war, stellte das Ganze einen Erfolg dar. Es gab ein Übergewicht auf der naturwissenschaftlichen Seite, aber die Erinnerungen der Kinder an die kurze Zeit seines Bestehens – zwei oder drei Jahre – scheinen ganz und gar erfreulich gewesen zu sein.

Irène war ein seltsames kleines Wesen: grünäugig, mit kurz gestutzten Haaren, recht unbeholfen in ihren Bewegungen. Sowohl die Schüchternheit als auch die Begabungen ihrer beiden Eltern hatte sie übernommen; das nach innen gerichtete Wesen ihres Vaters war auch in ihrem Charakter sichtbar, aber mit Ecken und Kanten der mangelnden Sensibilität: Die Haltung anderer nahm sie nicht wahr oder ignorierte sie. Stets hatte sie Schwierigkeiten, Fremde zu begrüßen oder mit ihnen zu sprechen.

Kurz nachdem die Kooperative aufgegeben worden war, unterrichtete Marie Curie eines Tages gerade Irène und die kleine Isabelle Chacannes in Mathematik, in einem Zimmer der oberen Etage des Hauses, als sie sich an ihre Tochter wandte, deren Aufmerksamkeit abgeglitten war, und stellte ihr eine relativ einfache Frage. Irène antwortete nicht. Marie verlor plötzlich die Selbstkontrolle, was höchst selten geschah, ergriff das Übungsheft des Mädchens, das auf dem Tisch lag, und warf es durch das offene Fenster. Irène stand auf, lief die beiden Treppen zum Garten hinunter, hob das Heft auf, kam wieder herauf, setzte sich hin und beantwortete die Frage.

Der Altersunterschied zwischen Irène und Eve betrug sieben Jahre. Das jüngere Mädchen hatte ein ganz anderes Naturell als das ältere, schon als Kleinkind. Sie war hübscher und von gefälligerem Benehmen, man kam ihr leicht nahe, während Irène dazu neigte, Vertraulichkeit zurückzuweisen. Die Freunde und Besucher waren sogleich von Eve entzückt, aber das äußere Gebaren des Kindes verbarg manches, was Eve erst als erwachsene Frau enthüllen sollte. Schon durch ihr Alter war sie von der geistigen Beziehung zwischen der Mutter und der älteren Schwester ausgeschlossen. Und diese Art innerer Gemeinschaft war es, die Marie Curie allen greifbareren körperlichen Bindungen vorzog. Sie lehrte ihre Kinder, Zuneigung zu empfinden, aber stets zurückhaltend und ohne heftige Bekundungen; und nie sollten sie in Zorn oder Freude die Stimme erheben. Eve Curie schrieb später lakonisch über diese Jahre ihres Lebens: »Obwohl meine Mutter mir zu helfen versuchte, waren die Jahre meiner Kindheit nicht glücklich.« Die starken menschlichen Bindungen, die das tägliche Leben in diesem Alter schafft, entstanden eher zwischen Eugène Curie und den Kindern, besonders im Falle Irènes. Als sie zwölf Jahre alt war, hatte der alte Doktor dem älteren Mädchen bereits seine demokratischen und sozialen Ideale eingepflanzt. Es waren die politischen Ideale, mit denen er an der Revolution von 1848 teilgenommen und eine Gewehrkugel im Kinnbacken davongetragen hatte; und es waren die gesellschaftlichen Ideale, mit denen er hinter den Barrikaden der Commune von 1870 ein Krankenhaus organisiert hatte. Manches ähnelte den Vorstellungen, die Marie Curie als junges Mädchen begeistert hatten. Das war die Basis für die gegenseitige Hochachtung, die Marie und der alte Mann einander entgegenbrachten. Aber in Irènes Fall sollten sie in ihrem erwachsenen Leben schließlich eine wichtigere Rolle spielen.

Die Verantwortung für die Gestaltung des Alltags lag bei Dr. Curie und den polnischen Gouvernanten, die nacheinander die Kinder versorgten. Die Wiederherstellung eines geordneten Alltags im Laboratorium ermöglichte es Marie Curie nicht nur, zu überleben, sondern auch zu gedeihen. Der Ruhm, den ihr ihre romantische und tragische Lebensgeschichte bisher in der Presse eingebracht hatte, störte sie noch dann und wann in ihrer privaten Zurückgezogenheit, aber zumindest lernte sie nun, ihn teilweise zu ihrem Vorteil zu nutzen.

Während dieser Zeit entdeckte sie zum ersten Mal Amerika – oder zumindest, was Amerika für sie tun konnte. In gewisser Weise war das eine ebenso wichtige Entdeckung wie alle anderen, die sie noch machen sollte. Andrew Carnegie, der Besitzer offenbar unzähliger Dollars, der Autor von *The Gospel of Wealth* (Das Evangelium des Reichtums), der Mäzen von Kunst und Wissenschaft und Anwalt eines einfachen Lebens, hatte Marie Curie kurz nach Pierres Tod in Paris kennegelernt, als sie noch im Zentrum des öffentlichen Interesses stand. Von ihrem sichtbarlich einfachen Benehmen, dem Gesicht, das keine Regungen und kein Selbstmitleid in solcher Trauer zeigte, war er angezogen und billigte die Einfachheit ihres Lebens und die Ziele ihrer Arbeit. Und so beschloß er, ihre Forschungen zu unterstützen. Im November 1906 sandte er telegraphisch 50000 Dollar in 5%igen Goldobligationen an Paul Appell, um Curie-Stipendien zu finanzieren. Für sie war das eine prachtvolle Lösung des Problems, den für ihre Forschungen erforderlichen Stab zu finanzieren, und sie gewann so eine Kernmannschaft, die die Basis für eine Schule der Radioaktivität in Paris wurde. Zudem hatte es auch nicht entfernt einen Hauch persönlicher Wohltätigkeit ihr selbst gegenüber, da das Geld ausschließlich für ihre Studenten bestimmt war.

Carnegie war von dieser Frau beeindruckt, und insbesondere von ihrer Haltung als Wissenschaftlerin, die gleichberechtigt mit Männern umging. Irgendwie hatte sie es geschafft, ihn zu überzeugen – von der Bedeutung, die das Laboratorium in ihrer Vergangenheit gehabt hatte und wie sie ihre Zukunft plante. »Darf ich mir erlauben, vorzuschlagen,« schrieb er an den Rektor der Akademie von Paris, »daß Madame Curies Wünsche, solange sie lebt und verhandeln kann, respektiert werden.« Als Namen für die neue Institution empfahl er »einfach Curies-Stiftung, geschaffen von Andrew Carnegie. In dem Plural ist Madame eingeschlossen, was ich unbedingt tun möchte.« Und er fügte mit eigenartiger Bescheidenheit hinzu: »Ich könnte es nicht ertragen, wenn mein Name mit dem der beiden Unsterblichen, der Curies, gepaart würde.«

Es gab noch viele andere, die gemeinsam darauf sahen, daß für Marie Curie gut gesorgt werde. Der treue Lord Kelvin mit seinen 82 Jahren hatte sich nur wenige Stunden, nachdem er von Pierres Tod gehört hatte, auf die Reise nach Paris gemacht. Jetzt bemühte er sich darum, sicherzustellen, daß es der Witwe nicht an der richtigen Gesellschaft mangelte. Wiederum wurde seine Visitenkarte ins Laboratorium gebracht, diesmal aber mit Notizen auf der Rückseite wie »Darf ich Ihnen meine Freundin, die Gräfin von Winchilsea, vorstellen«.

Obwohl er Sorge trug, daß seine aristokratischen Freundinnen sich um Marie Curies gesellschaftliches Wohlbefinden bemühten, lag es ihm selbst doch gefährlich nahe, ihren wissenschaftlichen Seelenfrieden zu stören. Eigentlich genoß er nur das Privileg eines alten Mannes, daß seine Irrtümer öffentlich toleriert wurden; da er aber ein außerordentlich berühmter alter Mann war, sollten seine Irrtümer leider besonders herausgestellt werden. Und überdies handelte es sich um eine Art von Irrtümern, die Marie Curies Arbeit in den nächsten Jahren in noch strengere und zermürbendere Kanäle lenken sollten.

Das Medium, das Kelvin ausersah, um am 9. August 1906 zum Schlag auszuholen, war nichts Geringeres als die Leserbrief-Spalte der *Times*. Obwohl er sich irgendeine wissenschaftliche Fachzeitschrift für seinen Angriff hätte aussuchen können, benutzte er, da das öffentliche Interesse an Radium und jedem damit verbundenen Thema derart groß war, die führende Tageszeitung. Kelvins *Times*-Theorie beruhte auf der Entdeckung von Sir William Ramsay und Frederick Soddy, daß Radium spontan und beständig das Edelgas Helium abgibt. Diese Entdeckung war ein wichtiger Schritt für das Verständnis des Desintegrationsprozesses radioaktiver Stoffe gewesen. Kelvins Hypothese stützte sich weiterhin auf die Tatsache, daß sich unter den Zerfallsprodukten des Radiums auch das bescheidene Metall Blei findet. Der Gedanke, den er daher den *Times*-Lesern nahelegte, bestand darin, daß Radium keineswegs ein neues Element sei, sondern wahrscheinlich nichts anderes als eine molekulare Verbindung, vielleicht von Blei mit fünf Helium-Atomen. Wenn er recht gehabt hätte, hätte diese Theorie Marie Curies gesamte Arbeit mehrerer Jahre vernichtet: die Arbeit, mittels derer sie das Radiumchlorid gereinigt, das Atomgewicht von Radium bestimmt und es so, wie sie glaubte, auf den unwiderlegbaren Rang eines Elements erhoben hatte.

Aber es stand mehr als Marie Curies Arbeit auf dem Spiel. Wenn Kelvin Recht hatte, war auch Rutherfords und Soddys Theorie des radioaktiven Zerfalls in die Brüche gegangen. Den ganzen Sommer hindurch hallte der Donner der öffentlichen Schlacht durch die Leitartikel der *Times* und anschließend durch die Seiten der an diese Art von Kriegführung eher gewöhnten Zeitschrift *Nature*. Wissenschaftliche Schwergewichte Großbritanniens wie Sir Oliver Lodge, Sir William Ramsay sowie Rutherford und Soddy selbst schalteten sich ein. Rutherford, was auch immer seine Mutter über die Nähe zwischen Lord Kelvin und dem lieben Gott denken mochte, führte seine rationalen Angriffe gegen die ketzerischen Ansichten des Edelmannes so niederschmetternd wie gewohnt.

Neben anderen Argumenten betonte er, daß, falls Lord Kelvin Recht hatte, die Verbindung, für die dieser das Radium hielt, einen Typus darstellte, welcher der Chemie bisher völlig unbekannt war. »Radium« sagte Rutherford, »hat jede Prüfung bestanden, die von einem Element verlangt wird.« Aber obwohl die Vernunft und alles, was in der modernen Radiochemie Rang und Namen hatte, auf ihrer Seite stand, wurde Marie Curie in die Korrespondenz einbezogen. Sie schrieb:

»Ich sehe keinen Nutzen darin, die von Lord Kelvin vorgebrachte Theorie (daß Radium nicht mehr als einfaches Element betrachtet werden kann) zu bekämpfen.« Indessen war sie intellektuell von der Tatsache tief betroffen, daß die großartige Annahme noch in Zweifel gezogen werden konnte, auf der ihre Laufbahn begründet war: daß die Radioaktivität eine *atomare* Eigenschaft des *Elementes* Radium ist. Immer noch fühlte sie sich getrieben, sich selbst zu beweisen. Fünf Jahre später gab sie zu, daß es für sie »von wirklicher Bedeutung war, diesen Punkt zu erhärten, da Befürchtungen von jenen laut geworden waren, für die die atomare Hypothese der Radioaktivität noch nicht evident war.«[1] Und die einzige Art, dies noch unwiderleglicher zu tun, als sie es bereits getan hatte, bestand darin, Radium zu produzieren: nicht das reine Radiumchlorid, über das sie ihrer Ansicht nach verfügte, sondern Radium als Metall. Die Durchführung würde eine Wiederholung vieler mühevoller Aufgaben, die sie bereits ausgeführt hatte, sowie zusätzliche anstrengende Arbeiten erfordern. Es war jene Art von Schufterei, in der es kein Zeitgenosse mit ihr aufnahm. Mit der gleichen Entschlossenheit und Besessenheit, wie sie ihre ersten Stücke Plechblende angegegangen war, machte sie sich daran.

Die Arbeit, die stets das Zentrum ihres Lebens gebildet hatte, rettete sie nun auch vor der Leere, die ihr Mann hinterlassen hatte. Dank der Mittel, die ihr aus Carnegies Reichtümern zur Verfügung standen, konnte sie den kleinen Kreis von Schülern um sich scharen, der ihre wissenschaftliche Familie werden sollte. Das Personal im Laboratorium diente ihr als Ersatz für die Familie in Sceaux, von der sie allzu oft abwesend war. Und alle Ersatzkinder der folgenden Jahre entwickelten die gleiche unverrückbare Anhänglichkeit an »La Patronne«, wie sie von ihnen genannt wurde. Für die jungen Leute, insbesondere die jungen Frauen, die im Laboratorium in der Rue Cuvier für sie arbeiteten, war sie die Muttergestalt, die leitetete und großzügig schenkte. Manche von ihnen schauten später auf diese Zeit als auf die glücklichste und produktivste ihres Lebens zurück. Denjenigen, die ihre Matronenrolle annahmen, hatte sie viel anzubieten. Jene, die das nicht konnten, – und deren sollte es viele geben – gerieten oft mit ihrer männlichen Härte in Konflikt, die unter Umständen wenig anziehend und sogar abstoßend sein konnte.

Ihre eigene Arbeit begann, nachdem sie erst einmal wieder einen gleichförmigen Alltag hergestellt hatte, mit einer erneuten Reinigung von Radiumchlorid. Mit der gleichen tour de force wie in den vorhergehenden Jahren produzierte sie im Jahre 1907 vier Dezigramm eines Stoffes, von dem sie nun meinte, ihn als »vollkommen reines Radiumchlorid« beschreiben zu können, und mittels dessen sie ein noch genaueres Atomgewicht des Radiums bestimmte – wenn es denn ein Element war.

Danach machte sie sich gemeinsam mit dem treuen André Debierne an den Versuch, auch Polonium jenseits jeden Zweifels als Element auszuweisen. Einige Jahre zuvor hatte sie selbst, gerade als Kelvin am Radium zweifelte, den Fehler begangen, daran zu zweifeln, ob ihre erste Entdeckung wirklich ein Element sei. Schlimmer noch, sie hatte zur allgemeinen Verwirrung ihre Zweifel drucken lassen. Doch seitdem war sie längst zu ihrer ursprünglichen Überzeugung zurückgekehrt. Das Poloniumproblem lag indessen darin, daß Pechblende 5000mal weniger Polonium enthielt als Radium. Aber obwohl sie wußte, daß selbst eine Tonne des besten Minerals, dessen sie habhaft werden konnte, nur ein paar Tausendstelgramm Polonium enthielt, begann sie mit dem Prozeß der Gewinnung, erst in der Fabrik, dann im Laboratorium. Schließlich gelang es ihr und Debierne, eine Probe Poloniumsalz zu erhalten, die 50mal radioaktiver war als die entsprechende Menge Radiumsalz. Die Quantität reichte aus, um Polonium mittels seines Spektrums als Element zu identifizieren, obwohl sie recht gut wußte, daß die Kelvins der wissenschaftlichen Welt nicht bereit waren, diese neumodischen mathematischen Methoden als endgültig zu betrachten.

Schon in der Vergangenheit war sie zum Angriff übergegangen, um Polonium als das zu verteidigen, von dem sie wußte, was es war. In Deutschland hatte der Chemiker Willy Marckwald im Jahre 1902 etwas produziert, was er für einen neuen radioaktiven Stoff hielt und Radiotellurium nannte. Marie Curie war davon überzeugt, daß das, was er mit so unendlicher Mühe hergestellt hatte, nichts anderes als ihr eigenes Polonium war. Während der nächsten Jahre zerschlug sie kompromißlos Marckwalds Arbeit. Sie ging sogar so weit, einen Aufsatz in deutscher Sprache zu veröffentlichen, um Marckwalds Landsleuten, wenn nicht ihm selbst, rücksichtslos zu zeigen, wie groß sein Irrtum war.[2] Nach einem zehnmonatigen Studium, das 1906 beendet war, publizierte Marie Curie eine endgültige Widerlegung des Deutschen. Marckwald mußte chevaleresk zurücktreten – obgleich er einen leise murrenden Kavalier abgab: »Madame Curies große Verdienste bei der Entdeckung radioaktiver Substanzen rechtfertigen es, daß wir ihre

Wünsche in einer Frage von nicht sehr weit reichender Relevanz berücksichtigen. Aus diesem Grunde schlage ich vor, in Zukunft den Namen ›Radiotellurium‹ durch ›Polonium‹ zu ersetzen.«
Marie Curie war sich nicht bewußt, wie tief sie Marckwalds Stolz verletzt hatte.
Doch die Frage des Radiums war immer noch offen, da es, obwohl es allen Vernunftgründen nach eine Element war, im Verdacht stand, eine Bastardsubstanz zu sein. Vier Jahre nach Kelvins Angriff erreichte sie eine Position, die selbst ein ungläubiger Thomas als unangreifbar anerkennen mußte. Mittels des mühseligen Prozesses, größere Mengen an Radiumchlorid herzustellen, durch Elektrolyse ein Radiumamalgam mit Quecksilber zu produzieren und schließlich die winzige Quantität des so erhaltenen Stoffes zu destillieren, gelang es ihr, winzig kleine, aber dennoch wahrnehmbare Mengen eines weiß schimmernden festen Stoffes zu gewinnen: Radium selbst. Sie zeigte, daß es unbestreitbar ein Metall war, und maß den Schmelzpunkt: ungefähr 700° C. Endlich hatte sie die alte Garde befriedigt, die immer noch zweifelte – Kelvin selbst war im Jahre 1907 gestorben –, und bewiesen, daß Radium das war, was sie zwölf Jahre zuvor behauptet hatte: ein Element. Die Worte, die sie benutzte, um die ungeheuren Probleme zu bezeichnen, die den letzten Schritt behindert hatten, – »es traten beträchtliche Schwierigkeiten auf« – waren in ihrem Understatement typisch für sie.
Während dieser Jahre war Marie Curie mehr geworden als eine öffentliche Berühmtheit mit einer tragischen Geschichte: Sie galt als eine Person von erheblichem Rang in der wissenschaftlichen Welt. Es war eine Periode relativen Friedens und relativer Stabilität in der Welt, und die internationale Zusammenarbeit zwischen den Wissenschaftlern erreichte ihren Höhepunkt. Die internationale wissenschaftliche Gemeinschaft existierte wirklich, und alle Informationen wurden frei ausgetauscht. Anders als Pierre Curie, der zögerte oder es sogar verabscheute, sich aus seiner eigenen kleinen Welt des Quartier Latin herauszubewegen, hatte Marie sich angeschickt, eine führende Rolle in jener internationalen Gruppe von Physikern und Chemikern zu übernehmen. Ihr fiel ein besonderer Part im Spiel zu.
Für jeden Forscher, der Messungen mit Radium durchführte, war es lebenswichtig, die Reinheit des Radiums zu kennen, mit dem er arbeitete. Auch Krankenhäuser, die Radium gegen Krebs einsetzten, konnten ihre Behandlungen nur durchführen, wenn sie die Radiummengen und damit die Dosen, die sie den Tumoren zuführten, genau kannten.

Daher war es wesentlich, daß ein internationaler Standard für eine genau bekannte Menge Radium erarbeitet wurde, so daß dann sekundäre Standards für einzelne Länder eingeführt werden konnten.
Internationale Standards jeglicher Art werden nie ohne die Störung durch ein Höchstmaß an nationalen Rivalitäten und ein Mindestmaß an Kompromissen durchgesetzt. Die Einführung des Radium-Standards machte hierin keine Ausnahme. Schließlich kam man jedoch überein, daß Marie Curie aufgrund ihrer hervorragenden und unbezweifelten Erfahrung den ersten Internationalen Standard herstellen sollte. Dies tat sie im Jahre 1911, und die dünne Röhre, von ein paar Zentimetern Länge, die das reine Salz einschloß, wurde schließlich im Internationalen Büro für Maße und Gewichte in der Nähe von Paris deponiert.
Aber der Weg bis zu der Entscheidung, worin der Standard bestehen sollte, wer ihn herstellen sollte, und wo er deponiert werden sollte, war voller Fußangeln gewesen. Die menschlichen Beziehungen, die Marie Curie in ihrem eigenen Laboratorium unterhielt, wo sie von denen, die abhängig von ihr arbeiteten, unkompliziert und freundlich, aber beinahe ehrfürchtig behandelt wurde, unterschieden sich stark von den Beziehungen, die sie in der internationalen Gemeinschaft zu ihresgleichen herstellen mußte. Einige Personen, die sie bei Sitzungen und Konferenzen an verschiedenen Orten Europas auf der internationalen Bühne sahen, erblickten nicht die sanfte und mitfühlende Frau aus dem »Familien«-Laboratorium, sondern eine resolute, kompromißlose Gestalt in Schwarz, die oft einen eisigen Ausdruck zur Schau trug, schwer ins Gespräch zu ziehen war und Respekt nicht nur brauchte, sondern mitunter forderte. Einige junge Wissenschaftler, die zum erstenmal an einer internationalen Konferenz teilnahmen, waren von der Art geradezu verletzt, mit der sie jeden Versuch zu einer Gelegenheitsunterhaltung schroff zurückwies. Ein junger englischer Physiker, E. N. da C. Andrade, war so verstimmt über ihre kalte und wenig hilfreiche Reaktion, daß er sich noch ein paar Monate vor seinem Tod in hohem Alter an sie als »eine nicht sehr nette Person« erinnerte.
Männer der alten Schule wußten geschickter, mit ihren Empfindlichkeiten umzugehen. Rutherford führte einen leichten Umgangston mit ihr, der gut eingespielt war. Aber viele ihrer intellektuell gleichrangigen Zeitgenossen nahmen Anstoß an ihrer autokratischen Stirn und glaubten, wie Jahre zuvor George Jaffé, eine Krone oder gar einen Heiligenschein über ihrem allmählich ergrauenden Haar zu bemerken.

Zu ihnen gehörte Bertram Borden Boltwood. Er war Amerikaner und selbst gelegentlich zu einer arroganten Haltung fähig. Er war Junggeselle und litt manchmal unter Anfällen von Depression oder »Einsamkeit«, wie er es nannte, konnte aber auch umgekehrt manische Stimmungen der Heiterkeit haben, die anziehend auf Rutherford wirkten. Der Neuseeländer hatte ihn seiner Kategorie von »phantastisch netten Burschen« einverleibt und bewunderte ihn wegen seines Geschicks als Radiochemiker; sie waren gute Freunde geworden.

Persönlich gesehen ergab sich zwischen Boltwood und Marie Curie keine gelungene »chemische« Verbindung. Boltwood hatte kein Vergnügen an den Zusammenstößen mit ihrer kühlen Stirn; er brachte deutlich mißbilligende Einwände gegen ihre eher königliche als mütterliche Haltung auf ihrem Platz in den Reihen der Strahlungschemiker vor. Während jener Zeit tauschten Rutherford und Boltwood Briefe von einer Freimütigkeit aus, wie sie nie in ihre publizierten Werke einging.

Boltwood hatte festgestellt, daß das Curie-Laboratorium nicht mehr jene großzügige Quelle für Material und Information war, die es zu Pierres Lebzeiten dargestellt hatte. Im Jahre 1908 hatte Boltwood Marie Curie gebeten, ihn seine eigene Radiumlösung mit ihrem eigenen Standard vergleichen zu lassen, aber, wie er Rutherford mitteilte, »Die Madame zeigte gar kein Verlangen nach der Durchführung irgendeines derartigen Vergleiches, und der Grund dafür ist, fürchte ich, ihre angeborene Abneigung dagegen, irgendetwas zu tun, was direkt oder indirekt die Arbeit über Radioaktivität außerhalb ihres eigenen Laboratoriums unterstützen könnte ... Es ist sehr bedauerlich, daß einige Leute so verflixt empfindlich gegen Kritik sind, und die Madame hat offenbar die Vorstellung, daß jedermann, der mit ihrem Laboratorium verknüpft ist, eine Art heilige Person darstellt.«

Rutherford mit dem sanften Umgangston hingegen hatte einige Monate später keine Schwierigkeiten, Marie Curie zu überreden, ihm ihren Standard zu leihen, als er ihn brauchte. Aber obwohl Rutherfords persönliche Sympathie für diese Frau sich nie wandelte, änderte sich seine Meinung über ihre Arbeit. Er bewunderte ihren offenkundigen Fleiß und ihre Sorgfalt bei der Laboratoriumsarbeit, aber er hegte einige Zweifel, was die Originalität und sogar die Notwendigkeit der mühseligen Tätigkeit betraf, der sie sich unterwarf. Mit diesem skeptischen Blick stand er nicht allein. Es wäre recht seltsam, wenn er nicht eine gewisse Befriedigung empfunden hätte, als er bereits 1904 einen

Brief von einem anderen Amerikaner, Henry Bumstead, erhielt, in dem stand: »Ich habe den letzten Bericht der Curies noch nicht gesehen; aber ich bin nie sehr begierig, sie zu lesen, denn gewöhnlich stelle ich fest, daß ich dasselbe schon ein Jahr zuvor aus einer Arbeit von Ihnen erfahren habe.«

Im Jahre 1910 veröffentlichte Marie Curie ihre *Abhandlung über Radioaktivität.* Wiederum war es ein Werk großer Mühe, von fast tausend Seiten, und es stellte eine einsichtige Zusammenfassung des Fortschritts in der Erforschung der Radioaktivität seit 1897 dar, als sie mit voller Absicht den Gegenstand mit ihren Beobachtungen in Angriff genommen hatte. Rutherford rezensierte es für Nature. Er verschaffte den beiden Bänden eine günstige Aufnahme. Was er aber in der Vertraulichkeit eines Briefes an Boltwood darüber zu sagen hatte, klang anders als der respektvolle Ton, den er der wissenschaftlichen Zeitschrift vorbehielt.

»Die beiden Bände sind sehr schwer und sehr lang, aber sie hat auch eine Menge nützliche Informationen darin zusammengetragen. Ich meine freilich, sie macht einen schweren Fehler, wenn sie versucht, alle Arbeiten, alte und neue, einzuschließen, mit sehr wenig kritischer Diskussion ihrer jeweiligen Relevanz. Ich hatte nicht die Zeit, mehr als Teile davon zu lesen, aber insgesamt scheint es, daß sie die Beiträge außerhalb Frankreichs hinreichend anerkannt hat. Jedenfalls würde ich sagen, daß ich nicht vernachlässigt worden bin. Bei der Lektüre des Buches konnte ich beinahe denken, daß ich mein eigenes lese, aufgefüllt mit den Arbeiten der letzten Jahre ... Die Teile sind recht belustigend zu lesen, in denen sie sich große Mühe gibt, die Priorität für die französische Wissenschaft zu beanspruchen, also eigentlich für sich selbst und für ihren Mann. Sie zitiert ausgiebig, um die geistige Haltung der in Frage stehenden Zeit darzustellen ... Insgesamt habe ich das Gefühl, daß die arme Frau furchtbar viel gearbeitet hat, und ihre Bände werden zwei oder drei Jahre lang dazu gut sein, daß es einem Forscher erspart bleibt, selbst seiner Literatur nachzujagen; eine Einsparung, die ich noch nicht einmal für uneingeschränkt vorteilhaft halte.«

So herablassend gab sich Rutherford privat. Aber wie kritisch er auch dem Fortschritt ihrer Arbeit gegenüberstand, ihren Fortschritt im Leben betrachtete er doch mit Blicken voller Sympathie. Im September desselben Jahres war er mit ihr bei einem wissenschaftlichen Kongreß in Brüssel, wo der Internationale Radium-Standard zur Diskussion stand. Rutherford beobachtete, wie sie gemeinsam mit Jean Perrin ankam. Der Kontrast zwischen dem heiteren und großzügigen »Springteufel« Perrin, wie Rutherford ihn nannte, und der zurückhaltenden und grauen Gestalt an seiner Seite hätte kaum betrüblicher sein können. Rutherford schrieb in einem Brief an seine Mutter, wie »blaß und müde und viel älter als sie ist« Madame Curie aussah. »Sie arbeitet zu hart für ihre Gesundheit.«

1910 war kein gutes Jahr gewesen. Ihr gesundheitliches Befinden schwankte zwischen schlecht und mittelmäßig und besserte sich in Zeiten, die sie außerhalb des Laboratoriums verbrachte, geradeso wie es ihr und Pierre schon ein paar Jahre früher ergangen war. Und ihr Gemütszustand hatte sich durch den Tod des alten Dr. Curie im Februar auch nicht gerade gebessert. Seit fünfzehn Jahren war er unerläßlich in ihrem Haushalt und in ihrem Leben gewesen. Verschiedene Ärzte teilten Rutherford bei der Sitzung in Brüssel mit, daß sie glaubten, Madame Curie scheine in einem schlimmen nervlichen Zustand zu sein. Indessen glaubte nicht jeder Physiker, daß die häufige Abwesenheit der Madame bei wesentlichen Diskussionen ganz unfreiwillig war. Der österreichische Physiker Stefan Meyer hatte sie im Verdacht, daß sie ihre Anfälle nervöser Erschöpfung jeweils dann erlitt, wenn es ihr am besten paßte. Das schien alles mit der unglückseligen wissenschaftlichen Begegnung zusammenzuhängen, an der sie beide gerade teilhatten. Der ganze Kongreß war von Anfang an schlecht organisiert. Als am letzten Tag unter einem schwachen belgischen Vorsitzenden die Resolutionen und Gegenresolutionen in drei Sprachen behandelt wurden, verlor das Publikum die Geduld und begann, zu pfeifen und zu buhen. Als Mitglied des Komitees und als einzige Frau mußte Madame Curie ihren Anteil an dem Mißvergnügen der anwesenden unzufriedenen Wissenschaftler mit demselben Gleichmut ertragen wie irgendeiner von ihren männlichen Kollegen.

Sie selbst hatte im Zentrum einer der Debatten gestanden, welche die Annahme des Internationalen Radium-Standards betraf. Sie war von der Tatsache geschmeichelt, daß man den Namen »Curie« für die Maßeinheit des Radium-Standard vorgeschlagen hatte, aber es gab keine Übereinstimmung darüber, worin diese Maßeinheit bestehen sollte. Am Tag, an dem eine Definition angenommen wurde, fühlte sie sich krank und verließ die Sitzung. Das aber hinderte sie nicht, ihre Mißbilligung der Vorgehensweise vollkommen deutlich zu machen. In ihrem Zimmer setzte sie sich hin und schrieb kaltblütig auf einem Stück No-

tizpapier des »Hôtel du Grand Miroir« ihre wie gewöhnlich kompromißlose Position nieder. Wenn der Name Curie als Einheit angenommen werden sollte, dann mußte sie es sein, die diese definierte: »Die Menge an Emanation im Verhältnis zu einem Gramm Radium.« Sie setzte ihren Willen durch; ihre kühne, diktatorische Erklärung wurde angenommen. Doch schuf ihr das Kritiker, von denen einige anfingen, weniger tolerant gegenüber ihre Herrinnenhaltung zu sein. Diese wunderten sich nicht, als sie mit der Entschuldigung einer »schlimmen Erkältung« die Teilnahme am Galadiner des Kongresses versäumte.
Aber Rutherford verurteilte nicht so rasch. Er hatte am Abend zuvor in der Oper neben ihr gesessen und gesehen, daß es ihr nicht gut ging. In der Pause hatte sie ihn um seinen Arm gebeten. Er brachte sie in ihrem erschöpften Zustand ins Hotel.
Marie kehrte am nächsten Tag mit Jean Perrin nach Paris und zu den ruhigen Tagen zurück, die Sceaux und die Kinder ihr schenken würden, bis der zwanghafte Trieb zur Arbeit wiederkehren würde, was vorauszusehen war. Die Mädchen wuchsen heran, und sie sah sie zu selten. »Ma douce Mé«, schrieb Irène während der Ferien dieses Sommers, »WANN KOMMST DU ZU UNS?... Ich werde so glücklich sein, wenn Du kommst, weil ich so sehr jemanden brauche, den ich streicheln kann.«[3]
Manchmal betrübte der Anblick der Kinder sie, wenn sie sich der selbstmitleidigen Vorstellung hingab, daß die Zeit begrenzt sein könnte, die sie noch mit ihnen zu verbringen hatte. Früher schon hatte sie ihrer Jugendfreundin Kazia geschrieben, der Frau, bei der sie zwanzig Jahre zuvor als Maria Sklodowska ihre melancholischen und hypochondrischen Grübeleien abgeladen hatte: »Wenn ich nur an das Alter der Jüngeren denke! Ich sehe, daß es zwanzig Jahre dauert, bis sie erwachsene Menschen sind, und ich zweifle, ob ich es so lange aushalten werde, da mein Leben ja sehr anstrengend ist und der Gram keine gute Wirkung auf Stärke und Gesundheit ausübt.«[4] Aber es gab verborgene Kraftreserven, von denen nicht einmal sie wußte, daß sie darüber verfügte.

Akademische Fehleinschätzungen

Zur Zeit von Pierres Tod war Marie 38 Jahre alt; ein schreckliches Alter für eine Witwe mit zwei Kindern. Rutherford vermerkte, daß sie älter aussah, als sie war. Aber Photographien aus den frühen Jahren des Jahrhunderts zeigen einen überraschenden Kontrast zwischen der absichtlichen Strenge der Kleidung und der zunehmenden Heiterkeit des Gesichts. Sie hatte eine Periode der Schönheit. Ein Romantiker würde von der Schönheit des Leidens sprechen; ein weniger romantischer Beobachter würde vermuten, daß ihre Krankheiten sie schmaler machten und die Struktur des Gesichts vorteilhaft hervorhob. Welche inneren oder äußeren Veränderungen auch der Grund sein mochten, mit ihrer schmalen Gestalt und den ergrauenden Haaren war sie eine hinreißende Frau.

Diejenigen, die in jenen Jahren in ihrer Nähe arbeiteten, sahen, daß die Maske der Trauer einen zwanghaften Drang zur Arbeit verbarg. Jetzt, da sie vollständig die männliche Rolle übernommen hatte, trat ihr kompromißloses Wesen umso kraftvoller hervor. In den internationalen wissenschaftlichen Kreisen gab es viele Menschen, die keinerlei Zugeständnisse machten, nur weil sie eine Frau war, und ihre Haltung erforderte es, daß man sich so verhielt. In ihrem Pariser Kreis gab es überdies Personen, die mißtrauisch und unfreundlich auf ihren Ruf und ihr Benehmen reagierten.

Marie spürte solche Reaktionen. Sie unterschied sich keineswegs von anderen Witwen, wenn sie in dieser Zeit stärker als sonst eine enge Freundschaft und irgendeinen Ersatz für die Kameradschaft, die Pierre ihr gegeben hatte, suchte. Curie war ein guter Mann und ein guter Wissenschaftler, aber ein vollkommen wissenschaftlicher Mensch und ein in mancher Hinsicht beschränkter Mann gewesen. Während der Jahre kurz vor und kurz nach dem Tod ihres Mannes kam Marie in engen Kontakt mit einem Mann, der, während er etwas von Pierres wissenschaftlicher Brillanz besaß, zugleich ein philosophischerer und politischerer Mensch war, der alte Interessen in ihr neu erwecken konnte. Das war Paul Langevin, Pierres ehemaliger Schüler.

Zunächst hatte sie ihn als einen begeisterten Studenten kennengelernt, den Pierre in die Forschung einführte und dann als jungen Mitarbeiter auswählte. Als sie später in Sèvres den jungen Mädchen ausgiebige Physikstunden erteilte, hatte sie neben Langevin gearbeitet, beide hatten Zeit geopfert, um ihren Lebensunterhalt zu verdienen, während sie

lieber in ihren Laboratorien gearbeitet hätten. Dann hatte sie ihn unter wieder anderen Bedingungen kennengelernt, als einen aus der Gruppe, die vor Curies Tod an Sonntagnachmittagen bewundernd zu Füßen des Meisters im Garten am Boulevard Kellermann zu sitzen pflegte.
Das war eine vergeistigte Gruppe von Wissenschaftlern, die jedoch wie eine jede Gruppe von Individuen Anziehungskräfte, Fehler, Schwächen und Stärken hatte. Ihre Vertrautheit mit logischen Argumentationen sicherte sie nicht sonderlich vor den Fallstricken des Lebens. Sie waren in Begeisterungen, Exzentrizitäten, Eifersüchte und Eheprobleme wie irgendeine andere menschliche Gruppierung verstrickt. Marguerite Borel, die Tochter von Paul Appell, dem Dekan der Naturwissenschaftlichen Fakultät, wurde bei den Mitgliedern der Gruppe zunächst als anziehende Neunzehnjährige eingeführt, als sie den Mathematiker Émile Borel geheiratet hatte. Sie verfügte nicht über den naturwissenschaftlichen Jargon, sondern befand sich in der privilegierten Lage einer hübschen Unwissenden. Indessen hatte sie schriftstellerische Ansprüche. Als Quelle literarischer Beobachtung benutzte sie die Charaktere der jungen Männer, die nach einem Arbeitstag in den Laboratorien und Hörsälen der Sorbonne sich in den Cafés des Boulevard St. Germain mit ihrem Mann erholten oder zu einer ablenkenden Unterhaltung in ihrem Salon erschienen.
Marguerite fühlte sich in dieser Gruppe keineswegs als Außenseiter, sondern war von ihr entzückt. Ihre Unwissenheit diente ihr als Vorteil. Sie pflegte mit dem »Erzengel« zu flirten, wie sie Jean Perrin nannte, und von ihm soviel Trost zu erhalten, wie sie brauchte, immer dann wenn sie es für notwendig hielt, die Anwesenheit einer verständnislosen Frau bei einer Versammlung von Wissenschaftlern in Frage zu stellen. »Und wenn sie das Gespräch nicht verstehen?« pflegte sie zu fragen. »Auch Blumen verstehen nicht,« antwortete er dann pflichtgemäß. »Sie haben es nicht nötig.«
Von Perrin war sie hingerissen; sie war von den Blumensträußen hingerissen, die er ihr brachte, und ebenso von seinen manchmal ausgelassenen Gebaren mit seinem großen Freund Langevin. Oft erschienen sie nach der Arbeit des Tages spät am Abend in ihrem ahorngetäfelten Wohnzimmer, und Perrin setzte sich ans Klavier, um die Anspannung des Tages mit Schubert oder Wagner zu lösen, während Langevin neben ihm stand.
Marguerite hatte ein aufmerksames Auge für die Frauen der Wissen-

schaftler, nicht anders als für die Wissenschaftler selbst. Sie hatte beobachtet, wie die Curies gemeinsam bei verschiedenen Treffen eingetreten waren, gleitend »wie zwei Schatten«, und sie war von der zurückhaltenden Frau mit dem ergrauenden kurzen Haar fasziniert. Sie beobachtete Henriette Perrins sanftes, tolerantes Lächeln, und sie bemerkte, daß Langevin nie mit seiner Frau kam.

Marguerite war halb so alt wie Marie Curie und gehörte zu einer Generation, die im Gegensatz zu der von Marie schließlich einsehen sollte, daß zur Emanzipation auch die sexuelle Emanzipation gehöre. Sie wußte nicht nur von den vorehelichen erotischen Abenteuern ihres Mannes, sondern als sie einer seiner früheren Eroberungen gegenüberstand, machte es ihr auch Vergnügen, der Frau klarzumachen, daß sie auch nicht die geringste Eifersucht empfand.

Marie Curie, aufgewachsen in der polnischen guten Gesellschaft mit ihren viktorianischen Einschränkungen, gehörte zu einer Generation, in der Frauen normalerweise nicht über sexuelle Verhaltensweisen sprachen. Wenn es sich nicht vermeiden ließ, wurden dezente Umschreibungen benutzt. Das war die Generation, die Freud als Fundgrube bei der Suche nach dem sexuellen Unbewußten des Mitteleuropäers dienen sollte.

Das Zeitalter, in dem Marguerite Borel ihren Salon gründete, kannte noch gewisse Grenzen in der erotischen Unterhaltung zwischen den Geschlechtern: Ihre sinnlichen Schultern und Beine trugen ihr die Komplimente von Anatole France ein, begleitet von zynischen Bemerkungen über die Freuden der Liebe. In jener Zeit war die Existenz von diskret gemieteten Junggesellenwohnungen für illegitime Verhältnisse allgemein bekannt, sie wurde jedoch nicht in gemischter Gesellschaft beredet. Natürlich gab es Klatsch, an dem sich viele »fortschrittliche« junge Frauen untereinander erfreuten. Im allgemeinen betraf es die Reichen, die Berühmtheiten und die Aristokraten. Man sagte, der General Boulanger habe ein kleines abgelegenes Haus, wohin er die Comtesse Sophie de Trêmes entführen konnte; von Clemenceau wußte man, daß er seine Geliebte mit dem Herzog d'Aumale teilte, und die kindischen Lustbarkeiten des frankophilen Prince of Wales, selbst als »Kingy«, mit der Frau eines Offiziers der berittenen Miliz von Norfolk, waren ein vertrautes Thema der Pariser Konversation. Aber ein solches Benehmen gehörte offensichtlich einer verfeinerten Gesellschaftsschicht an, und die Möglichkeit seiner Existenz in anderen, weniger herausgehobenen, zweckmäßiger und härter arbeitenden Schichten wurde heuchlerisch verdrängt und ganz allgemein nicht akzeptiert. Männer mochten gelegentlich – auf diskrete Weise – hingehen, wo sie wollten und den sozialen Zwängen entfliehen; Frauen, die die Grenze des Geziemenden überschritten, taten das nur unter Gefahr.

Marie Curie billigte Marguerites Klatsch nie, obwohl sie gute Freundinnen blieben. Während der Jahre, die auf Pierres Tod folgten, beobachtete Marguerite Marie genau, und was sie sah, ließ sich leicht in Klatsch ummünzen, wenn man Sinn dafür hatte. Sie kam allmählich zu der Vermutung, daß sich eine Art Verhältnis zwischen der jungen Witwe und Paul Langevin entwickelte.

Langevin gefiel Marguerite sehr. Unter seinem pomadisierten Schnurrbart lächelte er gewinnend, und seine Intelligenz war eindrucksvoll. Er stammte aus einer bescheidenen Umgebung, ganz anders als Marguerite. Er hatte gekämpft, um eine wissenschaftliche Ausbildung zu erhalten, und hatte eine abgründige Freude daran, mit Cut und steifem Kragen irrtümlich für einen Kavallerieoffizier und Angehörigen der privilegierten Klasse gehalten zu werden, obwohl seine politischen Sympathien weit nach links tendierten.

Nachdem er mit Pierre Curie, Jean Perrin und anderen zusammengearbeitet hatte, war Langevin 1897 nach Cambridge zum Cavendish-Laboratorium gereist, wo er der erste Nicht-Brite in der neuen Kategorie der »Forschungsstudenten« war, die man an dieser Universität eingerichtet hatte. In jenem Jahr erreichte der kreative Einfluß von J. J. Thomson seinen Höhepunkt, und sein Laboratorium zog einige der glänzendsten jungen Physiker an. Dort arbeitete Langevin neben Rutherford an den Röntgenstrahlen. Als erster Ausländer war Langevin allgemein erfolgreich. Spielend gewann er die Kameradschaft seiner Umgebung, die in dieser besonders fruchtbaren Periode ihrer fruchtbaren Geschichte so lebenswichtig war. Bei einem der jährlichen Cavendish-Diners in einem Hotel in Cambridge schloß er den Abend mit dem begeisterten Gesang der Marseillaise ab; sein Enthusiasmus rührte den französischen Oberkellner zu Tränen, und er umarmte seinen Landsmann.

Langevins Leben als Physiker war die Geschichte hervorragender Leistungen. Im Jahre 1905 sah Pierre Curie, wie sein junger Schüler ihm als Professor an der Hochschule für Physik und Chemie folgte. Langevins Arbeit über die Theorie des Magnetismus setzte in gerader Linie und in glänzender Tradition Pierre Curies eigene frühe Arbeiten fort. Auf einem anderen Gebiet kam Langevin unabhängig zu denselben

Schlußfolgerungen über die Äquivalenz von Masse und Energie, wie sie ein unbekannter Angestellter des Patentamtes in Bern gerade veröffentlicht hatte, und später nahm Langevin in Frankreich die revolutionären Weiterentwicklungen dieses jungen Albert Einstein auf und machte sie bekannt.

Fast unvermeidlich entstand in Cambridge eine Freundschaft zwischen Langevin und Rutherford, und Langevin erkannte die Bedeutung von Rutherfords frühen Schlußfolgerungen über Wesen und Ursprung der radioaktiven Energie. All die Jahre hindurch tauschten sie Briefe in munterem Tonfall aus, ganz anders geartet als die steife und formelle Korrespondenz zwischen Rutherford und Marie Curie.

Marguerite Borels Mann war naturwissenschaftlicher Direktor der École Normale geworden, und das Paar hatte sich in der Wohnung eingerichtet, in der einst Louis Pasteur gelebt hatte. Hier in ihrem Arbeitszimmer mit der gelbgestreiften Tapete pflegte Langevin nach einem Tag im Laboratorium zu erscheinen, um mit der hübschen jungen Frau zu schwatzen. Wie auch für die übrigen Wissenschaftler und jungen Literaten, die vor ihrer Schwelle standen, hatte Marguerite stets ein offenes Ohr für seine Triumphe und ein passendes Trostwort für seine Niederlagen und Probleme. Einige der Probleme, die er in Marguerites Arbeitszimmer trug, waren recht weltlicher Natur: Er hatte Magenbeschwerden und goß unzählige Tassen Tee in sich hinein, die sie ihm mitfühlend anbot. Aber diese Unpäßlichkeit, das war nicht schwer zu erraten, war nur ein Symptom für tiefere Probleme.

Im Jahre 1898 hatte Langevin ein Mädchen namens Jeanne Desfosses geheiratet. Wie er entstammte sie der Arbeiterklasse, hatte aber keinen Zugang zu einer höheren Bildung gehabt. Zwischen 1899 und 1909 bekamen Paul und Jeanne Langevin vier Kinder, zwei Jungen und zwei Mädchen. Die Stipendien und Gehälter, mit denen er sich in Paris und Cambridge abgekämpft hatte, konnten nie so recht mit den wachsenden Bedürfnissen der Familie Schritt halten.

Langevin machte Marguerite seine Geständnisse. Er benutzte die klassische Methode, sich bei seiner Vertrauten auszusprechen: Er wurde zu Hause nicht verstanden. Seine Frau und seine Schwiegermutter konnten absolut nicht einsehen, warum er die doch offenbar so einfache Lösung ihrer finanziellen Probleme ablehnte. Er hatte Angebote von der Industrie erhalten, wo man seine hohe Begabung als praktischer Wissenschaftler anerkannte und entsprechende Gehälter anbot. Aber für Langevin war das eine Versuchung des Teufels.

Langevins Frau konnte ihm nie vergeben, daß er den verführerischen Angeboten der Industrie nicht erlegen war. Für sie war das ein schuldhaftes Verhalten, wenn man bedachte, daß sie vier Kinder hatten und »du viermal so viel bekommen hättest wie sie dir an der Universität geben.«

Langevin entfloh dem nervenaufreibenden Familienstreit in Marguerites gelben Salon, wo sie diesen Mann trösten konnte, »dessen Intelligenz eine Welt von geistigen Problemen umfaßte, und der doch im täglichen Leben so hilflos war.« Wenn Langevin, wie es so oft geschah, Marguerite erzählte, daß er nicht mehr könne und vom Leben genug habe, schleppten Marguerite und ihr Mann oder Jean Perrin ihn ins Theater, zu einer öffentlichen Versammlung oder zu einer nächtlichen Zwiebelsuppe in die Markthallen: zu irgendetwas, was ihn von seiner nervösen Selbstbetrachtung ablenken konnte.

Marguerite war seine Vertraute, pflegte aber keine Geheimnisse für sich zu behalten. Sie diskutierte Langevins Sorgen mit ihren engsten Freunden. Sie alle konnten sehen, daß Langevin wirklich bis zur Krankheit über das Dilemma zwischen seiner persönlichen Situation und seinen wissenschaftlichen Vorlieben betrübt war. Er wurde nervöser und unvorhersehbarer in seinem Verhalten.

Doch unter der Gruppe von Wissenschaftlern, die Langevin regelmäßig traf, war jemand, der zur Überraschung der übrigen allmählich ein tieferes Interesse an Langevins Gemütszustand zu zeigen begann. Marie Curie war in ihrem eigenen Leben nicht einmal am Rande von dem Dilemma berührt gewesen, unter dem Langevin so litt. Für sie war die Reinheit der wissenschaftlichen Forschung ein absoluter Wert. Die Grenzen der reinen wissenschaftlichen Erkenntnis zu erweitern, war das Ziel des edlen Ehrgeizes, um das sie gekämpft und das sie erreicht hatte. Einige von Langevins Sorgen hatte sie ebenso früh wahrgenommen wie die meisten seiner Freunde. Sie hatte ihn in den letzten Jahren vor Pierres Tod regelmäßig gesehen, aber jetzt war sie so weit, zu zeigen, daß sie mehr als eine Zufallsbekanntschaft und respektierte Kollegin war. Im Eßzimmer des Hauses der Perrins im Boulevard Kellermann bemerkte Marguerite eines Abends die ersten Anzeichen. Sie hatte gesehen, daß Marie die fünf Jahre seit dem Tod ihres Mannes stets schwarze oder dunkle Kleidung getragen hatte. Nun hatte eine Metamorphose stattgefunden. »Es war eine verjüngte Marie Curie, in einem weißen Kleid, mit einer Rose am Gürtel. Sie setzte sich, so schweigsam wie immer, aber irgendetwas an ihr war ein Zeichen der Auferstehung, wie Frühling nach der Erstarrung des Winters, es bekundete sich plötzlich durch diese kleinen Details.«

Daß es ein gewisses Interesse an Langevin und seinen Angelegenheiten war, was diese Auferstehung bewirkt hatte, wurde Marguerite klar, als sie kurz nach diesem Vorfall mit Madame Curie im selben Hotel in Genua wohnte. Émile Borel und Marie hatten als Teilnehmer einer französischen Delegation eine Einladung zu einer wissenschaftlichen Konferenz angenommen und den Besuch zu einer Familienangelegenheit gemacht. Borel nahm Marguerite mit und Marie ihre beiden Kinder und die polnische Gouvernante.

Eines Abends, als Borel eine Arbeit für die Sitzung des nächsten Tages vorbereitete, bat Marie Curie Marguerite, in ihr Zimmer zu kommen, um miteinander zu reden. Marguerite saß am Bett und spürte bald, daß die ältere Frau das Bedürfnis hatte, jemandem etwas anzuvertrauen. Die gewöhnlich recht redselige Marguerite hielt sich an diesem Abend und den weiteren, die sie zusammen verbrachten, zum Stillschweigen an. »Ich zwang mich selbst, nichts zu sagen, um ihre Geständnisse nicht zu stören, und sie begann, über Langevin zu sprechen.

›Ich weiß, daß er Ihnen vertraut. Er ist betrübt.‹

Abend für Abend entdeckte ich, daß es unter der strengen Wissenschaftlerin eine zärtliche und seelenvolle Frau gab, mit der Fähigkeit, für die, die sie liebt, durchs Feuer zu gehen. Sie hatte Angst, daß Langevin dem Druck nachgeben und die reine Wissenschaft verlassen könnte: ›Er ist ein Genie!‹

Ihre dünnen Hände zitterten, als sie die meinen ergriffen:

›Wir müssen ihn vor sich selbst retten. Er ist so schwach. Aber Sie und ich, wir sind stark, er braucht Verständnis, zärtliche Zuneigung ...‹«

Marguerite sah das soeben enthüllte Verhältnis in den rosigen Farben einer aufblühenden Liebe, aber sie war keineswegs der einzige Beobachter, der zu dieser Schlußfolgerung kam. Und die anderen Beobachter waren nicht auf die vertraute Gruppe von Wissenschaftlern beschränkt. Langevin hatte ein Appartement in der City genommen; es konnte als eine Junggesellenwohnung beschrieben werden. Es war klein und anspruchslos, zwei Zimmer in einem fünfstöckigen Mietshaus mit grauen Fensterläden in der Rue du Banquier gegenüber der Hochschule für Physik und Chemie. Daher war es praktisch für seine Arbeit und ersparte ihm nächtliche Reisen zu und von seinem Haus im Vorort. Und es war auch praktisch für Marie Curie, ihn zu besuchen: nur ein Spaziergang von zehn Minuten von ihrem Laboratorium aus.

Das tat sie auch und wurde dabei häufig von den Bewohnern des Apartementsgebäudes gesehen, die beobachteten, wie die leicht erkennbare und inzwischen wohlbekannte Gestalt die breite Einfahrt des Hofes betrat und die Treppen zu seiner Wohnung hinaufging.

Das Verhältnis zwischen der mit dem Nobelpreis ausgezeichneten Frau und dem fünf Jahre jüngeren bedeutenden Physiker, wie es zu dieser Zeit bestand, hätte möglicherweise kommentarlos andauern können, wenn Marie Curie nicht wegen eines wissenschaftlichen Ereignisses wiederum ins Licht der Öffentlichkeit getreten wäre. Sie war für die Wahl in die Académie des Sciences vorgeschlagen worden. Normalerweise brachte die französische Öffentlichkeit den Mitgliederwahlen der Akademie kein sonderliches Interesse entgegen. Aber diese Gelegenheit gewann dadurch an Bedeutung, daß Marie Curie, wenn sie gewählt würde, die erste Frau wäre, welche die Schwelle dieses bislang männlichen Reservats überschreiten würde.

Die Presse griff die Neuigkeit, daß sie sich um die Wahl bewerben würde, bevor es eine öffentliche Ankündigung gab, in dem Moment auf, als sich erst anfängliche Gerüchte verbreiteten. Das waren die ersten Warnschüsse für eine zweijährige Periode der Publizität, die noch weit mehr Verbitterung mit sich bringen sollte als die Zurschaustellung in der Zeit des Nobelpreises von 1903, die sie als Brandmarkung empfunden hatte.

Während der ersten Jahre des Jahrhunderts nahm die rechtsgerichtete, antisemitische und nationalistische Presse in Gestalt von *L'Action Française* und *L'Intransigeant* einen starken Aufschwung. Das erste Heft von *L'Action Française* erschien im März 1908. Der Herausgeber, Léon Daudet, verfügte über eine wild reaktionäre Feder, prokatholisch und antijüdisch. Es standen ihm reichhaltige Formen der persönlichen Beleidigung zu Gebote, und innerhalb der Grenzen, die durch die Gesetze über üble Nachrede gesetzt waren, verstand er es, jedem seiner Gegner ein schmutziges Sexualverhalten zuzuschreiben.

Im Jahre 1910 waren das Belange, die weit von Marie Curies wissenschaftlichem Elfenbeinturm entfernt zu sein schienen. Jedoch war der wissenschaftliche Journalismus bereits im Entstehen, und der *Figaro* hatte in diesem Jahr einen Leitartikel zu Ehren der ultravioletten Strahlen, ihrer Erforschung und ihrer Anwendung bei der Kontrolle von Epidemien gebracht; er betrachtete die Naturwissenschaft als die legitime Krönung des Geistes des 19. Jahrhunderts.

Jenseits dessen, wo sich Journalismus und wissenschaftliche Arbeit berührten, hatte Marie Curie weder das Bedürfnis noch den Wunsch, in die Spalten einer Zeitung zu geraten. Nur gelegentlich hatte sie zur Feder gegriffen und an den Herausgeber einer Zeitung geschrieben, wenn es ihr zwingend erschien. So hatte sie im Jahre 1905 an den Herausgeber von *La Patrie* wegen der Veröffentlichung eines Interviews geschrieben, das angeblich zur Zeit von Pierre Curies Wahl in die Académie des Sciences einer seiner Reporter mit ihr gehabt hatte. Auf eine Frage nach dem Ertrag, den sie sich aus ihrer Arbeit erhoffte, sollte sie nach der Behauptung des Reporters geantwortet haben: »Ach, ich bin nur eine Frau und nichts anderes als eine Frau. Ich werde nie unter der Kuppel sitzen.« Er fügte hinzu, Madame Curie habe gesagt, ihr einziger Ehrgeiz bestehe darin, ihrem Mann bei seiner Arbeit zu helfen. Die angeblich Interviewte dementierte die Geschichte rasch genug, bevor diese ebenfalls zur Legende wurde. In ihrem Brief an den Herausgeber bezeichnete sie das ganze Interview – die Reflexionen über ihre Unterwürfigkeit als Wissenschaftlerin sowie die Vermutung, daß der Schatten der Kuppel des Institut de France über der Académie des Sciences außerhalb ihrer Erwartungen liege – als »rein imaginär«. Der Herausgeber entschuldigte sich.[1] Andere Chefredakteure, mit denen sie später die Schwerter kreuzte, sollten weniger zuvorkommend sein.

Am 16. November 1910 brachte der *Figaro* als erste Zeitung die Nachricht, daß Madame Curie sich darauf vorbereitete, ihre Kandidatur für den kürzlich freigewordenen Sitz in der Sektion für Allgemeine Physik in der Académie des Sciences anzumelden. Seit seiner Neugründung im Jahre 1795 hatte das Institut de France, das in seinem Kuppelpalast die fünf Akademien beherbergt, zu denen die Académie des Sciences gehört, noch nie eine Frau zugelassen. Der *Figaro* führte aus, daß Marie Curies Fernbleiben von der Akademie womöglich den Ausschluß des berühmtesten Physikers Frankreichs bedeutete. Aber der feministische Druck hatte auch schon die Mauern anderer männlicher Bastionen zum Einsturz gebracht. Die unabhängige literarische Akademie, die Académie Goncourt, hatte gerade Madame Judith Gautier zum Mitglied gewählt.

Aber warum sollte Marie Curie gewählt werden? Pierre Curies demütigende Erfahrungen, als er das erste Mal abgelehnt, dann beim zweiten Versuch nur mit einer knappen Mehrheit aufgenommen worden war, hatten Marie in einer noch größeren Verbitterung über den Wahlmodus gelassen als ihren Mann. Doch trotz der nachwirkenden Narben gab es praktische gute Gründe, einen Sitz zu beanspruchen. Sie bezeichnete diese Gründe als »den Vorteil, den eine Wahl für mein Laboratorium mit sich bringen konnte.«[2] Die Mitgliedschaft würde ihr Zugang zu den Sitzungen der Akademie verschaffen, und durch sie würden die Mitarbeiter in ihrem Laboratorium einen direkten Zugang zur raschen Publikation ihrer Arbeiten in den Berichten der Akademie erhalten.

Freilich läßt sich nicht bezweifeln, daß auch der Ehrgeiz, erfolgreich einen wissenschaftlichen Weg zu bahnen, den noch keine andere Frau betreten hatte, ein stark motivierender Faktor gewesen sein muß. Und sie hätte sich gewiß nicht auf das Wagnis eingelassen, wenn sie ihrer Position innerhalb der Naturwissenschaft nicht sicher gewesen wäre. Auf internationaler Ebene war ihr Ruf unangreifbar. Aber sie nahm nicht wahr oder unterschätzte ernstlich, welche Reaktionen ihre Persönlichkeit bei manchen Menschen hervorrief – was bis zur Feindseligkeit gehen konnte. Sie beschloß jedenfalls, sich als Kandiat zur Verfügung zu stellen.

Diese Entscheidung brachte ihr sofort die Erwähnung auf der ersten Seite ein. Der *Figaro* ging mit einem dreispaltigen Artikel voran, unterzeichnet »Foemina«, welcher Marie Curies Vorzüge in den Himmel hob und sie als ein Symbol für den unvermeidlichen Fortschritt des Feminismus betrachtete: »Welch einen Adel, welch eine Schönheit hat ihr Ruhm! Auch in der schmerzlichen Poesie ihres Leidens fehlt ihr nichts zu dem vollkommenen und reinen Bild, das sich vor uns entfaltet.«[3] So überschwenglich der Artikel in seinem Lob für Madame auch war, so war es doch richtig, darauf hinzuweisen, daß zu den Mitgliedern der Akademie einige recht mittelmäßige Wissenschaftler gehörten; wenn allein die Befähigung zählte, mußte Marie Curie unbedingt aufgenommen werden.

Aber weit entfernt, die Befähigung war keineswegs die einzige in Frage stehende Eigenschaft. Ende November waren die meisten Tageszeitungen auf den Zug aufgesprungen, den der *Figaro* in Bewegung gesetzt hatte, aber keineswegs mit der einhelligen Absicht, in die gleiche Richtung zu reisen. *L'Intransigeant* veranstaltete eine scherzhafte Umfrage unter seinen Lesern, welche Frauen es am ehesten verdienten, ins Institut de France gewählt zu werden. Die meisten Namen, die eingingen, waren die von Schriftstellerinnen, die Colette an der Spitze. Marie Curies Name kam selten vor.

Die ganze Sache war in Gefahr, zum Zirkus auszuarten. Im Dezember stieg die nüchterne und respektable Zeitung *Le Temps* in den Streit ein, zeigte sich Marie Curie gegenüber wohlwollend, aber erinnerte daran, daß sich George Sand 47 Jahre zuvor geweigert hatte, sich als »Rammbock gegen die Tore des Instituts« benutzen zu lassen.[4] Dem Herausgeber dieser Zeitung schrieb Marie Curie, um zu bestätigen, daß sie beabsichtigte, sich als Kandidat zur Verfügung zu stellen, und zugleich um eine Beendigung der Kommentare und des Interesses zu bitten. Aber das war zu spät und ohnehin eine nichtige Hoffnung. Die Sache sah bereits nach einer Schlacht aus, und wer Einfluß hatte, begann Partei zu ergreifen. Die Zeitungen legten ihre Strategien fest. *Le Temps* tat einen beispiellosen Schritt und stellte dem Ständigen Sekretär der Académie des Sciences, Gaston Darboux, anderthalb von ihren langen Spalten zur Verfügung, um einen Beitrag zur Unterstützung von Marie Curies Wahl zu schreiben.[5] Darboux zeichnete sorgfältig Madame Curies Karriere nach, zählte ihre Auszeichnungen auf und erklärte dem Laienpublikum in einfachen Worten die Vorzüge der raschen Publikation in den Berichten der Akademie (fünf Tage nach jeder Montagssitzung) und damit die Vorteile für das Curie-Laboratorium.

Doch die weniger dezent ausgedrückte Opposition gegen Marie Curie in der rechtsgerichteten Presse verstärkte sich. Es gab eine lautstarke Gruppe, die rasch bereit war, die Ansicht wiederzubeleben, Marie Curie sei nur an den Rockschößen ihres Mannes hängend zum Erfolg aufgestiegen; will sagen, die Entdeckung des Radium und die darauf folgende Arbeit, die zur Auszeichnung mit dem Nobelpreis führte, sei allein das Werk von Pierre Curie gewesen, während seine Frau die Ehre zwar geteilt habe, aber für den kreativen Anteil der Arbeit gar nicht mitverantwortlich sei. Das war eine Anschuldigung, die Marie Curie seit langem befürchtet hatte, und gegen die sie sich bereits im voraus durch die sorgfältige Wortwahl in ihren wissenschaftlichen Aufsätzen verwahrt hatte. So aber ließen die Gespenster sich nicht bannen. Die Anschuldigung ging von einer Seite aus, wo man solche Aufsätze nicht las. Am 11. Januar legte *L'Intrasigeant* seine Haltung offen dar. Einem seiner Reporter hatte der nun stets Marie Curies Laboratorium bewachende Türhüter zwar den Eintritt verwehrt, aber es war ihm gelungen, einen Platz in ihrer wöchentlichen Vorlesung zu finden. Das öffentliche Mitgefühl und Interesse war groß, was offensichtlich wurde, als Marie Curie den Hörsaal betrat, an einem Tag, der normalerweise ein Arbeitstag wie jeder andere gewesen wäre. Sie wurde vom lauten Beifall von Studenten, Reportern und anderen neugierigen Besuchern begrüßt. Nichtsdestoweniger brachte der Reporter von *L'Intran-*

sigeant eine ganze Reihe spitzer Anspielungen in seinen Bericht, als er beschrieb, wie er die langweiligen anderthalb Stunden lang zugehört hatte, in denen die Dame von »ihrem lieben Radium« sprach.

Das Schlachtfeld war geschaffen, und es gab einen Herausforderer. Nun bedurfte es nur noch eines Gegners. Sein Name wurde am 15. Januar bekanntgeben – Edouard Branly. Der *Figaro* bereitete seine Leser auf das kommende Vergnügen vor: Es würde einen »Krieg der Geschlechter« geben.

Edouard Branly war 66 Jahre alt. Er war ein freundlich wohlerzogener, weißhaariger, fromm katholischer französischer Gentleman mit Kneifer und einer langen und hervorragenden, jedoch nicht aufregenden Karriere. Dreißig Jahre lang hatte er am Katholischen Institut gelehrt sowie wissenschaftliche Veröffentlichungen über ein breites Themengebiet verfaßt. Die Entdeckung, die ihm Ruhm einbrachte, war ein Phänomen, das er »Radiokonduktion« nannte. Er stellte fest, daß sich aus Röhren mit Eisenspänen »Radiokonduktoren« machen ließen, die in der Lage waren, elektromagnetische Signale zu empfangen. Diese Entdeckung brachte ihm zumindest in Frankreich den Namen »Vater der drahtlosen Telegraphie« ein. Marconi hatte Branlys Verfahren in Systeme eingebaut, die Radiowellen über große Entfernungen empfangen konnten.

Branly kandidierte, mit ebenso viel Vorsicht wie Marie Curie und mit ebenso wenig Sinn für die Späße des Figaro, für die Wahl in die Académie des Sciences. Die Töchter beider Kandidaten sollten später Berichte darüber verfassen, welche Narben ihre jeweiligen Familien in der Sturzflut der Publizität davontrugen, die sich über die Persönlichkeiten ihrer Eltern ergoß.[6] Branly war ebenso öffentlichkeitsscheu und zurückhaltend wie Marie Curie, aber er konnte auch ebenso viele, so einflußreiche und so militante Befürworter aufbringen wie sein international berühmter weiblicher Gegner. Von der rechtsgerichteten Presse wurde er vehement unterstützt. Es handelte sich im wesentlichen um die tollwütig nationalistischen Blätter, die Dreyfus als Juden und Verräter beschimpft hatten und weiter beschimpften. Ihre Chefredakteure wie Léon Bailby von *L'Intransigeamt* und Léon Daudet von *L'Action Française* verfügten über ein weit größeres Arsenal an Beleidigungen als die nüchterneren Herausgeber, die Madame Curie unterstützten.

Neben seinen wissenschaftlichen Leistungen, die ihn zu einem ernsthaften Bewerber für den vakanten Sitz in der Akademie machten, forderte Branlys Lage ebenso wie die von Marie Curie zu einer emotionalen Reaktion heraus. Er war ein alter Mann, dessen großer Beitrag zur modernen Technologie aus dem Jahre 1890 international kaum anerkannt worden war. Viele meinten, er hätte einen Anteil an dem Nobelpreis für Physik erhalten sollen, mit dem Marconi im Jahre 1909 ausgezeichnet wurde. Schon zweimal hatte er sich um einen Sitz in der Akademie bemüht und war abgewiesen worden.

Für die Pariser Presse sollten nun ungestüme Tage anbrechen. Jede Zeitung reihte sich an der einen oder der anderen Front ein. Es gab eine klare Demarkationslinie. Auf der einen Seite standen die Liberalen, die Feministen und die Antiklerikalen, auf der anderen die Nationalisten (man erinnerte an Marie Curies unerwünschte polnische Herkunft), die Prokatholische (Branly war von Papst Leo XIII. zum Komtur des Ordens St. Gregors des Großen geweiht worden) und die Antisemiten (es gab Gerüchte, daß Marie Curie trotz ihrer katholischen Verwandtschaft jüdischer Herkunft sei).

In zweierlei Hinsicht gab es für die beiden Kandidaten eine gemeinsame Basis. Zunächst hatten sie im Jahre 1904, als ihre Verdienste nicht gegeneinander abgewogen wurden, den Osiris-Preis von 50000 Francs miteinander geteilt. Und zweitens trugen die Porträts, die die jeweiligen Zeitungen zu ihrer Unterstützung entwarfen, bemerkenswert ähnlich sentimentale Züge. Branly und Marie Curie wurden beide als verarmte, bescheidene und uneigennützige Arbeiter im Dienste der Wissenschaft dargestellt, die nichts anderes wollten, als in Frieden ihrer Forschung nachzugehen. Wenn diese Beschreibungen auch im wesentlichen der Wahrheit entsprachen, muß doch die Tatsache vermerkt werden, daß weder Branly noch Marie Curie der Versuchung oder dem Druck widerstanden, sich auf jenes antiquierte und erniedrigende Wahlsystem einzulassen.

Während der nächsten Tage ging Marie Curie von Wohnung zu Wohnung und von Laboratorium zu Laboratorium, klingelte an Türen und hinterließ Visitenkarten. Sie mußte die demütigende und überhaupt unmögliche Aufgabe erfüllen, Selbstdarstellung und Bescheidenheit miteinander zu verbinden, als sie jeden Wissenschaftler um seine Stimme bat. Der weißhaarige Branly folgte dem gleichen Weg und dem gleichen Brauch und stand dabei oft Männern gegenüber, die halb so alt waren wie er selbst. Und als das Ritual abgeschlossen war, hatte sich das Interesse derart gesteigert, daß niemand, der das Stimmrecht hatte, diese Gelegenheit versäumen wollte, es auszuüben.

Eine Szene, wie sie sich am Nachmittag des 23. Januar 1911 – dem Wahltag – im Saal der Académie des Sciences abspielte, war nie zuvor im Haus dieser nüchternen wissenschaftlichen Gesellschaft gesehen worden. Die Sitzung zog nicht nur Frankreichs bedeutendste Wissenschaftler an, sondern, wie nun so oft bei Ereignissen, die Marie Curie betrafen, auch ganz andere Menschen. Eine neugierige Menge versammelte sich am Eingang, um zuzuschauen, wie die volle Besetzung der über fünfzig Mitglieder ankam. Der nicht mit Naturwissenschaftlern besetzte Raum wurde von Journalisten und Photographen eingenommen. Einmal drängte die Menge sich so eng, daß ein Mann von der Hitze überwältigt wurde, zu Boden fiel und von einem Konvoi von Angestellten, gefolgt von einem Arzt, hinausgetragen werden mußte. Die Sitzung der Akademie sollte eigentlich eine normale wissenschaftliche Zusammenkunft sein. Einige Berichte waren zum Vortrag vorgesehen, und so mußte man eine Stunde mit den Ansätzen zu ernsthaften Reden von gutwilligen Physikern überstehen, vor dem Hintergrundwirrwarr gelangweilter und verständnisloser Zuschauer. Als die Glocke als Signal für die Wahl anschlug, hatten sich der Wirrwarr zum Tumult gesteigert, und Armand Gautier war nicht in der Lage, die Versammlung zum Schweigen zu bringen. Erst die Ankunft einer Gruppe von Saaldienern, die die Wahlurnen brachten, verwandelte den unziemlichen Lärm schließlich in eine Stimmung der Erwartung.
Als Armand Gautier endlich dazu kam, die Stimmen zu zählen, war der Lärm ohrenbetäubend und legte sich erst, als es klar war, daß er nunmehr das Ergebnis verkünden wollte. 28 Stimmen waren für Marie Curie abgegeben worden, 29 für Branly – und eine Stimme für einen dritten Kandidaten, den hervorragenden Physiker Marcel Brillouin. Ein zweiter Wahlgang wurde erforderlich.
Die Spannung stieg wie bei einem Melodrama auf der Bühne, dessen Text absichtlich mit theatralischen Effekten durchsetzt ist. Als der zweite Wahlgang anfing, entzündete ein respektloser Photograph einen Magnesiumblitz, der alle Augen blendete und dann eine Wolke beißenden Rauches über dem Saal zurückließ. In diesem Qualm gingen die führenden Branlysten und Curisten hin und her, um ihre schwächeren Mitbrüder in einem letzten Versuch um die Gewinnung des unbekannten Wechselwählers zu bearbeiten. Man sah, daß ein Wissenschaftler den Saal durchquerte und auf einen Kollegen einredete, der daraufhin seinen Wahlzettel änderte.
Die erneute Auszählung führte zu einem definitiven Ergebnis. Marie

Curie blieb bei 28 Stimmen; Branly war auf 30 gekommen. Die Schlacht war vorbei. Die 58 Mitglieder der Akademie erhoben sich, und um Amagat versammelte sich eine Gruppe, um ihm zu seiner erfolgreichen Kampagne für Branly zu gratulieren. Henri Poincaré, ein aktiver Verfechter von Marie Curie, ging, wie ein guter Verlierer es tun sollte, umher und schüttelte seinen Gegnern die Hände. Seine Kollegen tröstete er mit der Ansicht: »Sie wird das nächste Mal gewählt werden.« Aber für Marie Curie gab es kein nächstes Mal. Als sie von dem Ergebnis benachrichtigt wurde, war sie tief verletzt. In der Rue Cuvier blieb der Blumenstrauß, den ihr Laborassistent gekauft hatte, um den Sieg zu feiern, unter dem Tisch verborgen.

Ihre Freunde trösteten sie. Edouard Guillaume sagte, seiner Ansicht nach sei Branly durch Methoden gewählt worden, die einen Affen zum Erröten bringen müßten.[7] Georges Gouy versicherte ihr – wenig überzeugend –, daß sie einen moralischen Sieg errungen habe und ihr wissenschaftlicher Status durch die Niederlage eigentlich erhöht sei. Sie selbst war davon überzeugt, daß Politik und Presse und nicht eine wirkliche Einschätzung der akademischen Befähigung für ihre Demütigung verantwortlich waren.[8] Dennoch mußte sie sich mit der Tatsache abfinden, daß sie ihre Einschätzung bei ihren Pariser Kollegen unter den Physikern gänzlich falsch berechnet hatte.

Als Ernest Rutherford in Manchester die Neuigkeit hörte, war er gerade dabei, einen seiner langen Briefe an Bertram Boltwood zu verfassen, und schrieb: »Sie werden erfahren haben, daß Marie Curie nicht in die Akademie gewählt worden ist. Ich glaube nicht, daß es ihr viel ausmacht.« Er irrte sich. Die Verletzung heilte nie vollständig. Sie stellte nie wieder ihren Namen für irgendwelche Erwägungen über Auszeichnungen zur Verfügung, und nahm keine an, die nicht spontan vergeben wurden. Sie war nicht bereit, für den nächsten freien Sitz in der Académie des Sciences zu kandidieren, der wenige Tage nach ihrem fehlgeschlagenen Versuch, Einlaß zu erhalten, vakant wurde, noch für irgendeinen weiteren Sitz, der in der Folgezeit frei wurde.

Aber die Wunde, die sie aus der Sache davontrug, hätte, obwohl sie ihr Ichgefühl verletzte, sie nicht lähmen müssen. Die verheerendste Folge war, daß sie extrem empfindlich geworden war. Der Aufruhr in der Akademie und seine Publizität hatte sie und jede ihrer Handlungen ins Licht der Öffentlichkeit gestellt. Und das zu einem Zeitpunkt, wo sie sich eine Zurschaustellung ihres bisher so sorgfältig abgesicherten Privatlebens am wenigsten leisten konnte.

Ihre Arbeit war schon immer ihr Rettungsring gewesen. Dies war wieder eine Gelegenheit, wo sie Trost in den Ablenkungen des Laboratoriums finden konnte. Sie war bei den ersten Versuchen, einen Radium-Standard herzustellen, führte eine Reihe von Experimenten durch, welche den Wechsel der Temperatur in der Aktivität verschiedener Strahlenelemente betrafen, plante eine gemeinsame Forschungsarbeit mit Kollegen, mit denen sie sich bei internationalen Konferenzen gut verstanden hatte, und leitete die Arbeit ihrer Forschungsstudenten. Jedoch erlaubte sie nicht, daß irgendeine von diesen Arbeiten auf einer Sitzung der Akademie vorgestellt wurde oder in den *Comptes rendus de l'Académie des Sciences* erschien. Erst zehn Jahre später veröffentlichte sie wieder einen Bericht in dieser Publikation.
Auch wenn sie den Eindruck hatte, daß ihre eigene führende wissenschaftliche Nationalinstitution sie beleidigt habe, so konnte sie doch mit Recht für sich beanspruchen, daß die Quelle internationaler Entdeckungen, die aus ihren ersten Experimenten entsprungen war, das Wesen des Fortschritts in den Naturwissenschaften verändert hatte. Diese Wandlung sollte anhalten, und ihre Folgen für das 20. Jahrhundert waren tiefgreifend.
Jene Jahre bildeten einen Wendepunkt der Atomphysik. Insbesondere das Jahr 1911 war bedeutsam. In diesem Jahr entwarf Ernest Rutherford sein Bild vom Atom als einem kleinen positiv geladenen Atomkern, der von einer elektrischen Schale umgeben ist. Wie Becquerels erste Beobachtung der Radioaktivität zog auch Rutherfords Nukleartheorie des Atoms zunächst kaum die Aufmerksamkeit auf sich. Aber ihre überragende Bedeutung sollte bald offenbar werden.
Zwischen 1896 und 1911 hatte sich die Forschung in der Strahlungschemie und -physik in einem erstaunlichen Tempo nach vorne bewegt, was wohl einfach auf die Quantität und Qualität der Forscher zurückzuführen war, die sich von diesem Gebiet angezogen fühlten. Die Alpha- und Beta-Strahlen, die radioaktive Elemente abgeben, waren nun erklärbar. In Rutherfords Laboratorium hatte es sich 1909 endgültig herausgestellt, daß die beim radioaktiven Zerfall abgegebenen Alpha-Strahlen die einst geheimnisvolle Quelle des Heliums waren, und daß Alpha-Teilchen positiv geladene Heliumatome waren. Becquerel und Marie Curie hatten gezeigt, daß Beta-Teilchen negativ geladen sind; es handelte sich um Elektronen in rascher Bewegung. Paul Villards

Gamma-Strahlen sollten bald darauf (1914) als Strahlen identifiziert werden, die eine noch kürzere Wellenlänge als Röntgen-Strahlen haben.

Das Verständnis der chemischen Prozesse der Strahlenelemente hatte mit dem Fortschritt der Einsicht in das grundlegende Wesen der Materie Schritt gehalten. Die Vorstellung, Radioaktivität sei das Ergebnis eines Zerfalls von Atomen, bei dem sie sich in leichtere Atome verwandeln, indem sie Teilchen als radioaktive Strahlen aussenden, hatte die Chemiker ermutigt, nach weiteren radioaktiven Zerfallsprodukten zu suchen. Es fanden sich viele radioaktive Arten, deren Halbzeitwerte Wochen, Tage oder Minuten betrugen, und die sich nach den Mengen an Alpha-, Beta- und Gamma-Strahlen, die sie abgaben, stark unterschieden. Einzelheiten der Ereignisse bei einem radioaktiven Wandel wurden allmählich herausgearbeitet. Marie Curies erste inspirierte Vermutung, daß die Radioaktivität eine Eigenschaft des Atoms sei, stand nicht mehr in Zweifel, und man erfuhr, daß in jedem Atom gewaltige Energiemengen existieren. Rutherford erkannte bereits 1903 die Genialität ihrer Annahme und ahnte etwas von den möglichen Schlußfolgerungen, als er schrieb: »Es gibt keinen Grund zu der Annahme, daß diese gewaltigen Energiemengen allein in radioaktiven Elementen gelagert sind.« Das waren nicht wenig prophetische Worte. In demselben Artikel, den er mit Soddy zusammen schrieb, benutzte Rutherford das Wort »Atomenergie«.

Rutherford stellte eine Theorie auf, um die Reihe von Verwandlungen zu erklären, mittels derer ein radioaktives Element ein anderes hervorbringt, dieses wiederum ein drittes, und so fort in einem weitverzeigten Stammbaum. Im Falle des Radiums war das erste Produkt Radon (die Radium-Emanation); dieses ließ, wenn es einen Alpha-Partikel abgab, Radium A entstehen; und durch die weitere Abstrahlung von Alpha-, Beta- oder Gamma-Strahlen entstanden aus den Folgeprodukten Radium B, C, D, E und F, wobei das letzte Zerfallsprodukt der Kette Blei war. Radium F war nichts anderes als Marie Curies Polonium.

Einige der bedeutendsten Entdeckungen unter Rutherfords Aegide wurden von Hans Geiger und Ernest Marsden gemacht, die gezeigt hatten, daß bestimmte Alpha-Teilchen, die in einem dünnen Strahl auf eine Metallfolie zielten, wahrnehmbar abgelenkt werden konnten. »Das war« sagte Rutherford, »bestimmt das unglaublichste Ereignis in meinem Leben. Es war etwa so unglaublich, wie wenn man eine 40-cm-Granate auf ein Stück Seidenpapier abfeuert, und sie kommt zurück und trifft einen.« Rutherford erkannte, daß die Alpha-Teilchen den dichten inneren Kern des Atoms getroffen hatten, und auf diese und andere Experimente stützte er seine Theorie der Atomstruktur. So gab es gegen 1911 ein Bild des Atoms, das einige Ähnlichkeiten mit dem heutigen trug. Freilich war es einfach und unvollkommen. Begründet war es in der Arbeit von Männern (und sehr wenigen Frauen), die große praktische Fähigkeiten als Physiker und Chemiker hatten. Aber die scheinbar soliden Fundamente des Zeitalters der klassischen Physik gerieten allmählich ins Wanken. Die Produktivitätsperiode, in der die Physiker mechanische Modelle in geistige Bilder umsetzten, um das daraus abzuleiten, was sie für das innere Funktionieren des Atoms hielten, hatte ihren Zenith überschritten. Zu Beginn des 20. Jahrhunderts waren in der Physik neue Konzeptionen entstanden, die jetzt ein neues Licht auf unlösbare klassische Probleme warfen. Im Jahre 1900 hatte Max Planck die wesentliche Annahme aufgestellt, daß die Energie wie die Materie nicht unendlich teilbar ist. Er vermutete, daß die Energie in »Päckchen« existieren müsse, die er *Quanten* nannte. Als erster wendete Albert Einstein im Jahre 1905 die Quantentheorie an, um das Phänomen der Photo-Elektrizität zu erklären. Dann benutzte Niels Bohr im Jahre 1913 die Quantentheorie zusammen mit Rutherfords klassisch begründetem Atommodell, um die Vorstellungen auszudrücken, auf denen das gegenwärtige Verständnis der Atomstruktur basiert. Der Kern von Bohrs Atom ist von Elektronen umgeben, die sich in Kreisbahnen bewegen; wenn diese Elektronen die Bahn wechseln, wird in festgelegten Quanten Energie abgegeben oder aufgenommen. Seine Arbeit führte zur Einsicht in das Spektrum eines jeden Atoms und dadurch zu einer präzisierten Kenntnis der Atomstruktur. Mit der Quantentheorie beginnt die moderne Physik. Marie Curie hatte ihre Ausbildung, ihre Technik und ihren Stil während des klassischen Zeitalters erworben, und aus dessen Traditionen hatte sich ihr großes Werk gespeist. Die Entdeckung radioaktiver Elemente, die Reinigung von Radium und Polonium, die Bestimmung der Atomgewichte, die Präparierung von metallischem Radium, all das hatte sie nach der klassischen Art und Weise der Chemie und Physik des 19. Jahrhunderts durchgeführt.

Geistig fühlte sie sich immer am glücklichsten, wenn sie es mit den Methoden und Denkweisen zu tun hatte, welche in dieser Tradition wurzeln. Lange Zeit bestanden ihre tiefsten und befriedigendsten Beziehungen in Freundschaften zu Menschen, die erheblich älter als sie selbst waren. In der Beziehung zu ihrem Vater und ihrem Großvater, die sowohl von der Neigung wie vom Beruf her Lehrer waren, hatte sie eine geistige Kameradschaft erfahren. Pierre Curie war acht Jahre älter als sie selbst gewesen. Die internationalen Wissenschaftler, mit denen sie sich anfreundete, als sie noch nicht vierzig war, waren im wesentlichen reife Männer; viele von ihnen waren berühmte alte Männer, die ihre Berühmtheit erst nach der jahrelangen Hingabe an das klassische Handwerk erlangt hatten. Einer der Kollegen, die sie auf ihren Reisen zu den wissenschaftlichen Kongressen Europas kennengelernt hatte, welchem besonders viel Vertrauen und Respekt entgegengebracht wurde, war Kamerlingh Onnes, der holländische Physiker, der hervorragende Ergebnisse auf dem Gebiet der Physik niedriger Temperaturen erreicht hatte. Während des Frühjahrs 1911 konnte Marie Curie sich selbst mit Plänen für eine Reihe von Experimenten ablenken, durch die sie in Leyden gemeinsam mit dem 57jährigen Onnes die Strahlungen von Radium bei niedrigen Temperaturen untersuchen wollte.

Marie Curie war nicht reaktionär. Die neuen Konzeptionen zogen eine junge Generation von Physikern an, aber sie verfügte über die erforderliche mathematische Grundlage, um mit der neuesten Entwicklung Schritt zu halten. Und überdies hatte sie die stärkende Verbindung zu einem Repräsentanten dieser neuen Generation. Ihr Verhältnis mit Paul Langevin sollte ihre einzige wesentliche Beziehung zu jemandem sein, der nicht viele Jahre älter als sie selbst war. Langevin war vielmehr fünf Jahre jünger als sie, und er gehörte zu jenen Physikern, welche die französische Naturwissenschaft in das neue Zeitalter geleiteten. Bereits im Jahre 1911 hatte er die Folgerungen aus der speziellen Relativitätstheorie erkannt, und später sollte er zu Einsteins wichtigsten Verfechtern gehören, als die antideutschen Gefühle in Frankreich ihren Höhepunkt erreichten.

Und so bereicherte Langevin Marie Curies mittlere Jahre nicht nur durch sein ausgeprägtes politisches Interesse, seine Liebe zu Literatur und Musik sowie (trotz seiner Magenbeschwerden) zu gutem Essen, sondern konnte ihr auch eine geistige Brücke zu der entstehenden neuen Physik bauen. Als Paar mit gemeinsamen Interessen, die geeignet waren, die jeweiligen Lücken im Leben des anderen zu füllen, bildeten sie eine ideale Kombination.

Langevins Verhältnis zu seiner Frau war so schlecht geworden, daß er sie nunmehr verlassen hatte. Marie Curie war keineswegs gleichgültig

gegenüber den Meinungen, die andere Menschen über sie hegten. Die Privatheit wünschte sie so sehnlich, weil sie empfindlich gegen Meinungen war, welcher Quelle sie auch entstammen mochten. Wenn das, was sie tat, falsch gedeutet oder verzerrt berichtet wurde, glaubte sie sofort, sich verteidigen zu müssen.
Marie Curie neigte oft zu naiven Fehlinterpretationen der von ihr vermuteten Reaktionen anderer Menschen auf ihr eigenes Verhalten. Ihre Einschätzung der Chancen bei der Wahl in die Akademie ist ein Beispiel dafür. Ihre Annahme, sie könne ein privates Verhältnis mit Langevin haben, für das sich nur einige wenige Kollegen interessieren würden, war vielleicht die verhängnisvollste Fehleinschätzung.
Marguerite Borel erinnert sich an ein Datum im Frühling 1911, als sie von ihrem Dienstmädchen geweckt wurde. Jean Perrin und André Debierne standen vor der Tür und wünschten, sie in einer dringenden Angelegenheit zu sprechen. Es kann sein, daß ihr Gedächtnis irrt und der Besuch später im Jahr stattfand. Wann immer er sich jedoch ereignet haben mag, es war nur einer von vielen Besuchen, die sich Marie Curies nahe Freunde in einem plötzlichen Anfall von Aktivitäten gegenseitig machten. Marguerite, dekorativ in die Kissen ihres Bettes gelehnt, gewahrte sofort, daß Perrin wie Debierne gleichermaßen aufgeregt waren, wenngleich jeder die Erregung auf seine eigene Weise zeigte: Perrin wortreich und tatendurstig, mit den Armen und seinen Papieren heftig rudernd, Debierne, in indem er sich auf die Lippen biß, nichts sagen konnte und den Blick der anderen vermied.
Der Gegenstand ihrer Mitteilungen war die Tatsache, daß einige Briefe von Marie Curie an Paul Langevin gestohlen worden waren, daß diese belastend waren, und daß die Möglichkeit einer Veröffentlichung in einer Zeitung bestand. Es konnte kein Zweifel daran bestehen, daß, falls die Nachricht zutraf und die Briefe gedruckt würden, eine Pressesensation von unvorstellbaren Ausmaßen daraus entstehen würde.
Ob die Briefe gestohlen worden waren oder nicht, war eine Frage der sprachlichen Auslegung. Das Schloß von Paul Langevins Arbeitszimmer sowie eine Schublade waren aufgebrochen worden, und Madame Langevin und ihr Schwager Henri Bourgeois hatten sich in den Besitz der Briefe gebracht. Die Briefe blieben einige Monate lang in Madame Langevins Besitz, und sie versuchte sie zu benutzen, um ein Trennungsurteil von ihrem Mann durchzusetzen.
Für Marie Curie war das tief beunruhigend. Briefe, unterschrieben und anonym, echt und gefälscht, hatten den Ausgangspunkt für viele der

erst kurz zurückliegenden französischen Sensationskandale gebildet. Die Möglichkeit, daß sie, Marie Curie, in diese Art von Publizität hineingeraten könnte, welche Unschuldige und Schuldige einer äußerst indezenten öffentlichen Beobachtung auslieferte, bestand wirklich. Eine erschreckende Aussicht.

Wahrscheinlich glaubte sie während der Herbstmonate, die gefährliche Lage habe sich entspannt. Sie hatte den größten Teil des Sommers außerhalb von Frankreich verbracht, in Zakopane, wo ihre Schwester Bronia jetzt ein Sanatorium leitete. Ende Oktober fuhr sie nach Brüssel, um an einem Kongress über Strahlung teilzunehmen, den der belgische Industriechemiker Ernest Solvay finanzierte. Das war der erste der berühmten Solvay-Kongresse. Dort begegnete ihr Rutherford. Er fand, daß sie gut aussah, wesentlich besser als bei der Konferenz ein Jahr zuvor, und er gab sich besondere Mühe, bei den Sitzungen aufmerksam auf ihre Bedürfnisse zu achten. Marie war gerührt. Er hatte, wie auch andere Delegierte der Konferenz, von den Gerüchten über irgendeine Sache zwischen ihr und Langevin gehört, die sich in Paris ausbreiteten, und diese forsch als »Quatsch« abgetan. Aber bevor der Kongreß zu Ende war, hatte Marie ernsthafte Sorgen. Sie wartete nicht mehr die Sitzungen des letzten Tages ab, sondern verbreitete, sie sei wieder krank. Dennoch fand sie vor ihrer Abreise aus Brüssel Zeit, um Rutherford in einer kurzen Nachricht für all seine kleinen Aufmerksamkeiten zu danken.

Rutherfords Zuvorkommenheit hatte allerdings neben den rein menschlichen Motiven auch einen wichtigen praktischen Grund.

Er dachte an den Internationalen Radium-Standard, den sie vorbereitete, und verbrachte einen Abend dieser Woche bis um Mitternacht mit ihr, um sie sanft von ihrer eigensinnigen Haltung in dieser Frage abzubringen. Sie hatte den originalen Radium-Standard präpariert, wollte ihn aber, »aus emotionalen Gründen, die ich gut verstehe,« wie Rutherford sagte, in ihrem eigenen Laboratorium behalten. Mit Takt und Geduld versuchte Rutherford, sie davon zu überzeugen, daß ein wirklicher internationaler Standard schlechterdings nicht im Besitz einer Einzelperson bleiben könne. Er meinte zwar, daß die Gebühr von tausend Francs, die sie von einzelnen Forschern für ein Duplikat des Standards erheben wollte, recht hoch sei, aber auch, daß dies eine gerechte Belohnung für die gute Arbeit sei, die sie geleistet hatte. Zur Unterschätzung des materiellen Wertes der angewendeten Physik neigte er nie.

Trotzdem hatte Rutherford sein hauptsächliches Ziel, was die Unterbringung des Internationalen Standards betraf, noch nicht erreicht, und er äußerte seine Sorgen wegen Madames Haltung in einem vertraulichen Brief an Bertram Boltwood: »Ich bin sicher, es wird eine kitzlige Angelegenheit, das Ganze befriedigend zu lösen, da Mme Curie ja recht schwierig im Umgang ist. Sie hat die Vorzüge und zugleich die Nachteile einer Frau.«
Die Nachricht, die alle wissenschaftlichen Probleme aus den Gedanken der Frau vertrieb, brach am 4. November herein, während sie an den Kongreß teilnahm. Fernand Xaus *Le Journal* bereitete Paris auf den heraufziehenden Skandal vor.

1911 Das schreckliche Jahr

Die Schlagzeile »Eine Liebesgeschichte, Madame Curie und Professor Langevin« erschien am 4. November 1911 in *Le Journal.* Trotz aller Ungenauigkeiten enthielt die Story die wesentlichen Tatsachen über die Beziehung zwischen den beiden Familien. Der Artikel wurde mit einem Schnappschuß von Marie Curie ergänzt. »Das Feuer des Radiums« hieß es, »hat im Herzen eines Wissenschaftlers eine Flamme entzündet, die Frau und die Kinder des Wissenschaftlers aber müssen nun bittere Tränen vergießen.«
Der Reporter, Fernand Hauser, behauptete, in Fontenay-aux-Roses gewesen zu sein, um Langevins ältliche Schwiegermutter, Madame Desfosses, zu interviewen, und er habe sie gefragt, ob Madame Langevin eine Scheidung in Erwägung ziehe. »Wissen Sie,« sei die Antwort gewesen, »wenn man einige Kinder hat – sechs Kinder« (Hauser hatte ein Pärchen dazuerfunden) – »dann zögert man, bevor man einen unwiderruflichen Schritt unternimmt.« Hauser schrieb auch, er habe Madame Desfosses gefragt, ob sich Briefe, die zwischen Langevin und Marie Curie ausgetauscht wurden, in ihrem Besitz befänden. Madame Desfosses habe dies bestätigt.
Am nächsten Tag brachte jedes Pariser Blatt die Geschichte, und die Nachricht von Marie Curies Verhältnis mit einem Physiker und Vater von vier Kindern fand mittels der drahtlosen Telegraphie ihren Weg in die Revolverblätter von London, Berlin, New York und San Francisco. *Le Temps,* diskret wie immer, verbarg den Skandal auf einer inne-

ren Seite, stellte sich jedoch wieder als Sprachrohr für Marie Curie zur Verfügung. Bei der Solvay-Konferenz hatte sie gegenüber einem Reporter von *Le Temps* eine Erklärung abgegeben, die ihr angebliches Verschwinden mit Langevin betraf. Diese lautete: »Die Gerüchte, die von einer Pariser Zeitung verbreitet werden, behaupten, meine Adresse sei nicht bekannt. Da ich wegen einiger Tabellen und Photographien, die ich brauchte, an mein Laboratorium geschrieben hatte, war es in Paris wohl bekannt, wo man mich finden könne.«[1] Sie fügte hinzu, daß sie den Berichten keine Bedeutung zuschreibe, und daß sie »reine Verrücktheit« seien. Die Reporter von *Le Temps* ließen sich im Laboratorium in der Rue Cuvier von dem besorgten André Debierne bestätigen, daß sie in Brüssel sei. Es stellte sich heraus, daß Langevin den August mit seinen beiden Söhnen in England und den größten Teil des Septembers mit Emile und Marguerite Borel verbracht hatte. Nach der Ansicht von Emile wußte Madame Langevin über den Aufenthaltsort ihres Mannes Bescheid. Langevin war jetzt ebenfalls in Brüssel. So war das gemeinsame Verschwinden, wie *Le Temps* zugunsten von Marie Curie feststellte, »reine Erfindung«, und dabei blieb es. Aber andere Zeitungen wollten sich nicht in dieser Form äußern. Sie hatten schon zu viel Blut geleckt. *L'Intransigeant* berichtete von dem wohlbekannten Familienstreit bei den Langevins[2] und behauptete, sowohl Marie Curie als auch Paul Langevin leiteten Schritte in, um sich juristisch gegen die Gerüchteköche zur Wehr zu setzen. Aber das war nicht der einzige Artikel auf der Titelseite dieser janusköpfigen Zeitung. Die unmittelbar auf ihn folgende Spalte trug den Titel »An Monsier X« und entstammte der boshaften Feder des Chefredakteurs Léon Bailby. Sie wandte sich an einen ungenannten Physiker und teilte ihm mit, seine augenblickliche Publizität sei genau das, was er verdiene; es wurde versichert, die Presse könne nur schließen, daß »die Freundin, die Ihre Vertraute war, in Wirklichkeit Ihre Geliebte war.«

Marie Curie hatte bereits genug gesehen. Wiederum entsprach *Le Temps* ihren Wünschen und druckte eine unzweideutig formulierte Warnung. »Ich betrachte jedes Eindringen der Presse oder der Öffentlichkeit in mein Privatleben als unerträgliche Belästigung ... In Zukunft werde ich energische Schritte gegen jede Veröffentlichung von mir zugeschriebenen Schriftstücken unternehmen. Zugleich werde ich das Recht in Anspruch nehmen, beträchtliche Summen als Schadenersatz zu fordern, die im Interesse der Wissenschaft verwendet werden sollen.«

Sie übergab *Le Temps* auch Hausers Entschuldigungsbrief, den ihm die Drohung mit juristischen Konsequenzen rasch entlockt hatte. »Madame,« hieß es darin, »Ich bin sehr betrübt und möchte Ihnen meine ehrerbietige Entschuldigung ausdrücken. Ich habe den Artikel, wie Sie wissen, im Vertrauen auf eine bestimmte Information geschrieben; ich befand mich im Irrtum. Jedenfalls hätte ich diesen Artikel nicht schreiben sollen, und inzwischen kann ich nicht mehr begreifen, wie mein Berufseifer mich zu einer so abscheulichen Handlung treiben konnte ... Ein einziger Trost bleibt mir; als der bescheidene Journalist, der ich bin, weiß ich nämlich nicht, wie irgendetwas, was ich schreiben könnte, die Ehre, mit der Sie gekrönt sind, und die Achtung, die sie umgibt, beflecken könnte ... Ihr schwer gestrafter Fernand Hauser.«[3]

Sie ließ ihn im Staube kriechen. Aber das war auch das einzige, was sie zur Rettung der Situation unternehmen konnte. Die Boulevardpresse wußte, daß sie auf viel zu sicherem Grund stand, um einen Rückzieher machen zu müssen. *Le Journal*[4] brachte nunmehr ein nicht unterzeichnetes Interwiev mit Langevins Frau, die behauptete, sie habe seit anderthalb Jahren materielle Beweise für die Untreue ihres Mannes. *L'Intransigeant* brachte das Gewicht seiner Meinung in einem kritischen Angriff auf Marie Curies Drohung mit einer Schadenersatzforderung ein; die geschädigte Partei, deutete der Artikel an, sei eine andere Frau: die schmerzlich leidende Gattin von Langevin, die Mutter seiner vier Kinder.

Marie Curie war, unbemerkt von der Presse, nach Paris zurückgekehrt. Am 8. November erhielt sie ein Telegramm. Sie muß gedacht haben, es handele sich nur um eine weitere Bitte um ein Interview oder eine Erklärung. Es war jedoch in Stockholm aufgegeben, und die einfache Nachricht war fast mit jener identisch, die sie acht Jahre zuvor erhalten hatte:

»Nobelpreis für Chemie Ihnen zugesprochen. Brief folgt. Aurivillius.«

Das war die Ankündigung der bedeutendsten Anerkennung, die irgendein Wissenschaftler im 20. Jahrhundert bis zu diesem Zeitpunkt erhalten hatte. Sie war die erste Person – nicht nur die erste Frau –, die mit zwei Nobelpreisen der Naturwissenschaft ausgezeichnet wurde. Das war ein wunderbarer und ganz unwahrscheinlicher Erfolg. Die Nachricht hätte ihr versichern können, daß ihre Fähigkeiten nunmehr international anerkannt waren. Sie hätte ihr Gemüt stärken und ein unmittelbarer Anlaß für den Stolz ihrer Landsleute sein sollen. Statt

dessen ging jeder seelenwärmende Stolz in der Sorge unter, was die Zeitungen am nächsten Tag wieder auskochen mochten, und wie dies überhaupt alles enden sollte.
Die Presse hatte Grund, die Ankündigung des Nobelpreises zu vernachlässigen. Einige Zeitungsherausgeber verfügten jetzt über eine Quelle für weit aufregendere Nachrichten. Und diese war hinreichend ergiebig, um sie ihrer Sache völlig sicher zu machen. Es war ihnen gelungen, der Curie-Langevin-Briefe habhaft zu werden. Léon Daudets *L'Action française* führte die Attacke an, mit der Absicht, den Skandal zu einer neuen Dreyfus-Affaire zu machen. Daudets »Organ des integralen Nationalismus« verbannte die Geschichten über deutschjüdische Spionage gegen Frankreich oder die läßlichen Sexualsünden der liberalen Intelligentsia von ihrem Vorzugsplatz. An diese Stelle traten nun lange Artikel, welche die Sache einer ehrbaren Französin vertraten, deren trautes Heim systematisch von einer Fremden, einer Polin zerstört worden war. Daudet nahm Fouquiet-Tinvilles berühmte Worte wieder auf, mit denen Lavoisier unter die Guillotine geschickt worden war: »Die Republik braucht keine Wissenschaftler!« und empörte sich seinerseits: »Heute braucht der republikanische Dreyfusianismus eine Morallehre der Wissenschaftler.«[5] Dreyfus, die Naturwissenschaft und die Unmoral waren nun zu einer Einheit geworden.
Marie Curie hatte einflußreiche Freunde, und sie waren bereit, ihren Einfluß zu ihren Gunsten einzusetzen. Am 16. November rief Jean Dupuy, der Präsident der Pariser Pressesyndikates, die führenden Zeitungen an und bat sie, jeden Kommentar zur Affäure Curie-Langevin einer freiwilligen Zensur zu unterziehen. *L'Action française* machte die Tatsache bekannt, daß diese Zeitung selbst von seinem Apell an das Verantwortungsgefühl ausgenommen worden war, und belehrte ihre Leser genüßlich darüber, daß der berühmte Anwalt und Exminister Raymond Poincaré (der ein Jahr später Premierminister werden sollte) nicht nur Marie Curies und Paul Langevins juristischer Berater, sondern auch vom Pressesyndikat angestellt war.
Es ließ sich nicht bezweifeln, daß *L'Action française* zusätzlich zu den Briefkopien über eine bereitwillig sprudelnde Informationsquelle in Gestalt von Poincarés Gegner, dem Rechtsbeistand von Madame Langevin, verfügte. Das Blatt wußte zu berichten, daß Madame Langevin am 26. Oktober ein Verfahren gegen ihren Mann und »eine andere Frau« eingeleitet habe, und daß eine Untersuchung der Sûreté im Gange sei. Es hatte auch erfahren, daß Emile Borel eine Zusammen-

kunft mit Madame Langevins juristischen Vertretern vor dem Polizeipräfekten beantragt hatte; daß Borel beanspruchte, sein Mandat sowohl von Paul Langevin als auch von der Sorbonne zu haben; und daß er die Beschlagnahme aller belastenden Dokumente verlangt hatte, die sich im Besitz von Madame Langevin befanden. Selbstverständlich hatte Madame Langevin den Rat erhalten, ihre Hauptwaffe nicht herzugeben.

So zog sich die Affäre Tag für Tag dahin, den ganzen November hindurch. Im Mittelpunkt stand Marie Curie, zusehends vor den Enthüllungen eines jeden Tages erbleichend. Die Spannung stieg. Dieser Tumult war fast ohne Pause auf den Lärm um ihre Wahl in dic Akademie gefolgt. Sie blieb zu Hause in Sceaux und beobachtete ängstlich die Auswirkungen auf ihre Kinder, wenn sie ihre Schäfchen unter den Augen neugieriger Zuschauer in die Schule brachte. In der Umgebung des Laboratoriums gab es jetzt zu viele zudringliche Beobachter, als daß sie sich hätte nach Paris wagen können. Ihre Freunde und Berater – die Perrins, die Borels, die Chavannes, Debierne und andere – scharten sich um sie, aber kaum einer von ihnen konnte etwas zur Verbesserung ihres Gemütszustandes tun.

Jedermann war gespannt, was mit den Briefen geschehen würde. So war es auch in den Zeitungsredaktionen, wo die meisten Herausgeber jetzt den Inhalt der Briefe genau kannten. Aber waren sie echt? Würde jemand gegen Marie Curies Drohung mit rechtlichen Schritte auftreten? Und wenn ja, dann wer?

Marie Curies Spannung wurde am 23. November beendet, als eine kleine Zeitschrift mit rotem Umschlag, *L'Oeuvre,* unter dem Titel »Der Sorbonne-Skandal« lange Auszüge aus den Briefen veröffentlichte. Für Marie Curie waren diese Enthüllungen verhängnisvoll. Der Journalist, der sich entschlossen hatte, einen Kampf bis aufs Messer zu beginnen, war Gustave Téry. Er war ein aggressiver kleiner Mann von unvorhersehbarem Verhalten: Brille mit Drahtgestellt, Ziegenbart, ein Es-ist-erreicht-Schnurrbart über dicken Lippen. Man sagte, der Arzt habe ihm gegen seine Verdauungsbeschwerden grüne Bohnen verschrieben, und er hasse die Dinger so sehr, daß es einen Fleck an seiner Bürotür gab, wo er einen Teller voll seinem Diener an den Kopf geworfen hatte.

Nicht nur die Verdauungsprobleme hatte er mit Paul Langevin gemeinsam. Sie hatten an der École Normale studiert, kannten sich gut und waren nach Térys eigener Ansicht gute Kameraden gewesen. Térys akademische Laufbahn an verschiedenen Institutionen war weniger hervorragend als die von Langevin gewesen, und aufgrund seiner politischen Aktivitäten war er Anfang 1910 als Philosophielehrer in Laon entlassen worden. Seine Wochenzeitschrift *L'Oeuvre* mit dem unübersehbaren roten Umschlag war rasch bekannt geworden. Es war ein schlüpfriges, halbintellektuelles Skandalblatt, heftig antisemitisch und fremdenfeindlich, von der Vorstellung beherrscht, in jedem ausländischen oder jüdischen Bett liege ein Verräter Frankreichs.

In diesem Falle war Téry seiner Information ganz sicher; sodaß er den Inhalt fast eines ganzes Heftes von *L'Oeuvre* dem Sorbonne-Skandal, den Briefen und seinen eigenen entrüsteten Ansichten über das Benehmen von Marie Curie und Paul Langevin widmete.[6] Wenn es je eine Kameradschaft zwischen den beiden Männern gegeben hatte, dann war diese Veröffentlichung von der ersten Zeile an darauf berechnet, jene zu beenden, und das war noch nicht das Ärgste. Téry nahm das Thema der neuen Dreyfus-Affäre auf: die Naturwissenschaft als modernes Götzenbild, ihre Anhänger als Hohepriester, die eine Haltung der Unfehlbarkeit einnehmen und ihre eigenen Tabus schaffen. *Seine* Feder, bekundete er, wurde von einer Hand geführt, die im Angesicht der wissenschaftlichen Götter »keineswegs zitterte«. Die Wahrheit, wie er sie verkündete, lag darin, daß Madame Curie, »die vestalische Jungfrau des Radiums«, mit perfiden und lasterhaften Angeboten Paul Langevin von seiner Gattin und diese arme Dame von ihren Kindern getrennt hatte. Für Langevin, *»le chopin* de la Polonaise«*, zeigte seine Feder wenig Mitgefühl. An die Adresse von Marie Curie schrieb Téry: »Nachdem er Ihre Briefe erhielt und Ihre Ratschläge befolgte, zieht er heute die Frau in den Schmutz, die seinen Namen trägt, und erlaubt allen seinen Freunden, sie zu beschimpfen: die Frau, die immer noch die Mutter seiner vier Kinder ist; dieser Mann, mag er auch ein Professor am Collège de France sein, ist nichts anderes als ein übler Bursche und Schurke.«

Auf seine Anschuldigung ließ Téry den Text folgen, von dem er behauptete, er sei das Scheidungsurteil, das am 8. Dezember vor Gericht verlesen werden sollte. Darin wurde kühn behauptet, Monsieur Langevin habe ehebrecherische Beziehungen mit Marie Curie unterhalten, »unter Bedingungen, welche die Aufnahme einer Konkubine im eheli-

* Im Slang bedeutet das Wort einen großen Gewinn, insbesondere eine günstige Eroberung, die eine Frau macht.

chen Heim darstellten.« Es wurden Angaben über Paul Langevins Wohnsitz in der Rue du Banquier gemacht, und festgestellt, das ehebrecherische Paar habe sich dort täglich getroffen und gemeinsame Mahlzeiten eingenommen. Die Informationen über Maries und Langevins Kommen und Gehen in der Wohnung stammten von Nachbarn, die beobachtet hatten, daß sie »sich wie ein Liebespaar benahmen.« Die Briefe selbst, ein Dutzend Seiten, zeigten deutlich, daß sie von Menschen mit einem vertrauten Verhältnis stammten, da sie die familiäre Anrede »tu« benutzten, und handelten vor allem von Langevins häuslichen Problemen. Er beschrieb: »Gestern fand in meinem Zimmer von elf bis vier Uhr morgens eine Aussprache statt. Zwar immer noch ohne Ergebnis; aber einen gewissen Fortschritt habe ich doch gemacht, insofern meine Frau bestätigte, daß sie ihre Drohungen zurückziehen und mir freistellen will, mich zwischen ihr und dir zu entscheiden. Sie war zwar nicht bereit, den gestohlenen Brief zurückzugeben, sagte aber, sie wäre bereit, vor Zeugen zu schwören, daß sie ihn nicht öffentlich benutzen will und aufhören würde, dich zu bedrohen. Das ist doch ein kleiner Fortschritt ... Ich zittere vor Ungeduld, wenn ich daran denke, daß ich dich endlich wiedersehen werde, und mir vorstelle, daß du sagen wirst, wie sehr du dich nach mir gesehnt hast. Ich umarme dich zärtlich und warte auf morgen.«

Und von Marie:

»Auf Wiedersehen, lieber Paul. Ich nehme deinen lieben Kopf in die Hände und streichle ihn mit zärtlicher und mütterlicher Zuneigung.«

Der mit »Sonntag« datierte Brief von Marie an »meinen lieben Paul« besteht zum größten Teil aus Ratschlägen, wie er unter den äußerst schwierigen Bedingungen ihres gemeinsamen Familienlebens seine Frau behandeln solle, was schließlich am besten für die Zukunft der Kinder sei, sowie dem beharrlichen Rat, um des Friedens seiner Seele und seiner wissenschaftlichen Zukunft willen solle er seine Freiheit verlangen. Der Rest des Textes ist zärtlich, aber abgesehen von der energischen Warnung, er solle seiner Frau gegenüber eine feste Linie einhalten (und insbesondere die Gefahr vermeiden, sie in Augenblicken der Versöhnung zu schwängern), kaum eindeutig belastend.

»Uns vereint eine tiefe Zuneigung, wir sollten nicht zulassen, daß sie zerstört wird. Ist die Zerstörung eines wahren und tiefen Gefühls nicht dem Tod eines Kindes vergleichbar, das man liebkoste und heranwachsen sah, und könnte eine solche Zerstörung in manchen Fällen nicht ein schlimmeres Unglück als ein Todesfall sein?

Was hätten wir mit diesem instinktiven und so spontanen Gefühl alles anfangen können, daß unseren Rechten wie unseren intellektuellen Bedürfnissen entspricht, die es so schön erfüllte? Ich denke, wir haben eine ganze Menge damit angefangen: einiges an erfolgreicher gemeinsamer Arbeit, eine gefestigte gute Freundschaft, Lebensmut, und noch schönere Kinder unserer Liebe, im besten Sinne dieses Wortes.«

Téry arrangierte das Material in einer Weise, die bei seinen Lesern keinen Zweifel daran lassen sollte, daß Marie Curie und Langevin häufig ein Bett miteinander geteilt hatten, und daß es nur Madame Langevins Anstandsgefühl zu verdanken war, wenn das Liebespaar nicht in flagranti ertappt worden war.

Die Briefe machten einen unwirklichen Eindruck, einiges an ihnen war fragwürdig. Die Quelle der Briefe von Marie Curie an Langevin war bekannt, aber woher stammten die Briefe von Langevin an Marie? Wenn Madame Langevin und ihr Schwager Dokumente aus Langevins Schublade entnommen hatten, war es möglich, daß sich darunter Kopien seiner eigenen Briefe oder gar diese selbst befanden? Und warum ist kein einziger voll datiert?

Téry dürfte keine Skrupel gehabt haben, die gestohlenen Briefe zu ändern, wenn das seinen Zwecken diente und er damit durchkommen konnte. Aber in diesem Falle war er keineswegs der einzige Herausgeber, der die Dokumente gesehen hatte. Zu diesem Zeitpunkt scheinen sie halb Paris zugänglich gewesen zu sein. Die Tatsache jedoch, daß keiner der Briefe gänzlich belastend ist, daß der Inhalt mehr oder weniger mit den unbestreitbaren Realitäten übereinstimmt, und daß einige Sätze darin beweisen, daß, wer immer sie geschrieben haben mag, er jedenfalls mit den Verhältnissen an der Naturwissenschaftlichen Fakultät ebenso wie mit den Familien Borel, Perrin und Chacannes eng vertraut war, legen es nahe, daß die veröffentlichten Absätze, wenn sie kein wirklichen Zitate waren, doch zumindest auf Originalbriefen basierten. Marguerite Borel, die sich bereits wenige Stunden nach dem Erscheinen von *L'Oeuvre* an den Zeitungskiosken um Marie Curie kümmerte, schrieb später, die Briefe seien »verstümmelt, raffiniert zerteilt und neu zusammengesetzt worden, in einer Weise, die ihren Inhalt ins Gegenteil verkehren konnte,« und meinte, die bösartige Deutung dieses Inhalts verdanke sich Marie Curies polnisch offenherzigen Gebrauch des geschriebenen Französisch. Aber die Existenz der Briefe wurde nie bestritten.

Nach den Vorstellungen, die ein halbes Jahrhundert später vorherrschen, war Marie Curie nicht viel vorzuwerfen. Langevins Ehe war seit einigen Jahren eher ein Dauerkrieg gewesen. Der größte Fehler bestand vielleicht darin, andere Personen vom Scheitern dieser Ehe zu unterrichten. Paul Langevin war ein hinreißender und gefühlvoller Mann, den Marie Curie, wie sie selbst zugab, bewunderte, und zu dem sie eine zärtliche Beziehung entwickelt hatte. Sicherlich gab es eine sexuelle Anziehung, aber in Anbetracht ihres Gesundheitszustandes läßt sich nicht ausmachen, welche erotischen Formen ihr Verhältnis hatte. Sie war seit fünf Jahren Witwe, und seine Ehe ging während dieser Zeit in die Brüche. Koketterie gehörte nicht zu ihren Verhaltensweisen; sie verabscheute diese Eigenschaft bei anderen Frauen. Es gibt keinen triftigen Beweis dafür, daß sie versucht hätte, Langevin einem sonst glücklichen Haushalt zu entfremden.

Nur sie selbst wußten, ob sie ein Liebespaar waren, wenngleich es nach den Bedingungen, unter denen sie sich regelmäßig trafen, recht erstaunlich wäre, wenn sie es nicht gewesen wären. Nach dem heutigen Moralkodex wäre die Angelegenheit wohl nur Anlaß für einigen privaten Klatsch, aber kaum für einen öffentlichen Skandal geeignet gewesen.

Aber der Maßstab, nach dem sie beurteilt wurden, und nach dem Marie Curie sich selbst beurteilte, war nicht der heutige. Die Sexualunterdrückung des 19. Jahrhunderts war in ihrer Herrschaft noch ungebrochen. Marie war ertappt worden, ein heimliches Verhältnis mit dem Mann einer Mutter von vier Kindern, darunter einem Baby, zu haben. Langevin wurde als Besitzer einer »Junggesellenwohnung« überführt. Für ihn bedeutete das, zur Zielscheibe reichlichen Spottes zu werden. Aber für sie bedeutete die Offenlegung ihrer Schuld als *Frau*, daß sie dem bösen Urteil der zeitgenössischen Gesellschaft über die weibliche Verfehlung ausgesetzt war.

Die Wirkung von *L'Oeuvres* Beschluß, die Briefe zu veröffentlichen, auf Marie Curie war vernichtend. Die Ergebnisse sollten letzten Endes schlimmer traumatisierend wirken als der Anblick des verstümmelten Körpers ihres Mannes. Sie hatte das Gefühl, und manche Zeitungen schreckten nicht davor zurück, ihr dies nahezulegen, daß sie den Namen Curie beschmutzt habe. Selbst wenn sie in allen anderen Punkten, derer sie angeklagt wurde, unschuldig war, hatte sie keine Möglichkeit, sich gegen den Vorwurf zu verteidigen, sie habe es dahin kommen lassen, daß der Name ihres Mannes in die Gosse als Dreigroschenjournalismus gezogen wurde.

Der Skandal sollte sich noch weiter ausbreiten. Es verbreiteten sich Gerüchte aller Art. Die Geschichte des Verhältnisses zwischen Paul Langevin und Marie Curie wurde genauer in Augenschein genommen. Man stellte fest, daß sie im Jahr vor Pierre Curies Tod gemeinsam in Sèvres unterrichtet hatten: vor dem Tod, der unter so sonderbaren Umständen eingetreten war. War die heimliche Affäre schon vor vielen Jahren herangereift? Wenn das so wäre, ließen sich die allgemein veröffentlichten Worte des erschrockenen Kutschers Louis Manin, Curie habe »sich buchstäblich gegen mein linkes Pferd geworfen«, nun in einem ganz neuen Licht sehen. War der große Physiker von den Kindereien seiner Frau und seines ehemaligen Schülers zum Selbstmord getrieben worden? Es gibt keinen dokumentarischen Beweis, der dies Gerücht hätte unterstützen können, aber es war stark genug, um bis heute seine Spuren zu hinterlassen. Ob es nun irgendwie in der Wahrheit begründet oder von rein boshaftem Ursprung war, es war nur eines von vielen, die sich um das Tun und Lassen des Paars von nun betrübten und verwirrten Wissenschaftlern rankten.
Die unmittelbaren Ergebnisse von Gustave Térys Werk waren eher physisch als psychologisch bedrohlich. Die Ansammlung von Schaulustigen, die sich in den letzten Tagen gelegentlich um das Tor des Hauses in Sceaux geschart hatte, wurde plötzlich größer, und die Blicke der Neugierigen waren nun offen feindselig. Aus dem Innern des Hauses konnte man Pfiffe und Rufe hören. Einige Sätze waren verstehbar: »Raus mit der fremden Frau. Gattendiebin.« Jemand warf einen Stein an die Hauswand.
Bevor die Situation jeglicher Kontrolle entglitt, erschien in einem Taxi Marguerite Borel in ihrer beliebten Rolle als rettender Engel gemeinsam mit dem treuen André Debierne. Als Émile Borel *L'Oeuvre* gelesen hatte, hatte er seine Frau und André sofort losgeschickt, um Marie in die Sicherheit seiner Wohnung zu bringen, wo es zwei Zimmer gab, die sie mit ihrer Familie bewohnen konnte.
Als Marguerite und Debierne bei ihrem Haus ankamen, bahnten sie sich einen Weg durch die Menge vor dem Tor. Drinnen angekommen, fanden sie Marie zwar verängstigt, aber wie gewöhnlich äußerlich beherrscht vor. Sie machte sich Sorgen um Irène, die mit den Kindern der Chavannes zum Gymnastikunterricht gegangen war. Nach einiger Zeit ließ sie sich überreden, mit der verständnislosen kleinen Eve an der Hand hinauszugehen. Debierne brachte die beiden sowie Marguerite und einen Koffer mit Kleidung rasch in das Taxi und sagte, er werde

sich um das andere Kind kümmern. Als die Droschke die Menge hinter sich ließ, war Maries Gesicht versteinert: »weiß wie eine Statue«, nach Marguerites Eindruck, die gern die Hand der bestürzten Frau ergriffen hätte, sich aber nicht traute.
Während der Fahrt sagte Marie kein Wort, und als das Taxi bei der École Normale ankam, eilte sie über den Hof der Hochschule zur Wohnung der Borels.
Für den Augenblick sorgte sie sich vor allem um die Kinder. Eve war noch zu jung, um irgendetwas zu verstehen. Irène mit ihren vierzehn Jahren war verletzlicher. Debierne hatte sie in der Turnhalle gefunden. Aber ein Exemplar von *L'Oeuvre* war schon vor ihm eingetroffen und befand sich bereits in Irènes Händen. Sie war völlig betäubt. Als sie in Borels Wohnung ankam, fiel sie ihrer Mutter um den Hals. Beide hatten trockene Augen; beide waren niedergeschmettert. Schließlich löste Irène sich von ihrer Mutter und ließ sich von Henriette Perrin zum Boulevard Kellermann mitnehmen. Marie wurde von Marguerite überredet, sich ruhig hinzulegen, während sich ein Dienstmädchen um das kleinere Kind kümmerte.
Nachdem sich innerhalb der Wände der École Normale alles beruhigt hatte, war das draußen herrschende Interesse an der Curie-Langevin-Affäre keineswegs erstorben. Verschiedene Parteien hatten den Eindruck, in ihrer Ehre verletzt worden zu sein, und waren entschlossen, ohne Rücksicht auf die Empfindungen von Madame Curie, Madame Langevin und aller ihrer Kinder, für sich selbst Rache zu fordern. Rache indessen vollzog sich auf dem männlich beherrschten Feld der Pariser Boulevardpresse, indem man tierische Kampfhaltungen einnahm, aus der dann eins der Männchen als Sieger hervorging. Prozesse wegen übler Nachrede waren nicht beliebt; sie waren zu teuer. Die populäre Alternative, ein Duell, war nicht nur viel billiger, sondern ging auch schneller: und hatte einen gewöhnlich weniger gefährlichen Ausgang. Ein Duell in jener höchst unrühmlichen Periode dieser Kunst bedeutete das rituelle Erscheinen der Kämpfer und ihrer Sekundanten, alle gehörig gekleidet und mit Degen oder Pistolen versehen. Nur unter sehr ungewöhnlichen Bedingungen wurde einer der Teilnehmer ernstlich verletzt; der kleinste Blutstropfen an der wenigst schmerzhaften Stelle der Anatomie genügte, um den bittersten Streit beizulegen.
Ohne daß Marie Curie es wußte, wurde am Tag der Veröffentlichung der Briefe ein Duell für sie ausgetragen. Henri Chervet von *Gil Blas* und Léon Daudet von *L'Action Française* hatten sich, wie so viele Po-

lemiker jener Tage es taten, wenn die Sache, die sie verfochten, nur wenig Neuigkeiten hergab, daran gemacht, sich gegenseitig auf dem Papier zu vernichten. Chervet hatte an Daudets üblen Angriffen auf die beiden Wissenschaftler Anstoß genommen, und nun waren die Journalisten es müde, mit den Federn aufeinander zu zielen und beschlossen, die Schwerter zu kreuzen.

Le Temps berichtete wie viele andere von dem Duell, in jenem toleranten, aber etwas gelangweilten Stil, in dem *The Times* eine Qualifikationsrunde in Wimbledon beschreiben würde. Das Duell zwischen Chervet und Daudet war jedoch ungewöhnlich folgenreich. Daudet erhielt, obwohl er in dieser Art von Treffen recht erfahren war, eine »sechs Zentimeter tiefe« Wunde am Ellenbogen. Dies erlaubte zwar die Versöhnung zwischen ihm und Chervet, machte es ihm aber unmöglich, sich gleich einer weiteren »Ehrensache« mit einem anderen Redaktionsmitglied von *Gil Blas,* Saul Merzbach, zu widmen, der ebenfalls Satisfaktion verlangt hatte.

Gil Blas war mit einem Stab bissiger Journalisten versehen, die die satirischen Kolumnen der Zeitung schrieben. Am nächsten Tag wurde hier der Hausausgeber Pierre Mortier von niemand Geringerem als Gustave Téry zum Duell herausgefordert, der sich von Mortiers Kritik an seiner Rolle bei der Veröffentlichung der Curie-Langevin-Briefe beleidigt fühlte. Das Duell, wiederum mit Degen ausgefochten, fand auf der Radrennbahn Parc-des-Princes statt, wobei Madame Langevins Schwager als Sekundant von Téry fungierte. Das Ritual endete ohne Zwischenfälle, als Mortier leicht am Unterarm verwundet wurde. Nun wurden noch einige weitere Duelle diskutiert.

Die ganze Situation hatte etwas von der Lächerlichkeit einer Grand-Guignol-Farce an sich. Die Aufführung verdiente zweifellos das vornehm unterdrückte Gähnen in dem Ausdruck »noch ein Duell« in *Le Figaro* (dessen journalistischer Standard dem der anderen Zeitungen unendlich überlegen war). Aber während einige zweitrangige Journalisten, die zuviel Zeit hatten, ihre Drohgebärden einnahmen, wurde die Situation für die Personen im wirklichen Zentrum der Affäre ernsthaft bedrohlich. Die Wahrscheinlichkeit einer wahrhaftigen Katastrophe zeigte sich am Horizont, als Langevin dem Imponiergehabe der Kampfhähne zuschaute und den Drang verspürte, ihr Verhalten nachzuahmen. Sein gesamtes Privatleben war zur Belustigung der Pariser Zeitungsleserschaft von innen nach außen gekehrt worden, und er hatte tatenlos zugesehen, wie ein anderer Mann Gustave Téry herausgefordert hatte, den Journalisten, der ihn, Langevin, an diesem Tage öffentlich als »üblen Burschen und Schurken« bezeichnet hatte. Das war zu viel. Er beschloß, die modische Genugtuung zu fordern.

Am Morgen des 24. November erschien Langevin im Cut bei den Borels und erkärte: »Ich habe beschlossen, Téry zum Duell zu fordern. Ich weiß, es ist idiotisch, aber ich muß es tun.«

Es war idiotisch. Die volle Idiotie bemerkte Langevin erst, als er den Morgen damit verbrachte, in einer Pferdedroschke in Paris umherzufahren und nach zwei Sekundanten zu suchen, die seine Herausforderung überbringen würden. Seine akademischen Freunde waren höflich und verständnisvoll, aber gar nicht geneigt, sich in die albernen Extreme verwickeln zu lassen, auf welche die Angelegenheit jetzt zuzustreben schien. Langevins erster Versuch bei Haller, dem Direktor der Hochschule für Physik und Chemie, war erfolglos. Haller zeigte sich teilnahmsvoll, wünschte aber nicht, in das Handgemenge hineingezertt zu werden. Erst als der sanfte Paul Painlevé, ein Mathematiker, der bald sozialistischer Abgeordneter von Paris werden sollte (und der zweite zukünftige Premierminister war, der mit der Affäre zu tun hatte), einverstanden war, Langevin als Sekundant beizustehen, ließ sich auch Haller gegen seine bessere Überzeugung dazu überreden.

Es dämmerte der Morgen des 25. November, und Langevins und Térys Sekundanten hatten die Bedingungen des Treffens festgelegt: Pistolen, eine Runde auf fünfundzwanzig Meter. Das Pariser Duell hat vermutlich ebenso viel Anläße für Witze zur Verfügung gestellt, wie es Verletzungen verursacht hat. Der Romancier George Moore pflegte seinen Freunden zu erzählen, daß er sich einst in Paris duelliert hatte, mit Pistolen. Als Sir William Geary ihn fragte, ob es auf zehn oder fünfzehn Schritte war, antwortete Moore: »Das wäre gefährlich gewesen. Wir standen auf fünfunddreißig Schritte; keiner von uns trug auch nur einen Kratzer davon.« Nichtsdestoweniger standen Pistolen im Ruf, gelegentlich mehr als eine leichte Verletzung hervorzurufen. Unfälle waren nicht unbekannt, ja es hatte sogar Todesfälle gegeben.

An jenem kalten Morgen um zehn vor elf stand Langevin auf der offenen Rennbahn des Fahrradstadions Parc-des-Princes, mit einer ungewohnten Waffe in der Hand. Er wäre ein allzu unempfindlicher Mensch gewesen, wenn seine Haare, ohnehin als Bürstenfrisur geschnitten, nicht in unsicherer und ahnungsvoller Erwartung zu Berge gestanden hätten. Sie waren natürlich mit einem Bowler bedeckt. Sein pomadisierter Schnurrbart befand sich in 25 Schritt Entfernung von pomadisierten Schnurrbart seines ehemaligen Studienfreundes Téry, ebenfalls mit Bowler. Die Gestalten in der Nähe trugen wie er selbst alle Schwarz, freilich mit starken Unterschieden im modischen Akzent: Haller und Painlevé in Cut und Zylinder, die Sekundanten der Gegenseite in Jackett und weichem Filz. Weniger auffällig und in sicherer Entfernung, doch etwas bedrohlich sah man die schwarzen Gestalten zweier Ärzte. Noch weiter entfernt, auf dem Dach der Umkleideräume für die Radfahrer, saß eine Reihe von Zeitungsjournalisten. Sie hatten ihren Aussichtsturm von der Außenseite des verschlossenen Stadions mittels einer Leiter erreicht, die bei Gelegenheiten wie dieser eigens mitgebracht wurde.

Um genau elf Uhr rief Painlevé das Bowler-behütete Paar zur Aufmerksamkeit. Dann begann er zu zählen, um die Aufforderung zum Schießen zu geben. Aber er war mit den Gepflogenheiten des Rituals nicht vertraut. Alle Anwesenden, Sekundanten, Ärzte, Journalisten und vor allem die Kombattanten waren völlig überrascht, als er plötzlich ungewöhnlich rasch zu zählen begann.

»Un … deux … trois.«

Die Zuschauer warteten auf den Knall der Pistolen. Aber kein Geräusch störte die Ruhe der Rennbahn. Die Journalisten beobachteten, wie die Tauben auf dem Rasen in der Mitte des Stadions friedlich weiterpickten und in keiner Weise von ihrer Beschäftigung abgelenkt wurden. Langevin richtete seine Pistole auf Téry – und starrte ihn an –, während dieser seine Waffe immer noch zu Boden gerichtet hatte. Langevin ließ seine Pistole halb sinken, hob sie wieder, ließ sie dann ganz herabsinken.

Niemand war sicher, was das Protokoll für einen solchen Fall vorschreibt. Die Sekundanten konferierten miteinander, dann mit ihren Männern, dann wieder miteinander, dann mit den gegnerischen Sekundanten. Stimmengewirr, ein sonderbarer Tanz von Gestalten in schwarzen Mänteln auf der Radrennbahn. Wie Téry seinen Lesern später enthüllte, war es ihm passiert, daß er plötzlich einsah, er würde der Sache von Madame Langevin einen schlechten Dienst erweisen, wenn er ihren Mann tötete, und diese Skrupel hinderten ihn daran, »die französische Wissenschaft eines kostbaren Geistes zu berauben, mochte dessen Besitzer es nun vorziehen, ihn zu seinem eigenen Nutzen anzuwenden, oder zu der reizenden Vermittlerin Madame Curie zurückzulaufen.«[7] Er weigerte sich zu schießen.

Die Sekundanten nahmen die Hüte ab, wischten sich die Stirn, einer

nahm vorsichtshalber die Pistolen der unbefriedigten Widersacher und schoß sie in die Luft ab, um sicher zu gehen, daß sie keinen Schaden anrichteten; die Tauben flogen auf, die Ärzte klappten ihre Taschen zu, und die Reporter steckten ihre Notizbücher ein.
Marie Curie nahm die Nachricht von der Folge der Ereignisse äußerst schlecht auf. Henriette Perrin blieb jetzt ohne Unterbrechung bei ihr. Marie Curie erzählte ihrer Tochter später, daß sie in dieser Periode angefangen hatte, an Selbstmord zu denken.[8]
Aber in der Stunde der Not sammelten sich auch Freunde. Die Nachricht war schon in Polen angekommen. Bronia reiste bereits quer durch Europa, aber diesmal war die Lage offenkundig so verzweifelt, daß auch ihr Bruder Jozef und ihre Schwester Hela mitkamen.
Zu diesem Zeitpunkt empfand Marie Curie einen gewaltigen Druck, irgendetwas Entscheidendes zu tun. In der Sorbonne selbst gab es eine Fraktion mit sehr eindeutigen Ansichten darüber, wo die Schuld liege und wie sie zu sühnen sei. Émile Borel wurde sofort vom Minister für Erziehung bedrängt, der ihm mitteilte, seine Stellung als naturwissenschaftlicher Direktor der École Normale gebe ihm nicht das Recht, diese als ruhigen Hafen für Madame Curie zu benutzen. Sogar Borels Schwiegervater, Paul Appell, der Dekan der Naturwissenschaftlichen Fakultät, der Mann, der Marie Curie die Nachricht vom Tod ihres Mannes überbrachte hatte, und der ihre Kandidatur für die Akademie unterstützt hatte, war empört, daß seine Tochter und ihr Mann sich in einen allmählich derart schmutzig erscheinenden Skandal hatten verwickeln lassen. Appell war der Ansicht, es sei besser, wenn Madame Curie sich nach Polen begebe, wo sie keine Schwierigkeiten haben würde, eine Professur und ein Laboratorium zu erhalten. Einige andere Personen in verantwortlichen Universitätsstellungen teilten diese Ansicht.
Und nun wirkte sich auch der Einfluß ihrer beiden Schwestern und ihres Bruders auf sie aus: das war alles, was von ihrer kleinen Familie übrig war. Auch sie meinten, sie solle mit ihnen kommen. Es war ein starker emotionaler Magnet, der sie nach Polen zog – nach Hause –, einmal abgesehen von dem Druck, der sie aus Frankreich vertreiben wollte. Aber es gab etwas, was sie festhielt. Ihre Töchter waren Französinnen, ihr Mann war Franzose gewesen, und alles Wertvolle, was sie erreicht hatte, gehörte zu Frankreich. Überdies wäre eine überstürzte Flucht einem Schuldbekenntnis gleichgekommen. Die Freunde in ihrer Umgebung, die Perrins, die Chavannes und die Borels, waren dafür, aus-

zuharren, bis alles vorbei war. Aber wenn dieser Kurs eingeschlagen werden sollte, gab es eine ernsthafte Frage: Würde Marie Curies Kondition den Sturm aushalten? Sie war nicht nur psychisch gebrochen, sondern auch physisch in einem schlechten Zustand und begann, abzunehmen.

Schließlich hielt sie jedoch trotz ihrer geschwächten Gesundheit tapfer durch. Nicht nur das, sie beschloß auch, binnen zwei Wochen nach Stockholm zu fahren und den Nobelpreis selbst entgegenzunehmen. Dazu war eine enorme seelische und körperliche Energie erforderlich, ein weiteres Beispiel für die erstaunlichen physischen Kraftreserven, auf die sie sich in Zeiten der Not verlassen konnte.

Inzwischen setzte Téry seine Kampagne drei Wochen lang fort, obwohl er inzwischen sein Süppchen nur dadurch am Kochen halten konnte, daß er die moralische Verworfenheit der gesamten Naturwissenschaftlichen Fakultät an der Sorbonne angriff. Dann gab es auch die Schlagerdichter und die Satiriker, die »le chopin de la Polonaise« ausschlachteten. Aber die schlimmsten derartigen Erzeugnisse ließen sich ebenso wie die schlimmsten Abend- und Morgenzeitungen vor Marie Curie verbergen. Während die Tage vergingen und das öffentliche Interesse nachließ, schimmerte ein hoffnungsvolleres Licht durch die Wolken, und es zeigten sich allmählich die Früchte der Entscheidung, die Dinge in Ruhe abzuwarten. Anfang Dezember zeichnete sich ab, daß in Madame Langevins Auseinandersetzung mit ihrem Mann eine freundschaftliche Regelung wahrscheinlich war. Am 9. Dezember kam die Nachricht, daß man sich wahrscheinlich nicht nur außergerichtlich einigen würde, sondern auch daß, falls die Sache vor Gericht käme, Marie Curies Name in dem juristischen Verfahren nicht einmal erwähnt werden würde. Der Sturm zog vorüber.

Am 11. Dezember war Marie Curie in Stockholm, um den Nobelpreis in Empfang zu nehmen. Als unfehlbare Stütze hatte sie Bronia mitgenommen, und außerdem die kleine Irène. Das vierzehnjährige Mädchen hatte auf die Ereignisse der letzten Wochen mit plötzlicher Reife und Einsicht reagiert. Sie stellte eine Verbindung zu Sicherheit und glücklicher Vergangenheit dar. Irène verstand den Aufruhr, der zu jener Zeit die Familie umgab, nur zum Teil, aber sie begriff hinreichend, daß die Krise, die ihre Mutter durchmachte, die schlimmste in deren Leben war.

Das System, nach dem der Nobelpreis vergeben wird, ist gewöhnlich vom Geheimnis umgeben. Vorschläge für Auszeichnungen werden von den führenden Wissenschaftlern der Welt erbeten (Marie Curie selbst war in der Vergangenheit nach Vorschlägen gefragt worden), dann werden die Auszeichnungen von einem Komitee der Schwedischen Königlichen Akademie der Wissenschaften empfohlen. Im Laufe der Jahre sind viele hervorragende Wissenschaftler geehrt worden, aber bei einigen Auszeichnungen läßt sich der wissenschaftspolitische Kompromiß nicht leugnen. Pavlov erhielt im Jahre 1904 den Preis für Physiologie und Medizin nicht etwa für die kontroverse, aber glänzende Arbeit über bedingte Reflexe, mit der er angefangen hatte, sondern für seine Arbeit über Verdauungsphysiologie. Rutherford erhielt im Jahre 1908 zu seiner großen Heiterkeit nicht den Preis für Physik, sondern für Chemie. Und im Jahre 1921, sechzehn Jahre nach der Veröffentlichung seiner ersten Arbeit über die spezielle Relativitätstheorie, wurde Einstein mit dem Preis für Physik ausgezeichnet, jedoch nicht für jenes bedeutungsvolle Werk, sondern für seine Untersuchungen des photoelektrischen Effektes.

Im Jahre 1911 empfanden viele ausländische Wissenschaftler ein starkes Mitgefühl für Marie Curie, als die Demütigung ihrer Abweisung durch die Akademie bekannt wurde, und als so kurz danach einige schmutzige Gerüchte über einen bevorstehenden Zeitungsskandal zu zirkulieren begannen. Der schwedische Chemiker Arrhenius legte dem Nobel-Komitee die Idee nahe, daß die Entdeckung des Radiums »die wichtigste in den letzten hundert Jahren der chemischen Forschung« gewesen sei. Das Komitee rechtfertigte seine Entscheidung, ihr den Preis zu verleihen, mit der Begründung, »daß die Entdeckung des Radiums noch nicht Gegenstand einer Auszeichnung« gewesen sei, und daß der frühere Preis, zu dessen Empfängerin Marie Curie gehört hatte, für »die Entdeckung der Radioaktivität vergeben worden war; die in der Pechblende neu entdeckten Elemente waren nicht erwähnt worden«.

Das war natürlich Haarspalterei, auch wenn das Argument populär und aus den besten menschlichen und freundlichen Motiven heraus erfunden war. Die Entdeckung des Radiums kann nicht unterschätzt werden. Wie die Entdeckung der Röntgenstrahlen das Atomzeitalter ankündigten, so begann mit der des Radiums das Nuklearzeitalter. Nichtsdestoweniger hatte die Begründung für den Nobelpreis von 1903 zwar nicht gewagt, das Element mit Namen zu nennen, aber dennoch den Wert der Entdeckung bereits anerkannt. Die Arbeit, die sie seit 1902 durchgeführt hatte, war erstklassige Chemie gewesen, sie hatte Radium und Polonium ihren Platz im periodischen System der Elemente gesichert, jedoch keineswegs ein neues wissenschaftliches Gebiet eröffnet.

Die Geste des Nobelpreis-Komitees wurde in den internationalen wissenschaftlichen Kriesen im allgemeinen gutgeheißen. Planck, Rutherford und die meisten bedeutenden Kollegen von Marie Curie schickten sofort Glückwünsche, als sie die Neuigkeit hörten. Rutherford fügte noch ein freundliches Wort des Trostes hinzu: »Meinen herzlichsten Glückwunsch zur Anerkennung ihrer wissenschaftlichen Arbeit. Gerade vor ein paar Tagen sagte ich zu Langevin, ich dächte, daß Sie mit dem Preis ausgezeichnet werden sollten.«[9] Aber wiederum klang das, was er Boltwood mitzuteilen hatte, ein wenig anders: »Ich freue mich sehr, daß sie einen Nobelpreis bekommt, aber ich hatte gedacht, Richards würde der Preisträger sein. Er hätte es sicher verdient.«

Trotz ihres geschwächten Zustandes überstand Marie Curie die Nobel-Zeremonie mit Würde. Sechs Jahre zuvor hatte sie im gleichen Saal gesessen, mit Königlichen Hoheiten, Botschaftern und den führenden Wissenschaftlern der Welt, und zugehört, wie ihr Mann die Rede hielt, mit der er den zugleich ihr zugeteilten Preis annahm. Jetzt hielt sie ihre eigene Rede. Diese war sorgfältig formuliert und stark von ihren Erfahrungen des Jahres 1911 beeinflußt. Sie ließ bei ihren Zuhörern keinen Zweifel darüber aufkommen, welche Leistungen sie für sich selbst beanspruchen konnte, und zwar allein für sich selbst. Da sie so oft beschuldigt worden war, auf den Flügeln von Pierre Curies Begabung zum Triumph mitgetragen worden zu sein, benutzte sie bei jeder Gelegenheit, wo sie ihren Zuhörern und der ganzen Welt klarmachen wollte, was ihr gehörte, Personal- und Possessivpronomina. Sie sprach von ihrem Gegenstand als dem, »den *ich* Radioaktivität genannt habe«, und sprach von »*meiner* Hypothese, daß die Radioaktivität eine Eigenschaft des Atoms ist«.[10] Sie tat dies keineswegs mit der Absicht oder dem Ergebnis, Pierre Curies Anteil zu verkleinern, sondern erinnerte ihre Zuhörer daran, daß »die Entdeckungen von Radium und Polonium das Werk von Pierre Curie in Zusammenarbeit mit mir waren«. Und sie fügte auch hinzu: »Die chemische Arbeit mit dem Ziel, Radium im Zustand eines reinen Salzes zu isolieren und es als neues Element zu kennzeichnen, wurde speziell von mir durchgeführt, ist jedoch eng mit unserer gemeinsamen Arbeit verknüpft. Daher denke ich, daß ich die Absicht der Akademie der Wissenschaften richtig deute, wenn ich annehme, daß diese bedeutende Auszeichnung in unserer gemeinsamen Arbeit begründet ist und damit auch das Andenken Pierre Curies ehrt.« Aber das war ihre eigene Deutung, sonst vertrat sie niemand. Damit konnte sie zu einem Zeitpunkt, als man an ihrer eigenen Treue gegenüber dem Andenken Pierre Curies zweifelte, ihre Verbundenheit mit ihrem toten Mann öffentlich bekunden.

Die Anstrengung von Stockholm erschöpfte sie jedoch. Als sie erst einmal wieder in Paris war, fühlte sie sich nicht stark genug, um in ihr Haus in Sceaux zurückzukehren. Obwohl das öffentliche Interesse an ihren Angelegenheiten stark abgenommen hatte, sahen ihre Freunde, daß sie während der nächsten zwei Wochen in einen depressiven Zustand versank. Sie hatte vorgehabt, vor Ende des Jahres eine Wohnung in der Stadt zu nehmen, war jetzt aber in zu schlechter Kondition, um über so etwas nachzudenken. Am 29. Dezember wurde sie auf einer Bahre in eine Privatklinik gebracht, eine Frau an den Grenzen ihrer psychischen und physischen Kräfte.

1911 war ein schreckliches Jahr gewesen.

Die wiedergefundene Ruhe

Sie war ernstlich krank. Man hatte eine schwere chronische Infektion des Harnleiters diagnostiziert, und sie hatte akute Fieberanfälle. Ob eines dieser Leiden oder alle auf die Strahlung zurückzuführen war, der sie sich ausgesetzt hatte, wird sich nie mehr feststellen lassen. Es mußte eine Entscheidung gefällt werden, ob operiert werden sollte oder nicht. Sie selbst ließ man in Ruhe. Als das Fieber stieg, durften auch ihre Kinder sie nicht besuchen. Nur die wenigen Getreuen hatten die Erlaubnis, hereinzuschauen und mit ihr über ihre drückendsten Probleme zu sprechen. Oft saß André Debierne an ihrem Bett oder schickte tröstliche Briefchen, mit der Anrede »liebe gnädige Frau und Freundin« und der Unterschrift »Ihr ergebener A. Debierne«. Sie hatte ihm nicht nur die Laboratoriumsangelegenheiten anvertraut, sondern auch das, was an persönlichen Dingen zu regeln war. Wenn er sie besuchte, beruhigte er sie, daß zu Hause alles in Ordnung sei, besonders mit den Kindern, die diesen linkischen und schüchternen »Onkel« innig liebten.

Debierne und Jean Perrin gaben die Nachrichten über ihren Zustand weiter, sowohl an die Freunde in Paris als auch an die im Ausland. Nach einigen Tagen der Besorgnis war die Krise schließlich überstan-

den, und Perrin berichtete Rutherford sofort die erfreuliche Neuigkeit. Aber Perrin hatte auch noch anderes mitzuteilen:
»Die Nachricht ist gut. Das Fieber ist gefallen, und es ist nicht erforderlich, Madame Curie sofort zu operieren, was uns in Anbetracht ihrer schwachen Kondition sehr beunruhigt hätte.
Das Scheidungsurteil zwischen Langevin und seiner Frau erwähnt Madame Curie *nicht mit einem Wort,* aber die ›*Schuld*‹ wird Langevin zugeschrieben (der nicht dafür vorgesorgt hatte, Beweise gegen seine Frau vorzulegen, was er hätte tun können, ohne Madame Curie in die Sache hineinzuziehen).
Auf diese Weise gab Perrin den Abschluß der Affäre bekannt. Jede Beziehung zwischen Langevin und Marie Curie war bis in die Wurzeln hinein zerstört. Langevin mag gar nicht den Wunsch gehabt haben, das Verhältnis über jenen Punkt hinauszuführen, den es erreicht hatte. Aber wenn er ihn gehabt hatte, blieb ihm jetzt keine andere Wahl, als ihn aufzugeben. Die Auswirkungen der öffentlichen Zurschaustellung auf Marie Curie waren so schlimm, daß sie nie wieder eine Beziehung zu einem Mann, die nicht auf rein wissenschaftlicher Basis stand, in Erwägung ziehen sollte. Das Gespenst, das sie am meisten gefürchtet hatte, also die Vorstellung, ihr Name könne in einen Scheidungsprozeß hineingezogen werden, war gebannt.
Die psychologische Erleichterung für ihren angespannten Gemütszustand war gewaltig. Ihre Gesundheit besserte sich sofort. Obgleich sie noch geschwächt war, konnte sie Ende Januar nach Hause zurückkehren und ihre Kinder wiedersehen. Die Operation wurde aufgeschoben, bis sie sich stärker fühlen würde.
Tatsächlich ging es ihr bald besser; aber zu früh, bereits in der ersten Märzwoche, stand sie wieder an ihrem Arbeitstisch im Laboratorium. Die Nierenoperation, die später im Monat stattfand, versetzte sie erneut in einen geschwächten Zustand und in eine tiefe Depression.
Sie war von dem fest verwurzelten Schuldgefühl besessen, den Namen Curie beschmutzt zu haben. Sie bat ihre Schwester Bronia, in Brunoy in der Nähe von Paris ein Haus unter deren jetzigem Namen, Dlusky, zu mieten, und dort schloß sie sich mehrere Wochen ein, gefangen in ihrer Melancholie. Sie hielt die Adresse streng geheim, verriet sie nur den wenigen Freunden, die sich um die Kinder kümmerten, und nahm den Namen »Madame Sklodowska« an. Debierne wurde auf Geheimhaltung eingeschworen und durfte ihren Aufenthaltsort nicht einmal den Angehörigen des Laboratoriums bekanntgeben.

Im Mai empfing sie eine polnische Delegation unter der Anführung von Henryk Sienkiewicz (seit *Quo vadis* der bekannteste Schriftsteller Polens, und im übrigen wie sie Nobelpreisträger), deren Mitglieder versuchten, sie zu einer endgültigen Rückkehr nach Polen zu überreden. Aber zu diesem Thema hatte sie bereits ihre Entscheidung gefällt. Selbst während dieser verzweifelten Periode gab sie ihre eigensinnige Gewohnheit, die meßbaren Ereignisse des Lebens niederzuschreiben, nie auf, auch wenn keine Arbeitsergebnisse festzuhalten waren. Gewissenhaft schrieb sie jedes winzige Detail ihrer Ausgaben für den Haushalt auf. Vielleicht half ihr diese Gewohnheit, die sie nie, selbst unter derartigen Umständen nicht, aufgeben konnte, zu überleben. Sie notierte die Kosten für Wäsche, Medikamente, Musik- und Englischstunden der Kinder, Schuhe für Eve, Handschuhe für Irène. Alles, was zählbar ist, stand da. Sie trug in ihr Haushaltsbuch sogar die Ausgaben für den Dezember 1911 ein; und hier findet sich als Spur des aufregendsten Ereignisses ihres Lebens die kurze Bemerkung »Ausgaben L-Affäre: 378 Francs«.[1] Das war die einzige schriftliche Erwähnung jener folgenschweren Tage, die sie hinterlassen sollte.
Ende Juni hatte sie einen Rückfall und wurde in ein Sanatorium in Thonon in den Bergen Savoyens gebracht. Während des ganzen Monats, den sie im Krankenhaus lag, verzeichnete sie mit tadelloser Schrift die Daten ihrer Krankheit. Morgens und nachmittags notierte sie die Menge an Wasser, die sie zu sich nahm, ihre Temperatur, die Regelmäßigkeit und den Grad der Schmerzen am Harnleiter, die Menge an Eiter, die sie absonderte, den Zustand des Urins, der den Verlauf der Krankheit anzeigte, und die Häufigkeit der Fieberanfälle.
Während des Höhepunktes der Krise schrieb Irène ihrer Mutter ins Sanatorium, dessen Adresse wie die in Brunoy geheimgehalten wurde. »Meine liebste Mé, gestern las ich in *Le Matin,* daß Henri Poincaré gestorben ist. Ich nehme an, es stimmt, daß es nach einer Operation geschah. Die Vorstellung, daß es einen ähnlichen Artikel über Dich hätte geben können, ließ mir die Haare zu Berge stehen.«[2]
Für Irène war es eine Zeit der Erprobung. Sie war ein Mädchen, das am Wendepunkt steht, eine junge Frau zu werden, und konnte das Wesen der Ereignisse, in welche die Familie verwickelt wurde, erst zum Teil verstehen. Aber gegenüber den Leiden, die sie jetzt mit ihrer geliebten Mutter zu teilen hatte, war sie äußerst empfindungsfähig.
Das Ausmaß, in dem ihre Mutter verwundet war, begriff sie erst, als Marie Curie ihr sagte, Irène müsse ihre Briefe in Zukunft statt an Ma-

dame Curie an Madame Sklodowska adressieren. Unbeabsichtigt gab die Mutter die Verletzung an ihre Tochter weiter. Die Annahme, der Name, den sie zu bewundern gelernt hatte, müsse nun gleichsam schamvoll verborgen werden, schmerzte das Mädchen tief. Sie hatte keine rechte Vorstellung, warum ihre Mutter den Namen ihres Vaters und ihren eigenen nicht mehr benutzen wollte und flehte sie an, sie möge ihr erlauben, ihre Briefe weiterhin an Madame Curie richten zu dürfen, worauf sie einst so stolz gewesen war. Aber Marie Curie sagte nein.

Irène spielte Mutter für Eve, sah nach der Siebenjährigen, wenn sie leichtes Fieber hatte, und notierte die Temperatur von 37.2° mit jener Genauigkeit, an der, wie sie wußte, ihre Muttter Gefallen finden würde. Sie schrieb oft, auf eine altkluge Weise: Sie erörterte mathematische Probleme, berichtete von ihren Fortschritten in Englisch und versicherte ihrer Mutter, daß sie daran gedacht habe, ihren Deutschunterricht zu bezahlen. Aber während des Sommers setzte sich in ihr das Schamgefühl ebenso fest wie in ihrer Mutter. Dadurch wurden Mutter und Tochter noch enger aneinander gebunden. »Danke dem Postboten, der Dir meinen Brief gebracht hat«, schrieb sie ihr nach Thonon, »trotz der Art, in der ich ihn adressieren muß.«[3] In ihrem Tagebuch des Jahres 1911 verzeichnete sie das, was der Familie widerfahren war, nur mit zwei Worten: »Langevin-Affäre«.

Im August fühlte sich Marie Curie physisch soweit wiederhergestellt, daß sie sich aus ihrer morbiden Einsamkeit herauswagen konnte. Sie brauchte einen vollständigen Wechsel der Umgebung: einen Ort, wo sie nicht das Gefühl der Belagerung hatte, wo sie unerkannt und unbekannt sein würde.

Früher im Jahr, zurzeit des Tiefpunktes ihrer Depression, war Marie Curie einer Aufforderung nachgekommen, die sie ohne weiteres Nachdenken abgelehnt hätte, wenn sie anderer Herkunft gewesen wäre. Hertha Ayrton, die Engländerin, die sie während des Besuches bei der Royal Institution im Jahre 1903 kennengelernt hatte, schrieb Marie Curie mit der Bitte, ihren Namen unter eine internationale Petition zu setzen, in der die britische Regierung aufgefordert wurde, drei führende Suffragetten freizulassen, die sich während ihrer neunmonatigen Gefängnisstrafe im Hungerstreik befanden. »Sie sind«, schrieb Mrs. Ayrton, »Frauen von äußerstem geistigen Adel und streben ein großes Ziel an.«

Zunächst bezweifelte Marie Curie überhaupt den Wert der Kampfbereitschaft in Angelegenheiten des weiblichen Wahlrechts, und im übrigen wollte sie ihren Namen nie in weiteren »Fällen« gebrauchen lassen. Aber Mrs. Ayrton, die sie im Laufe der letzten Jahre bei verschiedenen Gelegenheiten getroffen hatte, hatte etwas an sich, was Marie Curie zu der Antwort veranlaßte, sie habe ein derartiges Vertrauen in alles, was sie Hertha innerhalb und außerhalb der Wissenschaft habe tun sehen, daß sie ihr ihren Namen zum Gebrauch nach Gutdünken zur Verfügung stelle. Überdies war es auch ein Trost zu wissen, daß ihr Name im Ausland nicht an Wert verloren hatte.

Hertha war eine außerordentlich begabte, freilich auch exzentrische Frau. Als schmales junges Mädchen mit grünen Augen und einem rabenschwarzen, dicken, krausen Haarschopf hatte sie George Eliot tief beeindruckt, der sie für die Gestalt der jungen Jüdin Mirath in *Daniel Deronda* zum Vorbild nahm. Die Tatsache, daß Hertha Physikerin und seit kurzem Witwe eines Physikers war, stellte eine natürliche Verbindung zu Marie Curie her. Jedesmal, wenn sie nach Paris kam – als eine flüchtige, aber auffällige Erscheinung im wallenden Jugendstilgewand –, besuchte sie Marie Curie und besprach ihre Arbeit mit ihr, mit einem Selbstbewußtsein, das bei weiblichen Naturwissenschaftlern selten war.

Hertha hatte selbst mit Vorwürfen zu tun gehabt, ihre Arbeit auf dem Gebiet der Physik sei nur aus den Krumen zusammengesetzt, die vom Laboratoriumstisch ihres Gatten fielen. Sir William Ramsay hatte sogar die Curies und die Ayrtons als gute Beispiele angeführt, als er einem Reporter von *Daily Mail* sagte, daß »alle hervorragenden weiblichen Wissenschaftler ihre besten Leistungen erzielt haben, wenn sie mit einem männlichen Kollegen zusammenarbeiteten«. Wo immer es möglich war, hatte Hertha jede Gelegenheit ergriffen, um Marie Curies Eigenständigkeit zu verteidigen. Als die britischen Zeitungen beharrlich von Pierre Curie als dem Entdecker des Radiums sprachen, schrieb sie an die *Westminster Gazette:* »Irrtümer sind bekanntlich schwer auszurotten, aber ein Irrtum, der einem Mann etwas zuschreibt, was in Wirklichkeit die Leistung einer Frau war, hat mehr Leben als eine Katze.«[4]

Bis zu Marie Curies Zusammenbruch hatten die beiden einander häufig geschrieben, und als Hertha Anfang Januar 1912 von dem Skandal hörte, wandte sie sich sofort an Bronia und bot einen sicheren Hafen an.[5] Man kam überein, daß Marie Curie, sobald es ihr gut genug ging, in aller Stille nach England reisen solle, und Mrs. Ayrton sich für ihren

Schutz verantwortlich fühlen würde. Dafür war Hertha gut ausgerüstet. Ihre Betätigungen als Suffragette hatten sie gelehrt, sowohl mit der Presse als auch mit den Kriminalbeamten umzugehen, die in den letzten Jahren bei mehreren Gelegenheiten ihr Haus am Hyde Park belagert hatten.

Erschöpft von der Reise und von den Schmerzen, die sie unterwegs gehabt hatte, kam Marie in dem Haus in der Nähe von Christchurch an. Aber Herthas Kampagne zur Rehabilitation von Marie Curie war ein vollkommener Erfolg. Die Presse erfuhr nichts über die wahre Identität von Madame Sklodowska, und Marie Curies Besuch in England ging gänzlich unbemerkt vorüber. Sie begann, sich kräftiger zu fühlen; die Kinder kamen zu Besuch; Hertha begleitete Eve bei ihren Kinderliedern am Klavier und sprach auf hinreichend erwachsene Weise mit der ernst dreinschauenden Irène über Mathematik. Bald sah man, wie die dunkelgewandete Gestalt der Madame Sklodowska zwischen den Klippen in der Nähe des Hauses spazierenging, und im September organisierte Hertha einen Ausflug nach London: inkognito und erfolgreich.

Hertha war die letzte in der kleinen Reihe von Freunden, die sich in dieser langen Stunde der Not zusammengeschart hatten. Zusammen mit Maries erstaunlichen Ressourcen halfen ihr diese Freunde durch die große Krise. Anfang Oktober hatte sie es überstanden. Es ging ihr gut genug, um die Fähre zwischen Dover und Calais erneut zu benutzen, und ein paar Tage, nachdem sie Paris erreicht hatte, fühlte sie sich stark genug, um anzufangen, die losen Enden ihrer Lebensfäden erneut zu knüpfen.

Sie hatte in der Innenstadt, am Quai de Béthune, eine kleine Wohnung in der dritten Etage eines Hauses aus dem 18. Jahrhundert genommen. Am 17. Oktober saß sie an ihrem Schreibtisch in der Rue Cuvier, um Rutherford für seine Briefe zu danken. Nicht nur das – in jenem ersten Brief ging sie auch gleich zu einem heftigen Angriff auf Sir William Ramsay über, den im übrigen weder sie noch Hertha noch Rutherford sonderlich liebten. Einige Dinge, die in der Zeit ihrer Abwesenheit auf der wissenschaftlichen Szene abgelaufen waren, und die sie jetzt erfahren hatte, gefielen Marie gar nicht. Sie teilte Rutherford mit:

»Vielleicht haben Sie gesehen, daß Monsieur Ramsay eine Arbeit über das Atomgewicht des Radiums veröffentlicht hat. Er kommt zu genau demselben Ergebnis wie ich, und seine Messungen sind weniger konsistent als die meinen. Trotzdem folgert er, seine Arbeit sei die erste gute

5 Marie Curie bei der Arbeit in ihrem Labor

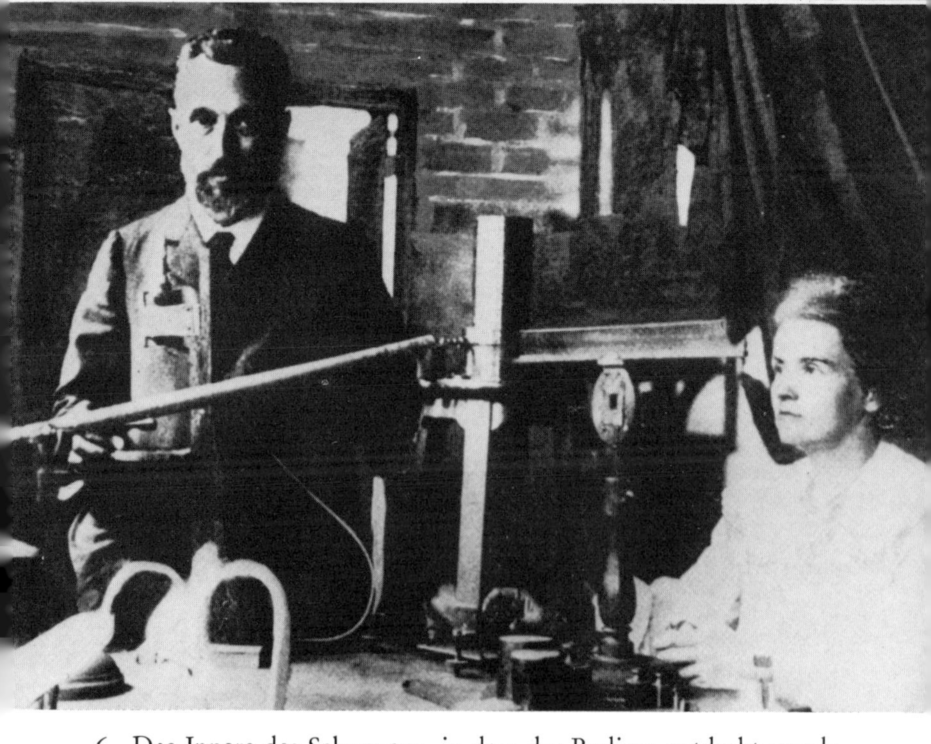

6 Das Innere des Schuppens, in dem das Radium entdeckt wurde
7 Marie und Pierre Curie im Labor der Schule für Physik und Chemie

8 Marie Curie in ihrem eigenen Labor

9 Marie Curie im Labor der Sorbonne
10 Marie Curie unter den Mitgliedern der Cancer Society, New York; links hinter Marie Curie Dr. Howard Cunning Taylor, der Präsident der Gesellschaft

Leistung zu diesem Gegenstand!!! Ich muß sagen, ich war erstaunt. Überdies machte er einige boshafte und falsche Bemerkungen über meine Experimente zum Atomgewicht.«

Das Problem bestand diesmal darin, daß sowohl der Wiener Stefan Meyer als auch Marie Curie je einen primären Radiumstandard präpariert hatten. Wenn diese wirklich ein Standard sein sollten, und wenn beide, der Österreicher und die Französin, sorgfältig gearbeitet hatten, mußten ihre Standards identisch sein. Wenn nicht, wenn einer falsch war (aber welcher?), sah Rutherford Äußerungen von verletztem Stolz auf internationaler Ebene voraus. Der »vernünftige Mensch« Debierne, wie Rutherford ihn nannte, bereitete in Abwesenheit seiner wissenschaftlichen hohen Herrin die Apparatur vor, um die Standards miteinander zu vergleichen. Es gab einen allgemeinen tiefen Seufzer der Erleichterung, als sich herausstellte, daß die beiden Standards in jeder Hinsicht miteinander übereinstimmten. Marie Curie ließ wissen, daß sie mit dem Verfahren des Komitees in dieser Angelegenheit einverstanden sei, und Rutherford meinte, das Ereignis sei ein wesentlicher Beitrag zur Erhaltung guter Beziehungen zwischen Frankreich und Österreich. Nun endlich konnte der Standard im Internationalen Büro für Maße und Gewichte friedlich hinterlegt werden.

Nach zwei weiteren Monaten der Erholung fühlte sich Marie gekräftigt genug, um wieder mit ihrer experimentellen Arbeit zu beginnen. Die letzte Eintragung in ihrem täglichen Notizbuch zum Radiumstandard stammte vom 7. Oktober 1911. Die nächste entstand am 3. Dezember 1912. Das Datum markierte den Beginn eines neuen Lebens: Ein Leben, dem ein wesentlicher Kontakt entzogen war. Heuchelei und Sexualkonventionen hatten Langevin eine Freundschaft versagt, die für beide so vielversprechend gewesen war. Im kommenden Jahr sollten sie sich oft treffen, das war unvermeidlich, in den Physiklaboratorien der Sorbonne und an den Konferenztischen internationaler wissenschaftlicher Symposien. Aber kein Mann, und ganz gewiß nicht Langevin, sollte je wieder diese besondere Lücke in Marie Curies Privatbeziehungen füllen.

Eine übertriebene Hingabe an trübsinnige Reflexionen mochte einer ihrer Fehler sein, nie jedoch erlag sie der Sünde der Untätigkeit. Zu Beginn des Frühjahrs konnte man die vertraute Gestalt, jetzt wieder in schwarzgewandeter Bescheidenheit, zu den Hörsälen der Sorbonne eilen sehen, wie eine scheue Motte, die den Schatten sucht und fragende Blicke vermeidet.

Als ihr Selbstvertrauen sich weiter stärkte, wagte sie allmählich auch wieder öffentliche Auftritte. Im Herbst 1913 löste sie ein altes Versprechen ein und besuchte Rutherford. Bei dieser Gelegenheit erschien sie bei einer Sitzung der British Association in Birmingham und nahm die Ehrendoktorwürde der Universität entgegen. In einem Brief an Irène beschrieb sie die Zeremonie: »Sie zogen mir eine wundervolle rote Robe mit grünem Besatz an, und dasselbe geschah meinen Leidensgenossen, will sagen, den anderen Wissenschaftlern, die die Doktorwürde erhielten.«[6] Sie dachte auch daran, Irène, die an solchen Dingen ein ernsthaftes Interesse hatte, mitzuteilen, daß so hervorragende Wissenschaftler wie Lorentz, Rutherford und Soddy anwesend waren. Die schönste Nachricht für Irène aber bestand darin, daß ihre Mutter endlich den Anspruch aufgegeben hatte, den Namen Curie zu schützen, indem sie sich selbst von ihm trennte. Madame Sklodowska war gegangen und Madame Curie zurückgekehrt. Sie teilte Irène mit: »Schreib mir nicht mehr nach Birmingham, sondern nach London bei Mrs. Ayrton, 41 Norfolk Square, Hyde Park W., London, zu Hd Madame Curie. Mein Name ist den Dienstboten hier, auf die man sich voll verlassen kann, inzwischen bekannt.«[7] Irène war überglücklich.
Marie Curie lernte allmählich, mit dem Paradox zu leben, daß gerade ihre zurückhaltende Persönlichkeit Aufmerksamkeit erregte, und daß sie sich dieser Aufmerksamkeit zumindest gelegentlich anpassen mußte. A. S. Eve, ein Freund von Rutherford, bemerkte in Birmingham diese Veränderung; sie war, sagte er, »... scheu, distanziert, selbstbeherrscht und vornehm; jedermann wollte sie treffen, aber nur wenige hatten Erfolg. Die Presse war auf Interviews begierig, und Madame parierte ihre Fragen geschickt, indem sie Rutherfords Lob sang. Das war nicht gerade das, was sie sich vorstellten, aber etwas anderes bekamen sie nicht zu hören. ›Dr. Rutherford‹ sagte sie, › ist der einzige lebende Mensch, der verspricht, der Menscheit eine unschätzbare Wohltat zu erweisen, die aus der Entdeckung des Radiums folgt. Ich würde England raten, auf Dr. Rutherford zu achten; seine Arbeit über die Radioaktivität hat mich sehr überrascht. Große Entwicklungen dürften in Kürze eintreten, die Entdeckung des Radiums war nur ein Vorspiel dazu.‹«
Marie Curies Vorhersage war richtig. Rutherfords Werk sollte weitreichende Anwendungen finden. Niels Bohrs bemerkenswerte und wichtige Atomtheorie, deren früheste Entwicklung sie genau zur Kenntnis nahm, war gerade im Entstehen.

Die Presse aber war stärker daran interessiert, ihre Bemerkungen im Rahmen der unmittelbaren Anwendung der Radioaktivität zu deuten. Und zu jener Zeit hieß das, die Anwendung zur Heilung von Krebs. Seit nunmehr zehn Jahren waren bösartige Tumore mit Strahlen aus Radiumquellen behandelt worden; in jüngster Zeit war von einigen aufsehenerregenden Erfolgen berichtet worden. Marie Curies Anteil an der Entdeckung des Radiums, des »Wundermittels«, trug jetzt stark zu ihrem internationalen Ruhm bei.

Die meisten Länder Europas waren im Begriff, Radium-Institute einzurichten. Sie selbst nahm die Würde eines Ehrendirektors des Warschauer Instituts an und reiste im November zur Eröffnungszeremonie. Aber das von Gefühlen diktierte Interesse am Radium als Heilmittel gegen den Krebs fing an, den Interessen der Forschung entgegenzuwirken, die seine besonderen Eigenschaften entdeckt hatten. Viele der neuen Institute wurden von Stiftungen finanziert, die speziell dazu bestimmt waren, Radium für medizinische Anwendungen zur Verfügung zu stellen. Die Nachfrage nach Radium war jetzt so stark, daß sein Preis in die Höhe schnellte. Rutherford beklagte sich bei Marie Curie darüber, daß eine große Menge Radium, die das Britische Radium-Institut bei der österreichischen Regierung bestellt hatte, durch eine persönliche Bürgschaft des Königs von England ergattert worden war.[8] Infolgedessen mußten die Wissenschaftler, die am Radiumstandard arbeiteten, Schlange stehen, während jene Art von Wünschen befriedigt wurden, und zusehen, wie der Preis bei jeder neuen und dringlichen Anforderung in die Höhe stieg.

Der Preis des Metalls, das die Curies entdeckt und gereinigt hatten, war jetzt außerordentlich hoch. Viele Physiker waren von solchen Stoffen und von zunehmend komplizierten Apparaturen abhängig, um ihre Forschungen durchzuführen. Einen Kern von Forschern auszubilden, sie zu einer produktiven Arbeitsgemeinschaft im Laboratorium zu führen und ihre Finanzierung und Ausstattung aufrechtzuerhalten, sollte nun zu einem wesentlichen Bestandteil von Marie Curies künftigem Lebenswerk werden.

Da sie jetzt rehabilitiert war und entschlossen, ihre Arbeit fortzusetzen, wie auch immer die Sorbonne sich in den letzten Monaten ihr gegenüber verhalten haben mochte, begann sie ihren Laboratoriumsbericht für die Université de Paris über das akademische Jahr 1912/13. Sie beklagte sich bitter über die unzureichenden Mittel für Forschung und Forscher, die sich nur durch die Stiftungen von reichen Männern wie

Carnegie und Solvay, die sie selbst eingebracht hatte, auf dem gegenwärtigen Stand halten ließen.

Die Erinnerung der Sorbonne an ihren angeblichen Ehebruch war angenehm kurzlebig. Die Idee, daß das weltberühmte Pasteur-Institut für Marie Curies eigenen Gebrauch ein besonderes Laboratorium bauen sollte, war schon einige Jahre zuvor ventiliert worden. Im Jahre 1912 kam ein Abkommen zwischen diesem Institut und der Universität zustande, nach dem eine neue, einzig der Wissenschaft von der Radioaktivität gewidmete Institution gegründet werden sollte. Sie sollte aus zwei Teilen bestehen: der eine für physikalische und chemische Forschung unter der Leitung von Marie Curie, von der Universität mittels Regierungsgeldern getragen; der andere für die medizinische und biologische Forschung bestimmt, geleitet von Claude Regaud und getragen vom Pasteur-Institut.

Endlich sollte sie vollständige Unabhängigkeit erhalten: ein eigenes Institut in der neu benannten Rue Pierre Curie. Für die nächsten zwei Jahre würde dies ein hinreichendes Betätigungsfeld sein, um sie vom Trauma der Vergangenheit abzulenken. Indessen war sie sicher, daß diese Unabhängigkeit nur real sein könne, wenn sie wirklich für alles verantwortlich war, was mit ihr zusammenhing. Als die Gerüste des neuen Laboratoriums gerade erst anfingen, sich über den Boden zu erheben, belästigte Marie Curie die Universitätsbehörden bereits damit, daß die bisherige Vereinbarung über die Personalausstattung des Laboratoriums ganz unzulänglich sei. Nicht nur die Mittel, sondern auch der ihr zugeteilte Raum sei recht knapp bemessen. Von Anfang an stellte die Situation ein geeignetes Schlachtfeld dar, auf dem sie eine Kommandostellung einnehmen konnte.

Vom Augenblick der ersten vollständigen Zeichnungen an saß sie neben dem Architekten und schaute ihm über die Schulter, und dann hatte sie nicht nur den Wunsch, sondern war fest entschlossen, mit jedem Beteiligten, vom Universitätsbeamten bis zum Maurer über Gerüste und Backsteinhaufen zu klettern. Der Winter 1913/14 war außergewöhnlich naß und verzögerte so die Arbeit am Rohbau des »Pavillon Curie«. Während des ganzen Winters fand jede Woche eine Sitzung vor Ort mit Architekten, Vertragspartnern und Technikern statt. Stets wurde die kleine Karawane, die sich ihren Weg durch Schlammpfützen und zwischen entstehenden Laboratoriumswänden hindurch bahnte, von der Gestalt in schwarzem Kleid und Mantel angeführt. Niemand zweifelte daran, wer hier die Leitung hatte. Alle Männer hörten zu und

gehorchten den Sätzen, die zwar nicht als Befehle formuliert waren, aber doch als nichts anderes gedeutet werden konnten. Antoine Lacassagne, der promovierte 29jährige Assistent, den der 43jährige Claude Regaud mitbrachte, erinnert sich an eine dieser Situationen in Matsch und Regen, als Regaud ihr zuhörte, als sei er ihr Schüler; Lacassagne fühlte sich wie ein kleines Kind, als er auf die zerbrechliche und kränkliche kleine Person herabschaute.
Am letzten Tag des Juli 1914 war das Haus bezugsfertig. Aber am 2. August war der einzige Mann, der ihr in dem leeren Gebäude zur Verfügung stand, ein älterer Laborassistent. Er war das einzige Mitglied ihres Laborpersonals, das nicht für den Krieg mobilisiert war.

Der 1. Weltkrieg

Paris war in Aufruhr. Die kleinen weißen Mobilisierungsbefehle erschienen um 17 Uhr in den Straßen. Eine wunderschöner, sonniger Sommertrag ging zuende. Bevor die Dunkelheit einbrach, marschierten bereits Paraden mit Trikoloren, begleitet von Kapellen, die die Marseillaise schmetterten, über das Pflaster. Bevor die Nacht vorüber war, waren die Ladenfronten einiger deutscher Eigentümer demoliert und einige Lager geplündert. Man hörte das Gerücht, die Regierung wolle sich nach Bordeaux begeben, und binnen weniger Stunden dampften Züge los, in denen sich Frauen und Kinder drängten, die wie die Regierung die Hauptstadt in Richtung auf sicherere, entferntere Orte verließen. Marie Curie selbst war auf dem Bahnhof Montparnasse gewesen und hatte einige Zeichen der Panik gesehen, die sie für ihre Landsleute unschicklich fand.
Denn das *waren* jetzt ihre Landsleute, und Frankreich war, nachdem sie ihr halbes Leben hier verbracht hatte, ihre Heimat. Sie beschloß, dem Land mit dem patriotischen Geist zu dienen, der ihr für diesen Augenblick angemessen schien. Zunächst aber mußte sie Entscheidungen darüber treffen, was mit denen geschehen sollte, die ihr am nächsten und liebsten waren. Ihre Familie war in der Bretagne in Urlaub. Was sonst noch ihrer Verantwortung anvertraut war, befand sich im Laboratorium in der Rue Cuvier: ein Gramm Radium – ein beträchtlicher Anteil am gesamten Weltvorrat jener Zeit. Für beide Bereiche waren Beschlüsse erforderlich.

Die Kinder waren wohlversorgt, wo sie waren, und theoretisch war es das Beste für sie, außerhalb von Paris zu bleiben, in l'Arcouest. Zum ersten Mal waren sie dort zwei Jahre zuvor gewesen. Es war in den Ferien der Rückzugsort einiger ihrer Freunde von der Sorbonne. Die Perrins, die Borels und die anderen hatten Hütten zwischen den Fichten in der Nähe der friedlichen Fischersiedlung gemietet. Irène, Eve und ihre polnische Gouvernante waren an dem Tag, als überall im Dorf die weißen Mobilisierungsbefehle angenagelt wurden, bei den Perrins. Eine Botschaft der Mutter an ihre Kinder war von Paris aus bereits auf dem Weg, einer Mutter, die so sehr bestrebt war, den Geist des Patriotismus, den diese ernste Situation verdiente, zu fördern, und ihn insbesondere an ihre Töchter weiterzugeben. Sie ermahnte sie, »ruhig und tapfer zu sein ... Du und ich, Irène, werden nach einem Weg suchen, auf dem wir uns nützlich machen können.«[1] Irène war geschmeichelt, daß sie nicht mehr wie ein Kind, sondern nun ganz als Gleichgestellte behandelt wurde. Sie informierte ihre Mutter genau über die Lage in der Bretagne:

»Sonntag Morgen (2. August). Meine liebste ...

Die Leute vom Dorf sind in Panik. Sie verwechseln Mobilmachung und Krieg. Wir haben versucht, sie ein bißchen zu beruhigen, und ihnen erklärt, daß das nicht das gleiche ist. Eve kam gestern abend in Tränen aufgelöst an, weil der kleine zwölfjährige Dummkopf, mit dem sie spielt, ihr gesagt hatte, daß der Krieg ausgebrochen wäre; ich mußte es ihr erklären. Ich nehme an, sie machte sich Sorgen um Maurice und André.«[2]

Ihr Cousin Maurice Curie, der Sohn von Jacques Curie, und André Debierne waren die liebsten »Onkel« der Kinder, die dem Alter nach am ehesten dem Krieg zum Opfer fallen konnten. Aber Irène sah jetzt auch eine Rolle für sich selbst und war vom Gefühl der Beteiligung überwältigt, das die Sätze ihrer Mutter in ihr ausgelöst hatten.

Als die Deutschen die französische Grenze überschritten, sandte Marie ihren Töchtern wiederum eine Kopf-hoch-Nachricht und beschwor sie, ruhig und tapfer zu sein. Aber die Empfindung des drohenden Verhängnisses, die Paris überschattete, hatte die Akademiker in l'Arcouest noch nicht erreicht, und Irène sah weniger das Problem, ruhig zu bleiben, sondern fragte sich, wie das Versprechen der Beteiligung erfüllt werden sollte. »Ich weiß, daß es nicht vernünftig ist«, schrieb sie ihrer Mutter, »aber ich habe den einzigen Wunsch, zurückzukommen. Ich wage es hier niemandem zu sagen, weil jeder meinen würde, daß es

albern ist, und daß ich nur stören würde, aber trotzdem weiß ich nicht, was aus mir werden soll, wenn ich während des ganzen Krieges hier bleiben soll. Ich würde Dich so schrecklich gern sehen, Liebste.«[3]
Während der nächsten Tage bombardierte Irène ihre Mutter weiterhin mit Vorschlägen, was sie Nützliches tun könnte: als Krankenschwester zum Roten Kreuz gehen, als Sekretärin für eine Kommission, oder sogar als Lehrerin arbeiten. Ihre Briefe wurden noch besorgter, als sie mit anderen Heranwachsenden in Streitigkeiten geriet, die ihr vorwarfen, keine wirkliche Französin, sondern Polin zu sein.
Marie Curie teilte die Sorge ihres Kindes. Für sie lag die doppelte Ironie darin, daß Polen wieder einmal überrannt worden war. Aber sie überredete Irène, sich den Tadel nicht zu Herzen zu nehmen und geduldig zu warten. »Wenn Du im Augenblick nicht für Frankreich wirken kannst, arbeite für seine Zukunft. Viele Menschen werden, leider, nach diesem Kriege fehlen, und für sie wird Ersatz nötig sein. Arbeite in Physik und Mathematik, so gut Du kannst.« Aber auch Marie Curie litt darunter, ihre Kinder zu entbehren, die die größte Stütze ihres Gefühlslebens waren. »Ich spüre deutlich,« schrieb sie an Irène, »wie sehr Du bereits Kameradin und Freundin geworden bist.«[4]
Marie Curies unmittelbare Bemühungen galten jedoch ihrem anderen Sprößling, dem Radium. Sobald es ihr möglich war, bestieg sie einen überfüllten Zug nach Bordeaux mit seiner Fracht von Landwehrmännern, Regierungsbeamten – und anderen, von denen es ihr schien, daß sie »der möglichen Gefahr einer deutschen Besetzung nicht entgegensehen konnten oder wollten«.[5] Sie selbst hatte nicht die Absicht, eine Minute länger als notwendig von Paris fort zu sein. Sie bestieg in Paris den Zug mit ihrem kostbaren Gramm Metall, sorglich durch zwanzig Kilogramm Blei geschützt. Als sie im Abteil saß, fühlte sie sich recht verlegen mit der lächerlichen schweren Tasche neben sich, die sie ohne Hilfe nicht einmal anheben konnte. Voll Schuldbewußtsein empfand sie sich und sah aus wie eine von »den anderen«, die mit ihrem kostbarsten Besitz auf der Flucht waren. Die Reise ging entsetzlich langsam. Der Zug hielt oft ganz gegen den Fahrplan mehrere Stunden lang auf freier Strecke. Sie konnte sehen, daß die Hauptstraßen voll von teuren privaten Automobilen waren, deren Besitzer Paris verließen.
In Bordeaux stieg die Menge eilig aus dem Zug und strömte zum Ausgang. Sie ließ die einsame Frau mit der Tasche zurück, die sie nicht tragen konnte. Schließlich half ihr ein Regierungsbeamter, ein Hotel zu finden. Dort übernachtete sie, mit dem Gramm Radium an ihrer Seite.

Am nächsten Tag deponierte sie es im Tresor einer Bank in Bordeaux. Schon am Abend war sie auf dem Rückweg, in einem Militärzug nach Paris.

Als Marie Curie schließlich ein Telegramm schickte und mitteilte, sie habe eine nützliche Tätigkeit für Irène gefunden, sie gebe ihr jetzt die Erlaubnis, die Reise in die Hauptstadt zu wagen, konnte Irène sich kaum fassen. Aber sie konnte auch nicht fahren. Ein Felsbrocken, der sich beim Spiel der Kinder gelöst hatte, war ihr so ungeschickt auf den Fuß gefallen, daß sie zwei Wochen lang nicht gehen konnte.

Henriette Perrin, eine der wenigen Personen, mit denen Marie Curie sich duzte, und die geholfen hatte, als sie sie durch die schlimmste Krise hindurch pflegte, schrieb mit der ersten Post einen Brief nach Paris. Er hatte ganz offensichtlich das Ziel, eine erneute Affektion von Maries Nervensystem zu verhindern. Henriette beschrieb in dem Brief fünfmal, wie sich der Unfall zugetragen hatte, und versicherte, daß man sich überhaupt keine Sorgen zu machen brauche, sowie daß die Verletzung ganz unbedeutend sei.[6] Aber Henriette hätte nicht beunruhigt sein müssen. Marie Curie hatte sich jetzt vollständig erholt. Sie hatte die Herrschaft über sich selbst gänzlich wiedergewonnen, auch beherrschte sie bereits wieder andere.

Wenige Tage, nachdem die deutschen Truppen die belgische Grenze überschritten hatten, war sie zu der Schlußfolgerung, die nicht alle ihre Kollegen teilten, gekommen, daß der Krieg lange dauern würde; außerdem wurde ihr klar, daß die Anzahl der Verwundeten wahrscheinlich riesig sein würde, und daß aufgrund der modernen Kriegstechnik die Art der Verletzungen wahrscheinlich sehr anders sein würde, als man sie in irgendeinem früheren großen Krieg kennengelernt hatte. Sie war sich bewußt, daß ihre eigene strahlenchemische Arbeit schlechterdings keine unmittelbare, weitreichende Anwendung finden konnte, aber der Gebrauch von Röntgenstrahlen, um Kugeln, Schrapnellsplitter und Brüche zu lokalisieren, eine Technik, die im Zivilleben noch sehr selten angewendet wurde, würde in großem Maßstab erforderlich sein, wenn der Krieg länger dauerte. Nicht nur Röntgenanlagen, sondern vor allem eine Methode, sie an die Front zu transportieren, war notwendig, wenn man die Menschen mit ihren Schmerzen nicht mühevoll zur Untersuchung in ein Heimatlazarett bringen wollte.

Sie hatte kaum Schwierigkeiten, diese jetzt überschlanke, gefaßte und noble Person, beunruhigte und unsichere Beamte bei den Regierungsstellen davon zu überzeugen, welche Rolle sie spielen könnte. Binnen

zehn Tagen nach Kriegsausbruch hatte sie eine förmliche Ermächtigung des Kriegsministeriums in den Händen, Techniker für die röntgenologische Arbeit auszustatten.[7] Damit hatte sie ein Zeichen erhalten, sich in eine neue anstrengende Arbeit zu stürzen.
Die nächsten Tage verbrachte sie damit, kreuz und quer durch Paris zu fahren, in öffentlichen Verkehrsmitteln, mit Pferdedroschken, mit Automobilen, wenn sie welche erwischen konnte. Ihre ersten Anlaufpunkte waren die Häuser der Reichen und der Berühmten, oder der Freunde der Reichen und Berühmten. Hier ging es nicht mehr darum, mit dem Hut in der Hand für das Wohlergehen der Wissenschaft zu bitten, die »désinteressé« war. Sie nahm, was sie bekommen konnte, für die *Anwendung* der Wissenschaft und »für das Wohl unseres Landes«. Patriotische Prinzessinnen und Baronessen, die entzückt waren, sowohl mit den Kriegsmühen als auch mit der berühmten Madame Curie zu tun zu haben, welche nun durch den offiziellen Titel »Direktor des Röntgendienstes des Roten Kreuzes« gänzlich rehabilitiert war, händigten ihr Bargeld aus. Wenn es der ruhigen Stimme gelang, sie noch weiter zu überzeugen, händigten sie ihr auch ihre größeren Stadtwagen oder offenen Tourenwagen aus, von Madame selbst beruhigt, daß diese »beizeiten zurückgegeben würden«.
Die nächste Anlaufstelle waren Hersteller wissenschaftlicher Instrumente: Fabrikanten von tragbaren Röntgenapparaten, von Dynamos und von Induktoren. Wo es möglich war, requirierte sie physikalische Apparaturen aus den leerstehenden Laboratorien der Sorbonne. Die Pariser Krankenhäuser, die bereits mit großen Mengen von Verwundeten belastet waren, wurden zur Mitarbeit überredet, indem sie die wenigen ausgebildeten Röntgenologen, die sie erübrigen konnten, für die erste Phase des Plans zur Verfügung stellten. Karosseriefabrikanten wurden einbezogen, um die erbettelten Chassis in nützliche Lastwagen zu verwandeln.
Irène kam Anfang Oktober in Paris an, als die Arbeit an dem ersten Röntgenauto bereits gut im Gang war. Ihre Mutter räumte rasch alle Zweifel aus, die das Mädchen noch über die eigentliche Art ihrer Beteiligung haben mochte. Eine der ersten Aufgaben, die sie gemeinsam erfüllten, bestand darin, eine Pferdedroschke zu mieten und wenigstens einen Teil der Ausstattung aus der Rue Cuvier in das neue Laboratorium in der Rue Pierre Curie zu befördern. Später konnten sie eins der umgebauten Röntgenautos als Möbelwagen für die schwereren Apparate benutzen.

Als Marie Curie ihre Arbeit begann, war die gesamte französische Armee mit einem einzigen Röntgenauto ausgestattet.[8] Sie schaffte es schließlich, mehr als zweihundert auf die Straße zu schicken, deren erstes Ende Oktober zur Front nach Creil fuhr. Es enthielt einen Dynamo für 110 Volt, 15 Ampère, einen Röntgenapparat von Drault, eine photographische Ausrüstung, Vorhänge und einige primitive Schirme und Handschuhe, um das Personal vor den Röntgenstrahlen zu schützen.

Das Fahrzeug fuhr nicht schneller als 50 Stundenkilometer, selbst auf guten Straßen, so daß jede seiner Reisen für die Insassen lang, beengt und unbequem war; diese bestanden aus Marie Curie, einem Arzt, zwei Assistenten, darunter Irène, und einem Fahrer und Mechaniker. Am 1. November hielt das Röntgenauto E mit seiner Fracht vor den Toren des Lazaretts in Creil, und das kleine Team begann zum ersten Mal mit seiner Arbeit, die bald zur Routine werden sollte: einen geeigneten Raum finden, ihn verdunkeln , die Röntgenapparate hereinbringen und sie mit einem Kabel mit dem Dynamo verbinden, der vom Auto aus durch den Fahrer bedient wurde.

Bis dahin war der Krieg für Marie Curie eine Angelegenheit energischer Verwaltungstätigkeit gewesen. An diesem Tag sollte sie die Realität von Blut und Fleisch sehen, und so auch ihre siebzehnjährige Tochter. Gemeinsam trugen sie den ersten der Verwundeten und brachten ihn vor ihren primitiven Apparat. Marie Curie ordnete die Situation, um den Schock für das Mädchen zu mildern, sie zog ein Notizbuch hervor und verzeichnete die Einzelheiten. Ein paar knappe Worte fassen zusammen, was sie sahen, wobei sie am Morgen mit leichteren Fällen begannen, um ihre Technik zu verbessern: »Kugel im Unterarm«, »zahlreiche Bombensplitter und Bruch«, »Kugelschrapnell in der rechten Hand«, »Gewehrkugel in der linken Gesäßbacke, Tiefe der Wunde 10,9 cm«, »Untersuchung des Schädels, Gewehrkugel in der mittleren Region, im Profil aufgenommen.«[9]

Das war erst der Anfang. An diesem Tag stieg die Zahl der untersuchten Fälle auf dreißig; sie erreichte viele Hunderte, als das Auto weiter von Lazarett zu Lazarett fuhr, und als neue Autos und Besatzungen ihren Dienst antraten und sie das Auto wechselten: englisch-belgische Ambulanz in Furnes, 5. Dez. 1914; Joinville, 20 Feb. 1915; englisch-äthiopisches Lazarett in Frévent, 28. März 1915. Und so geht es weiter, die Zahlen steigen , und Verwundete werden zu statistischen Fällen, in der Handschrift,die wie in den frühen Notizbüchern aus dem Labora-

torium mit Anmerkungen durchsetzt ist; aber nicht mit denen des Gatten, sondern mit denen der Tochter.
Viele der Körper, mit denen sie zu tun hatten, gehörten Jungen, die kaum älter waren als Irène. Ein in Paris weilender britischer Politiker, der früher seinen Lebensunterhalt als Journalist verdient hatte, kam, um eine Stelle zur Klärung von Zwischenfällen hinter den französischen und britischen Linien zu besuchen, auf dem Höhepunkt der Schlacht im Frühjahr 1915 zum Wall von Aubers. Obwohl er an Kriege gewohnt war, schrieb er mit ungetrübtem Auge von seinen Erfahrungen:
»Mehr als tausend Männer, die unter jeder nur denkbaren Form von schrecklicher Verletzung litten, versengt, zerrissen, zerstückelt, erstickend, sterbend, wurden je nach der Art ihrer Verwundung in die verschiedenen Teile des Klosters in Merville gebracht. Am Eingang fuhren unablässig die Ambulanzautos ein und aus, jedes mit vier oder fünf zerstörten und gemarterten Lebewesen beladen: Aus der Hintertür wurden in kurzen Abständen Leichen gebracht und einer Verbrennungsmannschaft übergeben, die beständig an der Arbeit war. Ein Raum war überfüllt mit Fällen, bei denen es sich nicht lohnte, sie noch weiterzuschicken. Fälle, deren Hoffnungslosigkeit eine vorrangige Operation ausschloß ... Ununterbrochen wurden kritische und dringliche Fällen in den Operationssaal gebracht, dessen Tür offen stand, und im Vorbeigehen sah ich das grausige Schauspiel, wie ein Mann trepaniert wurde. Überall war Blut, lagen blutige Lappen.«
Der dies schrieb, war Winston Churchill. Marie Curie sprach wenig und schrieb noch weniger über die emotionalen Auswirkungen der Vorgänge, die sie sah. Der tiefe Eindruck enthüllte sich erst gelegentlich, wenn sie etwa nach dem Krieg in Augenblicken nachlassender Wachsamkeit im Laboratorium mit eng befreundeten Kollegen sprach – und einmal, als sie den Entwurf der wenigen Sätze ihrer Autobiographie durchlas, die ihre Erfahrungen in den Lazaretten beschreiben, wie üblich auf äußerst distanzierte Weise. Wie ein Bekenntnis an sich selbst fügte sie handschriftlich hinzu:
»Nie konnte ich den entsetzlichen Eindruck all dieser Zerstörung von menschlichem Leben und menschlicher Gesundheit vergessen. Um allein schon den Gedanken an den Krieg zu hassen, genügt es, ein einziges Mal zu sehen, was ich so oft gesehen habe, all jene Jahre lang: Männer und Jungen, die, in einem Gemisch von Blut und Schmutz, zur Feldambulanz gebracht wurden, von denen viele an ihren Verlet-

zungen starben, und viele andere im Laufe von Monaten unter großen Schmerzen genasen.«[10]

Die Sorge, Irène könne nicht über die gleiche psychische und physische Widerstandskraft verfügen wie ihre Mutter, war bald zerstreut. Letztlich war das Mädchen zu eben solcher Distanzierung fähig. Jetzt hatte Irène zum ersten Mal im Leben Gelegenheit, aus der Nähe zuzuschauen, wie ihre Mutter mit Männern zusammenarbeitete. Sie beobachtete diese Art und Weise genau und bemerkte, daß sie nicht frei von Zynismus war. Einmal, als Marie Curie den Generalinspekteur des militärischen Gesundheitswesens bei einer Besichtigung ihrer Röntgenposten begleitete, erlebte Irène ein besonders wirkungsvolles Beispiel. »Ich erinnere mich, daß ich nur mit Mühe einen starken Drang zu lachen unterdrücken konnte«, berichtete Irène, »als ich hörte, wie meine Mutter zu diesem Inspekteur sprach und von den Posten redete, die sie ›mit Ihrer großzügigen Ermächtigung‹ eingerichtet hatte.« Irène hatte bemerkt, daß der Name eben desselben Inspekteurs häufig im Privatgespräch aufkam, wenn ihre Mutter von der Obstruktionshaltung der militärischen Gesundheitsbehörden sprach.

Bald lernte Irène am Beispiel ihrer Mutter, unter welchen Bedingungen sie einem Mann als gleichberechtigt entgegentreten konnte. Es gab damals besonders unter älteren Ärzten einen erheblichen Widerstand gegen den Gebrauch von Röntgenstrahlen als Mittel der Diagnose, und beide Frauen mußten während jener ersten Kriegsmonate Ressentiments gegen ihre Anwesenheit in den Lazaretten erfahren. Marie Curie beschrieb später, wie eine junge Röntgen-Assistentin einmal, ».. als sie erst kurze Zeit in dem Lazarett gewesen war, die Lage eines Schrapnellsplitters lokalisierte, der den Oberschenkelknochen eines Mannes durchbohrt und zerbrochen hatte. Der Chirurg ... wollte nicht von der Seite aus, von der das Schrapnell nach Ansicht der Röntgenologin erreichbar war, mit der Sonde danach suchen; statt dessen tat er es von der Seite der offenen Wunde her. Da er nichts fand, beschloß er, die Gegend zu untersuchen, die nach der Röntgenuntersuchung angezeigt war, und extrahierte das Schrapnell sofort.«[11]

Was Marie Curie in diesem Bericht verschwieg, war der Umstand, daß die junge Röntgenologin ihre Tochter war. Irène begann bereits anzuwenden, was sie gelernt hatte. Bald hatte sie genug Erfahrung, um Militärärzte, die ihre Großväter hätten sein können, nicht nur zu korrigieren, sondern sich auch mit ihnen zu streiten. In einem Lazarett setzte sie sich hin und erteilte einem belgischen Arzt, der die Prinzipien nicht verstand, nach denen die Geschosse mittels des Radiographen im Körper lokalisiert wurden, eine kurze Lektion in elementarer Geometrie.

Nicht lange danach, als ihre Tochter noch nicht achtzehn war, beschloß Marie Curie, sie könne sie als Ersatz für sich selbst an der Front zurücklassen. Und sie blieb dort: wie die Mutter, so nun auch die Tochter, in Kommandostellung und planmäßig überarbeitet. Überdies wurde sie, was beide nicht ahnten, einer überhöhten Dosis von Röntgenstrahlen ausgesetzt. Die Schutzmaßnahmen, die sie anwendeten, ein paar Metallschirme, Stoffhandschuhe und die Bemühung, dem direkten Einfall der Röntgenstrahlen zu entgehen, waren völlig unzureichend.

Während jener unsicheren ersten Kriegsmonate gab es nur wenige Augenblicke der Entspannung. Der Kontakt mit alten Freunden bedeutete den Kontakt mit einem Zeitalter, seinem Stil, seinen Werten und Verboten, die, obwohl man es noch nicht bemerkte, dahingegangen waren. An einem glücklichen Januartag Anfang 1915 gelang es Marie Curie und Jean Perrin, sich in seinem Röntgenauto zu treffen, in der Nähe des Frontverlaufs. Die beiden ehemaligen Nachbarn zogen sich gemeinsam in ein Hotel in Dünkirchen zurück, das sich selbst als luxuriös bezeichnete. Sie saßen an einem wackligen Tisch und feierten bei einer Tasse schwarzen Tees. Hier beschlossen sie, Paul Langevin, der als Feldwebel einer Pioniereinheit zur Armee gegangen war, mitzuteilen, daß sie an ihn dachten. Perrin begann das Blatt mit »Mon cher Paul« und endete mit »A toi, Jean«. Es war ein heiterer Brief, wie er für ihn typisch war, und er versuchte darin, Langevin zu überzeugen, daß seine Begabung sich anderswo unendlich viel besser nutzen ließe. »Wenn Du Deine Intelligenz als PHYSIKER anwenden würdest, könntest Du dem Vaterland einen größeren Dienst erweisen als tausend Feldwebel, trotz der hohen Achtung, die ich diesem Rang erweisen möchte.« Marie Curie fügte auf der Rückseite drei freundliche Sätze hinzu, trotz des wackelnden Tisches säuberlich geschrieben, mit der Anrede »Cher ami«. Sie drückte ihre besten Wünsche aus und schloß, was ganz ungewöhnlich war, mit einer fast unleserlichen Unterschrift, die »M.C.« sein könnte; aber auch »Marie«.[12]

Bald darauf kehrte Marie Curie nach Paris zurück. Sie erhielt von der Front regelmäßig Briefe von ihrem Neffen, Maurice Curie, der sie als zweite Mutter angenommen hatte, seitdem er als junger Chemiker im Laboratorium in der Rue Cuvier mit der Forschung begonnen hatte.

»23. Feb. 1915. Liebste Tante, ... Wenn ich nur endlich dies Dorf hier verlassen könnte, sonst werde ich schließlich vom Leben zwischen den Ruinen ruiniert sein ... Gern würde ich meine Decke für eine Stunde am Fenster Ihrer Wohnung am Quai de Béthune hergeben. Liebe Tante, heute Abend geht es los, wir denken, für drei Tage, zu einer Stellung an der Front, gemeinsam mit meinem alten Kameraden, meinem 90-mm-Gewehr. Ich habe Sie sehr lieb. Maurice.«[13]

Bisher hatte er es nie gewagt, sich der kleinen Gruppe von Menschen anzuschließen, die Marie Curie mit »tu« anredeten. Man hatte »vous« gesagt, seit er ein Kind war. Nicht direkt – das wäre nun doch zu formlos gewesen –, aber taktvoll durch Irène gab sie ihm jetzt die Erlaubnis, sie zu duzen, als sie das von Brief zu Brief zunehmende Elend und den Anfang seiner Desillusionierung über den Krieg und seine Rolle darin erkannte. »11. Juni 1915. Liebste Tante ... Es scheint, daß die Deutschen viel mehr technische Fortschritte machen als wir ... Und um jetzt überleben zu können, bin ich ganz sicher, daß in gewissem Grade die Frage nach den Menschen viel weniger wichtig ist als die nach Geschossen und Angriffswaffen. Augenblicklich gibt es eine gewisse Bewegung in dieser Richtung, soweit ich den Zeitungen entnehmen kann. In meinem Regiment haben sie schon nach Chemikern mit toxologischen Erfahrungen gefragt; das ist nicht mein Gebiet, aber ich werde meinen Namen sofort auf die Liste setzen, wenn sie nach weniger spezialisiertem Wissen suchen. Und dann habe ich auch mehr als zwei Monate eines scheußlichen Winters im Schützengraben hinter mir und verstehe den neuen Feldzug in gewisser Weise ...«[14]

Doch trotz der neu errungenen Intimität traute er sich noch nicht, seine Tante etwa direkt zu bitten, sie möge ihren Einfluß zu seinen Gunsten einsetzen. Wie ihr Neffe wohl wußte, hatte ihr Name eine gewaltige Zugkraft. Anfang 1915 trat man mit Nachfragen an sie heran, ihren Namen in Zeitungskampagnen für Krankenhausspenden, als Vizepräsidentin von Organisationen für die Verwundeten und zu anderen wohltätigen Zwecken benutzen zu dürfen. Loïe Fuller, die über das für die *Folies Bergère* ideale Alter hinaus war, trug nun in England ihr Scherflein bei und machte dabei Gebrauch von Marie Curies Namen. In einem Artikel in *Queen* beschrieb Loïe ein nicht existierendes »Radium«-Krankenhaus an der Front und rührte die Herzen vieler mittelständischer Damen des Empire, die ihre Pfundnoten schickten, als Reaktion auf die Magie der Worte »Madame Curie«.

Im Jahre 1916 wurde die Lage der Röntgen-Organisation zunehmend schwieriger, weil der Nachschub an ausgebildetem Personal immer dringlicher erforderlich wurde. Nach der Somme-Offensive teilte ihr ein Arzt in Sätzen, die er zwischen Visiten bei den Verwundeten niederschrieb, mit, er sei »von morgens bis in die Nacht beschäftigt. Im Laufe des Juli konnte ich 588 Röntgenuntersuchungen durchführen ... Ich glaube nicht, daß ich diese Art von Verantwortung noch sehr viel länger ertragen kann.«[15]

Zur gleichen Zeit mußte sich Marie Curie mit einem Brief des britischen Botschafters beschäftigen, der, offenbar etwas verwirrt, sie und Pierre Curie um ihre Autogramme bat, die sein König zu den Photographien aus *Vanity Fair* haben wollte. Abgesehen von dem ungünstigen Zeitpunkt der Nachfrage überlegte sie, ob der Verursacher dieser königlichen Bitte eigentlich wußte, daß ihr Mann seit langem tot war. Schließlich schickte sie seine Unterschrift zusammen mit der ihren ab und wandte sich wieder einer Besessenheit anderer Natur zu als der des Autogramm- oder Briefmarkensammelns.

Für die Dauer des Krieges hatte sie eine Verwendung ihres neuen Radium-Instituts geplant, obwohl diese vorderhand nichts mit Radium zu tun haben würde. Sie beschloß, dort eine Röntgenschule zu gründen, in der sie junge Frauen die grundlegende Technik lehren wollte. In dieser Angelegenheit war Marie Curies gesellschaftliches Einzugsgebiet größer als zur Zeit, da sie Geld und Material gesucht hatte. Modische junge Damen, Kindermädchen, Studentinnen und sogar Kammerkätzchen überredete sie, wenn sie die Befähigung dazu hatten, sich in ihrer Ad-hoc-Akademie einzuschreiben, um den Betrieb der Röntgenwagen zu sichern. Während der nächsten zwei Jahre sollte sie 150 Mädchen in den Grundlagen der Mathematik, Physik und Anatomie ausbilden, die danach in die Front-Organisation eintreten konnten.

Hinsichtlich ihrer Methoden ging allerdings nichts ad hoc. Die erste Klasse an ihrem eigenen Institut leitete sie mit derselben Effizienz, die sie einst in ihren Kursen an der Sorbonne gezeigt hatte. Jetzt stand sie vor einer Gruppe von etwa zwanzig jungen Menschen von erheblich niedrigeren Bildungsvoraussetzungen als in den Klassen, an die sie gewöhnt war. Auf einige dieser Mädchen machte sie einen bedeutenden, fast engelhaften Eindruck. Anderen erschien diese Gestalt, die keine körperliche Energie auf überflüssige Bewegungen verschwendete, es sei denn, daß sie sich die gereizte Haut an den Fingerspitzen rieb, seltsam unerforschlich.

Sie beschäftigte ihre Schülerinnen zwei Monate lang vom Morgen bis zum Abend und führte sie von der Theorie zur Praxis. Als sie sah, daß die Belastung durch den Unterricht für sie zu schwer wurde, holte sie Irène von der Front, damit sie ihr helfen konnte. Marie Curie lernte rasch, den Weizen von der Spreu zu sondern – und warf die Spreu anstandslos hinaus. Letztlich lernten die Mädchen, die stumm beherrschende Frau zu verehren und schrieben ihr vertrauensvolle Briefe von der Front, an die sie geschickt wurden und willentlich gingen. Andere blieben, wie es vielen größeren Geistern vor ihnen geschehen war, eingeschüchtert, einige aus verletzter Empfindlichkeit. Sie konnte keine Närrinnen ertragen; das war der Ausdruck, den sie selbst für eins der Mädchen in dem unvermeidlichen Notizbuch gebrauchte, indem sie die Fortschritte vermerkte. Über eine andere Schülerin schrieb sie im ungeduldigem Unglauben: »Versuchte den Kurs wegen schädlicher Strahlenwirkung zu verlassen (???).«[16]

Zwischen der Organisation des Lehrgangs und Inspektionsreisen zu einigen Lazarettbasen, die sie eingerichtet hatte, verwendete sie nun einige Gedanken darauf, wie das Radium für die Kriegsanstrengungen genutzt werden könnte. Manche aufsehenerregenden Erfolge bei der Behandlung bösartiger Tumore mit Radium waren bereits bekannt, und schon im Jahre 1915 wurde Radium im Grand Palais, das jetzt als Lazarett diente, verwendet, um Narbengewebe, schlimme Fälle von Arthritis, Nervenentzündung und ähnliche Beschwerden zu behandeln.[17]

Radon hatte sich bereits als äußerst nützliche Quelle von heilenden Strahlen herausgestellt. Wenn das Gas dem Radium, in dem es sich bildet, entzogen und in dünnen, etwa einen Zentimeter langen Glasröhren versiegelt wurde, konnte es in Platinnadeln eingeschlossen und in die Stelle des Körpers injiziert werden, wo es vermutlich die größte Wirkung hatte. Die ganze Technik steckte jedoch noch in den Kinderschuhen, und das Verfahren wurde im wesentlichen auf gut Glück angewendet.

Marie Curie hatte inzwischen ihr Radium aus dem Banktresor in Bordeaux zurückgeholt: eben das Radium, das sie und ihr Mann viele Jahre zuvor unter solchen Mühen gereinigt hatten. Sie brachte es da unter, wo es symbolisch hingehörte: im Curie-Laboratorium im Radium-Institut. Und dort richtete sie den ersten französischen Radiumtherapie-Dienst ein und stellte zivilen Krankenhäusern wie Lazaretten Röhren mit Radon zur Verfügung.

Nur den geschicktesten und erfahrensten Technikern vertraute sie die

Aufgabe an, das Radon seiner nun unermeßlich wertvollen Quelle zu entziehen. Und alle, die diese Arbeit verrichteten, fanden sie schrecklich ermüdend, da sie, wie wir heute wissen, nur unzureichend vor der Strahlung geschützt waren und vor dem in die Luft freigesetzten Radon, das sie einatmeten. Manche waren so erschöpft, daß sie aufs Land oder ins Gebirge reisen mußten, um sich zu erholen.
Zu dieser Zeit wurde es deutlich, daß es wahrscheinlich eine Kausalverknüpfung zwischen der Arbeit in einer radioaktiven Atmosphäre und den physischen und psychischen depressiven Zuständen so vieler Laboranten geben mußte. Aber da ihnen wenige Tage in unverschmutzter Umgebung die verlorene Energie wiedergaben, schien es keinen besonderen Grund zur Beunruhigung zu geben. Wenn niemand mehr da war, um die Arbeit zu tun, was oft geschah, führte Marie Curie sie selbst aus.
Es gab nur wenige wissenschaftlich ausgebildete Arbeitskräfte, an die sie sich wenden konnte, wenn sie Hilfe brauchte. Jean Perrin war jetzt zur nationalen Verteidigungsforschung an Paul Painlevés Ministerium für Erfindungen verpflichtet und arbeitete an einem Projekt, bei dem Echos benutzt werden sollten, um Flugzeuge in der Nacht zu lokalisieren. Paul Painlevé hatte selbst zugunsten von Paul Langevin, des Mannes, dessen Sekundant er gewesen war, interveniert; infolgedessen war Langevin von der Armee zur Forschung abgestellt worden und tat sich in der Aufspürung von Unterseebooten durch Ultraschall hervor. André Debierne hatte als Unteroffizier das Croix de Guerre erhalten und war dann endlich entlassen worden; jetzt arbeitete er beim Dienst für Chemische Kriegsführung.
Auch Marie Curies wissenschaftliche Freunde in England waren damit beschäftigt, ihre Arbeit in den Dienst des Krieges zu stellen. Hertha Ayrton hatte »Mrs. Ayrtons Fächer« erfunden, den die Soldaten, die das Glück hatten, lange genug zu überleben, um ihn zu benutzen, als ein von Hand betriebenes Mittel verwendeten, um ihre Schützengräben von Giftgas zu reinigen. Rutherford war wie Langevin mit der Ortung von Unterseebooten beschäftigt.
Eines Tages tauchte Rutherford in Paris auf, um im Ministerium für Erfindungen über seine U-Boot-Arbeit zu sprechen. Während er im Hotel seinen Vortrag vorbereitete, erschien zu seiner großen Freude »etwa um 12.30 Uhr ein Taxi mit einem Soldaten als Chauffeur, mit Perrin, Langevin, Mme. Curie und Debierne als Fahrgästen, die mich zum Lunch mitnahmen und mich königlich bewirteten«.

Nach seinem Vortrag ging Rutherford mit Langevin und Marie Curie in das neue Laboratorium. Er saß an einem Arbeitstisch dem Paar gegenüber, dessen kurze, aber außergewöhnlich stürmische Affäre in weltenweite Ferne gerückt zu sein schien, und trank Tee mit ihnen. Wenn er Marie Curie betrachtete, fand er, daß ihr körperlicher Zustand sich nicht verbessert hatte; sie war »ziemlich grau und abgekämpft und müde«.

Tatsächlich war sie müde. Aber das war der Zustand, den sie jetzt als unvermeidlichen Bestandteil der chronischen Fehlfunktion ihres Körpers betrachtete. Sie nahm den übermäßigen Arbeitsdruck den ganzen Krieg hindurch hin. Immer wieder besuchte sie die Kette der Röntgenstationen, die sie eingerichtet hatte. Während des Sommers 1918 fuhr sie nach Italien, um über italienische radioaktive Quellen Bericht zu erstatten. Inzwischen schrieb ihr Irène aus dem Laboratorium, das sich jetzt in Reichweite des feindlichen Bombardements befand und mit Sandsäcken geschützt war, Briefe mit Nachrichten über den Fortgang des Krieges.

Noch Ende Juni 1918 war die Lage in der Innenstadt nervenzermürbend. Irène war dazu übergegangen, über Nacht nach Brunoy hinauszufahren, um für eine kurze Zeit der Ruhe den heulenden Sirenen des nächtlichen Alarms in Paris zu entgehen. Sie teilte ihrer Mutter mit: »Der deutsche Vormarsch versetzt uns alle in einen sehr beunruhigten, nervösen Zustand. Hoffen wir, daß die Situation sich bessert.«[18]

Und das tat sie ganz plötzlich. Anfang August hörte Irène vom Scheitern der deutschen Offensive und schrieb: »Liebste, ich glaube, das ist endlich der Augenblick, auf den wir alle gewartet haben; der Augenblick, in dem wir, nachdem wir den Tiefpunkt überschritten haben, wieder hochkommen.«[19] Und das traf zu. Einige Wochen später verzeichnete das Röntgenauto E die Lokalisierung eines kleinen Schrapnellsplitters in der linken Schulter eines verwundeten Soldaten. Es war der 948ste, der letzte Mann, der in diesem Wagen untersucht wurde. Die Gesamtzahl von Verwundeten, die allein in den Jahren 1917–1918 durch die Röntgenposten hindurchgegangen waren, überstieg 1 100 000.

Missy, eine sympathische Journalistin

Es war alles vorbei, auch der Siegesjubel. Der Tag des Waffenstillstands war wie der Tag der Mobilisierung ein schöner warmer Tag, erstaunlich für November. Und ebenfalls wie am Tag der Mobilisierung waren die Straßen voll von Menschen und Kapellen und erfüllt vom Klang der Marseillaise.

Jetzt, als alles vorbei war, wurde Marie Curie in dem Laboratorium in Ruhe gelassen, das sie endlich wirklich ihr eigen nennen konnte. Das Büro war einfach eingerichtet. Es gab einen Schreibtisch, ein paar Stühle mit geraden Lehnen und zwei oder drei Bücherregale. Auf dem Tisch lagen Federhalter, Brillenetui und Rechenschieber. Es gab nichts Funktionsloses, keinen Schmuck. Dies war fast die ganze Ausstattung, die sie für den Rest ihres Arbeitslebens brauchte.

Aber ihre Pläne für das übrige Laboratorium – es sollte zur Behausung einer französischen Schule für Radioaktivität werden – erforderten, daß sie zu seiner Einrichtung ebenso raffinierte und teure Apparaturen finden mußte, wie sie zu dieser Zeit in den anderen physikalischen Laboratorien der Welt in Gebrauch waren.

Als die ersten Monate der Wiedereingewöhnung vorbei waren, machte sie zum ersten Mal seit den Vorkriegstagen von l'Arcouest wieder Urlaub. Sie reiste mit Martha Klein, einer Frau, die ihr während des Krieges bei dem Röntgenunterricht geholfen hatte, in die Wärme Südfrankreichs. Das kurze Zwischenspiel war ein großer Erfolg. Zum ersten Mal nach vielen Jahren war es ihr möglich, sich zu entspannen. Sie badete, ging spazieren und schlief mehrere Nächte im Freien, in der Wärme des Südens. Sie fühlte sich erfrischt, und damit optimistisch. Ihren geliebten Töchtern schrieb sie: »Ihr beide seid eine starke Quelle des Reichtums für mich, und ich hoffe, daß das Leben uns noch eine schöne Zahl von Jahren miteinander verbringen läßt.«[1] Was das Laboratorium betraf, so hegte sie ebenfalls größte Hoffnungen: »Ich denke oft an das Arbeitsjahr, in das wir jetzt eintreten, und mein einziger Wunsch ist es, daß etwas Gutes dabei herauskommen wird.«

Aber es sollte ein Jahr der Frustrationen werden. Wiederum brauchte sie finanzielle Hilfe, aber nachdem der Krieg vorbei war, standen gesellschaftlicher Druck und moralische Rechtschaffenheit ihr nicht mehr zur Seite. Selbst wenn sie wieder hätte losziehen mögen, mit dem Hut in der Hand, hätte sie feststellen müssen, daß viele Geldquellen aus der Zeit des Kriegsbeginns ausgetrocknet waren. Die Prinzessinnen und Baronessen, die ihr Geld für die Röntgenautos zur Verfügung gestellt hatten, lebten jetzt oft unter ganz veränderten Bedingungen. Viele private Quellen für Stiftungen waren mit dem Krieg verschwunden. Der öffentliche Haushalt war ganz besonders schlecht ausgestattet, um naturwissenschaftliche Forschung zu ermutigen, angesichts der zahllosen Ansprüche, die an ihn gestellt wurden. Schon vor Kriegsende hatte Marie Curie an das Ministerium für Erfindungen geschrieben und darauf hingewiesen, daß Frankreich, die Geburtsstätte des Radiums, nur fünf Fabriken besaß, die das Metall produzierten; am Ende des Krieges stand die Nation, die potentiell die reichste in Europa hätte sein können, in dieser Industrie mit hohen Gewinnen aber starkem Wettbewerb als Verlierer da, wie auch in vielen anderen Unternehmenszweigen, die auf naturwissenschaftlichen Verfahren begründet sind.

Der öffentliche Wille war schließlich da, auch wenn die Wege noch undeutlich blieben. In einem Brief von bemerkenswerter Weitsicht schrieb der von der Regierung neu ernannte Direktor für Wissenschaftliche, Industrielle und Technologische Forschung an Marie Curie, daß von nun an Wissenschaft und Industrie gemeinsam marschieren müßten, nicht gerade im Dienste des Krieges, aber im unvermeidlichen ökonomischen Nachkriegskampf. Er teilte ihr mit, daß seine Behörde ihr »jeden notwendigen Kredit, unerläßliche Apparate und andere Mittel soweit als möglich« zur Verfügung stellen werde.[2]

Das waren kühne Worte. Aber es floß nichts Substantielles aus den Regierungskassen, die von einem vierjährigen, aufgrund der verbesserten Technologie sehr teuer gewordenen Krieges gänzlich geleert worden waren. Sie mußte wieder für sich selber sorgen, wenn es denn überhaupt eine Versorgung geben sollte. Als sie im März 1920 wenig Geld und eine kümmerliche Ausstattung erhalten hatte, schrieb sie an jede Stelle, die ihr einfiel, und bat um Materialien, die aus dem Krieg übrig waren, für ihr Laboratorium – Coolidge-Röhren, Ampèremeter, Voltmeter, Elektromotoren, Schreibmaschinen, Tische – zu einem möglichst geringen Preis, vorzugsweise kostenlos. Sie brauchte auch zwei Lastwagen für die Zwecke des Laboratoriums. Sogar an den Minister für Finanzen wandte sie sich, er möge bei ihrem Feilschen um zwei ehemalige Regierungsfahrzeuge intervenieren. Umstandslos erinnerte sie ihn daran, daß sie es schließlich gewesen war, welche die Kriegsflotte von Röntgenautos ausgerüstet hatte, davon allein zwanzig vollständige mittels freiwilliger Subskriptionen. Und jetzt mußte sie betteln, um zwei Stück davon zu einem herabgesetzten Preis zurückzubekommen.

Aber ein Forschungsgebiet gab es, das auf Stiftungen immer noch anziehend wirkte. Der »Krieg gegen den Krebs« (ein volkstümerlicher Slogan) fand selbst in dem äußerst mageren Jahr 1920 beträchtliche finanzielle Unterstützung. Die Erfolge der Krebsbehandlung mit Radium während des Krieges ließen jetzt hoffen, daß Krebs letztlich doch nicht unheilbar sei. Marie Curies öffentlicher internationaler Ruhm beruhte darauf, daß sie das Radium entdeckt hatte, das Krebsheilmittel. Ihr Leben lang erhielt sie wöchentlich Briefe von Menschen, die sie nie gesehen hatte, und die ihr persönlich für ihre Entdeckung danken wollten. Typisch ist der Brief einer Frau, die als erste mit dem Radium behandelt wurde, das ein Krankenhaus in Gettysburg erworben hatte. Sie schrieb einfach und schlicht: »Was es mir Gutes getan hat, weiß Gott allein.«[3] Und als Baron Henri de Rothschild einen größeren Fonds zur Verfügung stellte, um eine Institution zu gründen, die Curie-Stiftung zur Entwicklung der Strahlentherapie – oder Curie-Therapie, wie man in Frankreich sagte – heißen sollte, war die Verwendung von ihrem und ihres Mannes Namen schmeichelhaft. Indessen war es nur logisch, daß diese Stiftung eher Claude Regauds Pasteur-Institut für biologische und medizinische Forschung angeschlossen wurde als ihrem eigenen Laboratorium. Einen Teil ihres Radiums schenkte sie formell ihrem Laboratorium, damit es für die Zwecke der reinen Forschung nicht verlorenging, aber einen Teil machte sie auch der neuen Stiftung für Krebsbehandlungen zugänglich.

Aber so schmeichelhaft die Anerkennung ihrer Leistungen auch war, die neue Stiftung förderte in keiner Weise ihre eigenen Forschungspläne, die ebenso wenig wie je direkt mit den medizinischen Anwendungen des Radiums verbunden waren. Ihr Traum war es, eine Schule der Radioaktivität zu begründen, die sich auf die Traditionen des Laboratoriums stützen würde, welche sie in den Vorkriegsjahren entwickelt hatte. Ihr Wunsch wäre vielleicht nie erfüllt worden, wenn sie nicht in einem Augenblick der Schwäche, entgegen jedem Vorurteil, das sie gegen die Presse hegte, bereit zu einem Interview gewesen wäre.

Inzwischen hatte Marie Curie gelernt, ihrem Ruhm gewisse Zugeständnisse zu machen. Seit ihrer ersten Auszeichnung mit dem Nobelpreis war sie mit Bitten um öffentliche Auftritte, Vorträge, Autogramme und Interviews bombardiert worden. Sie war der erste Wissenschaftler im Zeitalter der Massenkommunikation, dessen Name in die Alltagssprache einging. Ihre Sekretärin hatte eine Standardantwort für die Ablehnung der gewöhnlichen Anfragen. Trotzdem beantwortete Marie Curie die meisten persönlichen Briefe persönlich und verwies jene, die um Hilfe bei Krebsproblemen baten, was so häufig vorkam, gewissenhaft an Regaud. Wenn sie Zweifel hatte, ging sie durch den Garten, der ihre beide Laboratorien trennte, und bat den Arzt um Rat. Sie antwortete sogar auf Briefe, die ein anderer für offensichtlich verrückt gehalten hätte, und verschwendete überhaupt viel Zeit mit belanglosen Anfragen.

Für die Vielen, die um ein Interview baten, hatte Marie Curies Sekretärin eine königliche Antwort: Madame »empfange« dienstags und freitags, und zwar nur, um »wissenschaftliche Themen« zu diskutieren. Journalisten erhielten eine vorgefertigte Antwort. Sie »empfängt keine Pressevertreter«, es sei denn zum Zwecke »technischer Informationen ... Sie spricht nicht über persönliche Fragen, über ihr Leben oder ihren Geschmack.«[4] Es gab Grund genug für ihren Eindruck, der Journalismus habe die Richtung ihres Lebens schon genug geändert, indem er Schmerzen und den Abbruch eines Verhältnisses mit einem Mann verursacht hatte, das sonst viele Jahre hätte währen und glücklich sein können.

Die vorgefertigte Antwort wurde auch abgeschickt, als eine Journalistin mit dem zwar stabreimenden, aber irgendwie unwahrscheinlichen Namen Marie Mattingley Meloney, welche eine amerikanische Zeitschrift mit dem ebenfalls etwas seltsamen Titel *The Delineator* (»Der Beschreiber«) vertrat, um ein Interview bat. Nur die Beharrlichkeit der Frau und eine persönliche Begegnung, die durch Henri-Pierre Roché (den Autor des Romans *Jules et Jim*) vermittelt wurde, bewirkte, daß Marie Curie schließlich kapitulierte und sich zu einem kurzen Interview bereit erklärte.

Eines Tages Mitte 1920 also öffnete Marie Curie die Tür ihres Büros für Roché und die winzige, dunkelhaarige Frau von etwa vierzig Jahren, Marie Meloney. Roché war von der dynamischen kleinen Journalistin bereits ganz fasziniert. Jetzt schaute er gespannt zu, wie sie die zurückhaltende Wissenschaftlerin behandelte, die unter Journalisten als grimmige Wächterin ihrer Privatsphäre bekannt war. Von Anfang an entdeckte Roché Sympathie und eine überraschende gegenseitige Anziehung zwischen den beiden Frauen, deren Motivationen so völlig entgegengesetzt waren.

Marie Curie bemerkte, daß die Frau, deren Hut ihr selbst nur bis zur

Augenhöhe reichte, leicht hinkte und sich vogelartig bewegte. Marie Meloney betrachtete ihrem Beruf entsprechend ihre Gesprächspartnerin mit ähnlicher Aufmerksamkeit: »Ich sah eine blasse, schüchterne, kleine Frau in einem schwarzen Baumwollkleid, mit dem traurigsten Gesicht, das mir je begegnet ist. Ihre wohlgeformten Hände waren rauh. Ich bemerkte die charakterische nervöse Angewohnheit, rasch die Fingerspitzen am Daumenballen zu reiben.«[5] Roché, der als Dolmetscher mitgekommen war, stellte bald fest, daß seine Dienste überflüssig waren. Marie Curie war offenbar recht stolz auf ihr Englisch mit dem polnischen Akzent, und Mrs. Meloney hörte ihr mehr als bereitwillig zu.

Marie Meloney brauchte keine Angst zu haben, daß Marie Curie irgendeine Antipathie gegen ihre Nationalität haben könnte. In den letzten beiden Jahren hatte Madame an der Sorbonne amerikanischen Soldaten Grundkurse über Radioaktivität erteilt. Ihre Einfachheit hatte Marie Curie gefallen. Kecke Ehrlichkeit hatte sie noch nie als verletzend empfunden. Vielleicht bemerkte sie die gleichen Charakteristika an Marie Meloney, obwohl diese die Keckheit, welche ihr Wesen enthalten mochte, in ihrem Beruf erworben hatte und nicht durch ihre eher sanfte Südstaatenerziehung. Mrs. Meloney teilte alsbald mit, daß sie von allen ihren Freunden »Missy« genannt wurde, ein Brauch, den Marie Curie zur Kenntnis nahm, aber keineswegs anzuwenden gedachte.

Missy wurde durch ihre gelegentlich dreiste Gewohnheit ausgezeichnet, alle, oder fast alle »wichtigen« Menschen in ihren Gesichtskreis hereinzuziehen. Obwohl sie es gesagt haben mochte, um Eindruck zu machen, war es offensichtlich, daß sie wahrlich nach Europa gekommen war, um bekannte, wenn nicht wichtige Leute zu treffen. Sie kam gerade aus England, wo sie H.G. Wells, Bertrand Russell und Arnold Bennett kennengelernt hatte. In Amerika hatte sie unglaublich ausgedehnte und einflußreiche politische Kontakte; Calvin Coolidges erster Brief auf dem offiziellen Papier eines Vizepräsidenten richtete sich mit herzlichen Worten an Missy. Später sollten weder Hitler noch Mussolini unerreichbar für sie sein.

Bei diesem ersten Besuch ließ Missy es bereitwillig zu, daß Marie Curie ihr Englisch am Thema Amerika übte; sie erfuhr, daß es in ihrem eigenen Land etwa fünfzig Gramm Radium gab, dessen sämtliche Aufbewahrungsorte die Französin kannte, sowie, daß das einzige französische Gramm sich in dem Laboratorium befand, in dem sie gerade sa-

ßen. Sie hörte auch, daß die Ausstattung dieses Laboratoriums so karg war, daß das Gramm Radium hauptsächlich dazu benutzt wurde, Radon-Röhrchen für die Krebsbehandlung herzustellen.
Missy sah bereits ihren Artikel über Madame Curie vor sich; er ließ sich in einem einzigen Satz zusammenfassen: »Sie hat zum Fortschritt der Wissenschaft und zur Linderung menschlichen Leidens beigetragen, doch auf der Höhe ihres Lebens fehlt ihr das Handwerkszeug, das sie braucht, um weitere Beweise ihres Genies zu erbringen.«[6]
Das war eine gute Story, die sich in den Spalten des *Delineator* unermeßlich ausdehnen ließ. Indessen hatte Missy an diesem Tage noch etwas anderes entdeckt: eine Mission für sich selbst. Madame Curie hatte sie offenbar gemocht und ihr ein weiteres Gespräch zugesagt. Marie Curie hatte etwas an sich – die Reinheit ihres Ziels und den Glaube an den endgültigen Wert, den dieses Ziel in sich barg –, was Missy den Gedanken eingab, sie habe etwas viel Wichtigeres gefunden als nur einen Stoff für ihre Zeitschrift. Mit der Geschwindigkeit, mit der sie das Leben gewöhnlich betrachtete, hatte sich Missy bereits ein journalistisches Unternehmen mit einem gesellschaftlich nützlichen Zweck ausgedacht, in dem sie selbst eine unerläßliche Antriebsrolle spielen und Marie Curie im Mittelpunkt stehen sollte.
In diesem Sommer besuchte Missy mehrfach die Wohnung am Quai de Béthune und war jedesmal beeindruckt, daß Marie Curie, die sich offenbar kein Dienstmädchen leisten konnte, ihr selbst die Tür öffnete. Jede kleine Entdeckung gab Missys Unternehmen neue Nahrung.
Bei diesen Besuchen erfuhr Marie Curie mehr über Missy. Marie Mattingley Meloney war keine Durchschnittsreporterin. Sie war Chefredakteurin des *Delineator*, einer angesehenen Frauenzeitschrift, die der Butterick-Company gehörte. Sie brachte geschmackvoll illustrierte Artikel mit Titeln wie »Ist mit dem amerikanischen Mann etwas nicht in Ordnung?« oder »Gibt es keine Freundschaft zwischen Mann und Frau, oder ist das nur versteckte Liebe?« In Fortsetzungen erschienen Romane von heute längst vergessenen Autoren, aber auch von Schriftstellern wie etwa Arnold Bennett.
Missy hatte ihre journalistische Karriere im Alter von sechzehn Jahren mit einer Reihe von politischen Erstinterviews anhand einiger Freunde der Familie in Washington begonnen. Zu einer Zeit, wo weibliche Reporter noch etwas ganz Unerhörtes waren, wurde sie bald Chef des Büros der *Denver Post* in Washington. Ihr Aufstieg zur Chefredakteurin dauerte nicht lange. Sie war erst 39 Jahre alt.

Trotz ihres leichten Hinkens, das auf einen Reitunfall in der Kindheit zurückging, und ihrer Tuberkulose war sie ein energisches und gefühlswarmes kleines Geschöpf. Sie sagte einmal zu einer Freundin: »Das Leben ist für mich ein Draht unter Hochspannung geworden, den ich nicht mehr loslassen kann.« Sie hatte bereits beschlossen, daß Marie Curie, falls sie mitarbeiten würde, zum Generator werden sollte, um das Gewissen der amerikanischen Nation zu stimulieren.
Missys ursprünglicher Plan war einfach. Sie fing bereits an, von Dollarsummen zu sprechen, die für Marie Curie damals unvorstellbar waren. Sie fragte nach dem Preis von Radium. Marie Curie nannte ihn ihr. Sie rechnete die Zahl in etwa 100000 Dollar pro Gramm um und behauptete, daß es im Prinzip keine Schwierigkeit geben dürfte, reiche amerikanische Frauen zu überreden, diesen Preis zusammenzubringen, also etwa zehn Damen, die je 10000 Dollar spenden würden. Überdies, versuchte sie die Französin zu überzeugen, sei der Name Marie Curie publikumswirksam; eine Autobiographie, auf jene Art, auf die sich Missy so gut verstand, richtig herausgebracht, würde beträchtliche Summen für das Laboratorium oder die Autorin einbringen.
Nach der Langevin-Affäre faßte Marie Curie nur noch zu Frauen ein tieferes Vertrauen. Sie hatte dies Vertrauen nie rasch verschenkt oder schnell Freundschaft geschlossen, weder mit dem einen noch mit dem anderen Geschlecht, und zuerst war immer die Barriere des Selbstschutzes vor ihrem Innern spürbar. Aber der kleine Dynamo hier vor ihr – »so beschäftigt wie eine Lichtmaschine« war einer von Missys Lieblingsausdrücken – schaffte es binnen weniger Wochen, ihr ein ungewöhnlich tiefes und ungewöhnlich schnell erworbenes Zutrauen einzuflößen. Körperlich hatten die beiden Frauen gewisse gemeinsame Züge, die zur Grundlage von Sympathie werden konnten. Beide waren schlank und zart, beide litten an chronischen Krankheiten, und beide erlebten häufig einen Zusammenbruch. Missy machte sich gewöhnlich über ihr Hinken lustig, erlitt aber auch oft tiefe Depressionen. In ihren Zustand konnte sich Marie Curie einfühlen. Psychologisch jedoch bildeten sie einen heftigen Kontrast. Marie Curies Verschlossenheit stand in lebhaftem Gegensatz zu Missys extravertierter Dynamik.
Trotz oder vielleicht gerade wegen dieses Unterschiedes hatte Marie Curie das Gefühl, sie könne dieser Frau vertrauen. Bei deren Vorschlag hatte sie wenig zu verlieren. Natürlich gab es ein Quid pro quo. Die freigiebigen Spender würden von ihr erwarten, daß sie das Gramm Ra-

dium persönlich entgegennehmen würde; aber sie war einer Reise in die Vereinigten Staaten gar nicht abgeneigt, wenn diese nur richtig organisiert war. Ferner würde die Butterick-Company davon ausgehen, daß sie die ersten Artikel über das Radium-Geschenk veröffentlichen würde, denn, wie Missy sagte, »Man unternimmt dies Werk keineswegs aus selbstsüchtigen Motiven, aber es erscheint nur gerecht, daß man das Privileg in Anspruch nimmt, den Artikel zur gleichen Zeit mit dem Geschenk zu publizieren, sodaß die Gesellschaft wenigstens diesen kleinen Anteil am Ruhm des Ganzen erhält.«[7] Das war eine völlig akzeptable Vereinbarung.

In ihrem eigenen Land war Marie Curie indessen zu jener Zeit, obwohl sie von einem führenden französischen Zeitungsherausgeber als »die größte Frau in Frankreich« bezeichnet wurde,[8] nicht gerade das, was man eine volkstümliche Figur nenne könnte.

Die causes célèbres von 1911 hatten einen Schatten der Zweideutigkeit hinsichtlich ihrer Rolle hinterlassen; und die öffentliche Auffassung ihrer polnischen Nationalität war noch von Unsicherheit geprägt. Missy erreichte in der kurzen Zeit ein solches Maß an Verständnis, daß Marie Curie ihr die Narben der Langevin-Affäre enthülle. Sie befürchtete, daß ihr Besuch in Amerika die dortigen Zeitungen anregen könnte, die ganz Langevin-Geschichte wieder aufzuwärmen und ihr neue Schmerzen zu bereiten. Missy war jetzt genau über die Lage unterrichtet. Sie wußte, wie man damit fertig wird. Vor der Abfahrt konnte sie, falls erforderlich, Marie Curie ihren Fortschritt in der gemeinsamen Sache in einem Code mitteilen, den nur die beiden kannten.

Missy begann sofort, sich für Marie Curie zu strapazieren. Von der Minute an, in der ihr Schiff im Spätsommer in Southampton ablegte, lief die »Lichtmaschine« an, um reiche oder mächtige Leute aufzutun. In der ersten Klasse des Dampfers fand sie zwei Kuratoren des Massachusetts Institute of Technology, nämlich P. A. S. Franklin, den Präsidenten der Internationalen Handelsmarine, und »Mr. Stone, den führenden Ingenieur im Lande ... Beide Männer verfügen über großen Reichtum und Einfluß.«[9] Bevor das Schiff unter dem zum Willkommen erhobenen Arm des Viertelmillionen-Dollar-Symbols für die französisch-amerikanische Freundschaft, der Freiheitsstatue, hindurchgefahren war, hatte Missy die beiden für ihre Sache gewonnen. Schon vor Weihnachten desselben Jahres war Missy sicher, daß sie unter der Voraussetzung, genügend Publizität zu schaffen und Marie Curies Besuch zu einem Ereignis zu machen, das erforderliche Geld für den Radiumkauf zusammenbekommen konnte. Allerdings hatte sie eingesehen, daß sie es nicht so leicht, wie sie es sich vorgestellt hatte, von reichen Frauen erhalten konnte. Eine breitere nationale Kampagne wurde erforderlich. Sie hatte bereits ein Beratungskomitee aus Wissenschaftlern zusammengestellt, dem der Präsident der Amerikanischen Medizinischen Vereinigung sowie führende Vertreter der Rockefeller Foundation, von Harvard, Cornell, Columbia und anderen Universitäten angehörten. Um die Kampagne selbst zu organisieren, hatte sie Mrs. John D. Rockefeller, Mrs. Calvin Coolidge, Mrs. Robert Mead (die Frau des Begründers der Amerikanischen Gesellschaft für Krebskontrolle) und andere Damen gewonnen, die hinreichend Zeit und Zugang zu einem wohlgefüllten Bankkonto hatten.

Missy hatte auch nicht vergessen, sich darum zu kümmern, wie sie das gesammelte Geld kommerziell am besten nutzen konnte. So hatte sie herausgefunden, daß das Radium, von dem in den Vereinigten Staaten ein Gramm hunderttausend Dollar kostete, in Rußland für die Hälfte des Preises erhältlich war. Obwohl sie gerade damit beschäftigt war, Calvin Coolidge zu einem Artikel zu überreden, der die amerikanischen Frauen vor der kommunistischen Bedrohung und speziell vor der Gefahr, die den Frauen-Colleges von den Roten drohte, warnen sollte, war sie keineswegs unglücklich über einen guten Handel mit dem bolschewistischen Staat, wenn er für ihre Sache von Vorteil war.

Auf die Geschwindigkeit und das Ausmaß der Operation war Marie Curie nicht vorbereitet. Sie bestätigte, daß sie willens sei, die Vereinigten Staaten zu besuchen, und stimmte sogar gegen ihr besseres Wissen zu, mit einer Autobiographie zu beginnen, die in den Staaten veröffentlicht werden sollte, sobald Missy die publizistische Kampagne entfesseln würde. Falls Marie Curie noch an Missys Fähigkeiten gezweifelt hatte, ihre großartigen Pläne in die Realität umzusetzen, so verschwanden diese jetzt fast ganz. Es konnte jedoch noch ein Mißverständnis geben. Missys Sperrfeuer von optimistischen Briefen während der letzten Wochen hatte fröhlich, aber unterschiedslos abwechselnd von »einem Gramm Radium« und »einem Gran Radium« gesprochen. Marie Curie hatte diese zweideutige Formulierung nicht übersehen. Mit dem trockenen Pragmatismus, den sie vertreten konnte, wenn sie wollte, ließ sie Pierre Roché an Missy telegraphieren: »Madame Curie fragt, ob Gramm oder Gran. Gran ungenügend, um Abwesenheit von der Arbeit zu rechtfertigen, da nur ein Fünfzehntel Gramm.« Selbst Madame Curie hatte ihren Preis.

Sie hätte sich nicht zu beunruhigen brauchen. Gramm oder Gran, für Missy kam es nicht darauf an. Fünfzehn oder fünfzig mal so hohe Kosten lagen nicht außerhalb ihrer ungewöhnlichen Reichweite. Postwendend kabelte sie: Gramm. Das sollte Marie Curies letzter Zweifel an Marie Meloney gewesen sein. Jetzt überließ sie sich vollständig Missys Sorgfalt und Urteilsfähigkeit. Als der »Colony-Club« versuchte, sich einen Abglanz von Marie Curies Anwesenheit in New York zu sichern, und sie einlud, sein Gast zu sein, setzte sich Missy in Bewegung, um ihre schwer erworbenen Rechte zu schützen. »Der Colony-Club ist ein schönes und luxuriöses Etablissement,« schrieb sie Marie Curie, »aber ich bin nicht sicher, ob Sie es dort so ruhig haben würden, wie Sie es wohl wünschen. Ich würde mich natürlich sehr geehrt fühlen, wenn Sie in den Tagen, die Sie in New York verbringen, bei mir wohnen würden. Mein Mann und ich leben recht ruhig und einfach, wie die meisten Literaten hier. Ich wünsche mir sehr, daß Sie in New York mein Gast sind und Ihnen selbst keinerlei Kosten entstehen.«[10] Marie Curie war einverstanden. Ebenso nahm sie jeden Vorschlag an, den Missy zum Thema des Publikationsvertrages machte. »Ich hoffe, viel Geld für Ihr Material einzubringen,« schrieb Missy. »Sie werden wahrscheinlich Briefe von den Verlagen Macmillian, Scribner's, Dutton und Houghton Mifflin erhalten. Diese vier Häuser gehören zu den besten amerikanischen Verlagen. Ich würde vorschlagen, daß sie Ihnen definitive Angebote machen. Zu Ihrer eigenen Information: Der beste Vorschlag wäre wohl tausend Dollar Vorschuß und ein guter Prozentsatz ... Zwanzig Prozent war ungefähr der Anteil, den Theodore Roosevelt erhalten hat, und das ist ein wirklich schöner Vertrag.«[11]

Missy verglich Marie Curies Bedeutung nicht nur mit der amerikanischen Präsidentschaft, sondern notfalls auch mit dem Königtum. Als Marie Curie einen Aufenthalt von vierzehn Tagen vorschlug, antwortete Missy: »Der König und die Königin von Belgien haben sich sechs Wochen für ihren Besuch genommen.«[12]

Wenn Marie Curie zögerte und schwierige Wegstrecken auf der Straße der Zukunft sah, walzte Missy diese glatt. Wenn Marie zögernd erwähnte, daß ihr die Kinder fehlen könnten, nahm Missy sie begeistert in die Reisepläne auf und arrangierte die Möglichkeit, daß die Familie in der leerstehenden Wohnung von Missys Nachbar, »mein Freund, Mr. John R. Crane, Botschafter in China«, leben konnte.[13] Es schien nichts zu geben, wozu sie nicht fähig war, nichts, was sie nicht wußte. Marie Curie hatte bereits erfahren, Missy habe dafür gesorgt, daß sie

das Gramm Radium persönlich aus den Händen des Präsidenten der USA empfangen würde.
Am überwältigendsten war ein Telegramm, das Anfang März 1921 im Curie-Laboratorium eintraf und einfach besagte: »Laboratoriumskosten Südfrankreich kabeln. Per Post bitte neue Photographien von Ihnen und Töchtern ... Meloney.«[14]
Die Gedankenskala dieser Frau und die Geschwindigkeit ihrer Aktivität waren für Marie Curie zu viel. Sie hatte Missy gegenüber nur einmal ganz beiläufig ihren Traum erwähnt, ein privates Laboratorium in einem ruhigen Rückzugsort Südfrankreichs zu besitzen. Jetzt war sie zu verblüfft, um mit der von Missy erwarteten Elektronengeschwindigkeit zu antworten.
»Ihr Telegramm, in dem Sie mich nach den Kosten eines Laboratoriums in Südfrankreich fragen, hat mich sehr überrascht, und ich war zu verwirrt, um zurückzukabeln. Ich nehme an, da Sie meinen Wunsch nach einem Laboratorium auf dem Lande kannten und wußten, wie schön ich es fände, wenn dies im Midi läge, haben Sie aus Freundschaft zu mir den Plan entwickelt, mir bei der Durchführung dieses Plans mittels Stiftungen aus Amerika zu helfen ...
Tatsächlich würde ich gern ein persönliches Laboratorium außerhalb von Paris haben, wo ich leben und arbeiten könnte. Dies wäre sicherlich für meine Gesundheit und meinen Seelenfrieden von Nutzen, obwohl das nicht die Hauptgründe für meinen Wunsch nach einer solchen Einrichtung sind. Sie ist auf alle Fälle notwendig, da es in meinem Institut Experimente gibt, welche die vollständige Abwesenheit von Störungen erfordern, weshalb sie gegenwärtig in meinem Laboratorium im Zentrum von Paris nicht durchgeführt werden können. Ferner gibt es Arbeiten, die die Bearbeitung großer Mengen von Mineralen erfordern, was unter den Bedingungen hier ganz unmöglich ist ... Wenn ich Ihnen weiterhin mitteilte, daß mein gegenwärtiges Laboratorium der Vergrößerung bedarf, daß wir in solchem Maße knapp an Mitteln und Personal sind, daß ich für meine eigene Arbeit keinerlei Hilfe habe und zum Beispiel diesen Brief an Sie selber tippe, dann werden Sie wohl ohne weiteres verstehen, daß großzügige Hilfe sehr notwendig ist.«[15]
Wenn sie mit Missys eiligem Vorgehen auch höchst zufrieden war, gab es doch noch einen wichtigen Punkt, der zunächst geklärt werden mußte. Sie schrieb in demselben Brief:
»Ich muß noch auf eine andere Frage kommen. Ich möchte es sichergestellt sehen, daß der Empfänger des Radiums, das Sie mir geben, genau

bestimmt wird. Daher bitte ich Sie, einen Text zu entwerfen, der die Bedingungen der Schenkung darlegt ... Einige Zeitungen hier haben behauptet, das Geschenk werde der Université de Paris gemacht, während Sie mir stets versichert haben, es sei direkt für mich bestimmt. Sie müssen Ihre Absichten in dieser Hinsicht zusammen mit allem, womit die Geber einverstanden sind, festlegen. Wenn die Schenkung mir gemacht wird, muß in dem Dokument gesagt werden, wieweit ich frei bin, über das Geschenk zu verfügen, und in welchen Grenzen.«

Marie Curie nahm gegenüber der kostbaren Ware Radium nie eine andere als eine streng geschäftliche Haltung ein. Daß es *ihr* zur Verfügung stehen würde, mußte geklärt werden, bevor sie weitere Schritte unternehmen konnte. Aber wieder hätte sie unbesorgt sein können. Missy war sich ihrer geschäftlichen Verpflichtungen voll bewußt. Sie antwortete: »Das Gramm Radium soll Ihnen gehören, *für Ihren eigenen persönlichen Gebrauch,* und Sie sollen über seine Verwendung nach Ihrem Tode verfügen. Ich würde mich freuen, der Universität von Paris von Nutzen zu sein, wenn sie Unterstützung braucht, aber im Augenblick brauche ich meine Zeit und meine Kräfte zur Vertretung Ihrer persönlichen Interessen.«[16]

Nachdem Marie Curie nun absolutes Vertrauen zu Missy hatte, war sie glücklich, in Missys persönliches Quid pro quo einzuwilligen. Missy wollte gern im Mittelpunkt der Publizitätsmaschinerie stehen und nirgends sonst, daher fürchtete sie, die Kontrolle könne anderswohin entgleiten, wenn Marie Curie nicht mit ihr zusammenarbeitete. Aber auch sie hätte sich nicht zu sorgen brauchen. Marie Curie schrieb ihr: »Ich werde nicht einen einzigen Vorschlag ohne Ihr Einverständnis annehmen.«[17]

Bei der Planung für die Reise arrangierte Missy eine Reihenfolge, in der sie ein sinnvolles Gleichgewicht zwischen öffentlichen Zeremonien und Mußestunden für ihren berühmten Gast sah. Sie hatte Konferenzen, Zeremonien zur Verleihung von Ehrentiteln und Übergaben von Auszeichnungen eingebaut. Besondere Mühe hatte sie sich gegeben, zu Marie Curies Vorteil Auszeichnungen herauszufinden, die dem Empfänger außer der üblichen Goldmedaille auch Bargeld einbrachten.

Aber die Vorbereitung des Besuches war auch nicht frei von Hindernissen. Missy sagte dem bedeutenden Ex-Präsidenten von Harvard, Charles Eliot, daß Marie Curie »bei ihrem Aufenthalt in diesem Lande einen guten Einfluß auf die gegenwärtige Diskussion des Feminismus haben könnte.« Eliot stimmte zu, weigerte sich aber, Marie Curie in

New York zu treffen oder an einem offiziellen Empfang für sie teilzunehmen. Wie er fanden auch andere, daß Missys Eifer fehl am Platze sei. Das waren im wesentlichen Wissenschaftler, nach deren Ansicht Marie Curie bereits recht gut gefahren war, indem sie nicht nur zwei Nobelpreise, sondern auch 50000 Dollar für Forschungsstipendien von Andrew Carnegie erhalten hatte.

Die meisten amerikanischen Universitäten stritten sich um die Ehre, Marie Curie zu empfangen; aber nicht alle. Yale schlug zwar vor, ihr die Ehrendoktorwürde zu verleihen, aber einige Mitglieder der naturwissenschaftlichen Fakultät wandten sich gegen die Auszeichnung. Bertram Boltwood zum Beispiel äußerte sich recht mißbilligend, und fast die ganze Abteilung für Physik in Harvard war gegen die Verleihung eines Ehrendoktorats, die auch hier vorgeschlagen wurde. Selbst einer von Marie Curies Fürsprechern, ihr ehemaliger Student William Duane von der Harvard-Schule für Medizin, gab zu, mochte er auch einen Ehrentitel befürworten, daß »Mme. Curie seit dem Tod ihres Mannes im Jahre 1906 nichts besonders Bedeutendes mehr gemacht hat.« Missy war beleidigt, aber vergeblich. Die älteste Erziehungseinrichtung der Vereinigten Staaten, laut Gründungsstaturen »dem Wissen und der Gottesfürchtigkeit« gewidmet, blieb dabei, ihre Ehrungen zurückzuhalten.

Die Publizität des großen Ereignisses in der Presse nahm jedoch gewaltig zu. Aber auch an dieser Front stieg eine bedrohliche Wolke auf – das erste Anzeichen für den Gegenstand von Marie Curies schlimmsten Befürchtungen. Die Vergangenheit wurde durchgekämmt. Im März 1921 berichtete eine Zeitung, die ihre Information aus einem Ausschnitt von 1911 hatte, als die nationalistischen französischen Zeitungen Marie Curie sowohl mit Kirchenfeindlichkeit als auch mit dem Judentum in Zusammenhang gebracht hatten, daß sie Jüdin sei. Missy beeilte sich sofort, mitzuteilen, wie traurig sie war, als sie hörte, daß »Sie von der gedankenlos in einer unserer Zeitung veröffentlichten Behauptung verwirrt waren, Sie seien jüdischer Nationalität. Dies wurde am folgenden Tag richtiggestellt. Ich kann Ihnen versichern, daß die Zeitungen dieses Landes Ihnen gegenüber höchst freundlich eingestellt sind und nur das Beste zu Ihrem Lob als Frau und als Wissenschaftlerin gesagt haben.«[18]

Daß die Zeitungen nur Freundliches zu sagen hatten, war ausschließlich Missys Verdienst. Sie sah weit deutlicher als Marie Curie, daß, abgesehen von der persönlichen Empfindlichkeit, ein unfreundliches

Presseecho auch die ganze Kampagne ruinieren und den endgültigen Erfolg aufs Spiel setzen konnte. Missy hatte sich also bereits die Mühe gemacht und festgestellt, daß zehn Jahre zuvor die Zeitungen, insbesondere die der Kette von William Randolph Hearst, die Langevin-Affäre spektakulär herausgebracht hatten. Ein Hearst-Blatt hatte zum Beispiel 1911 die Schlagzeile »Mme. Curie im Liebeswahnsinn. ›Die Ehefrau? Diese dumme Person!‹ sagt sie.« Es handelte sich um eine grausame Zusammenfassung der Briefe aus *L'Oeuvre.*[19] Koste es, was es wolle, Missy mußte verhindern, daß diese Art von Story noch einmal geschrieben wurde, und wenn möglich, schon die leisesten Andeutungen über die Vergangenheit aufhalten. Sie erfüllte ihr Versprechen glänzend.

Sie betrachtete die Lage und kam zu dem Beschluß, es gebe nur eine einzige wahrscheinlich erfolgreiche Taktik, nämlich selbst zu jedem führenden Zeitungsherausgeber in New York zu gehen und ihn geradeheraus um Mitarbeit zu bitten. Für William Hearsts leitenden Herausgeber, Arthur Brisbane, den Chefredkatur des *New York Evening Journal,* hatte Missy einen besonderen Plan, und ihr Charme feierte einen Triumph. Brisbane, dessen Gehalt von dem Erfolg der Zeitung abhängig war, überreichte nichtsdestoweniger persönlich das Archivexemplar seiner Zeitung über die Langevin-Affäre, damit sie damit tue, was sie wolle.

Und um ihren Erfolg zu krönen, knöpfte sie diesem Zeitungsmann aus der härtesten journalistischen Schule noch hundert Dollar für den Marie-Curie-Radium-Fond ab. Missy war nicht für Halbheiten.

Die Reise nach Amerika

Missys Reklamefeldzug in Nordamerika schlug ziemlich hohe Wellen. Erstaunlicherweise erreichten sie auch Frankreich . Hier nahmen die einheimischen Zeitungen plötzlich zur Kenntnis, daß es in ihrer Mitte eine internationale Berühmtheit gab, welche in Kürze in einer der umfassendsten Pressekampagnen gefeiert werden sollte, die je in den Vereinigten Staaten organisiert worden war: Und sie selbst hatten es versäumt, sie zu feiern. Die Zeitschrift *Je sais tout* kam schließlich auf den Gedanken, einen würdigen Abschied für Madame Curie vorzubereiten.

Nichts Geringeres als ein Gala-Abend in der Pariser Oper wurde veranstaltet, und eine neue Generation von Reportern, die jene Skandale, welche einst die Kolumnen ihrer Zeitungen gefüllt hatten, vergessen hatten oder gar nicht kannten, beschrieben die gleiche Hauptperson jetzt als »eine der wunderbarsten Gestalten der französischen Wissenschaft.« Unter lautem Beifall betrat sie den Saal und saß – schweigsam wie immer – auf ihrem Ehrenplatz, umringt von den bedeutendsten Wissenschaftlern Frankreichs. Jean Perrin und Paul Regaud waren da, um freundschaftliche Hochachtung zu zollen, und die inzwischen jammervoll gebrechliche Sarah Bernhardt betrat die Bühne, um eine »Ode an Madame Curie« zu rezitieren, welche natürlich von der Seele, die mit Radiumfeuer brennt, handelte. Sacha Guitry organisierte den Unterhaltungsteil des Abends, zu dem zwei feierlich gespielte Akte seines *Pasteur* gehörten. Für Marie Curie bedeutete dies eine tröstliche Anerkennung, der sie mit demselben Ernst lauschte, als sei es eine Aufführung durch die hervorragendsten Schauspieler von Paris.
Freilich konnte sie nicht recht deutlich hören, was gesprochen wurde. Seit einigen Wochen litt sie an einem andauernden Summen in den Ohren, und dies ärgerliche und ermüdende Symptom wurde, als es sich verschlimmerte, von einer noch quälenderen Erscheinung begleitet: Ihre Augen begannen rasch zu versagen. Sie konnte nicht einmal genau sehen, was an diesem Abend auf der Bühne der Pariser Oper vor sich ging. Doch sie versuchte, diese Tatsache vor allen Menschen außer dem engeren Familienkreis und den nächsten Freunden zu verbergen. Vielleicht war Eitelkeit der Grund für ihren Versuch, dies unmögliche Theater weiterzuspielen, wahrscheinlich aber eine Furcht, die sie selbst in der Hoffnung, daß sie sich irrte, nicht wahrhaben wollte: Die Furcht, daß ihr eigenes Radium schuld war, daß es ihren gesamten physischen Zustand beeinträchtigte, ihre Ohren und am verhängnisvollsten ihre Augen.
Missy kannte das Augenproblem genau und wußte, daß Marie Curies Sehkraft wahrscheinlich völlig schwinden würde, wenn nicht rasch etwas unternommen wurde. Sie hatte sich erhebliche Mühen gemacht, dafür zu sorgen, daß während der USA-Reise auch ein Besuch bei einem führenden Augenspezialisten in New York stattfand.
Formvollendet und erfolgreich wurde Marie Curies öffentliche Rehabilitierung in Frankreich in der Pariser Oper vollzogen, und Missy, deren Kampagne diese nationale Umwendung bewirkt hatte, war anwesend, um dem Ereignis zuzuschauen. Es war ein Triumph. Ein paar

Tage später geleitete Missy ihren unsicheren Star über den Laufsteg des Dampfers *Olympic*. Es folgte ihnen die kleine Gruppe, die an dem Unternehmen teilnehmen sollte: Irène und Eve, sowie ein französisch sprechendes junges Mädchen aus Amerika, Harriet Eager, das Marie Curie durch Missy in Paris kennengelernt hatte.

Noch immer fühlte sich Marie Curie dem ganzen Abenteuer gegenüber ein wenig unsicher. Zunächst schien es ihr ungewiß, ob denn das Motiv für den ganzen Besuch vollkommen ehrenhaft sei, ob es sich mit dem Geist ihrer wissenschaftlichen Traditionen vereinbaren lasse. Der unangenehme Aspekt des Bettelns war nicht von der Hand zu weisen. Obwohl sie sich so ausdrücklich um die Versicherung bemüht hatte, daß sie und niemand anders das Radium erhielt, zu der Verwendung, die *sie* für angemessen hielt, hatte sie Missy gegenüber wieder und wieder darauf gedrungen, die Propaganda solle deutlich machen, daß ihr das Radium auf Missys Anregung hin angeboten werde und sie nicht darum gebeten habe. Und dann war da die schreckliche Aussicht auf die bevorstehenden, mit förmlichen Ereignissen angefüllten Tage. Von Grund aus haßte und fürchtete sie Gelegenheiten, bei denen Massen auftraten, die sie nun nicht einmal mehr richtig sehen konnte.

In der Muße der Atlantiküberquerung konnte Marie Curie sich ihre Reiseroute genau ansehen, und diese war, wie Missy es versprochen hatte, so angelegt, daß es möglichst viele Ruhepausen zwischen den offiziellen Besuchen gab und Marie Curie Zeit fand, das Land zu sehen. Dennoch hatte sie unablässig die Ahnung eines drohenden Unheils. Von Bord der *Olympic* schrieb sie an Henriette Perrin: »Ich habe Frankreich nicht ohne ein Gefühl der Besorgnis gegenüber diesem Land verlassen, das so wenig meinem Geschmack und meinen Gewohnheiten entspricht.«[1]

Missy jedoch übertraf als Repräsentantin dieses Landes alle Erwartungen. Ihre Organisation war glänzend. Sie hatte dafür gesorgt, daß der Präsident der »White Star Lines« selbst bereit stand, um Maire Curie zur Brautsuite des Schiffes zu geleiten. Marie Curie fragte sich ängstlich, ob es irgendein verborgenes Motiv für Missys Aktivitäten gebe, konnte aber keines finden und bedachte sie nun mit höherem Lob, als sie es je einem Menschen hatte zuteil werden lassen. »Sie ist in stärkerem Maße eine Freundin, als ich es beschreiben kann,« teilte sie Henriette mit, »und ich glaube nicht, daß sie es um eines persönlichen Vorteils willen tut; sie ist eine Idealistin und scheint désinteressé zu sein.« Dies höchste Lob hatte Missy mehr als verdient.

Während der Tage auf See tat Missy ihr Bestes, um Marie Curie auf das vorzubereiten, was auf sie zukam, schulte sie in der Kunst der Pressekonferenz und in ihren Reaktionen auf amerikanische Sitten und Gebräuche. Aber abgesehen von ihren Erfahrungen im Weltkrieg hatte Marie Curies Leben absichtlich klösterlichen Charakter. Jetzt war es zu spät, um ihre Einstellung zu ändern. Wer ihr nahestand, wußte, daß die Neue Welt eine Überraschung, ja einen Schock für ihre kindliche Sensibilität bedeuten würde. Die junge Harriet Eager betrachtete die Naivität der berühmten Frau, die doppelt so alt war wie sie selbst, mit einem gewissen Staunen. Eines Tages, als Harriet feststellen wollte, warum Marie Curie nicht zum Lunch erschienen war, und daher zur Brautsuite hinabging, fand sie sie vor dem offenen Kleiderschrank stehend vor. Ihr Gesicht zeigte einen verzweifelten Ausdruck. Harriet sah, daß in dem Schrank, der für eine kostspielige Aussteuer bestimmt war, drei oder vier bescheidene dunkle Kleider hingen, sowie das Abendkleid mit schwarzer Spitze, in dem Marie Curie den Nobelpreis in Empfang genommen hatte, und das sie nun, zehn Jahre später, tragen wollte, wenn sie dem Präsidenten der Vereinigten Staaten gegenübertrat. Harriet fragte, was passiert sei. Marie Curie erklärte ihr, sie habe sich verspätet, weil sie bemerkte, daß eine Lampe im Schrank war, und sie den Schalter nicht finden konnte, um das Licht zu löschen. Sie mochte die Kabine nicht verlassen, solange die Birne insgeheim ihre Elektrizität auf einen unbewohnten Schrank verschwendete. Harriet erklärte ihr, daß es einen Türschalter gebe, der das Licht automatisch abstellte, wenn der Schrank geschlossen wurde. Da sie offenkundigen Unglauben auf Marie Curies Gesicht las, fing Harriet an, nach dem Schalter zu suchen, um ihre Erklärung zu beweisen; aber sie konnte nichts finden. Die Lage schien aussichtslos, und die beiden Frauen starrten auf die sie beleidigende Glühbirne. Da schlug Harriet vor, Madame Curie möge in den Schrank steigen und sehen, was geschieht, wenn die Tür geschlossen wird. Harriet sah ein dankbares Lächeln auf dem hageren Gesicht; sie hatte eine einfache wissenschaftliche Lösung vorgeschlagen, die sich überprüfen ließ. Madame Curie schlüpfte in den Schrank, Harriet schloß fest die Tür, öffnete sie wieder, und Madame trat hervor. Harriet hatte Recht behalten und nun konnte man endlich essen gehen. Arm in Arm gingen sie hinauf, und Marie Curie wiederholte immer wieder: »Sie haben recht, Harriet, Sie haben recht!«

Missy bereitete auch Irène und Eve auf die Angriffe amerikanischer

Wißbegierde vor, die sie in wenigen Tagen zu erdulden haben würden. Die beiden Schwestern wirkten recht verschieden. Irène war mit dreiundzwanzig so ernst wie ihr Vater, dabei grobknochig und kräftig, sie kleidete sich nachlässig, und die weniger zartfühlenden Freunde nannten sie bäurisch. Es war schwer, ihr nahezukommen oder sie gut kennenzulernen, aber für ihre Mutter stellte sie einen Hort wissenschaftlicher Kameradschaft dar. Die sechzehnjährige Eve war flatterhaft und hübsch, und sie zog die Aufmerksamkeit eher auf sich, als sie wie ihre Schwester zurückzuweisen, auch stand sie deutlich unter dem Eindruck, daß sie von der wissenschaftlichen Vertrautheit zwischen älterer Schwester und Mutter ausgeschlossen war. Im Familientrio war sie indessen diejenige, deren Eigenart am ehesten für die Leute verständlich war, die sie nun treffen sollten.

Missy hatte den Höhepunkt ihrer Kampagne zeitlich perfekt organisiert. Sie selbst hatte das Heft von *The Delineator* redaktionell erstellt, das bei ihrer Ankunft im Handel sein würde. Es war fast vollständig Marie Curie gewidmet. Missys Artikel »Die größte Frau der Welt« folgte auf ihre Herausgeber-Kolumne über denselben Gegenstand: »Damit Millionen nicht sterben müssen.«[2] Ihre Zeitungskollegen in New York City hatte sie mit Stories versehen, sodaß die dortigen Tageszeitungen in den Tagen vor der Ankunft der *Olympic* mehr als nur angemessene Nachdrucke zur Verfügung hatten. Es war kaum Missys Fehler, wenn die Übertreibungen der Presse auf ungeheuerliche Weise zum Erfolg ihrer Kampagne beitrugen. Die meisten Zeitungen erzählten die Legende von den Curies und dem Radium nicht ohne breite Ausschmückungen. Einige ließen Marie Curies Karriere beim Flaschenspülen im Laboratrium beginnen und brachten sie durch den drohenden Hungertod hindurch in Armut zum triumphalen Erfolg. Ein Blatt berief sich auf eine »authentische Quelle« und enthüllte, daß sich Marie Curie im letzten Winter keine Kohlen leisten konnte, bis einer ihrer Freunde sie damit versorgte. So folgten die Stories aufeinander, eine unwahrscheinliche Geschichte nach der anderen, Klischee wurde auf Klischee gehäuft, aber sie öffneten Taschen und Börsen, rechtzeitig zur Ankunft der *Olympic*.

Als der Tag endlich kam, lief alles genau so ab, wie Missy es geplant und Marie es gefürchtet hatte. Während das Schiff anlegte, schaute sie verstohlen über die Reling auf den Kai, wo Tausende von Zuschauern wie ein Ameisenhaufen wimmelten. Frauen waren in der Mehrzahl, von Einzelpersonen, die von der Curie-Legende begeistert waren, bis

hin zu großen Trupps von Pfadfinderinnen, polnischen Delegationen, französischen Delegationen, dem »Komitee für die Reisegestaltung von Marie Curie«, dem »Komitee für den Marie-Curie-Radium-Fonds«, dem »Wissenschaftlichen Komitee für Marie Curie« und so weiter. Um das Ereignis durch Lärm und Glanz zu verschönern, spielten Blaskapellen gleichzeitig die amerikanische, die polnische und die französische Nationalhymne, während zwei von Mrs. Andrew Carnegie beigesteuerte große Limousinen lautlos den Quai entlangrollten. Und natürlich fehlte es nicht an allgegenwärtigen Reportern.
Marie Curie wußte, daß es unvermeidlich war, sich ihnen zu stellen, aber sie versuchte, ihre eigenen Vorstellungen durchzusetzen, in der Art, wie sie sich verhielt. Sie wurde von Missy an Deck geleitet und ließ sich in einen Lehnstuhl setzen: ein grauer Kopf, der in einem Meer von weichen Hüten über Kameras, Notizbüchern, Mikrophonen und jeder Art bedrohlicher Ausstattung fast ertrank. Sie saß unbeweglich, ihr abweisendes Gesicht verbarg den Schrecken, den sie vor der drängenden Menge verspürte, und die irrtümliche Hoffnung, daß die getippte Erklärung, wie sehr sie sich freue, in Amerika zu sein, die sie hatte verteilen lassen, den Durst dieses ansehnlichen Corps stillen werde. Die Erklärung wurde herumgereicht und blieb ungelesen. Reporter fragten, Photographen brüllten dazwischen, und das allgemeine Schreien und Winken in dem sich die amerikanischen Gastfreundschaft bekundete, nahm Erscheinungsformen der Feindseligkeiten an. Als erschöpfte Frau wurde sie schließlich die Gangway hinuntergeleitet und in dem schützenden Inselbereich, den Mrs. Carnegies Limousine darstellte, willkommen geheißen.
Die Überraschung war durchaus gegenseitig. Die Amerikaner verstanden Marie Curies offensichtliche Kälte ebenso wenig, wie sie deren gefühlvollen Überschwang. Und sie war auch nicht ganz die Ware, die Missy in den Beschreibungen ihrer Heldin verkauft hatte: die »Frau von seltener Schönheit ... die hohe, breite Stirn, die ausgeprägten Schläfen, der großzügige Rücken haben die Linien einer antiken griechischen Statue. Das Gesicht aber ist nicht griechisch. Es ist sanfter, voller, menschlicher.«[3] Das war Missys Vision. Die Frau, die die abgehärteten Leute von der Presse gesehen hatten, sah anders aus. Die pathetisch in den Lehnstuhl gesunkene Gestalt war kein französisch-griechischer Traum: die Wirklichkeit war wesentlich sachlicher: »Ihre Schultern sind von der Arbeit über dem Laboratoriumstisch gebeugt, das Haar, von der faltenreichen Stirn kompromißlos zurückgebürstet,

ist schlohweiß; die scharfe Linie von Kinn und Hals hat nichts Jugendliches.«[4]
Es war die grausame Wirklichkeit, was sie am nächsten Tag in den Zeitungen las und in Großaufnahme sah. Sie war eine weißhaarige, kurzsichtige alte Frau mit vielen Falten, die in den letzten zehn Jahren rasch gealtert war.
Falls sie die Hoffnung gehegt hatte, der weitere Verlauf der Reise würde eine sanftere Version des ersten Empfanges werden, so wurde diese bald zerstört. Auf dem Papier sahen die ersten Tage erholsam aus: ein ruhiges Essen bei Mrs. Carnegie, eine akademische Zeremonie am Smith-College, ein Ausflug nach Vassar und West Point, ein paar förmliche Empfänge im Waldorf Astoria und im Amerikanischen Museum für Naturgeschichte. Aber Missys publizistische Vorbereitung war allzu wirksam gewesen. Wohin immer Marie Curie sich begab, wurde sie mit Reden, Hymnen, Vorführungen und speziell für diesen Anlaß komponierten Gesängen überschüttet. Noch nicht eine Woche war seit ihrer Ankunft vergangen, und sie trug den rechten Arm in einer Schlinge, um das schmerzhafte Händeschütteln zu verhindern, das die wohlwollenden männlichen Willkommensrituale ihr bereiteten.
Noch bevor sie den Höhepunkt der Reise in Washington erreichte, war sie so schwach und bekümmert, daß sie Irène und Eve als Vertretung anbieten mußte, wenn sie von Gastgeberinnen eingeladen wurde, die große Geldsummen für den auf ihren Namen angelegten Fonds gestiftet hatten.
Auf die beiden Mädchen reagierte man, wie leicht vorherzusehen war. Die schroffe Irène stieß neugierige Reporter und schwärmerische Gastgeberinnen gleichermaßen ab, sie strebte nur danach, wo immer es möglich war, Arm in Arm mit ihrer Mutter die Einsamkeit zu suchen. Die Zeitungsleute bemerkten ihr unverhohlen gelangweiltes Gähnen, den schwarzen Hut und die Baumwollstrümpfe, und setzten ihren Eindruck in Kontrast zu Eves Fröhlichkeit, zu ihrem mit Orangeblüten verzierten Hut und ihren seidenbestrumpften Beinen. Irène war wissenschaftlich ausgerichtet und daher gegen Beschreibungen dieser Art gefeit. Eve war hübsch und somit jeder Nachricht würdig, auch wenn die Neuigkeiten erfunden werden mußten. Sie hatte »Radium-Augen« und »liebte eher den Jazz als die Naturwissenschaft«, wußten die Schlagzeilen zu melden. Die Situation war geeignet, die beiden Mädchen zu Rivalinnen zu machen.
Doch die gebannten Blicke der Öffentlichkeit ließen sich nicht von

Marie Curie ablenken. Missy hatte ihre Arbeit allzu gut ausgeführt. Es war ihr gelungen, Radium zum Objekt der Begeisterung für ganz Amerika zu machen. Die Stiftungen waren in einem solchen Ausmaß eingetroffen, daß das Geld nicht nur für ein Gramm Radium ausreichte, sondern noch über 50000 Dollar übrig blieben. Im Jahre 1921 bedeutete dies eine ungeheure Summe, die mittels einer kurzfristigen Kampagne für eine Frau aus dem Ausland aufgebracht worden war, von der Amerika ein paar Wochen zuvor kaum gehört hatte.

Am 19. Mai beschrieb die *Kansas City Post* Marie Curie, anläßlich eines glänzenden Empfanges, der für sie gegeben wurde, als »schüchtern, müde und gleichgültig«. Und das war sie auch, als sie sich am Abend apathisch in ihr Schlafzimmer in Missys New Yorker Wohnung schleppte. Aber sie war weder zu müde noch zu gleichgültig, um auch nur einen Augenblick den hauptsächlichen Zweck der Mission zu vergessen. Missy, die selbst von dem Tempo, das sie allen Beteiligten vorgeschrieben hatte, physisch erschöpft war, hinkte in Marie Curies Zimmer und brachte das offizielle Dokument mit, das am nächsten Tag Marie Curie zur Besitzerin des Radiums machen sollte. Das war aber für Marie Curie keine reine Formalität. Sie bat Missy, sich hinzusetzen und es ihr vorzulesen. Und mit dem, was sie hörte, war sie unzufrieden. Seit dem Tod von Pierre, als es Nachfragen nach den legalen Besitzverhältnissen des Radiums gegeben hatte, das sie im Schweiße ihres Angesichts selbst hergestellt hatte, war sie besessen davon, die Nachfolgerechte an ihrem Radium im Falle ihres Todes zu sichern. Sie ließ Missy das Dokument neu entwerfen, sodaß es den Satz enthielt, das Radium sei »zum freien und ungehinderten Gebrauch durch sie in Experiment und Wissenserwerb« bestimmt,[5] sodaß es unmittelbar zum Eigentum des Laboratoriums würde. Obwohl es schon spät am Abend war, bestand Marie Curie darauf, daß ein Rechtsanwalt aufgetrieben wurde, um die Schenkung zu beglaubigen. Missy brachte zwei ihrer einflußreichen Helferinnen als Zeugen bei; eine davon war Mrs. Coolidge, die Frau des Vizepräsidenten. Marie Curie ließ das Dokument auch noch ins Französische übersetzen, um sicherzugehen, daß es eindeutig war. Mit Missys Hilfe hatte sie ihren Willen durchgesetzt. Es blieb aber noch das Problem, wie mit den übrigen Dollars verfahren werden sollte. Marie Curie zweifelte nicht daran, daß das Geld, da es auf ihren Namen hin gestiftet worden war, ihr zur Verfügung stand. Aber die Frauen des Marie-Curie-Radium-Komitees, insgesamt geschäftstüchtige Frauen, die Missy nicht nur ihres Reichtums wegen,

sondern auch aufgrund ihrer Kompetenz ausgewählt hatte, dachten anders. Die Meinungsverschiedenheit wurde erst nach Jahren gelöst; wie immer ging Marie Curie als Sieger daraus hervor.
Am nächsten Tag um 16 Uhr geleitete Missy Marie Curie triumphierend ins Weiße Haus zu der förmlichen Zeremonie, bei welcher der mit Mahagonie umkleidete, 110 Pfund schwere Bleikasten, der das Radium beherbergen sollte, vorgeführt wurde. Und wieder stand Marie Curie in ihrem zehn Jahre alten Spitzenkleid in einem Meer von Anwesenden, darunter sich dieses Mal der Präsident der Vereinigten Staaten, sowie Botschafter, Diplomaten und so viele Damen der Komitees befanden, wie Missy hatte unterbringen können.
Sie hatte das Radium in Händen, und damit war der Zweck der Reise in die Neue Welt erreicht. Aber der Preis, den sie dafür entrichten mußte, war noch nicht ganz bezahlt. Bevor sie Washington verließ, drückte Marie Curie auf den Knopf, durch den die Maschinen des neuen Laboratoriums ›Für Niedrige Temperaturen der Bergbaubehörde‹ in Betrieb gesetzt wurden, betrachtete feierlich die Instrumente im Standard-Büro, hörte sich Willkommensansprachen in Sälen an, die seit Wochen ausverkauft waren, dinierte in der französischen Botschaft wie in der polnischen Gesandtschaft und nahm den Lunch bei einer nicht abreißenden Kette von Gastgeberinnen. Sie war bestürzt, als sie feststellte, daß in der Mehrzahl der offiziellen Empfänge ebenso viele Diener hinter den Stühlen posierten, wie Gäste erwartet wurden.
Die ganze Atmosphäre, die Nähe von zu vielen Menschen in einem großen Teil der ihr zur Verfügung stehenden Zeit, das war mehr als sie ertragen konnte. Sie schauderte vor den Mengen zurück, fühlte sich krank und empfand Langeweile angesichts der Nichtigkeit, der Sinnlosigkeit all der aufeinanderfolgenden Zeremonien.
Drei Tage, nachdem Harding ihr den Mahagonikasten übergeben hatte, war Missy mit einem Telegramm einverstanden, das allen Universitäten und Institutionen zugestellt wurde, die Schlange standen, um die Königin des Radiums zu empfangen: »Die Ärzte halten Marie Curies Kondition für sehr geschwächt ... Sie besteht darauf, das für sie vorbereitete Programm durchzuführen, aber jede unnütze Anstrengung muß unbedingt vermieden werden. Madame Curie war nie sehr kräftig. Die Härten des Krieges und eine zwei Jahre zurückliegende ernstliche Erkrankung haben ihr nicht viele Kraftreserven gelassen. Vorsicht aber und die nun gewährleistete Hilfe in ihrem Laboratorium sollten es ermöglichen, daß sie ihre Arbeit fortsetzt...«[6]

Der geplante Ausflug zur Westküste wurde ganz und gar gestrichen. Irène und Eve wurden ausgeschickt, um stellvertretend die Ehrungen in Empfang zu nehmen, die für ihre Mutter bestimmt waren. Marie Curie zog sich inzwischen erschöpft und unglücklich in Missys Wohnung in New York zurück. Missy selbst mußte einen tuberkulösen Rückfall befürchten; schlimmer noch, sie hatte gerade erfahren, daß sie an einem Tumor litt, der bösartig sein könnte. Das verbarg sie allerdings vor Marie Curie.

Missy war davon überzeugt, ihr Idol müsse trotz aller Probleme das Land sehen und bewundern, das sie selbst für den Wohnsitz einer begnadeten Nation, für das Ideal funktionierender Demokratie hielt. Sie überredete Marie Curie dazu, gemeinsam mit ihren Töchtern und mit Harriet Eager als Reiseführerin einen ruhigen Ausflug zum Grand Canyon zu unternehmen. Aber selbst dies Unternehmen barg dieselben Gefahren wie die ersten Wochen der Reise. Inzwischen war das Interesse an Marie Curies Tun und Lassen so gestiegen, daß es ihr auch nicht einen kurzen Augenblick der Anonymität ließ. Die Bahnabteile, die die Familie nach Westen brachten, vermittelten ein wenig Schutz, aber sobald sie irgendwo ihr Gesicht zeigte, sammelten sich Menschenmengen, um sie anzustarren. Wiederum stieg die Spannung an: Wiederum war sie zu stark.

In Santa Fé, wo die Reisenden zum Canyon in einen einzigen Bus umsteigen mußten, fand Harriet Marie Curie allein in dem leeren Raucherabteil; sie stützte den Kopf in die Hände und zitterte in einer Weise, die Harriet an ein gejagtes Tier erinnert. Es war eine der wenigen Gelegenheiten in Marie Curies Leben, wo sie ihre inneren Gefühle preisgab. »Ich kann da nicht hineingehen«, flüsterte sie Harriet zu, «ich kann nicht hineingehen und mich wie ein wildes Tier anstarren lassen.«

Aber durch das Gefühl, sich beobachtet zu fühlen, fand sie bald die Selbstkontrolle wieder. Und als Harriet feststelle, daß die Reisenden in dem Bus ihre Zeitungen zur Hand genommen hatten oder anfingen, ihre belegten Brote zu essen, ließ sich Marie Curie, nun wieder mit der unbeweglichen Maske auf dem Gesicht, ruhig und ohne Aufsehen zu erregen, zu einem unbedenklichen Platz bringen.

Zuguterletzt war alles überstanden und sie befand sich wieder an Bord der *Olympic,* umgeben von Photographen. Sie stand zum letzten Mal Missy gegenüber, die, soweit es in ihrer Macht stand, alle Versprechen gehalten hatte. Die Hingabe – wahrlich »désinteressé« – der kleinen, hinkenden Amerikanerin hatte Marie Curie stärker als die Freundschaft irgendeiner anderen Frau gerührt. Beide weinten, als sie sich umarmten. Als jetzt keine neugierig beobachtenden Augen sie hinderten, hörte man Marie Curie sagen: »Lassen Sie mich noch einmal Ihr Gesicht anschauen, meine liebe, liebe Freundin. Vielleicht werde ich Sie nie wiedersehen.« Aber zu diesem Zeitpunkt war es nicht der Tod, den Marie Curie fürchtete. Sie wußte inzwischen, daß sie auf beiden Augen an grauem Star litt, und war überzeugt, daß sie bald erblinden würde.

Wie so viele der schlimmsten Befürchtungen, die sie wegen der Gebrechlichkeit ihres Körpers hegte, sollte auch die allerschlimmste sich nicht bewahrheiten. In den vergangenen Wochen hatte von den beiden Frauen Missy wohl ärger gelitten. Marie Curie kannte den Preis sehr wohl, den Missy zahlt. An Bord der *Olympic* schrieb sie einen herzlichen Brief, diesmal nicht wie früher mit der Anrede »Chère Madame«, sondern »Meine liebe Freundin«: »Wir alle machen uns große Sorgen um Ihre Gesundheit, und ich hoffe, daß Sie beschlossen haben, sich einer ernsthaften Behandlung zu unterziehen. Bitte, lassen Sie es uns so bald wie möglich wissen. Wir alle lieben Sie, und wollen, daß Sie stark und glücklich sind.«

Vom finanziellen Standpunkt aus war Marie Curies Besuch in den USA ein überwältigender Erfolg. Es war auf befremdende Weise paradox, daß, obwohl ihre emotionelle Kälte und die Unfähigkeit, die amerikanische Gastfreundschaft zu verstehen, sowohl die Gastgeber als auch die Journalisten verwirrt hatte, die ihr auf Schritt und Tritt gefolgt waren, ihr eisiges Charisma nicht nur Geld, sondern auch technologische Materialien und Ausrüstungsgegenstände eingebracht hatte, die über Leben und Tod des Laboratoriums entschieden. Missy hatte einem Verleger nützliche 50000 Francs als Vorschuß auf die Anteile an Marie Curies Autobiographie abgeknöpft. Bei ihren Besuchen in Fabriken und Laboratorien war es Marie Curie selbst gelungen, von Unternehmern, die von ihrer Zartheit und durch die Hinweise auf ihre Armut gerührt waren, nicht nur Radium, sondern auch Mesothorium und andere teure radioaktive Elemente geschenkt zu bekommen. Und versprochen hatte man ihr auch Präzisionsgalvanometer, Röntgenröhren, Elektromagneten, Voltmeter und eine ganze Menge andere Geräte, die sie brauchen würde, um ein erstklassiges physikalisches Laboratorium einzurichten, das dem hochentwickelten internationalen Wettbewerb gewachsen wäre. Sie war nicht als Bettlerin losgezogen, aber, so ehrbar ihre Methoden auch sein mochten, sie war schließlich eine geworden, und überdies eine recht begabte. Tatsächlich hatte sie einen der wichtigsten Beiträge zur französischen Physik erbracht, die in diesen ärmlichen Zeiten möglich waren. Diese Arbeit – und es war eine Arbeit, die sie fortsetzen sollte – brachte reiche Früchte.

Das Bild zarter Zerbrechlichkeit, das die hartgesottenen Geschäftsleute in Pittsburgh so gerührt hatte,übte sogar eine gewisse Wirkung auf den stets kritischen Bertram Boltwood aus. Er schrieb an Rutherford:

»Du hättest Dich gewiß über all die Aufregung amüsiert, die Madame Curies Besuch in diesem Land hervorgerufen hat ... Die Amerikanische Chemische Gesellschaft schlug mich zusammen mit einigen anderen für ein Komitee vor. Ich schickte dem Sekretär eine respektvolle Ablehnung (unter Angabe von einigen Gründen), aber dann hielt ich es später für besser, das Angebot doch noch anzunehmen, denn es schien mir, meine Handlungsweise könnte mißverstanden werden und unerfreuliche Gefühle verursachen ... Sie war für zwei Stunden im Sloane-Laboratorium bei mir, und ich war überrascht, wie gut sie in wissenschaftlichen Angelegenheiten auf dem Laufenden ist und in wie ungewöhnlich liebenswürdiger Stimmung sie war, obwohl ihr körperlicher Zustand recht schlecht ist und sie während der ganzen Zeit, die sie hier drüben verbrachte, am Rande des Zusammenbruchs stand. Seit wir sie in Brüssel sahen, hat sie eine Menge Englisch dazugelernt und kommt im Gespräch ganz gut zurecht. Sie hat hier kräftig abgestaubt und ein Gramm Radium und eine hübsche Zahl von Tausendern mitgenommen. Aber das arme alte Mädel tat mir leid, sie gab eine recht leidende Gestalt ab. Sie war sehr bescheiden und anspruchslos, und von all dem Theater, das die Leute mit ihr anstellten, schien sie erschreckt zu sein.«

Boltwood war nicht der einzige amerikanische Wissenschaftler, der ihr »Abstauben« mit Skepsis betrachtete. Während ihres Besuches hatte es in der amerikanischen Presse einige gedämpfte Protestschreie gegeben. Ein Forscher hatte darauf hingewiesen, daß

»... der tapfere Kampf um den Sieg über eine der verhängnisvollsten Krankheiten [Krebs] eben hier in New York City stattfindet, ohne daß auch nur einer unserer großen Philantrophen davon weiß oder gar finanzielle Unterstützung leistet. Wenn man weiß, daß die Behandlung in einem durchschnittlichen Fall nur fünfzig bis hundert Dollar kostet, kann man sich denken, was für eine Hilfe der leidenden Menschheit aus den Kosten eines einzigen Gramms Radium, das auf 100000 Dollar geschätzt wird, erwachsen könnte. Und für den Preis von zehn Gramm dieses kostbaren Elementes ließe sich eine Institution einrichten, die jährlich Tausenden helfen könnte.«[7]

Marie Curie hatte wahrlich abgestaubt. Sie hatte so viele Dollars, wie sie für den Anfang brauchte, um das Laboratoir Curie in der Weise einzurichten und zu führen, wie sie es im Sinne hatte. Aber sie bemerkte überhaupt nicht, daß ihr Besuch bei einigen amerikanischen Wissenschaftlern einen unangenehmen Nachgeschmack hinterlassen hatte.

Der Zug, der sie nach Paris zurückbrachte, fuhr an einem warmen Sommerabend im Gare St. Lazare ein. Der Bahnsteig war jedoch erstaunlich leer. Im Unterschied zu dem lauten Jubel der Massen, die in Amerika bei jeder möglichen Gelegenheit ausgezogen waren, um einen Blick von ihr zu erhaschen, trat sie hier zu Hause einem Empfangskomitee von drei Personen gegenüber: zwei Zeitungsreportern und Marcel Laporte, einem jungen Forscher aus ihrem Laboratorium.

Denn die Aufmerksamkeit von ganz Paris galt den beiden Schwergewichtlern Georges Carpentier und Jack Dempsey, die an diesem Abend um die Weltmeisterschaft kämpften. Überall in der Innenstadt gaben an den Straßenkreuzungen Lautsprecher die Ergebnisse der Runden bekannt. Den beiden Reportern (und sie konnten sich wirklich nicht darüber im klaren sein, daß das von Marie Curie mitgebrachte Gramm Radium eins der einflußreichsten Metallstücke in der wissenschaftspolitischen Geschichte Europas war) fiel nur eine einzige Frage ein. Einer wagte sie zu stellen: »Was halten Sie von dem Kampf Carpentier-Dempsey?« – »Ich bedaure,« erwiderte sie kühl, »aber zu diesem Thema habe ich keine Meinung,«[8] dann nahm sie Laportes Arm, um ein Taxi zu suchen, das den Radiumkasten in die Sicherheit des Laboratoriums bringen würde.

Nun war das Radium sicher heimgebracht. Missys Traum, der erst wenige Monate zuvor in dem kleinen Büro, wo Laporte seine Last jetzt absetzte, konzipiert worden war, hatte sich erfüllt. Marie Curie sorgte dafür, daß Frankreich Marie Mattingley Meloney in die Ehrenlegion aufnahm. Selten war diese Auszeichnung besser gerechtfertigt.

Radioaktivität – das zweischneidige Schwert

Es war wohltuend, wieder zu Hause im eigenen Laboratorium zu sein. Sie befand sich unter Menschen, die sie kannte und liebte, und die sie liebten. In der vertrauten Atmosphäre von Familienfreunden und Forschern war sie nicht die kühle, Befehle erteilende, weltweit bekannte Gestalt, sondern immer noch die »Patronne«, die sich Zeit nahm, ihre persönlichen Probleme zu besprechen, und die selbst nur eine Frau mit Fähigkeiten und auch Fehlern war. Selbst ihr Scheitern konnte Bewunderung erregen. Eine ihrer Schwächen war, daß sie das lächerliche Versteckspiel aufrechtzuerhalten versuchte, so zu tun, als ob ihr Augenlicht noch so klar sei wie eh und je. In den nächsten schwierigen Jahren entsprach jeder, der von ihrem grauen Star wußte, ihren unausgesprochenen Wünschen und half, den Schein zu wahren. Irène, Eve oder einer der Forschungsstudenten, der von dem Geheimnis wußte, pflegte sie sicher durch den Pariser Verkehr und über die Treppe des Laboratoriums zu geleiten, um dann, sicher angekommen, dafür zu sorgen, daß ihre Apparate zur Hand waren, und um ihr bei der Büroarbeit zu helfen.

An ihrem Arbeitstisch waren die Skalen der Meßapparate mit dicken schwarzen Zahlen markiert, und zum Lesen benutzte sie eine Brille, aber nur dann, wenn sie meinte, sie könne das tun, ohne die Aufmerksamkeit darauf zu lenken. Ihre Notizen für die Vorlesungen schrieb sie in riesigen Buchstaben. Zu Zeiten, in denen ihre Sicht sehr stark behindert war, ging sie dennoch ohne Hilfe zum Pult in ihrem Hörsaal, sobald die Studentenmenge, die vor ihr saß, respektvoll schwieg und hielt ruhig ihre Vorlesung, ohne ihre Zuhörer anschauen oder die Tafel richtig zu sehen zu können, auf der sie schrieb.

Sie wahrte den Schein ihr Leben lang, aber sie täuschte niemanden, der mit ihr zu arbeiten hatte. Ein schwedischer Forschungsstudent brachte ihr einmal stolz ein Spektrum ins Büro, das sie bewundern sollte. Er wollte, daß sie insbesondere die Doppellinie auf der photographischen Platte betrachtete, die typisch für das Element ist, mit dem er arbeitete. Erst als sie darüber sprach, als sei es eine Einzellinie, bemerkte er, daß sie bedauerlicherweise unfähig war, zu unterscheiden, was er ihr vorgelegt hatte.

Weder sie noch sonst irgendjemand war sicher, ob die Radiumstrahlen ihre Augen angegriffen hatten, obwohl in den Köpfen mancher Forscher der Verdacht aufstig, daß die wundersamen Heilkräfte des Elements von beunruhigenden Gefahren begleitet sein könnten. Andere ignorierten die Warnsignale und wendeten es bedenkenlos an. Schlimmer noch, jede Menge Scharlatane sah bereits Mittel und Wege, das Radiummysterium ohne Rücksicht auf mögliche Nebenwirkungen in bare Münze umzusetzen. Während dieser Zeit erhielt Marie Curie als anerkannte Urheberin der Radiumindustrie mit der Post Nachrichten, Gebrauchsanweisungen, mitunter sogar Angebote zur Zusammenarbeit, nebst Gerätegeschenken und quacksalberischen Arzneien, die Radiumpräparate enthielten. Eines davon wurde in den Vereinigten Staaten während der 20er Jahre mehrere Jahre lang unter dem Namen Radiothor verkauft. Es war ein Saft, in dem sich sowohl Radium als auch Mesothorium fand; manche Amerikaner verschrieben sich selbst über einen längeren Zeitraum je tausend Fläschchen davon. Mit einigen der leidenden Opfer und ihren Krebsen hatten die Ärzte noch zwanzig Jahre später zu tun.

Ein französischer Quacksalber, der zufällig den Namen Dr. Alfred Curie trug, brachte eine Radium-Schönheits-Crème auf den Markt und verband in der Reklame den Namen der Curies mit dem seinen. Aber obwohl dies ein Fall war, in dem Marie Curie rechtliche Schritte hätte unternehmen können, hatte sie in Wahrheit, was das Radium betraf, ebenso wenig wie jeder andere Forscher Zugang zu Experimenten, die klar gezeigt hätten, welche Wirkungen die Einnahme von Radium oder die Aufnahme seiner Strahlen auf den menschlichen Körper ausübt. Im Jahre 1920, als sie zum erstenmal Befürchtungen wegen des grauen Stars hatte, gab es sogar einige absolut achtbare Forscher, die Radium benutzten, um den grauen Star zu *heilen,* und die behaupteten, »die Anwendung von Radium auf die Augen ist ungefährlich.«[1] Heute weiß man, daß grauer Star eines von frühzeitig möglichen Symptomen der Strahlenkrankheit ist.

Daß Radium unter Umständen gefährliche Auswirkungen auf den Körper haben kann, war schon vor 1920 offensichtlich; Marie Curie hatte manchmal eiternde Stellen an den Fingern, und alle, die in ihrem Laboratorium arbeiteten, kannten die ermüdende Wirkung in der Radon-geschwängerten Atmosphäre. Aber es schien, daß sich die radioaktiven Elemente auf verschiedene Personen verschieden auswirkten. Ihr Mann hatte furchtbare Schmerzen in den Beinen gelitten, als sie, die doch unter sehr ähnlichen Bedingungen arbeitete, nur einige Symptome der Lethargie empfunden hatte. Doch jetzt fing auch sie an, Schmerzen in den Armen zu verspüren. Nichtsdestoweniger wollte sie noch immer nicht das Radium dafür verantwortlich machen. Pierre Curie hatte zu den ersten gehört, die den Nachweis erbrachten, daß tierische Gewebezellen durch hohe Dosen von Radiumstrahlen zerstört werden. Aber die Forscher in Marie Curies Laboratorium vermieden die direkte Strahlung nur durch den Gebrauch von Metallschirmen und ergriffen keine weiteren Schutzmaßnahmen. Unter ihren Kollegen hielt sich die Einstellung, Radiumverbrennungen an den Fingern seien auf dem Schlachtfeld der Wissenschaft erworbene Auszeichnungen, und die Hände der ältesten Kämpfer trugen die vornehmsten Narben. Keiner der jungen Wissenschaftler, die in ihr Laboratorium kamen, um das Geschäft der Radioaktivität zu erlernen, erhielt besondere Warnungen. Ein junger Engländer, der von diesem Mekka der wissenschaftlichen Entdeckung angezogen wurde, lernte als einzige Sicherheitsmaßnahme, er solle seinen Laborkittel häufig wechseln!

Anfang der 20er Jahre versetzten Berichte aus London plötzlich jeden, der in einem Radium-Laboratorium arbeitete, in Besorgnis. Denn diese ließen vermuten, daß in einem Londoner Krankenhaus mehrere Todesfälle durch Radium verursacht waren. Ellen Gleditsch, eine freundliche und intelligente Frau, die in ihrer Jugend im Jahre 1907 im Laboratorium in der Rue Cuvier gearbeitet hatte, war nur eine von vielen, die sich bei dieser Nachricht an Marie Curie um Rat wandten. In einiger Aufregung schrieb sie aus ihrem Laboratorium in ihrem Heimatland Norwegen an die »Patronne«: »Man fängt hier an, über die Gefahren der Arbeit mit Strahlungen zu sprechen, und ich bin Mitglied eines Untersuchungsausschusses. Von dieser Vorstellung bin ich gar nicht begeistert.«[2] Sie sagte weiter, sie habe gehört, daß als Reaktion auf die englischen Veröffentlichungen auch in Frankreich eine Untersuchungskommission eingerichtet worden sei, und wünschte genauere Informationen. »Ich bin sicher,« schrieb sie an Marie Curie, »daß Sie mit dem betreffenden Ausschuß in Verbindung stehen.« In Wirklichkeit aber gab es in Frankreich im Winter 1922, zwei Jahre nach dem ersten Schrecken, noch keine solche Kommission. Der einzige Ratschlag, den Marie Curie Ellen anbieten konnte, war der Hinweis auf einige gänzlich unzulängliche Artikel über »Schutzmaßnahmen in der Radiologie.«

Inzwischen begannen Tausende von Menschen, die in Amerika und Europa mit Radium arbeiteten, fürchterlich zu leiden. Erst 1924 schöpfte ein Zahnarzt in New York einen Verdacht, worin die Ursache für den Kieferkrebs einiger seiner Patienten, vor allem bei Mädchen und jungen Frauen, liegen mochte. Er war sicher, daß die ursprüngliche Diagnose, die er in diesen Fällen gestellt hatte, falsch war. Einem Mädchen hatte man gesagt, sie habe syphilitische Knochenmarkentzündung. Erst als ihm auffiel, daß die meisten Patienten, mit denen er es zu tun hatte, am selben Arbeitsplatz tätig waren, erkannte der Zahnarzt Theodore Blum die wahre Ursache ihres Leidens. Sie waren fast alle in »Ateliers« beschäftigt, in denen Zifferblätter für Armbanduhren bemalt wurden. Mehrere Jahre lang hatten sie Leuchtziffern auf Zifferblätter und andere Instrumente gemalt. Das geschah, indem sie Kamelhaarpinsel in eine Farbe, die auf Radiumbasis hergestellt wurde, tauchten, sodann dem Pinsel mit der Zunge eine feine Spitze gaben und schließlich die Farbe auftrugen. Blum hatte den »Radiumkiefer« entdeckt; der Name, den er der Krankheit gab, ließ keinen Zweifel an ihrer Ursache.

Später sollte Marie Curie das Ausmaß des Leidens aus einem Brief erfahren, den ihr ein Journalist aus New Jersey schrieb: »In Orange, New Jersey, gibt es fünf Frauen, die allmählich an Radiumbrand sterben. Zwölf Frauen sind bereits gestorben. Diese Frauen waren in den Jahren 1917-20 in einer Fabrik angestellt, wo sie Leuchtzifferblätter für Armbanduhren und Wecker bemalten. Die Farbe enthielt Radium und Mesothorium, und die Frauen wurden gelehrt, die Farbpinsel in den Mund zu nehmen und sie mit den Lippen anzuspitzen, um die Farbe aufzutragen ... Einige Jahre lang zeigten sich keine Anzeichen für eine Krankheit, jetzt aber, wie ich sagte, sind zwölf Frauen tot, und fünf sterben einen schrecklichen und schmerzhaften Tod ... Ich frage mich, ob Sie bei ihrer bewunderungswürdigen Arbeit irgendetwas entdeckt haben, was diesen Frauen helfen könnte.«[3]

Das hatte sie nicht; aber die Angst vor Ursache und Wirkung der Radiumpräparate machte sie tief betroffen. Sie hatte bereits während ihrer Amerikareise Berichte der Art gelesen, daß sie selbst an den Wirkungen der Radiumstrahlen leide, als der *Brookly Citizen* mit der Schlagzeile herauskam »Mme. Curie ist an ihrem Radium erkrankt.« Aber sie selbst hatte das nie behauptet. Alles, was sie in den USA der Presse an Informationen über ihre Krankheit zugestanden hatte, war, sie leide unter niedrigem Blutdruck und sei anämisch. Doch zu jener Zeit wurde bereits vermutet, daß die Gammastrahlen radioaktiver Elemente die roten Blutkörperchen zerstören.

Andere Ereignisse, die sie näher betrafen, machten ihr in diesen Jahren ebenfalls Sorgen. Wenn unglückliche Freunde mit dem Wort Krebs auf den Lippen zu ihr ins Büro kamen, empfahl sie immer noch nicht selbst eine Radiumbehandlung, sondern schickte sie zu Regaud, jenseits des Laboratoriumsgartens. Sie selbst schätzte die therapeutischen Eigenschaften des Radiums optimistisch ein, aber die bohrende Frage, ob es nicht bei mißbräuchlicher Verwendung ein Feind sein könnte, verstärkte sich in dem Maße, in dem die Anzahl der Freunde, die ihre Entdeckung als Zauberkur betrachteten, zunahm. Sie war erschrocken, als sie eines Tages in einem beiläufigen Brief von Missy las, daß diese sich, offenbar von ihrer eigenen Propaganda überzeugt, einer Radiumbehandlung ihres als bösartig verdächtigten Tumors unterzogen hatte, kurz nach Marie Curies Abreise aus Amerika, die Nachricht aber für sich behalten hatte. »Ich wollte nicht darüber sprechen, weil man mir ehrlich sagte, es sei nur ein Experiment«, schrieb Missy.[4]

Ebenso betroffen und ebenso hilflos war Marie, als Loïe Fuller ihr eröffnete, daß sie Brustkrebs habe. Alle Ärzte, die Loïe konsultiert hatten, meinten, die einzige Möglichkeit sei, die Brust zu operieren. Es gab nur eine einzige Ausnahme. Dieser Arzt sagte, daß Radiumnadeln Loïe eine Überlebenschance von 80% sichern würden. Was würde Marie Curie raten, fragte Loïe.[5]

Es war ein zum Verzweifeln schwieriges persönliches Problem, und Marie Curie verfügte nicht über das Spezialwissen, um die von ihr erwartete klare Antwort zu geben. Loïe, einst das vertrauensvolle, unbekümmerte Wesen mit der ausgeprägten Figur und der traumhaften Kontrolle über ihre Körperbewegungen, das vor Jahren in märchenhafter Beleuchtung im Garten der Curies getanzt hatte, war nun eine verängstigte Frau in mittleren Jahre, die von der großen Wissenschaftlerin eine eindeutige Führung erhoffte. Alles, was Marie tun konnte, war, sie an Regaud zu verweisen. Und Loïe, von so großherzigem Geist wie nur je, kritzelte zitternd ein Dankeschön-Briefchen an ihre »Liebe, liebe Freundin. Wieder einmal in Ihrer Schuld.«[6]

Das Problem, das das Radium darstellte, ist leicht zu verstehen: Es erwies sich als doppelschneidige Waffe. Aber die Lösung des Problems, den Gefahren der radioaktiven Strahlen von Radium und anderen Metallen entgegenzutreten, war alles andere als einfach. Selbst heute sind die physiologischen Wirkungen der Strahlung noch keineswegs voll aufgeklärt. In den 20er Jahren war es bereits seit fast zwanzig Jahren klar, daß die ionisierenden Strahlen dieser Metalle eine starke Wirkung

auf Gewebezellen ausüben. Die Fähigkeit von Gamma- und anderen Strahlen, Krebszellen zu zerstören, war der Grund, warum Metalle wie Radium in dem bis dahin hoffnungslosen Krieg gegen den Krebs als so vielversprechende Waffen erschienen. Sie wirkten durch ihren starken Einfluß auf den Zellkern, und zwar ganz besonders, wenn der Zellkern und das umgebene Cytoplasma im Begriff waren, sich zu teilen und zu vermehren. So war eine hervorragende Methode zur Hand, die sich teilenden Krebszellen rasch abzutöten.
Leider greifen dieselben Strahlungen normale Zellen ebeso wie Krebszellen an. Die Erbmasse der Zellen, die Nukleinsäuren, können in manchen Fällen von winzigen Strahlungsdosen beschädigt werden, sodaß sich vollständig gesunde Zellen in Krebszellen verwandeln. Auch andere Schädigungen sind möglich; so hat sich zum Beispiel herausgestellt, daß bestrahlte Zellen anfälliger gegen Viruserkrankungen sind. Und es war auch schon in den 20er Jahren bekannt, daß bestimmte Arten der Strahlung die Anzahl der weißen Zellen im Blut senken kann. Wenn das Radium in den Blutkreislauf eintritt, wird ein beträchtlicher Anteil in den Knochen zurückbehalten. Dort bestrahlt das Radium die Knochenoberfläche und auch das Knochenmark selbst; und genau hier beginnt das erste Stadium in der Produktion der Blutzellen des menschlichen Körpers. Aufgrund ihrer notwendig primitiven Arbeitsweise muß Marie Curie Radium in den Körper aufgenommen haben. Man kann natürlich überhaupt nicht abschätzen, wieviel es war. Heutzutage ist die empfohlene körperliche Höchstbelastung für Menschen, die mit Radium 226 arbeiten und dieser Gefahr dauernd im Laboratorium ausgesetzt sind, 0,1 Mikrogramm. Wenn man die Mengen an radioaktivem Material bedenkt, mit denen sie umging, wäre es recht erstaunlich, wenn Marie Curies Körper nicht ein vielfaches dieser Menge aufnahm.
Im Jahre 1922, als die Hoffnung auf die Dauerwirkung durch Strahlung auf Krebszellen so hochgespannt war, begann die Erkenntnis, daß die gleichen Dauerwirkungen auch gesunde Zellen betraf, noch nicht einmal zu dämmern. Dennoch fand in diesem Jahr ein Ereignis statt, das die Gefahren der Arbeit mit radioaktiven Stoffen Marie Curies eigener Erfahrung recht nahebrachte. Eine Frau, die sie als Forscherin der Société de Radio-Chémie kennengelernt hatte, wo diese bei der Herstellung medizinischer Präparate Radium und Mesothorium verwendet hatte, wurde plötzlich schwer krank. Niemand fand eine wirkliche Erklärung dafür, als diese einst gesunde, intelligente verheiratete

Frau, Madame Artaud, binnen weniger Monate starb. Man sagte, die Ursache sei Anämie, aber es fand keine Obduktion statt.

Zwei Jahre später zeigte eine weitere Tragödie die Ursache noch deutlicher. Im Dezember 1924 wurde der vierzigjährige Maurice Demenitroux im Krankenhaus von Tenon aufgenommen. Demenitroux war ein gut aussehender verheirateter Mann mit einem kleinen Kind, der seit zwanzig Jahren mit Radium gearbeitet hatte. Zum ersten Mal war er im Curie-Laboratorium damit in Kontakt gekommen, wo er in der Nähe der Curies begeistert seine ersten chemischen Forschungen durchgeführt hatte. Zuletzt hatte er in einer Fabrik in Creil gearbeitet, wo er einen industriellen Prozeß zur Gewinnung von Thorium X entwickelte.

Die Symptome der Müdigkeit und Gliederschmerzen, die so viele, die mit Radium arbeiteten, einschließlich Marie Curie selbst dann und wann verspürt hatten, waren in seinem Fall plötzlich außerordentlich schlimm geworden. Demenitroux hatte viele Wochen gegen das Gefühl der Erschöpfung angekämpft, bevor er sich schließlich bewegen ließ, ins Krankenhaus zu gehen. Zu diesem Zeitpunkt machte er einen blassen und ausgelaugten Eindruck. Er starb in den ersten Wochen des neuen Jahres an perniziöser Anämie.

Marie Curie erfuhr die Neuigkeit unmittelbar darauf von Albert Laborde, einem naturwissenschaftlichen Kollegen. Laborde hatte seinen guten Freund Demenitroux besucht, kurz bevor dieser starb. Demenitroux zweifelte nicht daran, was die Ursache seines elenden Zustandes war. Thorium-Emanation sei sein Mörder, hatte er Laborde zugeflüstert.

Aber Laborde hielt an der Laboratoriumstradition fest und wollte das radioaktive Element nicht verantwortlich machen. »Wir alle sind schuld,« teilte er Marie Curie mit,[7] obwohl er ihr deutlich machte, er habe den Eindruck, daß die Ventilationsmethoden, die im Pavillon Curie dazu dienten, die Luft von radioaktiven Gasen zu befreien, etwas unzulänglich waren.

Aber es sollte noch schlimmer kommen, und Marie Curie hatte schon gerüchteweise davon gehört, bevor sie den Tod von Demenitroux erfuhr. Einer seiner Arbeitskollegen, Marcel Demalander, einst ihr persönlicher Assistent, befand sich in demselben verzweifelten und erschreckenden Zustand. Ein Jahr, nachdem sich die ersten Symptome gezeigt hatten, war auch er tot. Die Diagnose war Knochenmarks-Anämie.

Das Thema ließ sich nicht länger umgehen; Marie Curie veranlaßte die Anfertigung eines Untersuchungsberichtes über den Tod der beiden Chemiker. Als er abgeschlossen war, enthüllte dieser Bericht, wie wenig in den letzten zwanzig Jahren getan worden war, um die Auswirkungen der Radioaktivität auf den menschlichen Körper zu erforschen. Als eine der maßgeblichen Quellen wurden immer noch die Experimente zitiert, die Pierre Curie im Jahre 1904 mit Meerschweinchen durchgeführt hatte. Der Bericht kam zu der Schlußfolgerung, daß die Schirme aus Blei und Holz, die Marie Curie in ihrem Laboratorium als Schutz gegen radioaktive Strahlen benutzte, befriedigend seien, und daß das einzige Mittel, um die Laboranten vor giftigen Emanationen zu schützen, in guter Ventilation bestehe. Es war ein trauriges unzulängliches Dokument.

Dieser Bericht war das erste Papier aus dem Pariser Laboratorium, der offen zugab, daß die Gefahren der Arbeit mit Radium und anderen radioaktiven Metallen unter Umständen ein schreckliches Ausmaß annehmen können. Dennoch wollte Marie Curie die ganze Schuld den Forschern selbst zuschieben. Handschriftlich schrieb sie ans Ende des Berichts: »Während der letzten Monate ihres Lebens wohnten Demenitroux und Demalander, weil sie sich so müde fühlten und größere Wege scheuten, in Courbevire in einem Haus, das sehr nahe bei ihrem Laboratorium lag. Daher waren sie nicht genügend an der frischen Luft. Beide verließen das Haus erst, wenn sie schließlich ausgehen mußten.«[8]

Sie war nun einmal davon überzeugt, daß die Pflicht der Selbsterhaltung bei den Menschen selbst liege: sie hätten nur ihre Lungen reinigen müssen, indem sie sich aufs Land begaben und dort lange Spaziergänge oder Radtouren unternahmen, wie sie selbst es tat. Nie in der Vergangenheit hatte sie unbeseelte Gegenstände für ein Mißgeschick verantwortlich gemacht, und sie gedachte, das auch unter diesen extremen Bedingungen nicht zu tun. Entscheidungen über Fragen des eigenen Interesses wurden von Menschen getroffen, und nicht von den Gegenständen, mit denen sie arbeiteten.

Dennoch war sie es, die eine Subskrition für Demenitroux und Demalander organisierte, der Kampagne ihren Namen zur Verfügung stellte und tausend Francs spendete. Aber der Tribut an Menschenleben war noch nicht voll erbracht. Während des folgenden Jahres starben Dutzende von Beschäftigten in Radium-Laboratorien und -Fabriken in vielen Teilen Europas eines schmerzhaften und gräßlichen Todes. Die

Todesliste in Paris war kürzer als in einigen deutschen Städten, aber bald erzählte Irène ihrer Mutter vom Zustand einer in der Forschung tätigen, begabten jungen Chemikerin, Sonia Cotelle, die einige Zeit mit Polonium gearbeitet hatte. Sie hatte ernsthafte Magenbeschwerden gehabt, und ihr Haar begann auszufallen. »Sie ist sehr aufgeregt, wie du dir vorstellen kannst.« sagte Irène. Madame Cotelle, die in Warschau geboren und eine gute Freundin und Mitarbeiterin von Marie Curie war, starb schließlich an der Radioaktivität, der sie sich ausgesetzt hatte.

Zu dieser Zeit waren weder Irène noch ihre Mutter bereit, die Radioaktivität eindeutig mit diesen Todesfällen in Verbindung zu bringen, lange nachdem andere bereits zu dieser Schlußfolgerung gekommen waren. Zum Teil war dieser Eigensinn wohl in der bemerkenswerten Widerstandskraft begründet, die beide Frauen gegenüber den Nebenwirkungen ihrer Arbeit an den Tag legten. Sie arbeiteten sorgfältig und vorsichtig, aber nichtsdestoweniger handhabten sie große Mengen der gefährlichsten Materialien im Laboratorium.

Irène war keine Studentin mehr. Seit Kriegsende hatte sie neben ihrer Mutter als Forschungschemikerin gearbeitet und sich am Unterricht im Laboratorium beteiligt. Ihre Studenten empfanden sie als eine ähnlich rätselhafte Gestalt wie frühere Generationen ihre Mutter gesehen hatten. Doch der kräftige Intellekt der Tochter war nicht wie bei der Mutter mit einer zerbrechlichen und weiblichen Hülle umgeben. Irène versuchte nie, ihren Eigensinn zu verbergen oder ihre Einstellung zu verschleiern, wenn sie das Gefühl hatte, sie komme ganz gut ohne unerwünschte Gesellschaft zurecht.Es war ihr im Laufe der Jahre nicht leichter geworden, sich in ein Zufallsgespräch hineinziehen zu lassen, und viele Besucher des Laboratoriums wurden von der offenkundig brüsken Haltung des Mädchens ebenso zurückgestoßen wie sie von der offenkundigen Kälte der Mutter beleidigt waren. Es kam vor, daß Irène mitten in der Unterhaltung mit einem Fremden sich herabbeugte und aus einer verborgenen Tasche an der Innenseite ihres Rockes ein riesiges Taschentuch hervorzog, um sich lautstark die Nase zu putzen und so den perplexen Besucher mitten im Redefluß seines versuchten Gesprächs zu unterbrechen.

Aber obwohl Irène ihren Mangel an Charme so aggressiv ausspielte, zweifelte kein Wissenschaftler, der das Laboratorium besuchte, an ihrer beträchtlichen intellektuellen Befähigung. Marie Curie erkannte die überragenden Eigenschaften ihrer Tochter, und die wissenschaftliche Kameradschaft, die Irène jetzt vermitteln konnte, vermochte eine gewaltige Lücke in Marie Curies Leben zu füllen. Sie bewunderte das Mädchen, war glücklich, es im Laboratorium um sich zu haben, und vermißte es sehr, wenn es zu irgendeiner maskulinen Beschäftigung wie Bergsteigen oder Skilaufen mit dem Alpenverein aufbrach.

Der Tag im März 1925, an dem Irène in der Wohnung am Quai de Béthune fleißig beschäftigt war, war für Marie Curie tief bewegend. Irène suchte ihre Papiere und Notizen zusammen, die sie in den Saal der Sorbonne mitnehmen wollte, wo sie ihre Dissertation verteidigen sollte. Über zwanzig Jahre war es her, daß Marie selbst sich so einfach wie möglich, aber sehr nervös für die gleiche Gelegenheit zurechtgemacht hatte. Und nun bereitete sich ihre Tochter, äußerlich ruhig und gefaßt, wie sie selbst in einen einfachen schwarzen Kittel gekleidet, mit kurzgeschnittenem Haar, darauf vor, den kurzen Weg den Hügel hinauf zur Universität zu gehen.

Als die Sache vorbei war, versammelten sich die Angehörigen des Laboratoriums wie bei so vielen ähnlichen Gelgenheiten in dem kleinen Garten hinter Marie Curies Büro und tranken aus Bechergläsern Champagner, um den jüngsten akademischen Erfolg des Laboratoriums zu feiern. Es waren ruhige, harmonische Familienfeiern, die an diesem geschützten Plätzchen stattfanden; sie gehörten zu den wenigen Ehrenveranstaltungen, die Marie Curie billigte. Und hier konnte sie auch an dem Erfolg teilhaben, den sich ihre Tochter wohl verdient hatte. Als sie das Deckblatt von Irènes Dissertation aufschlug, sah sie, daß dieser Erfolg ihr gewidmet war; sie las: »Für Madame Curie von ihrer Tochter und Schülerin.«

Bald darauf erschien auf der Schwelle des Laboratoriums eine junge Reporterin, um Irène zu interviewen. Die Tochter betrachtete Bleistift und Notizblock mit weniger Hemmung und Angst als die Mutter. Die Reporterin meinte zu Irène, daß die Laufbahn, die sie sich ausgesucht habe, vielleicht doch zu anstrengend für eine Frau sei. Aber die Einstellung der Mutter war bereits viel zu fest in Irène verwurzelt. »Überhaupt nicht«, antwortete sie, »ich glaube, daß die naturwissenschaftliche Befähigung von Männern und Frauen völlig gleich ist ... Eine Frau der Wissenschaft sollte weiblichen Verpflichtungen entsagen.« – »Und familiären Verpflichtungen?« wurde sie gefragt. »Die sind möglich«, erwiderte sie, »unter der Bedingung, daß sie als zusätzliche Last akzeptiert werden ... Für meinen Teil denke ich, daß die Wissenschaft das erstrangige Interesse in meinem Leben sein wird.«[9]

Die Reporterin fragte auch nach den Gefahren des Radiums. Irène wischte die Frage beiseite. Sie gab zu, daß sie schon eine Radiumverbrennung hatte, aber das sei nicht ernstzunehmen. Hier im Laboratorium gebe es weniger Risiken als in der Industrie, »und wir wissen uns besser zu schützen.« Wie ihre Mutter ließ sie regelmäßig ihr Blut untersuchen, aber es waren bisher keine Abweichungen festgestellt worden. Sie meinte, ein erträglicher Schmerz sei ein gerechter Preis für das Privileg, mit Radium und Polonium zu arbeiten.
So war Marie Curie ein Vierteljahrhundert nach ihrer Entdeckung des Radiums immer noch nicht dazu bereit, den Mitarbeitern im Laboratorium ihre schlimmsten Befürchtungen zu gestehen. Aber in privatem Kreis, gegenüber ihren engsten Freunden, gab sie ihre Besorgnisse preis. Ein polnisches Mädchen, das in dem neuen Laboratorium arbeitete, Alicja Dorabialska, pflegte oft an dunklen Winterabenden Marie Curie vom Laboratorium zum Quai de Béthune sicher hinunterzugeleiten. Wenn sie Hand in Hand an der Seite entlanggingen, gestand ihr Marie, daß sie die Wirkungen des Radiums auf den menschlichen Körper nicht genau kenne; sie habe den Verdacht, das Radium die wirkliche Ursache ihres grauen Stars sei und also der Grund, warum sie so unsicher durch die Straßen stolpern müsse.
Zu jener Zeit verbrachte Marie Curie viele Tage in völliger Dunkelheit, auf dem Bett ausgestreckt, mit verbundenen Augen, da eine Staroperation der anderen folgte. Im Sommer 1923 pflegte die junge Eve ihre Mutter nach der ersten Operation und während der Blutungen und Komplikationen, die darauf folgten. Bis 1930 sollten noch vier weitere Operationen durchgeführt werden. Nach dem Aufenthalt in der Chirurgie verbrachte Eve die meisten wachen Stunden der nächsten Wochen, indem sie bei ihrer Mutter saß, ihr vorlas, sie tröstete und beruhigte. Eve hatte in der Familie die häusliche Rolle übernommen. Der Umstand, daß die Mutter ebenso von ihrer Hilfe abhängig war, wie sie auf Irènes wissenschaftliche Kameradschaft angewiesen war, knüpfte die Familienbande etwas enger. Das vermittelte Marie Curie eine emotionale Sicherheit, die so vielen Jahren ihres reiferen Lebens mangelte. Sie verließ dieses Martyrium mit einer Brille aus dicken Bergkristallinsen. Trotz des Traumas der Operation war sie körperlich in bemerkenswert gutem Zustand. Zu Beginn der 30er Jahre hatte man noch nicht erkannt, daß die physiologischen Wirkungen der Radioaktivität auf verschiedene Individuen verschieden sind. Marie Curies Körper hatte Angriffe überstanden, denen andere nicht gewachsen waren.

Ende der 30er Jahre versuchte ein Physiker, bei belgischen Herstellern Radium-D zu kaufen. Er erfuhr, daß es nicht lieferbar sei. Als er die Firma daran erinnerte, daß sie es früher geführt hatte, erwiderte sie, daß jener Vorrat »von Madame Curie gewonnen worden war, und daß der Prozeß zu gefährlich war, um ihn den Angestellten zuzumuten.«
Aber immer noch wurde sie von der Vorstellung heimgesucht, unter Umständen ihre Arbeit aufgeben zu müssen. Sie schrieb an Bronia: »Manchmal verläßt mich der Mut, und ich denke, ich müßte mit der Arbeit aufhören, auf dem Lande leben und mich der Gärtnerei widmen. Aber ich werde von tausend Fäden festgehalten, und ich weiß nicht, wann ich in der Lage sein werde, die Dinge anders zu regeln. Und ich weiß auch nicht, wie ich, selbst wenn ich wissenschaftliche Bücher schreiben würde, ohne das Laboratorium leben sollte.«[10]

Die selbstbewußte alte Dame

Gemäß ihrer meist pessimistischen Einschätzung der eigenen Kondition hielt sie es für ausgeschlossen, daß sie das Ende des jeweils vor ihr liegenden Jahrzehnts erleben würde. Bevor sie zwanzig war, sollte der Selbstmord allem ein Ende machen; danach die Tuberkulose, und nachdem sie dreißig war, meinte sie, das jeweilige Leiden ihrer Nieren, ihrer Augen oder ihres Blutes würde bald ihr Leben beenden. Aber in der Mitte des sechsten Jahrzehnts war sie immer noch recht lebendig. Ihre kreativsten Jahre waren längst vorbei, und so war sie über die Erfahrung erstaunt, daß es ihr gut genug ging, um einige Früchte jener Schaffenskraft zu genießen.

Die Freude an ihren Töchtern wurde ihre leidenschaftlichste Befriedigung, und je abhängiger sie emotional von ihnen wurde, umso mehr Sorgen machte sie sich um ihre Zukunft. In ihrer Doppelrolle als Vater und Mutter hatte sie sie verfrüht erwachsen werden lassen, und jetzt sah sie, daß beide über einen ebenso starken Charakter verfügten wie sie selbst. Eve war von wachem Geist, aber sie erweckte die bekannten widersprüchlichen Muttergefühle zwischen dem Stolz auf den offenkundigen Zauber des Mädchens und der Furcht, wohin dieser sie führen könne.

Marie schaute mit Vergnügen zu, als sie Eve zu einer Konferenz nach Genf mitnahm, wo hervorragende ältere Physiker versammelt waren, und die hellen Augen des etwas zerzaust aussehenden Einstein in der Gesellschaft des jungen Mädchens aufleuchteten: und wie zufrieden und vergnügt auch die Zwanzigjährige in seiner heiteren Gesellschaft war.

Eves Anmut und ihr lebhaftes Wesen sorgten dafür, daß es ihr nie an Aufmerksamkeit mangelte, aber es war die Aufmerksamkeit einer neuen Generation, deren Stimmungen und Wertvorstellungen Marie Curie weder teilte noch verstand. Insbesondere die äußere Verpackung der Nachkriegsfrau war ihr gänzlich unverständlich. Wenn sich Eve nach dem Abendessen umzog, um auszugehen, kam die Mutter mitunter in ihr Zimmer, legte sich aufs Sofa und starrte resigniert durch ihre dicken Brillengläser auf das Küken, das sich in einen Schwan verwandelte:

»Ach mein armes Kind! Was für *schreckliche* Absätze! Nein, du wirst mir nie weismachen können, daß Frauen dazu bestimmt sind, auf Stelzen zu gehen ... Und was ist das bloß für eine neue Mode, den *Rücken* eines Kleides auszuschneiden? Ein Décolleté vorne war ja vielleicht noch tragbar; aber diese Kilometer von nacktem Rücken! Erstens ist es überhaupt unanständig; zweitens birgt es die Gefahr der Lungenentzündung; drittens ist es häßlich; und dies dritte Argument sollte dir wenigstens zu denken geben, wenn die andern es nicht tun.«[1]

Und Marie Curie wußte auch nicht recht, was sie mit der Auswahl von Freunden anfangen sollte, die Eve in die kleine Wohnung am Quai de Béthune mitbrachte. Sie waren von so ganz anderem Typus und Charakter als die kleine Gruppe zurückhaltender Naturwissenschaftler, die sie in ihrer Jugend gekannt hatte.

Obwohl Eve von Stolz auf die wissenschaftlichen Leistungen der übrigen Familie erfüllt war, hatte sich die Reaktion ihrer Kindheit gegen die harte wissenschaftliche Umgebung nicht gemildert. Sie wurde allmählich eine gute Pianistin und erwog eine musikalische Laufbahn oder – ganz ketzerisch – eine journalistische. Vor Missys Ankunft war das im Haushalt von Madame Curie ein Beruf ohne irgendwelche Geltung. Aber dies war nur eine ihrer Ansichten über verschiedene Aspekte des Lebens, die sich durch den Kontakt mit den Qualitäten der amerikanischen Damen änderten.

Keinerlei ketzerischen Anflug gab es in der wohldefinierten, zweckgerichteten Arbeit von Irène. Die wissenschaftliche Leidenschaft und Hingabe ihrer älteren Tochter verstand Marie Curie leichter: hier gab es keine Verwirrung. Wie es ihr gefallen hatte, die Wirkung von Eves

Charme auf Einstein zu beobachten, so wollte sie auch, daß der große Physiker die substantiellen, wenn auch weniger sinnlich wahrnehmbaren Qualitäten ihrer anderen Tochter schätzen sollte. »Schick mir doch,« schrieb die eifrige Mutter aus Genf an Irène, »einen Sonderdruck Deines Artikels über die Verteilung der Alphastrahlen (aus dem Journal de Physique) für Monsieur Einstein. Wenn Du ihn sofort zur Post bringst, wird er rechtzeitig da sein.«

Irène, der einfache und linkische Blaustrumpf, hatte der Zeitungsreporterin nicht nur stolz versichert, das erstrangige Interesse in ihrem Leben sei die Naturwissenschaft, sondern sie zeigte auch keinerlei Anzeichen für eine Abweichung von dieser Fixierung. Nach ihrer eigenen Einschätzung trug Irène die männlichen Züge ihres Vaters, und sie hatte immer das Gefühl, dies sei der Grund, warum das Temperament ihrer Mutter und ihr eigenes sich so anzogen. Als Irène älter wurde, handelte sie mehr und mehr in dieser Rolle des Gatten und guten Kameraden. Sie pflegte früh aufzustehen, Frühstück zu machen und es auf einem Tablett ins Schlafzimmer ihrer Mutter zu bringen, wo sie sich dann in Ruhe über die Angelegenheiten des Laboratoriums unterhielten, das ihrer beider Leidenschaft war. Die Jugendmoden der 20er Jahre hatte Irène unberührt gelassen, und damit blieben Marie Curie im Falle dieser Tochter Komplikationen erspart, die sie nicht recht verstand.

Daher war es umso überraschender, als Irène eines schönen Tages im Jahre 1925 beim Frühstück erschien und ihrer Mutter gleichgültig mitteilte, sie habe beschlossen zu heiraten. Irène tat diesen Schritt mit der Entschiedenheit, die sie von ihren Eltern gelernt hatte. Es war ein fait accompli, und Madame Curie blieb nichts anderes mehr übrig, als den Namen ihres künftigen Schwiegersohnes in Erfahrung zu bringen.

Er war, wie jeder, den diese Nachricht überraschte, zugeben mußte, ein außergewöhnlicher und überdies hübscher junger Mann. Sein Name war Frédéric Joliot.

Er war gekommen, weil er, wie er sagte, seit seiner Kindheit von der Geschichte der Madame Curie begeistert war. In dem kleinen Laboratorium, das er sich als Student hergerichtet hatte, befestigte er als inspirierende Ikone eine Photographie von Pierre und Marie an der Wand. Im Jahre 1925 stand er eines Tages etwas nervös in seiner Offiziersuniform endlich vor Marie Curies Schreibtisch, er war noch beim Militär im Anti-Gas-Corps und bat nun um einen Platz in ihrem Laboratorium. Sie hatte bereits erfahren, daß Paul Langevin ihn warm empfahl.

Joliot machte bald die Erfahrung, daß Marie keine Worte verschwendete. »Können Sie morgen mit der Arbeit beginnen?« fragte sie. Er erklärte, daß er noch drei Wochen Dienst tun müsse. »Ich werde Ihrem Vorgesetzten schreiben,« sagte sie in einem Tonfall, als habe sie es schon getan. Am nächsten Tag war er ihr Assistent.[2]

Viele Beobachter waren skeptisch, als sie hörten, daß die Tochter der »Patronne« und der Assistent der »Patronne« sich zusammentun wollten. Sie hielten Irène für einen Eisberg, und es schien unwahrscheinlich, daß Joliots extravertierte Lebhaftigkeit dazu passen würde. Joliot kannte ihre Ansichten. Irène wußte nicht, was die andern sagten, und kümmerte sich auch nicht darum. Aber Marie Curie fand Joliots Referenzen als Physiker und als Lebenspartner ihrer Tochter durchaus annehmbar. Er war mit Hingabe politischer Idealist, und hatte einen starken, impulsiven Charakter. Von Paul Langevin, dessen Schüler er gewesen war, hatte er sogar einige Manierismen übernommen, und diese Gewohnheiten machten ihn für Marie Curie eher sympatisch, als daß sie gekränkt gewesen wäre. Er rauchte zuviel und erklärte, kein Intellektueller zu sein: beides war kein unverzeihliches Laster.

Dennoch machte sich Marie Curie Sorgen um die Zukunft von Irène. Das Glück des Mädchens bedeutete ihr jetzt so viel wie ihr eigenes. Sie wollte ihr Kind nicht leiden sehen, wie es ihr selbst widerfahren war. Joliot war drei Jahre jünger als Irène und verfügte über einen recht leichtfertigen Charme und ein starkes Einfühlungsvermögen in die Psychologie seiner Umwelt, wie es bei ihrem eigenen Gatten nie der Fall gewesen war. Freunde, die mit ihnen am Tisch saßen, bemerkten, wie Marie ängstlich über das Paar wachte und sich nervös die Finger rieb.

Binnen eines Jahres waren sie verheiratet. Fred, wie er allgemein genannt wurde, nahm seinen Platz als Familienmitglied in der Wohnung am Quai de Béthune ein. Vertrautheit führte zur Toleranz. Fred vermied es, in Gegenwart seiner Schwiegermutter Zigaretten zu rauchen, und sie lernte umgekehrt, mit seinen nicht-intellektuellen Interessen zu leben. Seine Begeisterung für Edith Piaf war schließlich nicht seltsamer als Irènes Vernarrtheit in die imperialistischen Gedichte von Rudyard Kipling. Und Marie Curie lernte auch, Joliots linksgerichtete politische Überzeugung zu respektieren – die ebenfalls von Langevin beeinflußt waren –, und nahm hin, daß ihr Schwiegersohn unvermeidlich das apolitische Erbe ihrer Tochter veränderte, nicht unbedingt zu deren Nachteil.

Innerhalb weniger Wochen verflüchtigten sich die Befürchtungen der Mutter, als deutlich wurde, daß, so gefährdet die menschlichen Bande sein mochten, die wissenschaftlichen Bande zwischen Irène und Fred jedenfalls von gleicher Stärke waren wie jene, die einst ihren eigenen Mann mit ihr verbunden hatte.

Als Marie Curie einmal in ihrem Laboratorium Frédéric Joliot betrachtete, sagte sie zu Jean Perrin, der neben ihr stand: »Der Junge da ist ein Feuerwerk.« Und das war er auch. Er hatte einen ästhetischen und sehr geschärften Sinn für die Wissenschaft. Irène andererseits war nicht so leicht zu entflammen, aber diejenigen, die mit ihr zusammenarbeiteten, erkannten, daß sie eine bessere Chemikerin als ihr Mann war. Diese Verbindung von Brillanz auf der einen Seite und besessener Geschäftigkeit auf der andern war von jener nicht sehr verschieden, die Radium und Polonium hervorgebracht hatte.

Seine Brillanz hatte in dem von Marie Curie geschaffenen Laboratorium die Freiheit, hell zu erstrahlen. Joliot (oder Joliot-Curie, wie er sich später nannte) war voll freigiebiger Anerkennung für seine Umgebung, die die Kraft seiner Begabung förderte. Er fand in dem Laboratorium »eine Tradition, die, wenn wir mit einem Phänomen konfrontiert wurden, in uns unmittelbare Reflexe hervorrief, die Reflexe von *Radioaktivisten.*«[3]

Fred machte sich selbst zu einem Teil des kreativen Potentials in der Familientradition; Marie Curie hatte die Mittel bereitgestellt, um diese zur Blüte zu bringen. In den Jahren nach dem Krieg hatten ihre Aktivitäten als wissenschaftliche Bettlerin 1,5 Gramm Radium eingebracht, in denen sich beträchtliche Mengen von Polonium und Radium D angesammelt hatten. Die hochgradig radioaktive Poloniumquelle, die Fred und Irène bald brauchen sollten und die sie gemeinsam im Laboratorium präparierten, war die stärkste – und gefährlichste –, die es zu jener Zeit auf der ganzen Welt gab. Sie hatten von Material und Ausstattung her gesehen die Mittel eines hervorragenden Laboratoriums zur Verfügung, das ganz und gar den eigensinnigen Unternehmer-Anstrengungen von Marie Curie zu verdanken war.

Überdies waren Marie Curies persönlicher Ruhm und ihr internationaler Ruf hinreichend eindrucksvoll, um ihr weiterhin den Zugang zu den Scheckbüchern der Reichen in einer Zeit zu verschaffen, da die französische Nachkriegswirtschaft sich in einem ungesunden Zustand befand und der Franc an Wert verlor. Ihre Bittstellungen führte sie auf eine geradezu atemberaubend königliche Weise durch. Dem Präsidenten einer amerikanischen Chemie-Gesellschaft schrieb sie, das Geschenk von Radiothorium, das er ihr gemacht habe, sei leider ihren Bedürfnissen nicht ganz angemessen, ob es wohl möglich sei, fragte sie unverfroren, von demselben noch mehr zu liefern, und zwar ohne Zoll, sondern durch einen Mittelsmann, der sich den Formalitäten entziehen könnte?[4]

Dem Präsidenten der Eldorado-Goldminen im Nordwesten erschien sie tatsächlich so gottähnlich, daß er dem Bischof von Hailesbury, Ontario, schrieb, der Bischof (der sich aus irgendeinem Grunde in der Lage befand, Vermittler für die Belange des Radium-Instituts zu spielen) möge sicher sein, daß das Bergwerk es als Auszeichnung empfinde, Marie Curie 500 kg Pechblende als Geschenk zu übersenden, und hinzufügte: »Wir wissen ihre Haltung sehr wohl zu schätzen, wenn sie uns darum bittet.«

Für ihr Laboratorium beackerte sie ein wahrhaft fruchtbares Feld. Doch nicht ohne die Hilfe eines kräftigen Zugpferdes: Marie Meloney. Die etwas unwahrscheinliche Beziehung zwischen der reinen Wissenschaftlerin und der amerikanischen Journalistin war im Anschluß an die erfolgreiche Amerikareise zu einer dauerhaften und sich vertiefenden Freundschaft geworden. Wenn Missy nicht gerade Europa besuchte, schrieben sie einander fast mit jeder Schiffspost. Missys dämonischer Drang, das Laboratorium mit Stiftungen zu versehen, ließ nie nach. Sie brachte reiche Witwen, die Scheckbuch und dicke Börse griffbereit hielten, auf die Kreuzer nach Europa und in das kleine Büro in der Rue Pierre Curie, wo Madame dienstags und freitags »empfing«. Aber Missy wie Marie Curie schwebten nicht in geistigen Regionen, sondern standen mit den Füßen auf der Erde. Missy ließ keine Chance ungenützt vorüber gehen, die Marie persönlich nützen konnte. Als Missy die Kampagne »Bessere Häuser für Amerika« organisierte und das amerikanische Modellhaus bei einer Handelsmesse in Paris ausgestellt wurde, sah sie sofort die Möglichkeit, diesen Prototyp eines Hauses mit arbeitssparenden Einrichtungen Marie Curie als Landhaus zu schenken. Der Plan scheiterte nur daran, daß die Hersteller beschlossen, wie Missy Marie Curie mitteilte, »das Haus der Person zu geben, die in Paris als größter Wohltäter der Menschheit in dieser Generation gewählt wird. Ich glaube, das ist nur ein intelligenter Trick, um im Bewußtsein der Öffentlichkeit das Haus mit Ihrem Namen in Verbindung zu bringen. Es kann ja kein Zweifel daran bestehen, daß eine solche Wahl wie die Firma sie vorschlägt, Ihnen das Haus zusprechen

würde. Ich habe dieser natürlich energisch verboten, Ihren Namen irgendwie damit in Verbindung zu bringen.«[6]
Später aber erreichte Missy mit einer anderen arbeitssparenden Einrichtung, dem Automobil, ihren gewohnten Erfolg. Sie hatte sich an den besten Mann gewendet, den sie kannte, und berichtete Marie von dem Ergebnis: »Mr. Ford gibt sich das Vergnügen und die Ehre, die Effizienz Ihrer Arbeit zu unterstützen, indem er Ihnen ein Automobil für den Gebrauch in Frankreich präsentiert. Mrs. Henry Moses sagt, sie wäre entzückt, den Chauffeur zur Verfügung zu stellen.«[6]
Missys Leitung der Amerikareise hatte der zurückgezogenen Wissenschaftlerin nicht nur die Einsicht eingebracht, daß sie eine »Persönlichkeit« war, sondern Missy hatte ihren Schützling auch den Umgang mit der Öffentlichkeit gelehrt. Als Marie Curie jetzt bemerkte, daß ihre mittleren Jahre physisch keineswegs so beeinträchtigt waren, wie ihre hypochondrischen Vorahnungen es sie einst hatten glauben lassen, begann sie, zu reisen und ihre neu entdeckte Begabung anzuwenden. Während dieser Jahre besuchte sie Holland, Brasilien, Dänemark, die Tschechoslowakei, Spanien und viele andere Länder, teils in offizieller, teils in inoffizieller wissenschaftlicher Mission. Die noch zartere, aber immer noch aufrechte Gestalt begab sich von einem der Pariser Bahnhöfe aus auf die Reise, allein oder in Begleitung einer ihrer Töchter, nur mit einer kleinen Tasche versehen, die sie säuberlich gemäß einer handgeschriebenen Liste für solche Gelegenheit gepackt hatte. Sobald sie ihr Ziel erreicht hatte, machte sie ihren Gastgebern klar, nach welchen Gesetzen sie ihren Besuch abstattete. Als sie in Kopenhagen war, erinnerte sie ihren Gastgeber, einen Physikprofessor, daran, daß sie nicht die Gewohnheit habe, öffentliche Reden außer den Vorträgen zu halten, welche der Zweck der Reise waren, daß sie Einladungen zum Diner nur von ihm und von Niels Bohr annehmen würde, sowie daß »ich es vorziehe, nicht zu Mittag zu essen, da ich in der Mitte des Tages einige Minuten Ruhe brauche.«[7] Und als sie dem Rektor von Glasgow für seine Einladung dankte, die Ehrenbürgerschaft entgegenzunehmen, erwiderte sie zugleich: »Ich wünsche indessen, daß die Zeremonie um 11 Uhr vormittags stattfindet (pünktlich), und daß man auf das Mittagessen verzichtet. Wir haben bereits beschlossen, an diesem Tag Loch Lomond zu besuchen.«[8]
Bei diesen Gelegenheiten war sie am glücklichsten, wenn sie von einer ihrer Töchter begleitet wurde. Eve oder Irène pflegten die jeweilige Gastgeberin, die glücklich war, die berühmte Persönlichkeit für eine

Nacht unter ihrem Dach zu haben, herumzuscheuchen, auf daß ihre Mutter die königliche Bedienung erhielt, die ihr mittlerweile zur Gewohnheit geworden war. Eve schreckte nicht davor zurück, eine wenig einfühlsame Gastgeberin aus ihrem Schlafzimmer zu vertreiben und ihre Mutter dort einzuquartieren, als es sich herausstellte, daß dies das bestgeheizte Zimmer im Haus war.

Wenn ihre Töchter nicht bei ihr waren, beschwerte sich Marie Curie bitter, falls sie ihr nicht oft genug schrieben, und verfiel in ihre alten trübsinnigen Gewohnheiten. Aus einer luxuriösen Suite, die ihr in Prag zur Verfügung stand, schrieb sie während einer Serie von Reise im Jahre 1925 an Irène:

»Von dem Leben, das ich führe, bin ich verwirrt, und daher unfähig, Dir etwas Vernünftiges zu schreiben. Ich frage mich, was es für einen grundlegenden Fehler im menschlichen Wesen geben mag, der diese Art von Gehabe in gewissem Maße erforderlich macht. ›Der Wissenschaft Würde verleihen‹ würde Mrs. Meloney sagen. Aber es läßt sich nicht bestreiten, daß all die Leute, die sich so aufführen, es ehrlich meinen, es mit ehrlicher Überzeugung tun.«[9]

Aber trotz solcher Anfälle von Grübelei und obwohl sie inzwischen sechzig war, fand sie immer noch etwas, was ihr an den langen Reisen gefiel. Möglicherweise war ihr bewußt, daß der wichtigste Beitrag, den sie jetzt zur wissenschaftlichen Entwicklung leisten konnte, in dem Nutzen lag, den sie anderen verschaffen konnte.

Einige Jahre lang unterstützte Marie Curie die Gründung eines Radium-Instituts in Warschau. Bronia war der Leitstern einer Kampagne in ganz Polen, die dazu dienen sollte, die polnische Medizin in der Anwendung einer Wissenschaft, die von der berühmtesten Wissenschaftlerin des Landes begründet war, auf den Standard anderer europäischer Länder zu bringen. Im Vergleich zu dem, was Missy in Amerika organisiert hatte, waren die Spendeneinkünfte minimal. Aber Bronia, die vernünftigerweise beschlossen hatte, den Ruhm ihrer jüngeren Schwester in Geld umzusetzen, hatte für den Familiennamen geworben, das Land mit Erinnerungsbriefmarken und Reklameplakaten überflutet und die Kampagne »Kauft einen Ziegelstein für das Marie-Sklodowska-Curie-Institut« so erfolgreich betrieben, daß sich mittels der unzähligen winzigen Spenden, die das arme Land aufbrachte, schließlich der Rohbau eines Institutes errichten ließ.

Aber was die aktuelle Frage betraf, wie das Geld für das polnische Radium zu beschaffen sei, so war Missys Vertrauen in die Möglichkeiten grenzenlos. Sie arbeitete jetzt als Chefredakteurin der Sonntagsbeilage der *New York Herald Tribune,* und ihr Besuch in Paris gehörte zur Routine ihres journalistischen Berufsethos. Sie hatte gerade in Italien ein Interview mit Mussolini gemacht, bevor sie in Paris hereinschaute, aber sie ließ Marie Curie nicht im Unklaren darüber, welcher Teil der Reise für sie der wertvollere war. Missy meinte: »Viele Dinge im Leben finde ich nicht mehr lohnend, aber in eben dieser demütigen Weise einer großen Sache zu dienen, ist für mich wirklich ein Ausgleich.«[10]

Es mag sein, daß dieser Satz, geäußert von einer abgehärteten Journalistin, nur ein Beispiel für ihr Geschick im Umgang mit vielerlei Menschen war, aber dennoch ist es eine Tatsache, daß Marie Curie in Missy die gleiche unwandelbare Anhänglichkeit hervorrief, wie in so vielen anderen Menschen, die ihrem Schatten folgten. Niemals bat Missy um irgendeine Gegenleistung – nur ein einziges Mal. Schüchtern und überraschenderweise errötend erinnerte sie Marie Curie, die gerade Hunderte von Photographien mit ihrem Autogramm versah, um sie an Leute in Amerika zu verschicken, die zu ihrem einen Gramm Radium beigetragen hatten, daran, daß sie selbst, Missy, auch gern ein signiertes Photo haben würde.

Sobald sie in die Staaten zurückgekehrt war, stürzte Missy sich in den gewohnten Rausch von Aktivitäten. Ihre Zuversicht wurde jedoch überraschend enttäuscht, als sie feststellen mußte, daß die Idee eines Radiumgeschenks für Polen in Amerika politisch gesehen keineswegs so populär war wie das Radium für Marie Curie. Überdies wurde nicht mehr so bereitwillig Geld gegeben. Missy mußte Marie Curie gestehen, daß die Bedingungen noch nicht reif seien, daß ihre Anstrengungen versagt hatten. Sie schrieb: »Für Apparate in Ihrem Laboratorium hoffe ich Geld aufzutreiben, aber das polnische Radium scheint noch in weiter Ferne zu liegen. Es ging mir nicht gut, und Amerika liegt in den Geburtswehen einer politischen Umwälzung.«[11]

Der einzige Weg, zu Geld zu kommen, bestand darin, den Personenkult erneut zu betreiben. Allein Marie Curies persönliches Erscheinen konnte einen Erfolg in barer Münze sichern; die Kampagne mußte mit ihrem Namen verbunden werden und nicht zu offensichtlich mit Polen.

Marie versprach bereitwillig, zu kommen, und Missy begann, den Boden vorzubereiten. Ihre Umsicht und ihre Detailüberlegungen waren wie stets hervorragend. Wenn Marie Curie Amerika im Laufe der nächsten zwölf Monate besuchen würde, meinte Missy, könne sie ver-

sichern, daß die meisten politisch einflußreichen Personen des Landes zu Madames Gunsten wirken würden. Als sich die gewaltige amerikanische Wahlmaschine von 1928 dem Höhepunkt der Aufregung näherte, telegraphierte Missy zum Quai de Béthune:
»Herbert Hoover großer Menschenfreund wird Präsident. Er ist ein Protektor von Ihnen und Irène in diesem Land. Hoffe, Sie werden so frei sein, ihm Glückwünsche zu kabeln.«[12]
Marie Curie reagierte nicht mit der Höchstgeschwindigkeit, die Missys Markenzeichen war. Erstens mischte sie sich prinzipiell nicht in politische Angelegenheiten ein, wie sie sich auszudrücken beliebte und zweitens konnte sie sich beim besten Willen nicht erinnern, wo sie den Mann jemals getroffen hatte. Missy, die wußte, was die Unterstützung von seiten des Präsidenten für eine Kampagne bedeuten kann, insistierte sanft. Sie versicherte Marie Curie, daß der massige Herr, der in dem Meer von Anwesenden bei ihrer Begrüßung in Amerika hatte auffallen müssen, kein anderer als Herbert Hoover war. Er, der erst Bergmann und dann Ingenieur gewesen sei, wiederholte Missy, sei jetzt »Wissenschaftler und Menschenfreund – aber kein Politiker.«[13] Überdies fand sich sein Name auf dem Briefkopf des Marie-Curie-Radium-Fonds von 1921. Marie Curie tat, was man von ihr verlangte, einschließlich der Notlüge: »In der Erinnerung daran, bei meiner Reise in die Vereinigten Staaten im Jahre 1921 Ihre Bekanntschaft gemacht zu haben,«[14] schrieb sie dem neugewählten Präsidenten.
Daraufhin lud Hoover sie ein, im Weißen Haus zu wohnen. Er machte damit, wie Missy sagte, »eine Ausnahme, für die es fast keinen Präzedenzfall gibt. Ausländer werden nicht als Hausgäste eingeladen ... weil dies leicht diplomatische Verwicklungen mit sich bringen könnte.«[15] Madame Curie aber war von Missy zur Weltbürgerin gemacht worden. Indessen brachte Marie Curie selbst Missys sorgfältig erwogene diplomatische Pläne durcheinander, als sie beiläufig mitteilte, sie würde gern, wie beim letzten Mal, auch bei dieser Reise von einem Familienmitglied begleitet werden, und zwar von ihrer Schwester Bronia, Madame Dluska, für die das Radium letztendlich bestimmt war. Missy reagierte rasch. Es folgte ein Durcheinander von Briefen und Telegrammen, die samt und sonders dazu bestimmt waren, Bronias Besuch so taktvoll wie möglich zu verhindern. Ihre unübersehbare polnische Herkunft hätte eine schädliche Wirkung auf den finanziellen Erfolg der neuen Kampagne haben können.
Marie Curie war gekränkt. Herzlich und mütterlich hatte sie Bronia

eine Reise in die Vereinigten Staaten versprochen, und jetzt benutzte sie jede Waffe aus ihrem Arsenal, um durchzusetzen, was sie versprochen hatte. Als ihre ersten Forderungen an Missy höflich umgangen wurden – was ungewöhnlich war, da Missy sonst so stolz war, allen Wünschen von Marie Curie entgegenzukommen –, fuhr Marie schweres emitionales Geschütz auf. Sie schrieb an Missy:

»Ich bin beinahe krank, wenn ich in der kalten Jahreszeit reisen muß, und die Rückkehr im November wird gefährlich für mich sein. Von Mitte Oktober bis zum Frühling leide ich oft unter Fieber, Husten und Bronchitis. Deswegen hat mein Arzt versucht, mir die Reise auszureden, und meine Töchter beharren darauf, daß ich entweder überhaupt nicht reisen oder von einem Familienmitglied begleitet werden soll. Es würde mir sicherlich schwerfallen, gegen den ausdrücklichen Rat meiner Ärztin zu fahren. Meine Schwester ist Ärztin und kann sich um mich kümmern.«[16]

Gegen diese Art von Erpressung war Missy machtlos, und so mußte sie irgendwie versuchen, das Protokoll beim amerikanischen Präsidenten zu verändern. Doch zu diesem Zeitpunkt war das gar nicht mehr erforderlich. Die vernünftige Bronia hatte auf ihre möglicherweise störende Anwesenheit auf dem Schauplatz verzichtet und beschlossen, zu Hause zu bleiben. Und Marie fuhr trotz der kalten Jahreszeit und der Häufung ihrer Unpäßlichkeiten allein los.

Diesmal war sie eine wesentlich erfahrenere Propagandareisende. Sie machte allen Betroffenen ihre eigenen Regeln unmißverständlich klar. »Denken Sie daran, liebe Freundin, ich möchte in meinem Programm weder Autogramme noch Porträts noch Gelegenheiten zum Händeschütteln haben,«[17] schrieb sie an Missy. Es sollte keine Interviews geben, Reporter waren in einer gewissen Entfernung zu halten, und sie gedachte nicht, an großen Diners oder Empfängen teilzunehmen. Missy arrangierte alles nach Wunsch, und ihr Gast überlebte nicht nur die zwei Wochen mit Laboratoriumsbesuchen, wissenschaftlichen Konferenzen und kleinen Empfängen (darunter den Besuch im Weißen Haus, wo Hoover ihr das Geld für das vom amerikanischen Volk gestiftete Gramm Radium überreichte); es tat Marie Curie sogar sehr gut, wie eine Königin behandelt zu werden. Zum ersten Mal gestand sie ein, daß man an all dem auch seinen Spaß haben kann. So schrieb sie an Irène: »Sie ließen mich über die Dienstbotentreppe herunterkommen, um den sechzig Reportern auszuweichen, die vor dem Haupteingang warteten. Dann machten wir eine sensationelle Fahrt von New York nach

New Island. Wir folgten einem Polizisten auf einem Motorrad, der eine Sirene ertönen ließ und alle Fahrzeuge mit energischen Handbewegungen verscheuchte; auf diese Weise fuhren wir wie die Feuerwehr zu einer Brandstelle. Es war sehr amüsant.«[18]
Und es war auch einträglich. Der Gewinn war durch Missys Vorbereitungen gesichert: der Fonds der Kampagne war wiederum größer als erforderlich. Aber drei Tage nach Marie Curies vergnüglicher Fahrt durch die unteren Straßen von New York mit einem Polizisten als Vorreiter versammelten sich auf eben diesen Straßen Mengen von besorgten Menschen, als die Panikverkäufe begannen. Der nächste Tag war der Schwarze Freitag, und Bargeld war nun, als die Börsenpapiere wertlos wurden, das einzig Wichtige ... Marie Curie war gerade noch einmal davon gekommen.
Die schlimmste Finanzdepression des Jahrhunderts berührte Marie Curies Bewußtsein überhaupt nicht. Sie hatte das Geld in der Hand, genug für den ursprünglichen Zweck, als auch für Radium in ihrem eigenen Laboratorium und für die Fondation Curie. Um von dem, was zur Verfügung stand, noch besseren Gebrauch zu machen, hatte sich Missy klug eines der mächtigsten und schlauesten Geschäftsleute Amerikas versichert, Owen D. Young von der General Electric Corporation, der Madame beriet, was die Investition des überschüssigen Geldes, als auch den Erwerb des Gramms Radium von Herstellern betraf, die einen herabgesetzten Wohltätigkeitspreis machten. Überdies konnte Marie Curie der im Laboratorium verbliebenen Irène berichten, daß sie mit einer hübschen Sammlung von Geschenken an radioaktiven Elementen, Ausstattungsgegenständen und Versprechen von Stipendien für ihre Laborstudenten zurückkehre. »Du wirst sehen«, schrieb sie an Irène, «daß ich mein Laboratorium nicht vergessen habe – und auch nicht meine Kinder im Laboratorium.«[19]
Wie immer hatte die Anziehungskraft der zerbrechlichen Frau mit der leisen Stimme die Herzen der Industriegiganten zugunsten der französischen Strahlenchemie gerührt, und mit voller Brieftasche kehrte sie in ihre Heimat zurück.

Alles, was man ihr auf ihren Reisen nach Amerika gezeigt hatte, war größer, höher und imposanter, als sie es von Europa her kannte: die Häuser, die Menschen, die Bürogebäude, die Bäume. Sogar die Rotkehlchen in den Bäumen waren größer und ihre roten Lätzchen doppelt so groß wie zu Hause. Stolz hatte man ihr die gewaltigen Eichen gezeigt und die hohen Espen und sie aufgefordert, die schönen Farben des fallenden Herbstlaubs zu bewundern; obwohl sie darauf beharrt hatte, daß es zu Hause genau so schöne Landschaften gebe.

Während der letzten Wochen hatten Physikprofessoren, die größer waren und lebensvoller ausschauten als ihre europäischen Kollegen, sowie ebenso große und erfolgreiche Geschäftsleute der kleinen alten Dame im grauen Mantel und schwarzen Strohhut den Arm gereicht und sie langsam durch ihre Laboratorien geleitet, wo sie durch die dikken Brillengläser diesen stolzen Besitz anstaunte. An der Columbia-Universität hatte Professor Pegram sie gemessenen Schrittes an langen Reihen von Präzisionsinstrumenten und an gewaltigen Experimentalmagneten vorbeigeführt, neben denen man sich wie ein Zwerg vorkam. Es war das größte Physiklaboratorium einer Universität, das sie je gesehen hatte. In den Laboratorien der General Electric Corporation in Schenectady, diesmal am Arm ihres finanziellen »Beschützers«, wie sie Owen D. Young nannte, war sie von der Größe seines Industrieunternehmens verblüfft: gewaltige Reihen von Braunschen Röhren in neuer Form, Hunderte von photoelektrischen Meßgeräten, scheinbar endlose Drähte aus der Massenproduktion, Edelmetalle und Edelgase im Überfluß – und ganze Rudel von Forschern.

Sie sagte wenig über das, was sie sah, aber der Gesamteindruck ging tief, eine Vision von den modernen Zeiten und dem neuen Tempel der Naturwissenschaft. Das bewegte sie stärker als alles, was sie sonst auf dieser Reise gesehen hatte. Seit ihrem ersten Besuch in den Vereinigten Staaten im Jahre 1921 war der wissenschaftliche Wandel unglaublich rasch vor sich gegangen.

Etwas Vergleichbares hatte sie aus dem einfachen Grunde noch nie gesehen, weil außerhalb der USA Wissenschaft in diesem Maßstab nicht existierte. Die amerikanische Naturwissenschaft, die sie unmittelbar nach dem ersten Weltkrieg gesehen hatte, stand fest auf der Grundlage des europäischen Erbes aus dem 19. Jahrhundert. Aber in den Jahren danach hatte eine Revolution stattgefunden; neunzehn Millionen Dollar, vorwiegend aus dem Rockefeller-Vermögen, waren den naturwissenschaftlichen Fakultäten der wichtigsten amerikanischen Universitäten zugeflossen. In der Industrie wurden die gewaltigen Gewinne aus der Massenproduktion wieder in den Laboratorien investiert, deren Entdeckungen den neuen Reichtum geschaffen hatten, in der Hoffnung, daß sich noch profitablere Verfahren aus ihrem Füllhorn ergießen würden.

Was Marie Curie gesehen hatte, kündigte ein neues Zeitalter des grundlegenden Wandels in der Handhabung der Technologie auf der ganzen Welt an, sowie seinen gewaltigen Einfluß auf die Gesellschaft. Aber obwohl sie die Tragweite dieses Vorgangs bis zu einem gewissen Grade erkannte, veränderte sich ihre grundlegende Vorstellung von der Wissenschaft und ihren Anwendungen nicht. Zunächst konnte sie vieles nicht als Naturwissenschaft im eigentlichen Sinne anerkennen, sondern betrachtete es als eine bedauerlicherweise von ihr abgeleitete Angelegenheit. Die kommerziellen Einrichtungen, die sie bis zur Erschöpfung besichtigt hatte, pervertierten ihrer Ansicht nach das Ziel der reinen Wissenschaft.

Einige Wochen später, als sie durch die engen Korridore und an den einfachen Holztischen entlang in ihrem eigenen Institut in der Rue Pierre Curie umherging, sah sie, wie begrenzt die Ressourcen und das Ausmaß ihrer Unternehmung bei dem Versuch war, in der vordersten Front der modernen Physik in den Wettbewerb einzutreten. »Reine Wissenschaft«, meinte sie, »bedarf der Freiheit einer Universität und der Gleichgültigkeit gegenüber den Anwendungen. Aber wie gefährund ungenügend sind die Arbeitsbedingungen der reinen Wissenschaft.«[1]

Sie meinte immer noch, daß die Reinheit, die Tradition, die sie und Pierre Curie ererbt hatten, ein nach wie vor erreichbarer Traum sei. Marie Curies Generation glaubte ernstlich, es gebe ein definierbares Phänomen, das mit den Worten »reine Wissenschaft« beschrieben wird; es war eine Generation, die keinen Grund sah, daran zu zweifeln, daß man ein Experiment zugunsten der Wissenschaft durchführen könne, daß es isoliert und ohne Verknüpfung mit dem Gewebe des Lebens bleiben könne. Die Wissenschaft ließ sich absondern, der Einfluß von außen beschränken. Die Freuden der Wissenschaft wurden von den wenigen Auserwählten, die sie zu verstehen imstande waren, in der Traumwelt einer Dachkammer in der sechsten Etage genossen. Marie Curies »Laboratoriumskinder«, die wenigen Glücklichen, die aus ihren außerordentlichen, ihnen zur Verfügung stehenden Fähigkeiten Nutzen ziehen durften, waren zum größten Teil jung und selbst noch von den Traditionen beeinflußt, die den Dachstubentraum von der wissenschaftlichen Insel und ihrer Vollkommenheit hervorgebracht hatten. Aber innerhalb ihrer Lebenszeit, oft bevor sie in mittlerem Alter standen, sollten sie Wandlungen der Welt, einige schöne, viele schreckliche, erleben. Und diese Wandlungen wurden von Männern und Frauen bewirkt, deren Ausbildung und Wertvorstellungen der reinen Wissenschaft angehörten. Im Jahre 1930 wagten oder wünschten weder Marie Curie noch ihre »Kinder«, diese Wandlungen für möglich zu halten.

Obwohl sie zu dieser Zeit im Laboratorium wesentlich weniger aktiv war, übte sie immer noch einen erstaunlich starken Einfluß auf die überdurchschnittlich begabten jungen Leute internationaler Herkunft aus, die sich um sie gesammelt hatten. Wie eh und je waren die Neulinge zunächst eingeschüchtert oder verwirrt von der kühlen, zurückhaltenden Art, mit der sie begrüßt wurden. Eine Zwanzigjährige hielt die Patronne zunächst für die Sekretärin des Laboratoriums, als sie ihr zum ersten Mal im Wartezimmer begegnete, und infolgedessen erstarrten die alte wie die junge Frau vor Verlegenheit. Aber wie alle, die dablieben, um den Charakter der alten Dame genauer kennenzulernen, erfuhr das Mädchen, daß sich dem Neuling, sobald er in die Elite aufgenommen war, hinter der kalten Fassade ein leidenschaftlich beschützendes und mitunter besitzergreifendes Wesen enthüllte.

Viele, die hier arbeiteten, hegten die Hoffnung, mit der Gründerin des Laboratoriums wetteifern zu können, und überhörten ihre warnende Bemerkung, daß »man das Radium nur einmal entdecken kann.« Manchen aber gelang es, ihr auf hervorragende Weise nachzueifern. Zu diesen gehörte jenes zwanzigjährige Mädchen: Marguerite Perey, die das radioaktive Element Francium entdeckte.

Andere führten die Arbeit des Laboratoriums auf den neuen Wegen der Physik weiter. Zu ihnen gehörte insbesondere der einfallsreiche jüdische Wissenschaftler Rosenblum, ein lebhafter und sorgfältiger kleiner Mann, der revolutionäre Untersuchungen über die Spektrographie der Alphastrahlen ausführte, welche von den starken radioaktiven Quellen ausgesendet wurden, die Madame Curies Laboratorium jetzt besaß.

Aber mit unverhohlenem und für manche Beobachter etwas lästigem Familienstolz betrachtete sie Irène und Fred als ihre Augäpfel. Zu

Ende eines jeden akademischen Jahres setzte Marie sich hin und schrieb einen Bericht über die Fortschritte des Laboratoriums. Im Verlauf der Jahre nahm die Anzahl der von ihr veröffentlichten Artikel ab, die der Arbeiten von Irène und Fred stieg an. Zögernd, aber dankbar, daß sie in der Familie blieben, gab sie allmählich die Zügel der Geschäftsführung weiter.

Wo sie konnte, wendete sie ihre Begabung als Radiochemikerin an, um sich an den unzweifelhaften Triumphen zu beteiligen, die um sie her stattfanden. Salomon Rosenblums Arbeit über die Spektren der Alphastrahlen war das Ergebnis einer gehetzten Gemeinschaftsarbeit im Laboratorium, um dem immer noch grimmigen Wettbewerb um die erste Veröffentlichung zu genügen. Er brauchte geschickte Hilfe, um die starken radioaktiven Quellen zu präparieren, die er benötigte, um die Alphastrahlen für seine Arbeit entstehen zu lassen. Marie Curie selbst beschloß, dem ganzen Laboratorium ein gutes Beispiel zu geben und übernahm es, ein Radioactinium-Präparat herzustellen, das Rosenblum mit nach Bellevue nehmen konnte, wo er den riesigen neuen Elektromagneten der Akademie der Wissenschaften für ein Experiment benutzen wollte. Wie vereinbart, kam Rosenblum um acht Uhr ins Curie-Laboratorium, um sein Präparat abzuholen. Er machte sich frühzeitig auf, weil er wußte, wie sehr die Patronne Unpünktlichkeit mißbilligte. Als er ankam und sie ihm das Ergebnis ihrer Arbeit aushändigte, erfuhr er, daß sie schon seit Tagesanbruch für ihn tätig gewesen war.

Am späten Abend hörte sie, wie schön sein Experiment mit dem Präparat gelungen war, und daß der kleine Mann vor Begeisterung einen russichen Tanz um den Magneten herum aufgeführt hatte. Ihre Reaktion hatte einen eigenen Stil. Als sie die Nachricht gehört hatte, setzte sie sich sofort an ihren Arbeitstisch und murmelte ruhig: »Jetzt werde ich ihm ein wirklich schönes Präparat machen.« Nie war sie glücklicher, als wenn sie vollständig mit jener Art von Chemie beschäftigt war, die ihrer Begabung und Besessenheit besonders entgegenkam: wenn sie von der Außenwelt abgeschnitten war. Ihrer Meinung nach war das, was auf ihrem Laboratoriumstisch vor sich ging, für jene Welt unwichtig. Die feinen Linien, die Rosenblum im Spektrum der Alphastrahlen ausfindig gemacht hatte und die ihn in einen solchen Freudentaumel gestürzt hatten, lehrten den jungen Mann und die alte Frau, daß sich die neuen Quantengesetze anwenden ließen, um neue Informationen über die innere Struktur des Atoms zu erhalten. Daß ihre Arbeit Folgen jen-

seits dieses einfachen und schönen Beitrags zur Wissenschaft haben könnte, war für sie ohne Belang.
Aber obwohl sie ihre Wissenschaft rein erhalten wollte, hatte sie nicht die Absicht, die größeren Verpflichtungen abzulehnen, die Ruhm und Alter ihr in den Reihen der reinen Wissenschaftler eingebracht hatten. Obwohl sie inzwischen eine alte Frau war,hatte sie den unbezähmbaren Drang, Arbeit zu suchen und zu finden. Sie hielt noch immer ihre Vorlesung an der Sorbonne, noch immer zitterten ihre rauhen Hände jedesmal, wenn sie den Saal betrat, und noch immer kamen die Studenten wie vor dreißig Jahren in großen Massen, um sie zu hören. Wie in früheren Tagen ließ sie das Licht eines Projektors durch das Goldblatt-Elektroskop scheinen und das Bild der Goldblättchen auf einen großen Schirm projizieren, die sich hoben und senkten, wenn sie mit einer Radiumprobe geladen und entladen wurden. Manchmal ging sie vor der Lampe entlang, und dann wurde ihr Bild als riesige Silhouette auf den Schirm geworfen. Ein Student bemerkte, daß im Gegensatz zu dem faltigen und abgemagerten weißen Gesicht, das ins Auditorium schaute, das scharfe Profil an der Wand das eines jungen Mädchens war.
Wenn es in öffentlichen Angelegenheiten erforderlich war, konnte sie sogar eine noch härtere und kompromißlosere Haltung einnehmen als in der Blüte ihres Lebens. Die Frau existierte immer noch, die Bertram Boltwood, Ernest Rutherford, Finanzleute, Ingenieure, Architekten und viele andere veranlaßt hatte, nach Atem zu ringen, wenn sie erfuhren, daß sie mit ihr zu kämpfen hatten. Ein Scharmützel zeichnete sich ab, als sie sich zunehmend darüber ärgerte, daß die Präzisionsinstrumente des Laboratoriums durch den starken Autoverkehr in der Rue Pierre Curie in ihrer Funktion gestört wurden. Sie beschloß, die beste Lösung sei eine Neuordnung des Einbahnstraßensystems in der Innenstadt. Der Polizeipräfekt leistete nur schwachen Widerstand. Einen Monat, nachdem sie versucht hatte, ihren Vorschlag für ein neues System zu Papier zu bringen, war es eingeführt, und der Pariser Verkehr bewegte sich nach ihren Wünschen.
Obwohl sie sich mit der Tatsache abgefunden hatte, daß sie im Laboratorium allmählich eine Nebenrolle übernehmen mußte, spielte sie, sobald sie die internationale Scene betrat, immer noch eine führende Hauptrolle. Einige Jahre lang beteiligte sie sich aktiv am Internationalen Ausschuß für Intellektuelle Zusammenarbeit des Völkerbundes. Ein Teilaspekt der Tätigkeit dieses Ausschusses, wo sie sich mit uner-

wartetem und beinahe perversem Eifer betätigte, war die Frage nach wissenschaftlichem Eigentum und nach den Rechten des Wissenschaftlers. Wenn man bedenkt, wie sie darauf beharrt hatte, jede Art von Patentrechten an der Radiumgewinnung zurückzuweisen, ist es besonders paradox, daß ausgerechnet Madame Curie in den frühen 30er Jahren eine harte Linie verfolgte und darauf bestand, daß die Regierungen für ein Verfahren Sorge tragen müßten, das die schöpferischen Wissenschaftler entschädigte, etwa durch eine Art Abgabe an Personen, deren Arbeit ohne Entgelt zum Nutzen der Gesellschaft verwendet wurde. »Die öffentliche Meinung scheint nicht anzuerkennen, daß die Naturwissenschaft und die Naturwissenschaftler in der gegenwärtigen Gesellschaft nicht die Unterstützung erfahren, auf die sie aufgrund ihrer Dienste ein Anrecht haben, und aufgrund derer die Welt ihnen verpflichtet ist,«[2] sagte sie. Dies Argument ließ sich nicht ohne Schwierigkeiten verfechten, wenn man gleichzeitig darauf beharrte, daß die Wissenschaft rein sein solle und frei von den Verpflichtungen, die mit ihrer Anwendung einhergehen.

Nichtsdestoweniger war es ein Zeichen für die Veränderung ihrer Einstellungen. Amerika hatte ihre Haltung tief beeinflußt. Aber es gab auch noch einen anderen, näher gelegenen Einfluß. Fred Joliots ausgeprägte, wohl bekannte politische Ansichten bewegten sich immer weiter nach links; Irènes Einstellung hatte er bereits verändert und sie von der unverbindlichen Position ihrer Mutter abgebracht.

Während jener Zeit durchlief die französische Naturwissenschaft einen Prozeß der Selbsterforschung, und viele ihrer Vertreter kamen zu der Schlußfolgerung, daß viele Probleme nur mit politischen Mitteln gelöst werden könnten. Jean Perrin war auf diesem Gebiet einer der aktivsten, und Marie Curie wurde oft um Hilfe und moralische Unterstützung gebeten. Häufig sah man die beiden altgewordenen Wissenschaftler in der Umgebung des Laboratoriums spazierengehen, er immer noch der Springteufel, mit dem Stutzbärtchen, den weichen Hut zurückgeschoben auf dem gelichteten, aber immer noch heiligenscheinähnlichen Haar; sie immer noch würdevoll, keine Energie auf überflüssige Bewegungen verschwendend, ein wenig hinter ihm zurückbleibend. Ihr eindrucksvolles gemeinsames Auftreten in den Büros der Minister, die für die französische Naturwissenschaft zuständig waren, war mehr als nützlich, da sich die Minister eher durch Marie Curies geradlinige Methoden überzeugen ließen als durch Perrins zungenfertiger Argumentation.

Perrin dachte an die Zukunft, und viele Dokumente, die die Regierungspolitik beeinflussen sollten, sandte er zuvor an Marie Curie, damit sie ihre Anmerkungen machte. Auch hier wurde sie mit der gegenseitigen Abhängigkeit von Wissenschaft und politischer Entscheidung konfrontiert. »Frankreich«, besagte eines der Papiere, das er ihr gesandt hatte, »befindet sich in der Rangfolge der wissenschaftlichen Produktion nur noch auf dem dritten Platz in Europa.« Es bestand kein Zweifel daran, welches Land nach Perrins Ansicht seine naturwissenschaftlichen Forschungsanstrengungen am erfolgreichsten verstärkt hatte: Deutschland. »Wir können den Niedergang, der uns droht«, schrieb Perrin, »nur vermeiden, wenn wir keine Zeit verlieren. Wenn der Nachwuchs unserer Forscher langsamer herangebildet oder die Ausbildung für einige Jahre unterbrochen wird, werden wir erst in geistige, dann in ökonomische Abhängigkeit vom Ausland geraten.«[3] Diese Dokumente führten schließlich zur Gründung des C.N.R.S., des französischen Nationalzentrums für Naturwissenschaftliche Forschung. Es wurde Mittelpunkt für die französische Wissenschaft und Frédéric Joliot sollte eine bedeutende Rolle darin spielen.

Fred war inzwischen ein akzeptiertes und integriertes Mitglied der Familie und hatte den Namen Curie mit seinem eigenen verbunden (obwohl einige Beobachter der Familie den Eindruck hatten, Marie Curie meine, damit treibe er die Intimität etwas weit). Wie Irène und Eve übernahm auch er manchmal die Rolle, sich um die alte Dame während ihrer Krankheiten zu kümmern und ihren Bedürfnissen gerecht zu werden. Wenn ihre Hände zu rauh waren, um Briefe zu schreiben, erledigte er die Korrespondenz für sie. Es war auch eine Enkelin angekommen und Marie Curie freute sich an dem kleinen Stimmchen, das »Mé« rief, wenn das Mädchen auch nach außen hin ein ebenso zurückhaltendes Kind war wie einst ihr eigener Sprößling. Wieder einmal umrissen ihre Briefe in wenigen Sätzen das, was sie mit großer Besessenheit liebte: Familie, Gesundheit und Wissenschaft. »Ich denke an Deine kleine Hélèna und wünsche ihr wirklich viel Gutes. Es bewegt mich sehr, zuzuschauen, wie das kleine Wesen sich entwickelt; sie betrachtet Euch beide mit grenzenlosem Vertrauen, und gewiß glaubt sie noch, Ihr könntet sie vor jedem Leid beschützen. Eines Tages wird sie gewahr werden, daß Eure Kräfte so groß nicht sind ...

Ich hoffe, das kleine Ding hat eine warme Decke für den Kinderwagen, es braucht sie jetzt.

Mir geht es besser, aber ich habe noch etwas Fieber, das einfach nicht verschwinden will.
Ich umarme Euch alle drei. M. Curie.«[4]

Eine neue Familie war etwas, dem sie sich mit Vergnügen widmete. Sie konnte wie in der Kindheit ihrer eigenen Töchter, an den Freuden eines kleinen Kindes teilnehmen und sie nachempfinden, wenn es am Strand von l'Arcouest spielte, Muscheln sammelte und Marmeladedosen oder Krebse anbrachte, damit man sie bewunderte. Und sie war auch nicht nur ein passiver Bewunderer der neuen Idylle. Sie ging noch ins Wasser und rühmte sich vor ihren Kindern der dreihundert Meter, die sie mit kräftigem und ansehnlichem Bruststil geschwommen war. Auch hatte sie ihre körperlichen Eitelkeiten. Noch im hohen Alter brachte sie es fertig, vor dem Spiegel zu stehen und ihre Töchter aufzufordern, ihre schlanke Gestalt zu bewundern.

Psychisch gesehen hatte sie sich mit 65 trotz ihres anämischen und gealterten Gesichtes seit vierzig Jahren nicht verändert. Obwohl sie sich immer für eine schwache, stets verletzliche Kranke gehalten hatte, hatte sie energisch die Attacken der Natur wie die selbstverschuldeten Wunden ihrer radioaktiven Arbeit überlebt. Dieses Paradox konnte nicht ewig währen. Anfang 1932 ging sie durchs Laboratorium, stolperte und fiel, wobei sie den rechten Arm ausstreckte, um sich abzustützen. Man half ihr hoch, sie zitterte und spürte Schmerzen. Das rechte Handgelenk war gebrochen.

Im Unterschied zu ihren früherenKrankheiten war diese sichtbar und greifbar. Es handelte sich um einen einfachen Bruch, der, nachdem er gegipst war, eigentlich in wenigen Wochen hätte heilen sollen. Aber anders als bei ihren früheren Krankheiten, vielleicht weil diese so leicht zu begreifen war, versuchte sie, sich nicht darum zu kümmern, und tat die Sache mit einem Achselzucken ab. Aber das ging auf die Dauer nicht gut. Die Auswirkungen zogen sich Wochen, dann Monate hin. Für längere Zeit war sie ans Bett gefesselt. Die Verletzung schien andere Leiden auszulösen. Die Strahlungsverbrennungen an ihren Fingern wurden schlimmer und die Perioden, in denen sie frei von Schmerzen an den Händen war, seltener. Und das alte, wahnsinnig machende Brummen im Kopf, das sich in den Augen und den Ohren zu zentrieren schien und zum ersten Mal im Zusammenhang mit dem grauen Star aufgetreten war, kehrte ebenfalls wieder.

Rutherford hörte von ihrem Sturz. Seit nunmehr 25 Jahren hatte er ihr nie ins Gesicht gesehen, ohne zu glauben, sie befinde sich an der

Schwelle des Todes. Zehn Jahre zuvor war er schon sicher gewesen, sie stehe kurz vor dem Ende, so daß er sich bereit erklärte, für den *Manchester Guardian* einen Nachruf auf sie zu schreiben. Jetzt teilte er ihr sofort mit, wie betrübt er von der Nachricht über ihren Unfall sei. Normalerweise hätte sie einen Brief von Rutherford postwendend beantwortet, aber sie war von der ganzen Sache so angegriffen, daß es fünf Monate dauerte, bis sie sich hinreichend erholt fühlte, um ihm mitzuteilen: »Ich fühlte mich so schlecht, daß ich nicht einmal den Mut hatte, früher zu antworten. Ich bin sicher, daß Sie das entschuldigen werden ... Ich erinnere mich daran, wie Sie mir in Brüssel sagten, Radioaktivität sei ein phantastisches Arbeitsgebiet. Mehr als einem habe ich von dieser Ihrer Meinung erzählt, die sich gewiß nicht geändert hat.«[5] Damit hatte sie recht. Wie er ihr in seiner munteren Ausdrucksweise mitteilte, liefen die Dinge in seinem Laboratorium und dem ihren – mit der Arbeit von Rosenblum, Fred und Irène – in »vornehmem Stil« ab.

Aber obwohl sie es in dieser Zeit vermieden hatte, ihren wissenschaftlichen Freunden zu schreiben, so gab es doch eine Briefpartnerin, der sie eher mehr als weniger fordernde Briefe schrieb. Missy konnte die Dringlichkeit spüren, mit der Marie Curie jetzt nach einer Versicherung suchte, die wahre Freundschaft, die sie füreinander entdeckt hatten, sei so fest und unwandelbar wie zuvor. Marie Curie, die einen Erholungsaufenthalt in den Bergen plante, schrieb eindringlich an Missy: »Sie könnten, hoffe ich, ein paar Tage bei mir in Chamonix bleiben ... wenn Sie diese Bitte unglücklicherweise nicht erfüllen können, werde ich zurückkommen, um Sie in Paris zu treffen. Ich zähle auf Ihre Freundschaft und hoffe, daß Sie nicht so weit fort gehen, ohne wenigstens einen Tag mit mir verbracht zu haben. Denken Sie daran, daß ich Sie sehen möchte, bevor Sie abreisen, und daß Sie in Ihren Briefen versprochen haben, mich zu treffen. Also ändern Sie Ihre Vorhaben nicht und halten Sie Ihr Versprechen.«[6]

Aber Marie Curie hatte auch wieder einmal eine Aufgabe für das alte Arbeitstier Missy. Madame war wie üblich in Sorge um die Sicherheit ihres Radiums, aber jetzt war ihre Beharrlichkeit in dieser Angelegenheit schmerzlicher und ängstlicher. Ob Missy nach ihrem Tod sich darum kümmern würde, daß es blieb, wo es war, in ihrem Laboratorium? Und würde Missy dafür sorgen, daß es keine Schlupflöcher in den juristischen Regelungen gab, nach denen Irène das Radium erbte, sowie das Recht, es weiterhin in der wissenschaftlichen Forschung zu verwenden, zusammen mit den Rechten an dem Fonds, der bei der Amerikareise eingenommen worden war? Obwohl Missy zu dieser Zeit selbst an einer Bauchfellentzündung litt, blieb sie ihrem Versprechen treu.

Doch ein anderes Versprechen hielt Missy nur teilweise. Es war eines, das Marie Curie ihr auf eine Weise abgerungen hatte, die deutlich machen mußte, daß es nicht mehr Angst vor einem Phantom war, wenn ihre Freundin von der Nähe des Todes sprach. Marie Curie bat Missy, die Briefe zu vernichten, die sie ihr im Laufe der Jahre geschrieben hatte. »Sie sind ein Teil von mir«, meinte sie, »und Sie wissen, wie zurückhaltend ich mit meinen Gefühlen bin.« Das Privatleben war immer noch ihr kostbarster persönlicher Besitz. Missy verbrannte einige, aber keineswegs alle Briefe.

Ihre Tochter und ihr Schwiegersohn waren jetzt gleichsam die Spitze des französischen Speers beim Angriff auf den Atomkern. Laboratorien in Cambridge, Chicago, Göttingen, Rom und an vielen anderen Orten standen im selben Wettbewerb wie 35 Jahre zuvor, als sie sich der Herausforderung durch das Radium stellten. Aber dieser Wettlauf um die Einsicht in die inneren Funktionen des Atoms war heftiger als alle früheren. Einige Forscher auf diesem Gebiet hatten nicht nur die Möglichkeit einer großen Entdeckung, sondern bereits die erstaunlichen Anwendungen derselben ins Auge gefaßt. In den zwanzig Jahren, seitdem Rutherford und Bohr ihre Bilder vom Atom entworfen hatten, hatte sich die Physik im Geschwindschritt entwickelt. Im Jahre 1919 hatte Rutherford selbst gezeigt, daß Alpha-Partikel, die auf Stickstoff abgeschossen werden, Protonen vom Stickstoffkern absprengen können, etwa wie eine Gewehrkugel Stücke von einer ruhenden Kanonenkugel absprengen könnte. Er hatte den ersten künstlichen Zerfall eines Atomkerns entdeckt.

In den darauf folgenden Jahren überwand die neue Physik allmählich die alte. Junge Männer mit neuen Vorstellungen von der Materie und der Quantenmechanik traten ins Scheinwerferlicht der internationalen Scene. Bei der Solvay-Konferenz im Oktober 1933, an der Marie Curie trotz ihres geschwächten Zustands unbedingt teilnehmen wollte, fanden sich neben den alten etablierten Namen wie Bohr, Langevin und Rutherford auch neue, die schließlich in der Geschichte der Physik ebenso berühmt wurden, Dirac, Fermi, de Broglie und Pauli.

Frédéric und Irène Joliot waren bei der Tagung ebenfalls anwesend, und Marie Curie hörte stolz zu, wie sie ihren Vortrag über ihre letzte

Arbeit, über die Nutzung von Alphastrahlen beim Bombardieren von Atomkernen, hielten. Das Referat fand keine einhellige Aufnahme, was die Zuversicht der Familie Curie erschütterte; das junge Paar gewann den traurigen, aber richtigen Eindruck, daß die Mehrzahl der anwesenden Physiker der Genauigkeit der experimentellen Ergebnisse nicht ganz traute.

Die Joliots hatten bereits eine andere Enttäuschung erlebt. Im Jahre 1931 hatten sie ein Experiment durchgeführt, sein ungewöhnliches Ergebnis bemerkt, dieses aber nicht recht verstanden. Im Jahr darauf zielte James Chadwick, der in Rutherfords Laboratorium in Cambridge arbeitete, mit Alphastrahlen auf das Element Beryllium, um die Partikel zu beobachten, die nach der Kollision abgegeben wurden, genauso wie die Joliots es getan hatten, und deutete das Ergebnis richtig – was den Joliots nicht gelungen war. Irène und Fred hatten um Haaresbreite die Entdeckung des Neutrons verfehlt.

Noch schmerzlicher war es für das französische Paar, daß Chadwick selbst bei der Solvay-Konferenz auftauchte, wo ihre Arbeit eine so enttäuschende Aufnahme gefunden hatte. Für den jungen Chadwick war es ein Triumph, an einem Werk teilzuhaben, das bereits viele Physiker eines Nobelpreises für würdig hielten, und er war entzückt, als er eines Tages beim Mittagessen einen Platz in der Nähe von Madame Curie fand. Als sie sich setzte, wechselte sie einige formelle Grußworte mit ihm, und sagte während der gesamten Mahlzeit kein einziges Wort mehr. Der abgeblitzte junge Mann tröstete sich mit der Tatsache, daß die alte Dame den ganzen Tag lang weder den Wunsch noch die Energie zu haben schien, mit irgendjemandem zu sprechen.

Es gab viele Wissenschaftler, die im Herbst ihres Lebens den Eindruck hatten, daß Marie Curies Stolz auf die Leistungen ihrer Familie ostentativer und leichter zu verletzen war, als man es von einer Frau mit einer so hervorragenden Vergangenheit erwarten sollte.

Betram Boltwood war Jahre zuvor ernstlich von dem besitzergreifenden Ingrimm verletzt gewesen, mit dem sie über alles wachte, was ihrem Laboratorium gehörte oder ihrer Ansicht nach ihm gehören sollte. Einige dieser Männer vergaßen vielleicht – oder waren zu jung, um davon zu wissen –, welche Ängste sie ausgestanden hatte, welche intellektuellen und gesellschaftlichen Zurückweisungen sie erfahren hatte, kaum daß sie akademischen Rang erworben hatte. Ihre besitzergreifende Haltung war nur ein Symptom der Unsicherheit, sie zeigte das Bedürfnis, sich ihres Erfolges zu versichern. Aber um den schließlichen Erfolg von Fred und Irène hätte sie sich keine Sorgen zu machen brauchen.

Eines Tages Mitte Januar 1934 führte das Paar ein entscheidendes Experiment durch, das auf seine Weise für die Geschichte der Physik ebenso bedeutsam war wie Marie und Pierre Curies Identifizierung des Radiums vierzig Jahre vorher. Fred und Irènes Laboratorium befand sich im Erdgeschoß des Radium-Instituts. Auf einigen Tischen standen in unordentlichem Durcheinander ein paar neu eingetroffene Apparate umher, rasch beiseite geräumt. Fred erklärte in seiner bestimmten Art gerade seinem Freund Pierre Biquard die Einzelheiten des Experiments, das seine Frau und er ein paar Stunden zuvor durchgeführt hatten. Plötzlich öffnete sich die Tür des Laboratoriums. Aus dem Dunkel des Flurs traten das weiße Gesicht und Haar von Marie Curie hervor. Hinter ihr stand Paul Langevin. Als sie die Nachricht gehört hatte, hatte sie ihn auf dem Weg zum Laboratorium sofort abgeholt, damit der Mann, der eine so wichtige Rolle in ihrem persönlichen Leben gespielt hatte, auch jetzt anwesend sei.

Ohne Zeit oder Worte zu verschwenden, begann Joliot für die beiden neuen Gäste seine Erklärung von Neuem: »Ich bestrahle dies Ziel mit Alphastrahlen aus meiner Quelle. Man kann den Geigerzähler ticken hören.« Die vier oder fünf Menschen, die zwischen den Tischen standen, horchten, und das Geräusch war deutlich. »Ich nehme die Quelle weg: das Ticken müßte aufhören ...« Joliot entfernte seine Quelle für Alpha-Partikel. Der Geigerzähler tickte noch einige Minuten weiter. Es war ein einfach durchgeführtes, elegantes Experiment. Und es war fast unglaublich.

Joliots Ziel war der Kern des Aluminium-Atoms. Er und Irène hatten Alpha-Partikel benutzt, um ein Proton vom Kern abzusprengen, ganz ähnlich, wie es Rutherford Jahre zuvor gemacht hatte. Der Unterschied aber bestand darin, daß, als sie aufhörten, das Blatt Aluminium mit Alphateilchen zu bombardieren, die gewonnene Substanz selbst radioaktiv war; sie gab die kürzlich entdeckten Partikel ab, Positronen. Die entscheidende Erkenntnis des Paares bestand darin, daß sie das ursprüngliche Metall in ein radioaktives Silikon-Isotop verwandelt hatten: Sie hatten die *künstliche Radioaktivität* entdeckt. Frédéric Joliot konnte mit Recht beanspruchen, gemeinsam mit seiner Frau das moderne Gegenstück zum Stein der Weisen entdeckt zu haben: die Kunst, nach Belieben ein Metall in ein anderes zu verwandeln.

Marie Curie und Paul Langevin stellten ruhig einige Fragen und verließen, nachdem sie überzeugt worden waren, das Laboratorium ebenso ruhig wie sie gekommen waren. Joliot war davon überzeugt, daß er den beiden Physikern, die Geschichte gemacht hatten, die richtige Schlußfolgerung aus einem historisch bedeutsamen physikalischen Experiment erfolgreich erläutert hatte. Die Schlußfolgerung brachte ihm und Irène 1935 den Nobelpreis ein: der dritte, der an die Familie Curie ging.

Irène und er konnten Marie Curie bald die erste Probe eines künstlich radioaktiven Isotops in einer kleinen Glasröhre überreichen, so wie sie und Pierre den Wissenschaftlern, die sie bewunderten, Glasröhrchen mit Radium zu schenken pflegten. Als Fred seiner Schwiegermutter den Behälter gab, sah er, wie sich ihr Gesicht aufhellte; dann schaute er auf ihre Finger, die ihn hielten, und sah, wie schlimm die Hände von Radium verbrannt waren.[7]

Jedermann konnte sehen, daß sie krank war, und daß sich ihr Zustand verschlechterte. In diesem Winter überredeten Fred und Irène sie, mit ihnen ins Gebirge zu fahren, um einen Luftwechsel zu genießen. Sie machten in Notre-Dame-de-Bellecombe Urlaub, und Marie konnte sich ausruhen, während sie Ski liefen. Nichtsdestoweniger war sie entschlossen, mit Irène und der siebenjährigen Hélène ein wenig Schlittschuh zu laufen. Irène fand es besorgniserregend, daß ihre Mutter trotz ihres Alters und ihres körperlichen Zustands immer noch darauf beharrte, ihren Körper nicht nur in Übung zu halten, sondern ihn auch Anstrengungen auszusetzen. Es gab einige Aufregung, als Marie sich eines Abends allein aufmachte, um von einem Berg aus den Sonnenuntergang hinter dem Mont Blanc zu bewundern. Es war schon einige Zeit nach Einbruch der Dunkelheit, als sie zurückkehrte, müde, aber wie immer stolz auf ihre Leistung, und weniger empfänglich für die Ängste ihrer Tochter, als sie es früher wohl gewesen wäre.

Während der folgenden Wochen wechselte ihr Gemütszustand zwischen Euphorie und Niedergeschlagenheit; sie plante sogar eine weitere Reise nach Amerika in der Obhut der stets bereitwilligen und treuen Missy, und sie schrieb wie getrieben Briefe durch die sie versuchte, ihre Lebensfäden in der Hand zu behalten, so wie sie oft nach einem erfolgreichen Experiment ihre Schlußfolgerungen gezogen hatte. Bei Missy suchte sie erneut die Bestätigung dafür, daß das amerikanische Gramm Radium unwiderruflich, »wenn ich nicht mehr bin«, in Irènes Besitz übergehen würde, »die am besten dafür geeignet ist, in dieser Sache meine Nachfolge anzutreten und meinen Vorstellungen zu folgen.« Wieder und wieder versicherte sie sich, daß es keine juristische Lücke gebe, durch die das kostbare Metall gegen ihren Willen in ein anderes Laboratorium oder in eine andere Funktion übergehen könnte.

Und Irène selbst teilte sie genau mit, wo sie ihre Anweisungen finden würde: »Ich habe eine vorläufige Erklärung geschrieben, die als Testament über das Gramm Radium dienen kann, und diese habe ich zu den amerikanischen Dokumenten in das Paket gelegt, dessen Inhalt in roter Schrift angegeben ist. Du findest es in der Schublade der Truhe im Ruheraum, unter den verschlossenen Schubladen, zusammen mit dem Dossier, das Fred mir zurückgegeben hat, und das einige nützliche Briefe enthält.«[8]

So hatte sie sichergestellt, daß man finden würde, was für sie das Wesentliche blieb. Und sie sorgte auch dafür, daß das Übrige für immer verloren war. Sie suchte fast alle Dokumente zusammen, die persönlicher Natur waren, und vernichtete sie. So findet sich nichts mehr von Paul Langevin vor, nichts, was an jene Jahre in ihrer Lebensmitte erinnern würde, die ihr so große seelische Schmerzen bereitet hatten. Sie beschloß, der Nachwelt nur ein einziges Bündel von Dokumenten zu hinterlassen, das ihr Inneres berührte: Pierre Curies Liebesbriefe, die er ihr vor vierzig Jahren geschrieben hatte. Alles übrige tilgte sie; es war ihr Privatbereich, und den wollte sie mit ins Grab nehmen.

Wie üblich, hatte sie Bronia zu sich gerufen, als sie sich jetzt so sehr verletzlich fühlte. Mit dem Auto waren sie zusammen nach Cavalaire hinausgefahren, zu Maries blumenumrankter kleiner Sommervilla mit der wundervollen Aussicht. Aber sie fand nicht die Wärme, die sie gesucht hatte, statt dessen war es kühl und feucht. Nach ihrer Ankunft brach sie mit einer Erkältung zusammen. Wie früher weinte sich die sechundsechzigjährige Frau in den Armen ihrer älteren Schwester aus. Bronia brachte sie nach Paris zurück und wachte über ihre Genesung. Es blieben noch einige Wochen des akademischen Jahres, und Marie Curie brachte es fertig, einige Tage im Laboratorium zu arbeiten.

Während dieser Zeit arbeitete sie daran, ein radioaktives Element zu reinigen, dessen Struktur mit Röntgenkristallographie untersucht werden sollte. Wie die meisten Arbeiten, die ihr lagen, erforderte auch diese großes chemisches Geschick, war anspruchsvoll und wegen des möglichen Austritts von radioaktiver Strahlung gefährlich. Sie selbst trug das kleine Fläschen vom Radium-Institut die Rue Pierre Curie entlang zur Abteilung für Röntgenkristallographie an der Sorbonne.

Dort hatte sich eine Gruppe von jungen Forschern versammelt, die alle begierig darauf waren, mit der Arbeit zu beginnen. Aber sie sagte ihnen: »Warten Sie ein wenig auf mich. Ich fahre weg, um mich ein paar Tage auszuruhen, und danach können wir die Sache gemeinsam machen.«

Aber sie kam nie mehr zu ihnen zurück. Es war Mitte Mai, endlich begann ein warmer Frühling, aber dieser Wetterumschwung, auf den sie gehofft hatte, half nichts. Sie war erschöpft. Doch diesmal ließ sich die Lethargie, die sie so oft befallen hatte,nicht bekämpfen, indem sie dem Laboratorium fern blieb. Sie legte sich ins Bett, und die Ärzte diagnostizierten eine Wiederkehr ihrer alten tuberkulösen Symptome. Sie empfahlen ein Sanatorium in den Bergen. Eve, die bei so vielen Krankheiten als Pflegerin und Gesellschafterin gewirkt hatte, machte sich nun mit ihrer Mutter und einer Krankenschwester zur Bahnfahrt nach Sancellemoz auf.

Eve sorgte dafür, daß ihre Mutter sich bis zuletzt ihre abgesonderte Anonymität erhalten konnte. Der Direktor des Sanatoriums erhielt den Auftrag, einen Raum zur Verfügung zu stellen, der so ruhig wie möglich war, mit einer sonnigen Terrasse, die vollständig von den Terrassen der anderen Patienten abgeschlossen war. Eve teilte ihm mit, es sei äußerst wichtig, daß die Anwesenheit ihrer Mutter im Sanatorium streng geheim gehalten werde ... Unter keinen Umständen wünschte Eve, daß irgendeine Nachricht von der Krankheit der Presse bekannt oder mitgeteilt würde.[9] Im Sanatorium sollte sie »Madame Pierre« heißen.

Die Reise war eine Katastrophe. Marie Curies Temperatur war bereits gestiegen, und sie wurde von einem Fieber ergriffen, das sie schnell schwächte. Der Anblick ihres Leidens bedrückte Eve. In Saint-Gervaise erlitt Marie in den Armen ihrer Tochter und der Krankenschwester einen Kollaps und mußte ins Sanatorium transportiert werden.

Als sie dort angekommen waren, erfuhr Eve nicht ohne Bitterkeit, daß die Ursache der Krankheit, wie das Röntgenbild zeigte, nicht Tuberkulose war; eine hämatologische Untersuchung erwies, daß sich sowohl die weißen als auch die roten Blutkörperchen verminderten. Die Diagnose war perniziöse Anämie; die Reise ins Gebirge erwies sich als überflüssig. Das blutleere Gesicht ihrer Mutter war jetzt in einem mitleiderregenden Zustand, und Eve mußte ihr Bett verlassen und auf den Flur hinausgehen, um zu weinen, ohne daß die Mutter es sah.

Erst jetzt, wo sie zu schwach war, gab Marie Curie, ihre Gewohnheit auf, alle quantifizierbaren Ereignisse ihres Lebens zu notieren, jene Gewohnheit, die ihren Ruhm begründet hatte und so oft in der Vergangenheit ihrer Gesundheit dienlich gewesen war. Die einzigen Zahlen, die sie lesen konnte, waren die des Fieberthermometers, das sie in der zum Schreiben zu schwachen Hand hielt.

Die letzten Lebenstage

Am 3. Juli konnte sie zum letzten Mal das Thermometer in der Hand halten. Während sie immer schwächer wurde, war die Temperatur gesunken. Das Sprechen war anstrengend für sie, aber sie konnte Eve leise sagen, sie glaube, daß das Fallen des Thermometers ein deutliches Zeichen für eine Besserung aufgrund der gesunden Bergluft sei.
Jetzt konnte sie nichts mehr tun, als zu liegen und zu hören. Es gab viele Nachrichten und gute Wünsche von den alten treuen Freunden vorzulesen. Eine von ihnen war wie ein leiser, entfernter Ruf aus einem anderen Jahrhundert. Die sorgfältige Schrift stammte von Jaques Curie, Pierres Bruder, der jetzt selbst ein alter Mann war. Er war als einziger von der kleinen Gruppe übrig, der sie erlaubt hatte, ihren Vornamen zu benutzen, und er schrieb ihn noch einmal mit aller Zuneigung, die er für sie empfand, und schimpfte sie zärtlich aus, als sei sie ein kleines Mädchen.
»Meine liebe Marie ... Meiner Ansicht nach hast Du in der letzten Zeit nicht genug für Dich selbst gesorgt und nicht richtig gegessen, zumal abends, wenn Deine Mahlzeit wie gewöhnlich aus einer Tasse Tee besteht. Wahrscheinlich hat Dich das so schwach gemacht und Deine Gesundheit zerrüttet. Du hast eine energische Seele; aber das reicht nicht aus; es sollte ein widerstandsfähiger Körper bei guter Gesundheit dazugehören. Wenn Du wieder auf die Beine gekommen bist, mußt Du Dich entschließen, vernünftigere und weniger zermürbende Gewohnheiten anzunehmen. Innige Wünsche und alles Liebe. J. Curie.«[1]
Sie mag ein wenig darüber gelächelt haben; das alles kannte sie schon so lange. Jacques Curie war die letzte direkte Verbindung zu jener Traumwelt, aus der jetzt nur noch die großen Leistungen im Gedächtnis gegenwärtig waren. Der Traum war von seinem Bruder geschaffen worden, von Pierre: dem großen eigenartigen Mann mit dem struppigen Haar und dem Salz- und Pfeffer-Bart. Pierre hatte schon in den er-

sten Minuten ihrer Begegnung angefangen, dem Traum Gestalt zu geben, und was immer ihr später zustoßen sollte, das war das Ideal geblieben, nachdem sie leben wollte. »Er wußte, daß er eine große Mission zu erfüllen hatte«, sagte Marie Curie einmal von ihm, »und der mystische Traum seiner Jugend trieb ihn unbezwinglich auf einen Pfad jenseits der üblichen Lebenswege, den er widernatürlich nannte, weil er den Verzicht auf die Freuden des Lebens bedeutete. Nichtsdestoweniger ordnete er entschieden seine Gedanken und Wünsche diesem Traum unter, paßte sich ihm an und identifizierte sich immer vollständiger damit. Er glaubte ausschließlich an die friedenstiftende Macht der Wissenschaft und der Vernunft und lebte für die Suche nach der Wahrheit.«[2]
Die Leidenschaft dieses Mannes für ein Ideal hatte einen so brennenden Eindruck in ihr hinterlassen, daß sie selbst gegen Ende ihres Lebens noch die Entdeckung des Radiums als ein Beispiel betrachtete, aus dem andere lernen könnten: »Es gibt kein besseres Beispiel«, schrieb sie, »um uns Vertrauen in eine wissenschaftliche Forschung, die desinteressiert ist, zu vermitteln und uns mit Respekt und Bewunderung zu erfüllen. Diese neue Lichtquelle, die Frucht der geduldigen Anstrengungen des Wissenschaftlers im Laboratorium, wird eines Tages ihre Strahlen über die Menschheit ergießen, sie trösten und ihre Leiden lindern. Sie wird ihren Beitrag dazu leisten, das Leben ganz allgemein zu erleichtern, und den friedlichen Fortschritt auf das physische, moralische und geistige Wohlbefinden hin begünstigen. Ihr Wirkungskreis reichte überall hin. Jede Kulturgemeinschaft hat die unabdingbare Pflicht, den Bereich der reinen Wissenschaft zu bewahren, in dem Ideen und Entdeckungen entstehen: die Forscher zu schützen und zu ermutigen und ihnen alle Mittel bereitzustellen. Nur um diesen Preis kann eine Nation wachsen und eine harmonische Entwicklung auf ein fernes Ideal hin verfolgen.«[3]
Das waren tapfere Worte, aber es waren tapfere alte Worte: die noch glühende, aber allmählich erlöschende Asche, der Ausdruck des unmöglichen Idealismus des 19. Jahrhunderts. Man schrieb jetzt 1934, und eine tapfere neue Welt zog herauf. Diese Welt sollte von der alten gänzlich verschieden sein. Insbesondere sollte in ihr die Vorstellung, die Naturwissenschaft werde die Probleme der Menschheit lösen, wie es die Positivisten der polnischen Jugend fest geglaubt hatten, wie Pasteur der Welt versichert hatte, und wie Pierre Curie mit ihr geträumt hatte, zu einer ungelösten Frage werden. Die Gruppe von Männern,

die mit ihr gemeinsam die Physik ins zwanzigste Jahrhundert hinübergeleitet hatten, war zum großen Teil noch sehr lebensvoll. Die meisten von ihnen sollten innerhalb der nächsten zehn Jahre erleben, wie die wissenschaftlichen Ideale des 19. Jahrhunderts, die sie mit ihr geteilt hatten, zusammen mit der ganzen Welt auf den Kopf gestellt und grundlegend erschüttert wurden.

Schon in vier Jahren sollte es sich im Laboratorium von Otto Hahn, einem Deutschen, der annähernd so lange wie Marie Curie selbst an der Radioaktivität arbeitete, zeigen, daß Uran, das mit Neutronen bombardiert wird, in einem Prozeß auseinandergerissen wird, der als »Kernspaltung« bekannt wurde. Und wenige Monate darauf sollte ihr Schwiegersohn Joliot einen Artikel publizieren, der schlüssig darlegte, daß das in dieser Weise beschossene Uran weitere Neutronen abgibt, die weitere Urankerne spalten können. Er zeigte, daß eine Kettenreaktion möglich ist und daß damit der Weg offen stand, um die gewaltigen, im Atom gespeicherten Energiemengen freizusetzen.

Joliot blieb noch immer der Tradition treu, die er in Marie Curies Laboratorium ererbt hatte, den Idealen einer Wissenschaft, die desinteressiert ist, und bis zum Kriegsausbruch publizierte er weiterhin seine Ergebnisse, sodaß jedermann sie frei gebrauchen konnte, einschließlich der Feinde seines Landes. Seine Arbeit sollte schließlich zum Abwurf der ersten Atombombe über der nackten Alamogorde-Wüste und der zweiten über einer dicht bevölkerten japanischen Stadt führen.

Marie Curie erlebte dieses Ereignis nicht mehr, das die Rolle des unbeteiligten Wissenschaftlers und seine Verantwortlichkeit für sein Schaffen stärker als irgendein anderes in Frage stellte. Ihr Leben hatte dem Zeitalter der wissenschaftlichen Unschuld angehört. Mit ihm ging auch dieses zu Ende.

Auch Rutherford sollte jenes Ereignis nicht mehr erleben. Aber als Marie Curie sterbend im Krankenhausbett lag, befand er sich noch ganz oben auf der Welle, die er, wie er stolz zu sagen pflegte, selbst geschaffen hatte, immer noch voller Optimismus für sich selbst und für seine Arbeit, und an Marie Curie schrieb er immer noch, das Leben sei lebenswert. Auch sein Leben gehörte dem Zeitalter der Unschuld an. Dreißig Jahre zuvor hatte er das gewaltige Kraftpotential der Atomenergie vorhergesehen und naiv gebetet, daß es nie entfesselt würde, und er sollte in die Geschichte als der große Wissenschaftler eingehen, der fünf Jahre vor dem Experiment in Hahns Laboratorium Atomkraft für »Quatsch« erklärt hatte. Er starb kurz nach Marie Curie an einer

Verletzung, die er sich zugezogen hatte, als er in seinem Garten in Cambridge tote Äste absägte und dabei vom Baum fiel.
Ein weiterer Mann, dem seit jenen frühen Tagen in besonderer Weise ihre Zuneigung galt, war André Derbierne. Der Mann mit der Treue eines Hundes war wie immer tief betrübt, als er von dem jetzt hoffnungslosen Gesundheitszustand seiner »lieben gnädigen Frau und Freundin« hörte. An den mörderischsten Aufgaben hatte er mit ihr zusammen gearbeitet, er war das Kindermädchen ihrer Töchter gewesen, hatte sich als struppiger, aber ritterlicher Verteidiger in den schlimmsten Zeiten der Heimsuchung bewährt, und er war es stets, der sie zum Bahnhof begleitete, wenn sie ins Ausland fuhr. »André« pflegte sie zum Entzücken ihrer Freunde zu sagen, »brachte uns – oder genauer: geleitete uns – zum Bahnhof.«[4]
Er sollte, obwohl er keine Qualitäten in der Menschenführung besaß, als Direktor des Laboratoriums Marie Curie nachfolgen und seine letzten Jahre in tiefer Sorge über die Auswirkungen der Atombombe verbringen. Und da er so gut wie nichts aus seinen Beiträgen zur Wissenschaft gemacht hatte, war er als alter Mann von 72 Jahren zu der demütigenden Rolle gezwungen, sich bei den Behörden über seine unzureichende Pension zu beschweren.
Die Wissenschaftlerin unter Marie Curies Töchtern, die ihrerseits auf Debierne als Direktorin des Laboratoriums folgen sollte, gehörte einer Generation an, deren Erfahrungen ganz anders waren als die von Rutherford, Debierne und ihrer Mutter. Es war die Generation einer Zeit, in der die Wissenschaft in Politik und Krieg verwickelt war, die Generation, die endlich einsehen mußte, daß diese Vermischung sich nicht vermeiden läßt, und daß mit dem Ideal, desinteressiert zu sein, keine Entschuldigung für mangelndes Verantwortungsbewußtsein gegeben ist.
Irène akzeptierte diese Verquickung auf eine Weise, zu der ihre Mutter nie in der Lage gewesen wäre. Viele wichtige Tagesereignisse scheinen an Marie Curie gänzlich vorbeigegangen zu sein, wie ihre Briefe an Missy zeigen. Von den weiteren Auswirkungen des Börsenkrachs an der Wall Street und der unvermeidlich daraus folgenden Depression war sie überhaupt nicht beeindruckt, soweit es nicht die Finanzen ihres Laboratoriums betraf.
Die Briefe, die Irène im Laufe der Jahre an Missy schrieb, zeigen ihre allmähliche Entwicklung zu politischer Reife. Sie beginnen in den 20er Jahren, zur gleichen Zeit mit denen ihrer Mutter: sie sind voll von

Kleinkram, Gesundheit, Ferien, Wetter, sowie von der mit größerem Ernst angegangenen Finanzierung des Laboratoriums. Aber bald fühlte sie sich von den gesellschaftlichen Bedingungen, die sie auf Reisen erlebte, betroffen, sowie von deren politischen Folgerungen. Zunehmend wurden ihre Briefe gesellschaftlich bewußter und politisch leidenschaftlicher. 1936 sollte sie Missy mitteilen, daß sie sich entschlossen hatte, Léon Blums Volksfrontregierung als Unterstaatssekretärin zu dienen, vor allem deswegen, weil sie damit die erste Frau in einer französischen Regierung wurde und den Weg für andere bereitete. Es war nach Irènes Worten »ein Opfer für die feministische Sache in Frankreich.«

Bald verurteilte sie Neville Chamberlain als »Verräter an jedem Ideal der Gerechtigkeit«, sie ahnte ein großes Blutvergießen in den Straßen von Paris voraus und sah wie ihr Mann in Kommunismus und in Rußland die einzige Hoffnung für die Zukunft. Bitter kritisierte sie die Länder, die sich aus dem Krieg mit Deutschland heraushielten, als solche, die ihre Neutralität »wie ein Ideal hochhielten: das wunderschöne Ideal, keine Verantwortung zu übernehmen.« Obwohl sie sich dessen nicht bewußt war, kritisierte Irène eben jene Ideale so heftig, nach denen ihre Mutter gelebt hatte. Marie Curie hatte jede Verantwortung für die Anwendung ihrer Wissenschaft abgelehnt, hatte sich nicht als Leitbild der feministischen Sache benutzen lassen und hatte der Politik in ihrem Leben keine Bedeutung zugestanden.

Eve sollte sich paradoxerweise von gerade dem Beruf angezogen fühlen, der ihrer Mutter so viel Ärger gemacht hatte: dem Journalismus. Sie wurde Musikkritikerin und Schriftstellerin. Beim Schreiben ihres ersten größeren Werkes, einer Biographie ihrer Mutter, wurde ihr bewußt, wie wenig ihre Mutter, trotz der natürlichen Vertrautheit des Kindes mit den Eltern, ihr während ihres ganzen Lebens von sich selbst enthüllt hatte. Eve gestand Missy, daß sie in Wirklichkeit sehr wenig über das Leben ihrer Mutter wisse.

Eves Ablehnung der Naturwissenschaft, die doch die anderen Familienmitglieder so sehr bereichert und belohnt hatte, brachte ihr auch Vorteile. Sie blieb vor der Tyrannei der Laboratoriumsatmosphäre und ihren physiologischen Auswirkungen bewahrt. Irène jedoch entging ihnen nicht. Wie ihre Mutter war Irène in der Zeit, in der sie als junge Frau auf dem Höhepunkt ihrer Gesundheit hätte stehen sollen, oft ans Bett gefesselt, mit den gleichen Symptomen der Müdigkeit und den anfangs unerklärlichen Gliederschmerzen. Auch ihr sagten die

Ärzte, sie sei anämisch. Die Ursache war offensichtlich. Seit dem Alter von sechzehn Jahren, als sie mit ihrer Mutter in den mit Röntgenapparaten ausgestatteten radiologischen Wagen zu den Schützengräben des Ersten Weltkriegs fuhren, war ihr Körper hohen Dosen von ionisierenden Strahlen ausgesetzt gewesen; und in den Laborjahren, die darauf folgten, hatte sie mit eigenen Händen Dutzende von hoch radioaktiven Stoffen präpariert. Im März 1956 starb sie an Leukämie.

Fred erkannte, daß die Ursache des Todes seiner Frau in der Bestrahlung lag, aber gemäß der Laboratoriumstradition, die er von Marie Curie ererbt hatte, weigerte er sich, zuzugeben, daß auch er selbst sich nicht hinreichend geschützt hatte. Bis zum Schluß beharrte er darauf, der Leberschaden, an dem er zwei Jahre nach dem Tod seiner Frau starb, habe überhaupt nichts mit seiner Arbeit an der Radioaktivität zu tun.

In ihren linksgerichteten gesellschaftlichen und politischen Anschauungen waren Fred und Irène stark von einem der hervorragendsten und anerkanntesten französischen Physiker beeinflußt. Es war zugleich der Mann, der jene Periode in Marie Curies Leben höchst unglücklich beeinflußt hatte, aus der sie nur mit schlimmen Narben wieder aufgetaucht war: Paul Langevin. Seltsamerweise berührten die politischen Ideale, die ihn zur Mitarbeit in der kommunistischen Partei anspornten, Marie Curie überhaupt nicht. Weder in seiner beruflichen Laufbahn noch in seinem Privatleben tat er irgendetwas ohne leidenschaftliche Anteilnahme. Zum Schmerz von Marie Curie kehrte er nach Jahren der Trennung zu seiner Frau zurück, und in den 30er Jahren stürzte er sich als immer noch entzückender, wenngleich ergrauter Charmeur mit Schnurrbart in ein inniges Verhältnis zu einem jungen Mädchen, das im Physikunterricht in Sèvres seine Schülerin gewesen war, Elaiane Montel. Später empfahl er Marie Curie, die junge Frau in der Forschung des Curie-Laboratoriums zu beschäftigen. Sie hatte einen Sohn von ihm. Aber ob es nun Leidenschaft, Mitleid oder Schuldgefühl war, was ihn dazu bewegte, im Jahre 1923 ließ Langevin Marie Curie und ihren Töchtern jedenfalls eine finanzielle Hilfe zukommen, indem er ihnen einen Anteil der hübschen Geldsumme überwies, die er verdient hatte. Ironischerweise handelte es sich um das Einkommen, das ihm ein Patent einbrachte, das er ursprünglich mit Pierre Curie geteilt hatte.

Langevins leidenschaftliches Leben hatte noch einige Stürme zu bestehen. Als prominenter Wissenschaftler und bekannter Sympathisant der extremen Linken gab er eine gute Zielscheibe ab, als die deutsche

Invasion in Frankreich begann. Im Oktober 1940 wurde er durch Gestapoagenten von zu Hause abgeholt und in eine Zelle der Santé geworfen, ohne Hosenträger und Schnürsenkel. Schließlich wurde er unter Hausarrest gestellt, es gelang ihm jedoch, in die Schweiz zu emigrieren.

Auch der älteste von Marie Curies Freunden, Jean Perrin, mußte aus dem Land fliehen, das ihm so viel bedeutete. Er starb im Exil in Nordamerika, und seine Asche wurde wie die von Langevin später feierlich ins Pantheon überführt, in jenen Teil von Paris, der ihnen und Marie Curie ihre schöpferischsten Jahre geschenkt hatte.

Marie Curies Leben als Wissenschaftlerin war erfolgreich gewesen, weil sie in der Lage war, zu beobachten, zu folgern und vorherzusagen, wie es ein guter Naturwissenschaftler in der klassischen Tradition tun sollte. Sie wurde von glücklichen Zufällen begünstigt, wie es den meisten guten Naturwissenschaftlern widerfährt, weil ihr Geist hinreichend darauf vorbereitet war, die Zufälle zu nutzen.

Aber als sie in ihrer Abgeschlossenheit dalag, in dem verdunkelten Zimmer des Gebirgssanatoriums, konnten ihre rationalen Fähigkeiten nicht mehr und nicht weniger dazu beitragen als bei irgendeinem anderen gebildeten Menschen, den Aufruhr vorherzusehen, den die nächsten zehn Jahre in die Welt bringen würde. Insbesondere konnte sie keine Vorahnung von der dramatischen Zukunft der kleinen Gruppe von Menschen haben, denen sie am engsten verbunden war. Im Juli 1934 hätte jede richtige Voraussage der wissenschaftlichen oder politischen künftigen Ereignisse lächerlich oder zu extrem klingen müssen, zu revolutionär oder zu entfernt von dem, was immer noch als etablierte Kontinuität der wissenschaftlichen und politischen Geschichte erschien.

Aber auch Marie Curies Werk sollte die folgenden Jahre noch beeinflussen. Ihr grundlegender Gedanke, daß die Radioaktivität die Folge eines Geschehens im Atom selbst ist, stand am Ursprung der Geschichte der Atomphysik. Es war eine entwaffnend einfache, aber verheerend wichtige Hypothese. Gleichzeitig mit den Entdeckungen von Radium und Polonium setzte sie durch diese Hypothese gemeinsam mit Rutherford, Einstein, Planck und Bohr die physikalische Lawine in Bewegung, die zuletzt so schwer zu kontrollieren war.

Aber nicht diese grundlegende Entdeckung brachte Marie Curie ihren volkstümlichen Ruhm ein. Er entstand vielmehr aus der Anwendung ihrer Arbeit, der Nutzung von Radium als Heilmittel gegen den Krebs.

Von der dankbaren Öffentlichkeit wurde sie als wissenschaftliche Wohltäterin der Menschheit betrachtetet. Und Missy, die kluge kleine amerikanische Journalistin, organisierte gewandt diese Dankbarkeit und machte sie Marie Curies Zwecken dienstbar. Marie Curie stellte voller Stolz fest, daß sie das Element entdeckt hatte, das die Hoffnung begründete, Krebs könne geheilt werden, aber sie nahm die medizinischen Anwendungen niemals als ihr Eigentum in Anspruch. Missy nährte den Mythos, baute den internationalen Ruhm auf und wandelte das Bild, das sie geschaffen hatte, in bare Münze um.

Marie Curie sollte den größeren und wahrscheinlich wichtigeren Teil ihrer späteren Jahre nicht als forschende Wissenschaftlerin verbringen, sondern auf der Suche nach Geldquellen, um anderen Wissenschaftlern Mittel zur Verfügung zu stellen. Wenn es auch richtig ist, daß sie nach 1902 wissenschaftlich nichts Bedeutendes mehr leistete, so machte doch das, was sie in den folgenden Jahren tat, die Arbeit der Joliots, die Arbeit von Rosenblum und vielen anderen allererst möglich, den ununterbrochenen Strom von Entdeckungen in dem Laboratorium, das ihr Ein und Alles war, dem Ding, das sie aus einem Plan auf dem Papier erschaffen und zu einer lebendigen Tradition gemacht hatte. Sie war die erste in einer langen Reihe von Laboratoriumschefs, die, damit ihre Laboratorien überleben und gedeihen konnte, selbst zu Spendensammlern werden mußten. Zweifellos gehörte sie auf diesem Gebiet zu den erfolgreichsten.

Während ihrer schöpferischen Jahre lag ihre Einzigartigkeit in ihrem Geschlecht. Bevor der Name Marie Curie in die Schlagzeilen der Zeitungen kam, hatte es noch keine Frau gegeben, die einen entscheidenden Beitrag zur Naturwissenschaft geleistet hätte. Aber sie widerstand jedem Versuch, sie in die feministische Bewegung hineinzuziehen, was sie als politische Einmischung betrachtete, und womit sie also ihrer starken Überzeugung nach als Wissenschaftlerin keine Verbindung haben durfte.

Als Wissenschaftlerin *war* sie befreit, weil sie sich selbst die Voraussetzungen ihrer Befreiung geschaffen hatte. Sie war an die Probleme ihres Berufes herangegangen, als unterscheide sie sich in nichts von den anderen; die anderen waren nur zufällig Männer. Sie hatte keine Konzessionen erwartet, und es wurden auch keine gemacht. Sie hatte überlebt, weil sie die Männer glauben machte, daß sie zwar eine Frau sei, aber eine empfindungslose. Sie irrten sich was ihre Gefühle betraf, und sie litt; stets aber verbarg sie das hinter der Barriere ihres Privatlebens.

Überdies verfügte sie über eine unglaubliche physische Stärke, die durch einen zerbrechlich wirkenden Körper und hinter einer häufig auftretenden Hypochondrie verborgen wurde. Ihr Leben lang setzte sie sich unwissentlich Gefahren aus, denen andere Konstitutionen nicht widerstanden hätten und auch nicht widerstanden. Mit 66 Jahren starb sie an derselben Ursache, die den Körper ihres Mannes angegriffen hatte und noch zwei weitere Mitglieder ihrer Familie dahinraffen sollte. Die perniziöse Anämie, die an ihrem Leben zehrte, wurde von dem Sanatoriumsdirektor ohne weiteres auf die langjährige Häufung von Strahlung zurückgeführt, denen sie sich ausgesetzt hatte.
Als ihr Sprechen schwächer und dann manchmal zusammenhanglos wurde, nahm Eve, die in dem ruhigen Raum neben dem Bett saß, einen Bleistift und fing an, die gemurmelten Sätze niederzuschreiben.
»Ich kann mich nicht richtig ausdrücken.«
»Mein Kopf dreht sich im Kreis.«
Sie versuchte mühevoll, einen Löffel in einem Glas zu bewegen, als sei er ein Glasstab in einem Becherglas auf dem Tisch des Laboratoriums.
»Yoghurt: wird er mit Radium oder mit Mesothorium gemacht?«
»Weißt du, es war falsch, die Vizepräsidentschaft anzunehmen ... Wir müssen ihnen das mitteilen ...«
»Ich habe zu viel Wasser getrunken. Ich habe zu viel Wasser getrunken.«
»38°! Ich weiß nicht, ob es richtig ist: ich zittere so ...«
»Ich würde mich gern aufrecht halten. Mein Kopf dreht sich.«
»Was stellt ihr mit mir an ...«
»Ich will nicht.«
»Ich will in Frieden gelassen werden.«
Das waren ihre letzten Worte – der Wunsch ihres ganzen Lebens.
Als sie auf dem Friedhof von Sceaux in einer kleinen privaten Feier begraben wurde,um die sie gebeten hatte, versammelten sich nur die Familienmitglieder und wenige Freunde um Pierre Curies Grab. Es war ihr Wunsch gewesen, daß ihr Sarg in dem einfachen Familiengrab am Fuße des Friedhofshügels auf den ihres Mannes gesetzt wurde.
Als sich die kleine Gruppe um das Grab versammelte, kletterte eine Meute von Journalisten, die durch die abgeschlossenen eisernen Friedhofstore bislang ferngehalten worden waren, geräuschvoll auf die Friedhofsmauer. Fred Joliot ging hinüber und bat sie, ihr wenigstens beim Begräbnis die private Ruhe zu lassen, nach der sie sich immer gesehnt hatte. Ihr letzter Wunsch wurde ihr nicht mehr erfüllt.

Anmerkungen

Es wurden folgende Abkürzungen verwendet:

B. N. Curie – Dokumente, Bibliothèque Nationale, Paris
E. C. Briefe, zitiert nach *Madame Curie* von Eve Curie (Fischer, 1938). Die Originalbriefe wurden im 2. Weltkrieg während der Kämpfe in Warschau vernichtet.
L. C. Curie – Dokumente, Curie Laboratorium, Paris. Als das vorliegende Buch fertiggestellt war, wurden einige der Dokumente aus dem Curie Laboratorium in der Bibliothèque Nationale deponiert.
M. C. *Pierre Curie* und *Autobiographical Notes* von Marie Curie (The Macmillan Company, New York, 1923). Beide sind in den Vereinigten Staaten in einem Band erschienen. Im nachhinein untersagte Marie Curie die Publikation ihrer *Autobiographical Notes* in anderen Ländern.

EINE KINDHEIT IN POLEN
1 Richter, W., *Bismarck.* Frankfurt
1 a. M., 1962
2 *M. C.*, S. 163
3 *E. C.*, S. 40 (ed. Heinemann)

IM ZEITALTER DES WISSENSCHAFTLICHEN FORTSCHRITTS
1 *E. C.*, S. 52 (ed. Heinemann)

DER WEG IN DIE FREIHEIT
1-6 *E. C.*, S. 61-67 f.
7-10 *E. C.*, S. 74-76 f.
11 *M. C.*, S. 168
12 *E. C.*, S. 82 (ed. Heinemann)
13 *M. C.*, S. 167
14 *E. C.*, S. 83
15 *E. C.*, S. 73 f.

STUDIEN IN PARIS
1, 2 *M. C.*, S. 171
3 *M. C.*, S. 71
4 *E. C.*, S. 107 (ed. Heinemann)
5 *M. C.*, S. 173
6, 7 *E. C.*, S. 108-109

DIE BEGEGNUNG MIT PIERRE
1 *B. N.*, M. Labotte an Maria Sklodowska, 10. Juli, 1895
2 *M. C.*, S. 173
3 *B. N.*, Pierre Curie an Maria Sklodowska, 14. August 1894
4 *M. C.*, S. 44
5 *B. N.*, Pierre Curie an Maria Sklodowska, 29. Juli 1897

DIE WÜRDE DER WISSENSCHAFT
1 *B. N.*, Pierre Curie an Maria Sklodowska, 10. August 1894
2 *B. N.*, Pierre Curie an Maria Sklodowska, 14. August 1894
3 *B. N.*, Pierre Curie an Maria Sklodowska, 7. September 1894
4 *M. C.*, S. 31
5 *M. C.*, S. 77
6 *M. C.*, S. 67
7 *B. N.*, Pierre Curie an Maria Sklodowska, 17. September, 1894
8 *M. C.*, S. 70
9 *B. N.*
10 *B. N.*, M. Lamotte an Maria Sklodowska, 10. Juli, 1895
11 *E. C.*, S. 136

DIE ENTDECKUNG EINES SPEKTAKULÄREN PHÄNOMENS
1 Curie, M., Bul. de la Sté. d'Encouragement à l'Industrie Nationale, 1898
2 *E. C.*, S. 149
3 *B. N.*, Pierre Curie an Marie Curie, 29. Juli, 1897
4 *M. C.*, S. 94
5 *M. C.*, S. 97, 182
6 *M. C.*, S. 97

DIE FRUCHTBARE ZEIT DER ARBEIT
1 *B. N.*,
2 *B. N.*, Eugène Demarçay an Marie Curie, 4. Oktober, 1902

3 Curie, E., *Madame Curie,* Fischer, 1938
4 *L. C.,* S. Henson an Pierre Curie, 4. August, 1898
5 *L. C.,* undatierter, skizzierter Brief, möglicherweise an die Akademie der Wissenschaften in Venedig
6 *M. C.,* S. 186
7 Ostwald, W., *Lebenslinien, eine Selbstbiographie.* Klasing, Berlin, 1972. Bd. 3., S. 158
8 *M. .C.,* S. 187
9 *M. C.,* S. 186
10 *M. C.,* S. 104

EIN WETTBEWERB AUF INTERNATIONALER EBENE
1 *B. N.,* Pierre Curie an Marie Curie, 19. Juli, 1897
2 *M. C.,* S. 109
3 *B. N.,* Pierre Curie an Edouard Guillaume, 30. Dezember, 1898
4 *E. C.,* S. 192
5 *M. C.,* S. 188

DAS RADIUM UND SEINE FOLGEN
1 *B. N.,* Paul Appell an Pierre Curie, 2. Mai, 1903
2 Curie, M. S., *Revue Générale des Sciences,* 10, 1899, S. 41 und *Revue Scientifique (Revue Rose),* 4. Folge, *14,* 1900, S. 65
3 *L. C.,* Marie Curie an Ernest Rutherford, 12. September, 1932
4 Royal Institution, London, Pierre Curie an James Dewar, 26. Juni, 1903

DER NOBELPREIS
1 Curie, P., *Proc. Royal Institution, 17,* 1903, S. 389
2 Royal Institution, London, Pierre Curie an James Dewar, 8. Januar, 1903
3 *B. N.,* Georges Sagnac an Pierre Curie, 23. April, 1903
4 *E. C.,* S. 221 f.
5 Nach Dr. J. Vennart
6 *E.C.,* S. 201 f.
7 *M. C.,* S. 190
8 *Echo de Paris,* 30. Dezember, 1903
9 *E. C.,* S. 221 f.
10 *M. C.,* S. 126

DIE GROSSE DEPRESSION
1 *B. N.,* E. Mascart an Pierre Curie, 22. Mai, 1905
2 *B. N.,* E. Mascart an Pierre Curie, 25. Mai, 1905
3 Curie P., Nobel Lecture, 6. Juni, 1905
4 *B. N.,* Kapitän Ferrié an Pierre Curie, 29. Januar, 1900
5 *B. N.,* Pierre Curie an eine nicht genannte Frau, 6. Februar, 1906
6 *L. C.,* der Botschafter von Österreich-Ungarn in Paris an Pierre Curie, 3. März, 1905
7 *B. N.,* Pierre Curie an Maria Sklodowska, 17. September, 1894
8 *M. C.,* S. 177

EIN TODESFALL IN DER FAMILIE
1 *Le Journal,* 20. April, 1906
2 *E. C.,* S. 261 (ed. Heinemann)
3 *B. N.,* Georges Gouy an Marie Curie, 8. Mai, 1906
4 *Le Journal,* 12. Juli, 1906
5 *B. N.,* Georges Gouy an Marie Curie, 8. Mai 1906
6 *Le Journal,* 6. November, 1906

DIE WITWE
1 Curie M., Nobel Lecture, 11. Dezember, 1911
2 Curie, M., *Phys. Z., 4,* 1902-1903, S. 234
3 *L. C.,* Irène Curie an Marie Curie, 6. August, 1910
4 *E. C.,* S. 284 f.

AKADEMISCHE FEHLEINSCHÄTZUNGEN
1 *La Patrie,* 4. u. 5. Juli, 1905
2 *M. C.,* S. 202
3 *Le Figaro,* 24. November, 1910
4 *Le Temps,* 2. Dezember, 1910
5 *Le Temps,* 31. Dezember, 1910
6 Curie, E., *Madame Curie*
7 *B. N.,* Edouard Guillaume an Marie Curie, 26. Januar, 1911
8 *B. N.,* Georges Gouy an Marie Curie, 24. Januar, 1911

1911 – DAS SCHRECKLICHE JAHR
1 *Le Temps,* 5. November, 1911
2 *L'Intransigeant,* 6. November, 1911

3 *Le Temps,* 8. November, 1911. Der Brief Hausers ist auf den 5. November datiert
4 *Le Journal,* 5. November, 1911
5 *L'Action Française,* 17. November, 1911
6 *L'Oeuvre, 47,* 1911, S. 11
7 *L'Oeuvre, 48,* 1911, S. 4
8 *E. C.,* S. 301 f.
9 *B. N.,* Ernest Rutherford an Marie Curie, 8. November, 1911
10 Curie, M., Nobel Lecture, 11. Dezember, 1911

DIE WIEDERGEFUNDENE RUHE

1 *B. N.,*
2 *L. C.,* Irène Curie an Marie Curie, 19. Juli, 1912
3 *L. C.,* Irène Curie an Marie Curie, 2. Juli, 1912
4 *Westminster Gazette,* 14. März, 1909
5 *B. N.,* Hertha Ayrton an Bronia Dluska, 7. Januar, 1912
6 *L. C.,* Marie Curie an Irène Curie, 15. September, 1913
7 *L. C.,* Marie Curie an Irène Curie, 10. September, 1913
8 *B. N.,* Ernest Rutherford an Marie Curie, 4. Oktober, 1912
9 Lacassagne, A., *Bulletin du Cancer,* 1967, *54,* S. 257

DER 2. WELTKRIEG

1 *L. C.,* Marie Curie an Irène Curie, 1. August, 1914
2 *L. C.,* Irène Curie an Marie Curie, 2. August, 1914
3 *L. C.,* Irène Curie an Marie Curie, 3. August, 1914
4 *L. C.,* Marie Curie an Irène Curie, 6. September, 1914
5 *M. C.,* S. 206
6 *B. N.,* Henriette Perrin an Marie Curie, 23. September, 1914
7 *B. N.,* Das Schriftstück ist auf den 12. August 1914 datiert.
8 Charlier, A., *Arch. Med. Pharm. milit, 67,* 1917, S. 643
9 *B. N.,* Aus dem Notizbuch der radiologischen Autostation 'E'
10 *B. N.,* undatiertes Schriftstück. Zitiert in Marie Curies *Autobiographical Notes,* S. 216
11 Curie, M., *La Radiologie et la Guerre,* Alcan, Paris, 1921, S. 107
12 Der Brief ist im Besitz von M. André Langevin. Jean Perrin und Marie Curie an Paul Langevin, 22. Januar, 1915
13 *B. N.,* Maurice Curie an Marie Curie, 23. Februar, 1915
14 *B. N.,* Maurice Curie an Marie Curie, 11. Juni, 1915
15 *B. N.,* Dr. Theveuin an Marie Curie, 5. August, 1916
16 *B. N.,*
17 Laborde, Mme. A., *Paris Medical, 24,* 1916, S. 555
18 *L. C.,* Irène Curie an Marie Curie, 1. Juni, 1918
19 *L. C.,* Irène Curie an Marie Curie, 12. August, 1918

MISSY, EINE SYMPATHISCHE JOURNALISTIN

1 *L. C.,* Marie Curie an Irène Curie, 3. September, 1919
2 *B. N.,* J. L. Breton an Marie Curie, 24. November, 1919
3 *L. C.,* Mrs. S. E. Swoper an Marie Curie, 22. Oktober, 1929
4 *L. C.,* Mme. L. Razet war viele Jahre Marie Curies Sekretärin
5 *M. C.,* S. 16
6 *M. C.,* S. 18
7 *L. C.,* Marie Meloney an Marie Curie, 16. September, 1920
8 Stephane Lauzanne, verantwortlicher Herausgeber von *Le Matin.* M. C., S. 22
9 *L. C.,* Marie Meloney an Marie Curie, 16. September, 1920
10 *L. C.,* Marie Meloney an Marie Curie, 28. Dezember, 1920
11 *L. C.,* Marie Meloney an Marie Curie, 16. September, 1920
12 *L. C.,* Marie Meloney an Marie Curie, 17. Februar, 1921
13 *L. C.,* Marie Meloney an Marie Curie, 19. März, 1921
14 *L. C.,* Marie Meloney an Marie Curie, 5. März, 1921

15 *L. C.*, Marie Curie an Marie Meloney, 9. März, 1921
16 *L. C.*, Marie Meloney an Marie Curie, 23. März, 1921
17 *L. C.*, Marie Curie an Marie Meloney, 4. März 1921
18 *L. C.*, Marie Meloney an Marie Curie, 19. März, 1921
19 *San Francisco Examiner*, 26. November, 1911

DIE REISE NACH AMERIKA

1 *B. N.*, Marie Curie an Henriette Perrin, 10. Mai 1921
2 *The Delineator*, April 1921
3 ebda.
4 *New York City Evening World*, 12. Mai, 1921
5 *B. N.*, das Schriftstück ist auf den 19. Mai 1921 datiert
6 *L. C.*, Marie Meloney an Dr. Mary Thomas, 22. Mai, 1921
7 Brief an *New York Evening Journal*, 23. Mai, 1921
8 Laporte, M., Interview mit Paul Bordry für eine Radiosendung der UNESCO anläßlich der Wiederkehr des 100. Geburtstages von Marie Curie

RADIOAKTIVITÄT – DAS ZWEISCHNEIDIGE SCHWERT

1 *Radium, 15*, 1920, S. 12
2 *L. C.*, Ellen Gleditsch an Marie Curie, 20. November, 1922
3 *L. C.*, Florence Pfalzgraph an Marie Curie, 25. Mai, 1928
4 *L. C.*, Marie Meloney an Marie Curie, 9. Juli, 1923
5 *L. C.*, Gay Bloch an Marie Curie, undatierter Brief
6 *L. C.*, Loie Fuller an Marie Curie, 23. Dezember, 1922
7 *L. C.*, Albert Laborde an Marie Curie, 7. Januar, 1925
8 undatierter Bericht
9 *Le Quotidien*, 30. März, 1925
10 *E. C.*, S. 394

DIE SELBSTBEWUSSTE ALTE DAME

1 *E. C.*, S. 378 f.
2 Interview mit F. Joliot-Curie in *Gazette de Lausanne*, 29. Juni, 1957
3 ebda.
4 *L. C.*, Marie Curie an Harlan S. Miner, 13. Juli, 1922
5 *L. C.*, Marie Meloney an Marie Curie, 18. Mai, 1925
6 *L. C.*, Marie Meloney an Marie Curie, 15. Januar, 1930
7 *L. C.*, Marie Curie an Martin Knudsen, 1. Oktober, 1926
8 *L. C.*, Marie Curie an den Lord Provost of Glasgow, 14. Juni, 1929
9 *L. C.*, Marie Curie an Irène Curie, 14. Juni, 1925
10 *L. C.*, Marie Meloney an Marie Curie, 18. Januar, 1928
11 *L. C.*, Marie Meloney an Marie Curie, 20. April, 1928
12 *L. C.*, Marie Meloney an Marie Curie, 16. Juni, 1928
13 *L. C.*, Marie Meloney an Marie Curie, 27. Juli, 1928
14 *L. C.*, Marie Curie an Herbert Hoover, 21. August, 1928, ein unsignierter, skizzierter Brief
15 *L. C.*, Marie Meloney an Marie Curie, 22. August, 1929
16 *L. C.*, Marie Curie an Marie Meloney, 19. August, 1929,
17 *L. C.*, Marie Curie an Marie Meloney, 19. August, 1929, skizzierter Brief
18 *L. C.*, Marie Curie an Irène Curie, 20. Oktober, 1929
19 *L. C.*, Maire Curie an Irène Curie, 5. November, 1929

DIE NEUE GENERATION

1 *L. C.*, Bericht an den Dekan der wissenschaftlichen Fakultät der Universität Paris, 1929
2 *L. C.*, Curie, M., Bericht an die medizinische Akademie, 13. Juni, 1931 Marie Curie wurde 1922 aufgrund einer spontanen freundschaftlichen Geste der medizinischen Akademie zum assoziierten Mitglied erwählt. Folglich war ihr Eintritt in das Institut de France erfolgreich, ohne daß sie sich der Kandidatur unterwerfen mußte.
3 *B. N.*, undatiertes Schriftstück
4 *L. C.*, Marie Curie an Frédéric und Irène Joliot-Curie, 29. Dezember, 1928

5 *L. C.*, Marie Curie an Ernest Rutherford, 12. September, 1932
6 *L. C.*, Marie Curie an Marie Meloney, 2. August, 1933
7 Aus einem Gespräch, das von Frédéric Joliot-Curie im Jahre 1957 für Radiodiffusion – Television Française vorbereitet wurde, von der Regierung jedoch unterbunden und im nachhinein in *La Nef* publiziert wurde.
8 *L. C.*, Marie Curie an Irène Joliot-Curie, 26. März, 1934
9 *B. N.*, Eve Curie gegenüber dem Klinikdirektor, Sancellemoz, 22. Juni, 1934

DIE LETZTEN LEBENSTAGE

1 *B. N.*, Jaques Curie an Marie Curie, 19. Juni, 1934
2 *M. C.*, S. 143
3 Curie, M., *La Radiologie et la Guerre*, Alcan, Paris, 1921, S. 143
4 *L. C.*, Marie Curie an Irène Joliot-Curie, 22. April, 1931

Ausgewählte Literatur

Curie, E., *Madame Curie*, Fischer, Stockholm, 1938
Curie, M., *Oeuvres*, Polnische Akademie der Wissenschaften, Warschau, 1954
Curie, M., *La Radiologie et la Guerre*, Libraire Félix Alcan, 1921
Curie, M., *Pierre Curie* mit *Autobiographical Notes*, Macmillan, New York, 1923
Joliot-Curie, I., *Marie Curie, Ma Mère in Europe*, 1954, Les Éditeurs Français Rèunis
Bibliothèque Nationale, *Pierre et Marie Curie*, Paris, 1967